Hans Gängler, Thomas Markert (Hrsg.)
Vision und Alltag der Ganztagsschule

Studien zur ganztägigen Bildung

Herausgegeben von Heinz Günter Holtappels
(Universität Dortmund, Institut für Schulentwicklungsforschung), Eckhard Klieme (Deutsches Institut für Internationale Pädagogische Forschung) und Thomas Rauschenbach (Deutsches Jugendinstitut)

Hans Gängler, Thomas Markert (Hrsg.)

Vision und Alltag der Ganztagsschule

Die Ganztagsschulbewegung als bildungspolitische Kampagne und regionale Praxis

Juventa Verlag Weinheim und München 2011

Bibliografische Information der Deutschen Nationalbibliothek

Die Deutsche Nationalbibliothek verzeichnet diese Publikation in der Deutschen Nationalbibliografie; detaillierte bibliografische Daten sind im Internet über http://dnb.d-nb.de abrufbar.

Das Werk einschließlich aller seiner Teile ist urheberrechtlich geschützt. Jede Verwertung außerhalb der engen Grenzen des Urheberrechtsgesetzes ist ohne Zustimmung des Verlags unzulässig und strafbar. Das gilt insbesondere für Vervielfältigungen, Übersetzungen, Mikroverfilmungen und die Einspeicherung und Verarbeitung in elektronischen Systemen.

© 2011 Juventa Verlag Weinheim und München
Umschlaggestaltung: Atelier Warminski, 63654 Büdingen
Umschlagabbildung: Antje Förster, Dresden
Printed in Germany

ISBN 978-3-7799-2154-7

Inhalt

Hans Gängler, Thomas Markert
Einleitung 7

I. Von der bildungspolitischen Kampagne zur regionalen Praxis

Andreas Wiere
Warum Ganztagsschule? Rekonstruktion einer
bildungspolitischen Kampagne 13

Andreas Wiere
Wie wirkt die Ganztagsschule? Forschungsfragen und Befunde 33

Tobias Lehmann
Rahmen und Förderung ganztagsschulischer Angebote in Sachsen.
Die Suche nach dem passenden Weg 59

Antje Förster, Thomas Markert, Janine Berge
Ganztagsschulforschung in Sachsen.
Beschreibung der Forschungsprojekte 75

Susanne Dittrich, Tobias Lehmann
Der Weg zur Schule mit Ganztagsangebot.
Zwei Mittelschulen im Portrait 87

Thomas Markert
Schule + Hort = ein Ganztagsangebot? Eine Bestandsaufnahme zur
Zusammenarbeit von Grundschule und Hort im Ganztagsangebot 99

II. Empirische und theoretische Beiträge der Forschungsgruppe Ganztagsschule Sachsen

Stephan Bloße, Sabine Böttcher
Ein „Hoch" auf die Ganztagsschule? Akteursperspektiven
im Vergleich 115

Stephan Bloße
Ganztägige Organisationsformen sächsischer Schulen.
Variationsmöglichkeiten, Chancen und Risiken 145

Wolfram Kulig, Mathias Müller
Rhythmus und Rhythmisierung. Begriffsgeschichtliche Lektüren
und schulische Praxis 163

Stephan Bloße
Rhythmisierung beobachten. Vorstellung eines explorativen
Untersuchungsansatzes im Rahmen der Evaluationsforschung 183

Stephan Bloße, Sabine Böttcher, Antje Förster
Partnerschaften auf Augenhöhe? Anspruch und Umsetzung
von Kooperationen zwischen Schule und Externen 207

Susanne Dittrich
Partizipation als Anspruch ganztägiger Bildung. Befunde
zur Umsetzung von Schüler- und Elternpartizipation 223

Tobias Lehmann
Individuelle Förderung. Möglichkeiten und Grenzen der Förderung
in Ganztagsschulen 239

Thomas Markert
Hausaufgabenbetreuung. Erwartungen, Teilnahme
und elterliche Entlastung 265

III. Bezüge und Perspektiven der (sächsischen) Ganztagsschule

Thomas Markert
Das hatten wir doch alles schon!? Die sächsische „Schule mit
Ganztagsangebot" vor dem Horizont
der ostdeutschen Bildungsgeschichte 277

Hans Gängler
Wozu Ganztagsschule? Zu strukturellen und inhaltlichen
Veränderungen im Bildungssystem 315

Abkürzungen 323
Die Autorinnen und Autoren 325

Hans Gängler, Thomas Markert

Einleitung

Indem wir in Anspruch nehmen, innerhalb dieses Bandes Aussagen zur „Ganztagsschulbewegung" der aktuellen Zeit treffen zu können, tun wir dies in einer vielleicht provokativ wirkenden Umdeutung des Bewegungsbegriffs. In den letzten Jahren ist das, was noch drei Jahrzehnte zuvor ein Thema von reformorientierten Pädagog/innen, Eltern, Erziehungswissenschaftler/innen, Bildungspolitiker/innen u.v.a.m. war und mit viel Enthusiasmus gefordert wurde, zumindest auf der Begriffsebene nahezu eine Selbstverständlichkeit geworden. Dabei erscheint aber kein Verein oder Verband, keine Initiativgruppe bei der Rekonstruktion des zeitlichen Ablaufs als auslösende Kraft für den Ausbau der Ganztagsschule. Stattdessen verkündete der damalige Bundeskanzler Schröder den Umbau der Halbtagsschule zur Ganztagsschule als Programm und leitete eine bundesweite bildungspolitische Kampagne ein. Die Organisationsform Ganztagsschule war nicht länger ein quantitativ wenig bedeutsames Schulkonzept, quasi ein Nischenprodukt; die Ganztagsschule wurde zum „finanziell hofierten Hoffnungsträger".

Dass dies möglich war, steht im engen Zusammenhang mit einer Neubildung – vielleicht auch einer Umdeutung – des Begriffs „Ganztagsschule". Heute wird eine Schule zu einer „Ganztagsschule", wenn sie bestimmte Kriterien eines ganztägigen Angebots, die von der Kultusministerkonferenz der Länder beschlossen wurden, vorweisen kann. Die konkrete konzeptionelle Gestaltung, aber auch die konkrete Nutzung dieser Angebote bleibt bei der Bestimmung der Organisationsform der Einzelschule außen vor. Damit ist das, was heute als Ganztagsschule begriffen wird, viel mannigfaltiger – oder auch aufgeweichter und verwässerter, würde mancher kommentieren – als in den letzten mehr als 30 Jahren. Und zugleich differenziert sich das, was als deutschlandweite Kampagne vor etwa acht Jahren gestartet wurde, beim Blick in die Bundesländer in eine regionale Praxis aus. Auch Sachsen, in dem heute ca. drei Viertel aller allgemeinbildenden Schulen Einrichtungen mit Ganztagsangebot sind, ist Teil dieser „neuen Ganztagsschulbewegung".

Parallel zu der Entwicklung einer länderspezifisch sehr unterschiedlich gestalteten Ganztagspraxis etablierte sich eine umfangreiche Forschungspraxis, um den Ausbau der Ganztagsschule zu begleiten und deren Wirkungen zu analysieren. Die Beiträge in diesem Buch rekapitulieren nach dieser Phase der Schulentwicklung und der begleitenden Forschung Ausgangspunkte und stellen diesen die feststellbaren Entwicklungen gegenüber. Die präsentierte, vom gesamtdeutschen Blick auch auf die regionale Praxis Sachsens fokussierende Zwischenbilanz basiert auf den Befunden und Analysen mehrerer Forschungsprojekte, die an der Technischen Universität Dresden seit 2003 durchgeführt wurden. Die innerhalb des Buches versammelten Beiträge beleuchten unter verschiedensten thematischen Perspektiven anhand quantitativer und qualitativer Untersuchungen den Weg, den Sachsen bei der Umgestaltung der Halbtagsschulen zu Ganztagsschulen gewählt hat. Neben der so geleisteten Beschreibung und Analyse der sächsischen Ganztagsschullandschaft wird aber auch der Frage nachgegangen, welche mit der Ganztagsschule in Verbindung stehenden bildungspolitischen Hoffnungen berechtigt scheinen und welche (zumindest vorerst) eher als unrealistisch zu bezeichnen sind.

Der Band ist in drei größere Teile gegliedert. Im ersten Abschnitt sind Texte versammelt, die zunächst die Ausgangspunkte der „neuen Ganztagsschulbewegung" nachzeichnen und diesen die sächsischen Entwicklungen zur Seite stellen. In der Zusammenschau zeigt dieser Teil, wie eine bildungspolitische Kampagne zum Ausbau der Ganztagsschule im Rahmen der föderalen Bildungshoheit Sachsens mit Förderinstrumentarien und fachlicher sowie wissenschaftlicher Begleitung übersetzt wurde und wird sowie welche Organisationsmodelle ganztägiger Schule sich unter diesen Bedingungen entwickelt haben.

Andreas Wiere leistet einen bewusst journalistisch gehaltenen Einstieg in die bildungspolitische Begründung der „neuen Ganztagsschulbewegung". Dabei setzt er die politischen Initiativen und erziehungswissenschaftlichen Stellungnahmen in einen zeitlichen Bezug und rekonstruiert eine teils wenig konsistent wirkende Begründungslinie. Daran anschließend rekapituliert *Andreas Wiere* den Forschungsstand zum Thema Ganztagsschule, wie er sich zu Beginn der „neuen Ganztagsschulbewegung" präsentierte und erweitert diesen um Befunde, die in jüngster Zeit veröffentlicht wurden.

Der Freistaat Sachsen kann für sich, indem er bereits 2002 einen Modellversuch zur Schule mit Ganztagsangebot/Ganztagsschule ausschrieb, zumindest auf der zeitlichen Ebene in Anspruch nehmen, ein Bundesland mit Vorreiterstellung zu sein. *Tobias Lehmann* dokumentiert in seinem Kapitel zu Hintergrund und Förderung des Ganztagsangebots in Sachsen die bildungspolitisch geschaffenen Rahmenbedingungen, in deren Grenzen Schulen ihre spezifischen Organisationsformen für einen ganztägigen Ablauf entwickelt haben. *Antje Förster, Thomas Markert* und *Janine Berge* führen parallel dazu in die sächsische Ganztagsschul-Forschung ein. Sie erläutern, welche Untersuchungen an der Fakultät Erziehungswissenschaften der TU Dresden zum Thema Ganztagsschule bisher geleistet wurden bzw. noch bearbeitet werden. Inhalt des Kapitels ist somit auch die Darstellung der Datenbasis des vorliegenden Bandes.

Die Einführung in die sächsische Ganztagspraxis setzen *Susanne Dittrich* und *Tobias Lehmann* fort, indem sie den Blick weiter auf die Praxisebene fokussieren und hier zwei Schulen der Sekundarstufe portraitieren, um damit eine Andeutung der Verschiedenartigkeit der Ausgestaltung von Schulen mit Ganztagsangeboten zu geben. *Thomas Markert* greift dieses Thema auf, indem er die besondere Situation in der Primarstufe erläutert. Anhand des Themas, wie Grundschule und Hort ein gemeinsames Ganztagsangebot gestalten, werden die Probleme deutlich, die bei der Entwicklung eines schulzentrierten Ganztagsangebots in der Primarstufe entstehen, wenn bereits mit dem Hort ein flächendeckendes und bedarfsgerechtes, auch betreuendes Angebot der Jugendhilfe existiert.

Im zweiten Teil des Buches sind empirische und theoretische Analysen versammelt, die im Rahmen der einzelnen Forschungsprojekte erarbeitet wurden. *Stephan Bloße* und *Sabine Böttcher* sammeln im ersten Beitrag zunächst die Anforderungen, welche eine ganztägig organisierte Schule an die Akteure – professionelle pädagogische Kräfte, Schüler/innen und Eltern – stellt. Nach dieser Einführung präsentieren sie Daten zu Erwartungen an die und Zufriedenheit mit einzelnen Aspekten der Ganztagsschulen aus Sicht der Akteursgruppen.

Dass die von der KMK vereinbarten ganztägigen Organisationsformen – von offen über teilweise gebunden bis voll gebunden – in der Praxis in dieser Trennschärfe selten auftreten, ist bekannt. Um die Organisation des Ganztags zu erfassen, sind vielfältigere Kategorien als der Grad der Verpflichtung notwendig. *Stephan Bloße* schlägt in seinem Artikel eine Erweiterung um die Themen „Verortung der Ganztagsangebote in der Stundentafel" und „zeitlicher Umfang der Ganztagsangebote" vor. Des Weiteren geht er dem Zusammenhang von Organisationsform und Wirkung des Ganztagsangebots nach und stellt die Präferenzen der Eltern vor.

Der Begriff „Rhythmisierung" ist innerhalb der aktuellen Ganztagsschuldebatte quasi zu einem Schlüsselbegriff geworden. Doch wofür steht diese Bezeichnung und was wird unter Rhythmisierung eigentlich verstanden? Ausgehend davon, dass die vermeintliche Eindeutigkeit von Rhythmisierung in der Praxis und wissenschaftlichen Forschung ein schwieriges, schwer umzusetzendes und zu untersuchendes Thema ist, beschäftigen sich zwei Artikel mit dieser Problematik. *Wolfram Kulig* und *Mathias Müller* hinterfragen die Begründungsbedürftigkeit des Begriffs und explizieren ein alternatives, wesentlich weniger „wellenförmiges" Verständnis. Zugleich versuchen sie anhand der sächsischen Daten der „Studie zur Entwicklung von Ganztagsschulen" (StEG) Hinweise darauf zu finden, welche Anstrengungen im Hinblick auf Rhythmisierung an den sächsischen Schulen festzustellen sind. Dabei zeigt sich, dass eine Beschreibung auf der Basis quantitativer Daten nicht hinreichend über den Alltag von Rhythmisierungspraxen Auskunft geben kann. Hier schließt *Stephan Bloße* an, der einen Einblick in einen explorativen Ansatz gibt, bei dem der praktische Inhalt der „Rhythmisierung", wie er in den Schulen verstanden und gestaltet wird, erhoben wird. Die Erträge, die im Zuge eines Beobachtungstages entstehen, zeigen deutlich, dass die „methodischen Schlüsselwörter" wie „Doppelstunde" oder „offener Beginn" keine Aussage dazu treffen, ob über die Struktur des Tages hinaus ein an den Bedürfnissen der Kinder orientierter und damit ausgewogener Ganztag gestaltet wird.

Stephan Bloße, Sabine Böttcher und *Antje Förster* tragen empirische Befunde zu dem bildungs- und auch jugendhilfepolitisch hochaufgeladenen Begriff „Kooperation" zusammen. In ihrem Beitrag wird deutlich, wie schwierig ein Entwicklungsstand zu bewerten ist, bei dem unter Kooperationspartnern und Schulen große Zufriedenheit herrscht, aber von außen zugleich ein weitergehender Entwicklungsbedarf sichtbar ist.

Im Rahmen der Ganztagsschulentwicklung wird die Verbesserung der Mitsprache-, Mitbestimmungs- und Mitgestaltungsmöglichkeiten von Kindern/Jugendlichen und Eltern als ein Leitziel mitgeführt. *Susanne Dittrich* stellt Befunde vor, anhand derer der Umfang der Beteiligung bzw. der Beteiligungsmöglichkeiten von Schüler/innen und Eltern sowie deren jeweilige Beteiligungswünsche deutlich werden. Hierbei zeigt sich auch, dass der Wunsch nach einer aktiven Mitgestaltung des Ganztagsangebotes bei den Eltern nur wenig verbreitet ist.

Die Ganztagsschule wird als produktive organisatorische Rahmung für eine vielfältige individuelle Förderung angeführt. Welche Möglichkeiten und Praxen der individuellen Förderung im Rahmen einer Evaluationsstudie sichtbar werden, erläutert *Tobias Lehmann* in seinem Aufsatz. Auch Hausaufgaben werden teilweise als Förderangebot verstanden und bilden innerhalb der Ganztagsschulgestaltung ein zentrales Thema. Sollte das „Mehr an Zeit", welches die Ganztagsschule in gewissem Sinn vereinnahmt, nicht zwangsläufig dazu führen, dass die verbleibende nachmittägliche Freizeit der Ganztagsschüler/innen „hausaufgabenfrei" ist? Im Aufsatz von *Thomas Markert* wird deutlich, dass diese Auswirkung ganztägig organisierter Schule bisher nicht sichtbar ist. Stattdessen ist die Betreuung der Hausaufgaben Ausdruck des Ganztagsangebots. Im Artikel wird die so flankierte Hausaufgabenpraxis analysiert und die Perspektive der Eltern auf die Hausaufgabenbetreuung vorgestellt.

Der abschließende, auch in gewissem Sinne kontextualisierende dritte Teil enthält zwei Aufsätze, die die davor stehenden Texte in unterschiedlicher Weise einbeziehen. *Thomas Markert* blickt zurück in die DDR und sucht dort nach den Wiedererkennungsmerkmalen der heutigen Ganztagsschule. Diese historische Arbeit ist ergänzt um die Analyse von drei Interviews mit Schulleiter/innen, in deren Verlauf die Gesprächspartner sich zu der These äußern, dass die ganztägige Organisationsform von heute im Sinne von „Das hatten wir doch alles schon mal!" eine Wiederholung von schulorganisatorischen

Momenten sei, die in der DDR die Regel darstellten. Im Text werden strukturelle Parallelen zwischen damals und heute deutlich. Sichtbar wird aber vor allem, dass die Antwort auf die Frage, welche Art von Freiheit bei der Gestaltung von Schule fokussiert wird, das Ergebnis eines solchen Vergleichs determiniert.

Im letzten Aufsatz nimmt *Hans Gängler* die Texte und den bisherigen Forschungsstand zum Anlass, um die Eingangsfrage nach den Ursachen noch einmal aufzugreifen und in die Zukunft zu wenden. Die Konsequenzen aus den bisherigen Erfahrungen und Forschungsergebnissen werfen die Frage nach der Zukunft der Ganztagsschule auf. Radikal formuliert heißt das dann, ob die Frage „Wozu Ganztagsschule?" im Rahmen der geschilderten bildungspolitischen Kampagne überhaupt ernsthaft eine Rolle gespielt hat.

Wir haben im Rahmen der Arbeit an diesem Buch festgestellt, dass viele Dokumente, die besonders die bildungspolitische Ausgestaltung des Ganztagsangebots betreffen, virtuell einsehbar sind. Einige dieser Dokumente lassen sich aber schon heute nicht mehr finden, da sie auch politisch überholt und so gestrichen oder zumindest novelliert wurden. Um diese Quellen für unsere Forschungen zu sichern, haben wir an der Professur für Sozialpädagogik einschließlich ihrer Didaktik am Institut für Berufliche Fachrichtungen der Fakultät Erziehungswissenschaften der TU Dresden ein virtuelles Archiv angelegt, das öffentlich zugänglich ist.[1]

Ein Band wie der vorliegende, an dem viele Kolleginnen und Kollegen beteiligt sind und der unterschiedliche Forschungsprojekte verdichtet, ist ohne die Mitarbeit vieler nicht denkbar. Gern möchten wir an dieser Stelle allen Mitarbeiterinnen und Mitarbeitern, die in den Projekten mitgewirkt haben, danken; neben denjenigen, die zur Publikation beigetragen haben auch Annekathrin Lorenz und Ulrike Wagner sowie allen studentischen Hilfskräften, die die Arbeit kurz- oder mittelfristig unterstützt haben. Für die großzügige Förderung der Projekte durch das Sächsische Staatsministerium für Kultus und Sport möchten wir uns herzlich bedanken. Unser Dank gilt auch Anne Sonntag, die das Korrektorat übernahm, und Andy Weinhold, der die mannigfaltig gestalteten Texte in das Layout des nun in Ihrer Hand liegenden Buches transformierte.

Abschließend möchten wir an dieser Stelle darauf hinweisen, dass wir den Autorinnen und Autoren für den Umgang mit männlich/weiblichen Schreibweisen keine Richtlinie vorgegeben haben und hier die Gestaltung in der Verantwortung der jeweils Schreibenden liegt.

---

1 Archiv verfügbar über:
   http://tu-dresden.de/die_tu_dresden/fakultaeten/erzw/erzwibf/sp (Zugriff: 02.11.10).

Andreas Wiere

Warum Ganztagsschule?

Rekonstruktion einer bildungspolitischen Kampagne

Im Jahr 2010 scheint sich der öffentlichkeitswirksame bildungspolitische und erziehungswissenschaftliche Diskurs zum Thema Ganztagsangebote und Ganztagsschule beruhigt zu haben. Vor zwei Jahren allerdings stand das Thema Ganztagsschule ganz vorn in den erziehungswissenschaftlichen und bildungspolitischen „Charts". Weshalb eigentlich? In diesem Kapitel werden die Fragen nach dem Warum und *Wozu* einer zeitlichen Ausdehnung des Schultages gestellt und beantwortet.

Dieser Rückblick ist aktuell notwendig, um nach einem Zeitraum programmatischer Entscheidungen und anschließender Gestaltungsarbeit an den Schulen noch einmal ins Gedächtnis zu rufen, wozu all das führen sollte. Es geht darum, jene Erwartungen und Hoffnungen zu reflektieren, die an einen quantitativen und qualitativen Ausbau der Halbtagsschule geknüpft wurden – und sicher auch noch werden. Dabei ist die Realisierung eines längeren täglichen Aufenthalts in der Schule nichts Abstraktes, es gibt also nicht *die* Ganztagsschule oder *das* Ganztagsangebot, sondern einzig die schulische Alltagspraxis, die sich dem Beobachter darbietet. Über die Erinnerung an die Motive, die zur Einrichtung von ganztägigen schulischen Angeboten führten, werden zudem die Suchrichtungen bei der Frage nach den Wirkungen vorgegeben.[1] Dieses Kapitel verfolgt also die Absicht, all die Erwartungen an Ganztagsschulen und Ganztagsangebote nach einigen Jahren des „Ausbaubooms" noch einmal nüchtern und bescheiden zusammenzutragen. Gleichzeitig erscheint eine Debatte zur Übereinstimmung von Zielen, die mit der „Maßnahme Ganztagsschule" erreicht werden sollen, sinnvoll. Ganztagsangebote und Ganztagsschule etabliert man nicht, weil es „en vogue" ist, sondern weil man sich bestimmte Wirkungen verspricht. Bleiben die aus, heißt es, neu zu diskutieren und nachzusteuern. Um „Irgendetwas" voranzutreiben, was schlimmstenfalls Lehrer und Schüler von Wichtigerem abhält oder was bestenfalls einfach nur „Spaß macht", ist entweder die investierte Zeit zu kostbar oder die Diskussion zu „aufgeblasen".

Im Folgenden wird also skizziert, wie das Thema Ganztagsschule urplötzlich ins „Rampenlicht" der gesellschaftlichen Öffentlichkeit „katapultiert"

---
1 Vgl. Wieres Ausführungen zum Forschungsstand in diesem Band.

wurde. Interessant ist hierbei zunächst die Darstellung des bildungspolitischen Mechanismus', der die Ganztagsschule als Antwort auf eine Vielfalt von Fragen krönte. Anschließend werden die vielfältigen Begründungen und Argumentationen für einen verlängerten Schultag dargelegt, die auf Kommissionsempfehlungen, internationalen Trends und Aussagen von Erziehungswissenschaftlern beruhen. Hierbei fällt unter anderem auf, dass die Argumente der Bildungspolitik von denen, die Erziehungswissenschaftler benutzen, nicht zu unterscheiden sind. Dies ist deshalb verwunderlich, da die erziehungswissenschaftliche Forschung bis heute keine oder nur schwache empirische Hinweise auf die pädagogische Wirkung einer ganztägigen Schulorganisation erarbeiten konnte (vgl. Holtappels u.a. 2007, S. 42), die eine solch umfangreiche bildungspolitische Initiative begründen würde.

„Wir werden das tun." – Die Bildungspolitik entdeckt die Ganztagsschule

Am 18.04.2002, also vor mehr als neun Jahren verkündete Gerhard Schröder im Rahmen seiner Regierungserklärung im deutschen Bundestag den Ausbau der Ganztagsschulen. Mit der daraufhin entstandenen Verwaltungsvereinbarung zum Investitionsprogramm „Zukunft Bildung und Betreuung" (IZBB) zwischen „Bund" und „Ländern" vom 29.04.2003 wurde in Deutschland eine Kettenreaktion weitreichender Projektionen auf die traditionelle deutsche Schule ausgelöst. Die Zahl der Publikationen zum Thema Ganztagsschule steigt beispielsweise ab dem Jahr 2003 gegenüber den letzen 20 Jahren exorbitant an. In den Jahren 1980 bis 2002 lag die Anzahl der Veröffentlichungen zwischen 13 und 69 jährlich. Zwischen 2003 und 2005 wurden zwischen 152 bis 257 Veröffentlichungen pro Jahr gezählt (vgl. Holtappels u.a. 2007, S. 37). Das „Handbuch Ganztagsschule", herausgegeben vom Vorsitzenden des Ganztagsschulverbandes Stefan Appel, erschien erstmals im Jahr 1998 und galt im Programm des Wochenschau-Verlages als Exot. Damals wurden jährlich etwa 20 Exemplare verkauft. Seit 2009 erscheint der Band mittlerweile in der sechsten Auflage.

Auch in der Schullandschaft hat sich seit 2003 einiges getan. Der „Erfolg" der Einrichtung von Ganztagsangeboten und Ganztagsschulen in Deutschland lässt sich u.a. an der Anzahl der Verwaltungseinheiten mit Ganztagsbetrieb ablesen. Für das Jahr 2001 gibt die KMK 2015 allgemein bildende Schulen in Ganztagsform an (vgl. Deutscher Bundestag 2002). Im Schuljahr 2002/2003 wurden unter Berücksichtigung einer bis jetzt gültigen Definition einer Ganztagsschule der KMK[2] schon 4.841 Standorte gezählt

---

2 Laut KMK sind Ganztagsschulen Schulen, bei denen im Primar- und Sekundarbereich I über den vormittäglichen Unterricht hinaus an mindestens drei Tagen in der Woche ein ganztägiges Angebot für die Schüler bereitgestellt wird, das täglich mindestens sieben Zeitstunden umfasst. An allen Tagen des Ganztagsschulbetriebs muss den teilnehmenden Schülern ein Mittagessen bereitgestellt werden. Die nachmittäglichen An-

(vgl. KMK 2004b, S. 10). Interessant ist, dass allein schon die Definition einer Ganztagsschule, wie sie die KMK seit 2003 benutzt, für die Existenz einer solchen sorgt – bisherige Halbtagsschulen mit nachmittäglichen Angeboten werden gewissermaßen „über Nacht" zu Ganztagsschulen. Im Jahr 2005 existieren laut KMK in Deutschland bereits 8.226 Standorte mit Ganztagsbetrieb (vgl. KMK 2007, S. 1*).

Formen und Möglichkeiten ganztägigen Lernens sind laut KMK-Statistik im Jahr 2005 an 28,3 % aller deutschen Schulen möglich. 2002 war dies „nur" an 16,3 % der Schulen so. Mit etwas über 8.000 Ganztagsschulen in Deutschland ist das ehrgeizige Ziel der ehemaligen rot-grünen Bundesregierung unter Gerhard Schröder, im Rahmen des Investitionsprogramms bis 2007 10.000 Ganztagsschulen auf- und auszubauen, fast erreicht. Im Jahr 2008 zählt die Statistik nunmehr 11.825 Schulen (Verwaltungseinheiten) mit Ganztagsbetrieb. An 41,7 % deutscher Schulen finden sich 2008 also ganztägige Angebote (vgl. KMK 2010, S. 1*).

Dies ist jedoch nicht allein dem Bau- und Ausstattungsprogramm des Bundes zu verdanken. Auch in den Bundesländern selbst wurde bereits vor dem Investitionsprogramm und parallel zu diesem der Ausbau von ganztägigen Organisationsformen durch eigene Förderprogramme unterstützt. Der Freistaat Sachsen beispielsweise stellt(e) neben den Möglichkeiten der IZBB-Förderung aus dem eigenen Haushalt zusätzlich jährlich 30 Millionen Euro (2009)[3] zum Ausbau von Ganztagsangeboten bereit.

Die meisten Pädagogen, Bildungspolitiker und Erziehungswissenschaftler sind sich nach Ansicht von Thomas Coelen darin einig, dass Kinder mehr Zeit als bislang in öffentlichen Bildungsinstitutionen verbringen sollen, damit sich die schulischen Leistungen verbessern, soziale Kompetenzen entfaltet werden können, sie in altersgleicher Gemeinschaft sind und nachmittags betreut werden (vgl. Coelen 2003, S. 221). Die institutionell arrangierte Zeit für Kinder soll folglich ausgeweitet werden. Verbunden wird dies gern auch mit PISA 2000 und dem „schlechten" Abschneiden Deutschlands. Aber war dies tatsächlich die „Initialzündung" der neuen Ganztagsschulbewegung? Die folgende, genauere Analyse der Begründungszusammenhänge birgt so manche Überraschung.

Im Jahr 2002 gab es – zugespitzt bildlich gesprochen – ein Beben, das ein in den letzten 30 Jahren dahinplätscherndes Thema plötzlich zu einem bildungspolitischen Tsunami werden lässt. Der damalige Bundeskanzler Ger-

---

gebote werden unter der Aufsicht und Verantwortung der Schulleitung organisiert und sollen in einem konzeptionellen Zusammenhang mit dem vormittäglichen Unterricht stehen. Je nachdem welche Organisationsform gewählt wird (voll gebunden, teilweise gebunden oder offen), unterscheidet sich die Verbindlichkeit der Teilnahme der Schüler an den schulischen Offerten (vgl. KMK 2004b, S. 4f.).

3 Vgl. hierzu die Ausführungen von Lehmann zu „Rahmen und Förderung ganztagsschulischer Angebote in Sachsen" in diesem Band.

hard Schröder hält in der 230. Sitzung des Bundestages am 18.04.2002 eine Regierungserklärung mit dem Titel „Familie ist, wo Kinder sind – Politik für ein familien- und kinderfreundliches Deutschland". Er kündigt unter anderem einen „weitergehenden Ausbau der Ganztagsbetreuung" in Deutschland an. Unter dem Leitthema der Regierungserklärung, dem Ausbau von Familienfreundlichkeit, verkündet Schröder ein „Zukunftsprogramm Bildung und Betreuung". „Es ist an der Zeit, eine solche gesamtgesellschaftliche große Anstrengung zu unternehmen. Wir werden das tun." (Deutscher Bundestag 2002a), unterstreicht Gerhard Schröder. Hierfür stehen bis 2007 4 Milliarden Euro zur Verfügung (vgl. ebenda). Mit dieser Erklärung steht die Forderung nach der Ganztagsschule zunächst nicht im Lichte einer Konsequenz auf die erste PISA-Studie, deren Ergebnisse 2001 veröffentlicht wurden, sondern rückt die Vereinbarkeit von Familie und Beruf durch bessere Betreuungsmöglichkeiten ins Zentrum.

Der Verweis auf PISA im Rahmen des Begründungszusammenhangs des Bundes zu der Forderung des Ausbaus von Ganztagsschulen lässt aber nicht lange auf sich warten. In der Antwort der Bundesregierung auf eine kleine Anfrage aus der CDU/CSU-Fraktion zur Regierungserklärung Schröders, 10.000 Ganztagsschulen zu schaffen, bemerkt diese Folgendes:

> „Ziel ist es, durch ein gutes, am Bedarf der Familien ausgerichtetes Angebot an Betreuungseinrichtungen einen Beitrag zur Bildungsqualität und Chancengleichheit von Kindern zu leisten sowie die Vereinbarkeit von Elternschaft und Berufstätigkeit zu ermöglichen. Die Förderung des Ausbaus des Angebots von Ganztagsschulen bedeutet unter Berücksichtigung und Wahrung der Interessen der Länder eine konsequente und zeitnahe Umsetzung der Empfehlungen des Forums Bildung und steht im Zusammenhang mit notwendigen Maßnahmen zur Verbesserung der Qualität des Unterrichts. Damit sollen auch Folgerungen aus der PISA-Studie gezogen werden. Zugleich trägt das Zukunftsprogramm zur Verwirklichung eines familien- und kinderfreundlichen Deutschlands bei." (Deutscher Bundestag 2002b, S. 1)

Studiert man nun die Reaktionen der KMK auf PISA 2000, so fällt Folgendes auf: In einer ersten öffentlich gemachten Festlegung auf sieben Handlungsfelder, die ein halbes Jahr vor der Regierungserklärung zum Ausbau von Ganztagsschulen datiert ist, ist noch nicht von Ganztagsschulen bzw. Ganztagsangeboten als Konsequenz die Rede (vgl. KMK 2001). Das ändert sich allerdings im Rahmen des Beschlusses der 299. Kultusministerkonferenz vom 17./18.10.2002, also ein halbes Jahr nach der Regierungserklärung. Hier werden unter Punkt sieben der vorrangigen Handlungsfelder im Nachgang zu PISA 2000 „Maßnahmen zum Ausbau von schulischen und außerschulischen Ganztagsangeboten mit dem Ziel erweiterter Bildungs- und Fördermöglichkeiten, insbesondere für Schülerinnen und Schüler mit Bildungsdefiziten und besonderen Begabungen" genannt. D.h. Ganztagsschulen werden von den Bundesländern erst im Zusammenhang mit einem massiven Förderprogramm als naheliegende Lösung der in PISA 2000 deutlich gewordenen Probleme interpretiert. Die Schlussfolgerung, aufgrund der unterdurchschnittlichen Leistungen deutscher Schüler im internationalen Vergleich sowie des hohen Zusammenhangs von Herkunft und Schulerfolg, Ganztagsschulen einzurichten, lässt sich im Übrigen in der erziehungswissenschaftlichen Reflexion der PISA-Ergebnisse nicht wiederfinden.

Dem durch die Länder bei der Einrichtung ganztägiger Angebote an Schulen in unterschiedlichem Ausmaß bereits begangenem Weg soll in den folgenden Jahren ein massiver Ausbau folgen. Mit dem Investitionsprogramm „Zukunft Bildung und Betreuung" startet schließlich im April 2003 „eines der größten Bildungsprogramme, die es in Deutschland je gab." Mit dem bescheidenen Ziel: „Das deutsche Bildungssystem in zehn Jahren wieder an die Weltspitze zu bringen", wie die ehemalige Bundesministerin für Bildung und Forschung Edelgard Bulmahn im Vorwort einer Imagebroschüre zur Ganztagsschulenkampagne „Ganztagsschulen. Zeit für mehr." verlauten lässt (BMBF o.J., S. 3). Aber nicht allein die Bereitstellung von 4 Milliarden Euro soll den Ausbau forcieren. Es wird von Seiten des Bundes auch dafür gesorgt, dass die Idee der Ganztagsschule bzw. des Ausbaus von Ganztagsangeboten möglichst alle erreicht. Die Firma „fischerAppelt AG"[4] entwickelt für das Bundesministerium eine bundesweite Kampagne, „die die Vorteile des neuen Angebots einer breiten Öffentlichkeit näher vermittelt." (fischerAppelt AG o.J.). Die Firma konzipiert „die strategische Positionierung, das Wording, Anzeigen und Mediastrategie, Events, Broschüren, Flyer sowie die Kampagnen Website *www.ganztagsschulen.org*" (ebenda). In Deutschland hat es nie zuvor eine derartige Werbekampagne für eine besondere Organisationsform von Schule gegeben.

Neben der Verbreitung einer Idee werden andere, den Ausbau und die Ausgestaltung von ganztägigen Organisationsformen flankierende Maßnahmen ergriffen. Hierzu gehört vor allem das Begleitprogramm „Ideen für mehr! Ganztägig lernen." der Deutschen Kinder- und Jugendstiftung. In enger Zusammenarbeit mit dem Bund und den Ländern sollen Mitarbeiter der so genannten Serviceagenturen in den Ländern dafür sorgen, dass Schulen, die ganztägige Bildungsangebote entwickeln, ausbauen und qualitativ verbessern wollen, entsprechende fachliche Unterstützung erhalten (vgl. *DKJS o.J.*).

Ab 2002 hatte sich die Bundesregierung also unübersehbar darauf festgelegt, durch den Ausbau von Ganztagsschulen bzw. Ganztagsangeboten sowohl neue Betreuungsmöglichkeiten im Rahmen familienfreundlicher Strukturen zu schaffen als auch das Mehr an Zeit dafür zu nutzen, das deutsche Bildungssystem leistungsfähiger zu gestalten. Im Mai 2003 kommt es schließlich zur Unterzeichnung der Verwaltungsvereinbarung zwischen

---

4 Vgl. *www.fischerappelt.de (Zugriff: 03.09.2010).*

Bund und Ländern zum „Investitionsprogramm Zukunft Bildung und Betreuung". In Deutschland entscheiden auf Grund des Föderalismusprinzips die Länder darüber, wie die Schulen zu gestalten sind. Da die meisten Landesparlamente zum Zeitpunkt der von rot-grün angeregten Diskussion über den Ausbau von Ganztagsschulen CDU-regiert sind, kann davon ausgegangen werden, dass die Verhandlungen zwischen Bund und Ländern zu Fragen der Gestaltung von Bildungssystemen zäh verliefen. Die Unionsländer akzeptierten den Ausbau von Ganztagsschulen, möchten sich aber nicht auf zentrale inhaltliche Konzepte und Standards festlegen lassen. In gewisser Weise gehen sie aber mit einem großen Gewinn aus diesen Verhandlungen hervor: Ihnen werden vor allem die – ansonsten überwiegend durch die Kommunen als Schulträger zu erbringenden – Neubau-, Ausbau-, Umbau- und Renovierungsarbeiten sowie Ausstattungen an den Schulen durch Bundesmittel mit einem vergleichsweise geringen Eigenanteil von 10 % ermöglicht. Die Vorstellungen über die mit ganztägigen Organisationsformen verbundenen Inhalte und Konzepte werden allein in den Ländern entwickelt. Dem Bund obliegt es nicht, einheitliche Qualitätsstandards vorzugeben und anhand pädagogischer Konzepte der antragstellenden Schulen über die Mittelvergabe zu entscheiden. Interessant in Bezug auf die konkurrierenden Kompetenz- und Verantwortungsansprüche zwischen Bund und Ländern ist, dass in der Präambel der Verwaltungsvereinbarung der Hinweis darauf, die Ganztagsschule sei als Reaktion auf die PISA-Ergebnisse zu verstehen, nach den Verhandlungen zwischen Bund und Ländern gestrichen wurde (vgl. Rother 2003, S. 62). Aus Sicht einiger Länder wird also kein Zusammenhang zwischen den zentralen PISA-Ergebnissen und einem Mehr an Zeit in der Schule hergestellt. Es ist aus der Position der „Spitzenreiter" im nationalen Vergleich (Bayern, Baden-Württemberg und Sachsen), allesamt unionsregierte Länder, nachzuvollziehen, dass man keine Lösung für ein Problem braucht, das nicht existiert. Vielleicht haben diese Länder ja auch bereits damals schon zur Kenntnis genommen, dass es keine empirischen Belege für unmittelbare Wirkungen der Ganztagsschule auf die Schulleistungen gibt (vgl. Radisch/Klieme 2003).

In den bildungspolitischen Absichtserklärungen des Bundes, die die Länder offiziell teilen, und auch im Rahmen landeseigener Regelungen und Haltungen erreicht die Idee von einem zusätzlichen Zeitkontingent in den Schulen hohe Popularität. Bildungspolitische und vor allem sozialpädagogische (weniger schulpädagogische) Diskurse werden vom Ganztagsschul-Thema bestimmt. Die Ganztagsschule dringt in alle gesellschaftlichen Bereiche, Institutionen und Organisationen vor. Die Popularität des Themas und der breite erziehungswissenschaftliche Diskurs über Ganztagsbildung korrespondieren mit den finanziellen Ressourcen, die im Rahmen des IZBB und der Länderprogramme für den Ausbau und die Forschung zur Verfügung stehen (vgl. Vogel 2006, S.14).

Die Ganztagsschule ist somit zum Topthema avanciert und wird nun ausnahmslos gefordert, umfangreich begründet und legitimiert. Bei der Frage nach dem „Wozu" der Ganztagsschule ergibt sich in der Folge eine Situation, die in Anlehnung an Thomas Rauschenbach in etwa so formuliert werden kann: Ich kenne zwar Ihre Frage nicht, aber die Antwort lautet Ganztagsschule (vgl. Rauschenbach 2005).

Die Ganztagsschule wird empfohlen

Die Ganztagsschule ist bildungspolitisch breit akzeptiert, aber wozu soll sie dienen? Worauf soll sie die Antwort sein? Welche Wirkungen verspricht man sich von einem Mehr an Zeit? Wozu und warum eigentlich braucht man die Ganztagsschule? Was soll die Ganztagsschule im Gegensatz zur herkömmlichen (Halbtags-)Schule leisten? Was macht sie plötzlich wieder so attraktiv – in den letzten 40 Jahren wird sie schließlich nicht zum ersten Mal empfohlen?

Die damalige Bundesregierung unter Gerhard Schröder steckt mit der Maßnahme Ganztagsschule, also der Erweiterung zeitlicher und inhaltlicher Möglichkeiten, einen äußerst ausgedehnten Zielkorridor ab. In dem die Schule zur Betreuungseinrichtung erweitert wird, soll sie im Rahmen der Betreuungszeiten sowohl ein Bildungsprogramm erfüllen als auch quasi im Nebeneffekt den Eltern eine Berufstätigkeit ermöglichen. Die Ganztagsschule soll dazu dienen, die Empfehlungen des Forums Bildung umzusetzen sowie notwendigerweise die Unterrichtsqualität zu verbessern (vgl. Deutscher Bundestag 2002b, S. 1), was als eine Folgerung aus der PISA-Studie verstanden wird. Das Mehr an Zeit soll helfen, Begabungen individuell und benachteiligte Personengruppen stärker zu fördern. Eine „pädagogisch gehaltvolle Ganztagsbetreuung" wird damit auch als „wesentliche Rahmenbedingung für den Abbau sozialer Selektivität und damit für mehr Chancengleichheit in unserem Bildungssystem" (ebenda, S. 3) angenommen, wenn man so will eine weitere Folgerung aus den PISA-Ergebnissen. Das sind zusammengefasst die Ziele, die aus der Antwort der Bundesregierung auf eine Anfrage der Opposition zum beabsichtigten Ausbau von Ganztagsschulen hervorgehen. (vgl. Deutscher Bundestag 2002b)

Was sind aber eigentlich die Empfehlungen des Forums Bildung, auf die sich die Bundesregierung stützt, wenn sie den Ausbau der Ganztagsschule begründet? Zur Erinnerung: Das Forum Bildung war ein von der damaligen Bundesministerin für Bildung und Forschung, Edelgard Bulmahn, initiiertes Gremium aus staatlichen und nichtstaatlichen Mitgliedern, das zwischen 1999 und 2002 im Rahmen der Bund-Länder-Kommission für Bildungsplanung und Forschungsförderung (BLK) die dringendsten bildungspolitischen Problemstellungen aufgegriffen und diskutiert hat. Zusammengesetzt war dieses Forum aus Vertretern des BMBF (Bundesministerin und Staatssekretär), aus Vertretern der Länder (Kultusminister und Forschungsminister), aus Vertretern der Arbeitgeberseite (Wirtschaft und Arbeitgeberverbände), aus Vertreterinnen der Arbeitnehmerseite (DGB und GEW), aus zwei Vertretern der Wissenschaft (ein Mathematikprofessor und ein Bildungsforscher) sowie aus Vertretern beider christlicher Kirchen.

Jenes Forum Bildung gab dem Bund und den Ländern Empfehlungen in zwölf Bereichen. „Das Forum sieht dabei frühe Förderung, individuelle Förderung, die Verwirklichung lebenslangen Lernens für alle, die Erziehung zu Verantwortung und die Reform der Aus- und Weiterbildung der Lehrenden als vordringlich an." (Forum Bildung 2001, S. 5) Im vordringlichen Bereich „II. Individuelle Förderung" empfiehlt das Forum Bildung die „bedarfsgerechte Ausweitung des Angebots an Ganztagsschulen mit Schwerpunkten der individuellen Förderung und des sozialen Lernens." (ebenda, S. 8). Individuelle Förderung sei Teil einer neuen Lern- und Lehrkultur, in der unterschiedliche Lernvoraussetzungen wahrgenommen und differenzierte Lernangebote gemacht werden könnten. Dies erfordere gleichzeitig neue Formen des Lehrens und die Akzeptanz, das Lernen ein individueller Prozess sei, der durch ein Mehr an Selbststeuerung und Eigenaktivität unterstützt werden könne. Durch individuelle Förderung sei auch die Voraussetzung geschaffen, Benachteiligungen zu vermeiden oder abzubauen. Das Forum Bildung führt aus, dass Ganztagsschulen bessere zeitliche Bedingungen für eine individuelle Förderung aller Begabungen böten. Ein Mehr an Zeit in den Schulen könne, wenn dieses im Rahmen eines pädagogischen Konzepts entsprechend genutzt würde, schulischer Bildung im oben genannten Sinne zu einer neuen Qualität verhelfen, Benachteiligungen vermeiden sowie Begabungen fördern (vgl. ebenda, S. 7ff.).

Bedeutsam ist der Hinweis darauf, dass es nicht allein um die Addition eines zusätzlichen Zeitkorridors geht, sondern dass individuelle Förderung vor allem durch andere Formen des Lehrens und Lernens ermöglicht wird und hierfür in den Schulen eventuell mehr Zeit benötigt wird, als es gewohnheitsmäßig der Fall ist. Die Empfehlung des Forums Bildung, das Angebot an Ganztagsschulen auszuweiten, setzt seinen Schwerpunkt auf die Gestaltung der schulischen Lehr- und Lernkultur zum Zwecke einer besseren individuellen Förderung und nicht vorrangig auf den Betreuungsaspekt.

Indem das Forum Bildung von einer „bedarfsgerechten Ausweitung des Angebots an Ganztagsschulen" spricht, kann damit die Ganztagsschule in gebundener Form gemeint sein als eine Schule, die auf Grund ihres pädagogischen Konzepts länger dauert (Ganztagsschule). Zum zweiten könnte für eine solche Schule insbesondere Bedarf vor allem bei denjenigen Schülern mit ungünstigeren Lernvoraussetzungen bestehen (z.B. Kinder aus sozial benachteiligten Familien oder Kinder mit Migrationshintergrund). In diesem Fall ginge es um den Ausbau von Ganztagsschulen genau dort, wo vermehrt die Notwendigkeit an individueller Förderung besteht, um Benachteiligungen abzubauen.

Bereits vor fast 40 Jahren hat ein ähnliches Gremium wie das Forum Bildung die Einrichtung von Schulversuchen mit Ganztagsschulen empfohlen. Die Bildungskommission des Deutschen Bildungsrates empfiehlt im Jahre 1968 „Ganztagsschulen als Versuchsschulen in einer für eine wissenschaftliche Kontrolle ausreichenden Anzahl einzurichten." (Deutscher Bildungsrat 1968, S. 12)

Der Bildungskommission kam es zunächst darauf an, im Rahmen eines „Experimentalprogramms" (Deutscher Bildungsrat 1968, S. 12) einen Nutzen der Ganztagsschule wissenschaftlich nachzuweisen.[5] Da in vielen neueren Veröffentlichungen nur darauf verwiesen wird, dass es diese Forderung der Bildungskommission bereits vor vier Jahrzehnten gab, sollen hier die Zuschreibungen der Bildungskommission an eine Ganztagsschule sowie die Motive für deren Existenz noch einmal im Original zur Kenntnis gebracht werden. Dies geschieht auch, um auf das „modetypische" Kennzeichen von bildungspolitischen Themensetzungen hinzuweisen. In zyklischen Zeiträumen werden bestimmte pädagogische Akzentuierungen und Inhalte reanimiert und dem Zeitgeist entsprechend neu angeboten.

1968 formulierte die Bildungskommission (ebenda, S. 13), dass die Ganztagsschule nicht einfach eine ausgeweitete Halbtagsschule sein darf und dass sich ihr neue und erweiterte Aufgaben stellen:

1. „Stärkere innere und äußere Differenzierung des Unterrichts; insbesondere Einrichtung von Wahlkursen und freiwilligen Arbeitsgemeinschaften und Aufbau von Förderkursen.
2. Übung, Vertiefung und Wiederholung des Lernstoffes in der Schule anstelle der üblichen Hausaufgaben; Entwicklung neuer Arbeitsformen.
3. Erweiterte Möglichkeiten für künstlerische Betätigung.
4. Mehr Zeit und freiere Formen für Sport und Spiel.
5. Erweiterung des sozialen Erfahrungsbereichs und Vorbereitung auf die Arbeitswelt.
6. Verstärkung der Kontakte zwischen Schülern aus verschiedenen sozialen Schichten.
7. Verbesserung der Zusammenarbeit zwischen Schülern und Lehrern.
8. Ausbau der Schülermitverantwortung.
9. Engere Zusammenarbeit von Eltern und Schule.
10. Ausbau der schulinternen psychologischen Beratung."

Was waren 1968 die Motive für die Forderung eine Ganztagsschule mit den oben beschriebenen Aufgaben? Wozu sollte man solche Schulen einrich-

---

[5] Vgl. hierzu die Ausführungen von Wiere im Kapitel zum Forschungsstand in diesem Band.

ten? Die damalige Bildungskommission beschreibt sieben Gründe (vgl. ebenda S. 13–15):

1. Die Halbtagsschule mit ihrer strikten Fixierung auf den Unterricht vermag es nicht in ausreichendem Umfang, die Schüler auf die komplexen Anforderungen des gesellschaftlichen Lebens vorzubereiten. Um hier zu bestehen, bedarf es „Fähigkeiten zu veränderten Formen der Kommunikation" (ebenda, S. 13), die weder allein durch die Familien noch durch die Halbtagsschule entfaltet werden können.
Aktuelles Stichwort: Stärkung der Schule als Sozialisationsinstanz.

2. „In der Bundesrepublik Deutschland besteht eine Ungleichheit der Bildungschancen. In unseren Schulen gelingt es noch immer nicht genügend, die Unterschiede in der sozialen Herkunft der Kinder wirksam auszugleichen." (ebenda, S. 14). Es bedarf also eines Ausgleichs familiärer Defizite hinsichtlich mangelnder kultureller Anregungen und Interessenentfaltung.
Aktuelles Stichwort: Herstellung von Chancengerechtigkeit.

3. Schulischer Erfolg wird durch Auslagerung von Teilbereichen schulischer Arbeit zur familiären Angelegenheit. Der Umgang mit Hausaufgaben in den je unterschiedlichen Familien trägt maßgeblich zu schulischem Erfolg oder Misserfolg bei.
Aktuelles Stichwort: Hausaufgaben werden zu Schulaufgaben.

4. Die Arbeitswelt verlangt nach Menschen, die Einzelarbeit mit der Fähigkeit zur Kooperation verbinden können. Der Unterricht in den Schulen ist vor allem von Einzelarbeit dominiert, Arbeit im Gruppenverband ist wenig ausgeprägt. Es bedarf der Erweiterung schulischer Lern- und Sozialformen.
Aktuelles Stichwort: Unterrichtsentwicklung durch erweiterte Lehr- und Lernformen.

5. Die Berufstätigkeit der Mütter führt einerseits zu Betreuungslücken, aber indirekt auch zu dem Problem der Unverbundenheit des Hortes mit der Schule. Für beide Situationen wird eine mangelnde Förderung und Unterstützung im Hinblick auf die Schulleistungen festgestellt.
Aktuelles Stichwort: Bildungsleistungen der Jugendhilfe (speziell des Hortes) und der Familien, Steigerung der schulischen Leistungen.

6. Das sechste Motiv für die Einrichtung von Ganztagsschulen, welches die Bildungskommission 1968 beschreibt, ist für die heutige Zeit kaum noch übertragbar, soll aber benannt werden: Auf die Umstellung von der Sechstagewoche auf die Fünftagewochen muss sich auch die Schule einstellen. Der Wegfall des sechsten Schultages muss kompensiert werden.
Aktuelles Stichwort: Abitur in 12 statt 13 Schuljahren.

7. In der Halbtagsschule besteht kaum die Möglichkeit den Unterricht am Tag zeitlich flexibel und unter Berücksichtigung von physiologischen Schwankungen der Leistungsbereitschaft zu planen. Es fehlt ein zeitlicher Spielraum um den Schultag organisatorisch umzugestalten. Schüler und Lehrer fühlen sich durch die gedrängte Zeit in der Halbtagsschule überlastet.
Aktuelles Stichwort: Rhythmisierung.

Sechs der sieben Argumente besitzen eine nicht erwartete Ähnlichkeit mit den Zuschreibungen, Erwartungen und Hoffnungen, die im Zusammenhang mit der Debatte um die Ausweitung der Ganztagsschulen und Ganztagsangebote seit 2002 geäußert werden – siehe die aktuellen Stichworte.

Eine andere Kommission, nämlich die des 12. Kinder- und Jugendberichtes (BMFSFJ 2005), empfiehlt im Rahmen der Ausgestaltung eines öffentlichen Systems für Bildung, Betreuung und Erziehung ebenfalls den bestmöglichen Auf- und Ausbau flächen- und bedarfsdeckender ganztägiger Angebote für Kinder und Jugendliche im Schulalter. Ein solches Angebot von Ganztagsschulen, so die Kommission, müsse mit einer grundlegenden pädagogischen Reform der Schule einhergehen, wozu auch die Rhythmisierung des Tagesablaufs und der Einbezug alternativer Lernformen gehören. Im Zuge der Überwindung des gegenwärtigen Schulsystems hin zu einem ganztägigen Bildungs-, Betreuungs- und Erziehungsangebot, welches in gemeinsamer Verantwortung von Schule und Kinder- und Jugendhilfe gestaltet werden soll, würde ebenfalls eine alters-, entwicklungs-, geschlechts- und lebenslagengerechte individuelle Förderung aller Kinder und Jugendlicher zum Maßstab gemacht. Im Zusammenhang mit dieser Anforderung an ein ganztägig organisiertes Bildungssystem empfiehlt die Kommission des 12. Kinder- und Jugendberichts über einen verlängerten gemeinsamen Schulbesuch nachzudenken, „wie er in den meisten europäischen Nachbarländern bereits existiert." (ebenda, S. 564) Innerhalb der Problematik ungleich verteilter Bildungschancen lesen sich die Empfehlungen der Kommission vor allem als Plädoyer für eine relativ autonome, im Sozialraum vernetzte Gemeinschaftsschule mit schulreformerischem Anspruch, die zugleich ganztägig organisiert ist.

Die Bundesregierung begrüßt in ihrer Stellungnahme, dass die Kommission die Bedeutung von Ganztagsangeboten und Ganztagsschulen und insbesondere das Investitionsprogramm „Zukunft Bildung und Betreuung" als einen der „wichtigsten Impulse für eine Bildungsreform in Deutschland" würdigt sowie den Auf- und Ausbau von Ganztagsschulen mit einem „bildungspolitischen Paradigmenwechsel in Deutschland" in Zusammenhang bringt (ebenda, S. 13). Anschließend formuliert die Bundesregierung die Gründe, die für den Ausbau von Ganztagsschulen sprechen:

- „Verringerung des dramatischen Zusammenhangs von sozialer Herkunft und Bildungserfolg und damit Verbesserung der gesellschaftlichen Teilhabe aller Kinder und Jugendlichen,
- Steigerung der Lernergebnisse und Verbesserung der Lernkompetenzen der Schülerinnen und Schüler durch eine neue Lern- und Lehrkultur,
- Drastische Senkung der Zahl der Jugendlichen ohne Schulabschluss,
- Milderung sozialer Probleme in Schulen ('soziale Brennpunkte'), Unterstützung von Familien in schwierigen Erziehungssituationen,
- Vereinbarkeit von Familie und Beruf, insbesondere Steigerung der Erwerbstätigkeit von Frauen,
- Stundenumverteilung (verpflichtender Nachmittagsunterricht) durch Einführung des achtjährigen Gymnasiums (G 8) in vielen Bundesländern." (ebenda, S. 13)

Hinzu kommt der Verweis auf die Bedeutung gesundheitsfördernder Lebensbedingungen im Zusammenhang mit den Schulleistungen. Deshalb sollen Ganztagsschulen ausgewogenes Essen und Trinken, regelmäßige Bewegung und Entspannung bieten (vgl. ebenda, S. 13).

Die Bundesregierung stellt gleichzeitig heraus, dass die genannten Ziele, die den Auf- und Ausbau von Ganztagsschulen nahe legen, vor allem durch eine Verbesserung der Schul- und Unterrichtsqualität sowie durch veränderte Zeit- und Raumbedingungen erreicht werden und nicht allein und ausschließlich durch eine Verlängerung des Schultages (vgl. ebenda, S. 13).

Der von der Bundesregierung im Zusammenhang mit der Ganztagsschule beschworene bildungspolitische Paradigmenwechsel nimmt damit seinen Ausgangspunkt bei der Halbtagsschule. Die bis dato weitgehend flächendeckend existierende schulische Organisationsform und ihre inhaltlich-methodische Ausgestaltung wird – im Gegensatz zu den „Verheißungen" der Ganztagsschule – als defizitär und überholt betrachtet.

Edelgard Bulmahn, damalige Bundesministerin für Bildung und Forschung, fasst in bestechender Kürze die Argumentationskette im Hinblick auf die Wirkungen der Ganztagsschule zusammen: „Warum Ganztagsschulen? Gute Bildung braucht Zeit. An Ganztagsschulen ist Zeit – Zeit für mehr Qualität im Unterricht, individuelle Förderung, kreative Freizeitgestaltung und familienfreundliche Betreuung." (BMBF o.J., S. 3) Die Argumentation ist einfach: Indem der Schultag zeitlich ausgedehnt wird, ergeben sich die oben genannten Möglichkeiten der Schul-, Unterrichts- und Kompetenzentwicklung.

Um zu verstehen, welches „Mehr an Zeit" die Ganztagsschule bieten soll, ist es wichtig, die als reformbedürftig erkannte Halbtagsschule und deren Zeitressourcen zu betrachten. In Deutschland gibt es unterschiedliche Schularten, in Sachsen beispielsweise Grundschulen, Mittelschulen (Haupt-

und Realschulbildungsgang sind hier vereint), Gymnasien und diverse sonderschulische Angebotsformen. Diese Schularten unterscheiden sich in vielerlei Hinsicht, u.a. in ihren Stundentafeln, also dem in den jeweiligen Klassenstufen pro Schulwoche verbindlich durchzuführenden Unterricht. In der sächsischen Grundschule sind in der 3. Klasse 26 Unterrichtsstunden pro Woche vorgegeben, in der 7. Klasse der Mittelschule 33 Stunden und in der 10. Klasse am Gymnasium handelt es sich um 35 Pflichtstunden in der Woche. Daraus resultierend, nehmen wir einen Mittelwert von 31 45-minütigen Unterrichtsstunden pro Schulwoche an. Das sind an vier Tagen sechs und an einem Tag sieben Unterrichtsstunden, alles in allem wochentäglich mindestens 4,5 Zeitstunden reine Unterrichtszeit. Hinzu kommen etwa 1,5 Stunden Pause, wodurch ein solcher Schultag sechs Stunden dauert. Beginnt die Schule erfahrungsgemäß etwa 7.30 Uhr, dann endet ein solcher Schultag 13.30 Uhr. Hiermit wäre der gesetzlich vorgegebene Pflichtteil erledigt. Wie in der Halbtagsschule weiterhin üblich, werden Hausaufgaben und andere für die Schule erforderliche Aufgaben zu Hause oder bei ca. 68 % ostdeutscher Kinder im Alter zwischen sechs und zehn Jahren zum großen Anteil im Hort erledigt (vgl. DJI Zahlenspiegel 2005, S. 48).[6] Je nach Schulart und Klassenstufe variiert die zeitliche Ausdehnung einer solchen Halbtagsschule, zu der selbstverständlich die mit schulischem Erfolg verbundenen, häuslichen Aufgaben zählen. Die Schüler werden also bereits in der und durch die Halbtagsschule rein zeitlich gesehen umfassend gefordert. Woher, so kann man sich angesichts dieser Überlegungen zum Zeitbudget eines Halbtagsschülers fragen, soll nun plötzlich ein Mehr an Zeit kommen? Auch die reine Verlagerung der Hausaufgabenerledigung an die Schule führt unter dieser Diskussion des Zeitaspkts letztlich nicht dazu, dass mehr Zeit für die Erfüllung der „großen Erwartungen" zur Verfügung stünde. Um ein Mehr an Zeit im Sinne der Verlängerung des Schultages kann es also gar nicht vordergründig gehen.

Der Ganztagsschulslogan der Bundesregierung „Zeit für Mehr" erscheint vor diesem Hintergrund wohl eher irreführend. Der Slogan „Ideen für mehr" der Begleitkampagne der Deutschen Kinder- und Jugendstiftung zum Investitionsprogramm trifft es da schon eher. Denn in der Betrachtung

---

6 In den westdeutschen Flächenländern besuchen übrigens nur 6 % der Kinder zwischen sechs und zehn Jahren einen Hort (vgl. DJI Zahlenspiegel 2005, S. 48). Die Diskussion um den Ausbau von ganztägigen Betreuungsangeboten für Grundschulkinder ist daher vor allem eine westdeutsche. Generell hat ein Ausbau von Schulen mit Ganztagsbetrieb vor allem in den alten Bundesländern stattgefunden. Im Schuljahr 2002/03 haben die neuen Bundesländer einen Anteil von über der Hälfte aller durch die KMK erfassten Verwaltungseinheiten mit Ganztagsbetrieb (2.533 von insgesamt 4.841). Im Jahr 2005 wurden für die neuen Bundesländer 3.068 Verwaltungseinheiten gezählt, es sind also gerade einmal 535 hinzugekommen. Hingegen stieg die Zahl der Verwaltungseinheiten mit Ganztagsbetrieb in den alten Bundesländern von 2.308 im Schuljahr 2002/03 auf 5.158 im Jahr 2005. Vgl. hierzu auch den Aufsatz von Markert zur ostdeutschen Geschichte der Ganztagsschule in diesem Band (vgl. KMK 2007).

Halbtagsschule versus Ganztagsschule ist davon auszugehen, dass es sich um die *Gestaltung* der Zeit handelt, die jeweils in der Schule zur Verfügung steht. Faktisch bräuchte man zunächst gar kein Mehr an Zeit, sondern vor allem einen anderen Umgang mit bereits vorhandener Zeit. Erst wenn sich aus inhaltlich-gestalterischen Ideen heraus ergibt, dass die traditionell zur Verfügung stehende Zeit an einer Schule vielleicht nicht ausreicht, um bestimmte Ideen und Konzepte erfolgreich umzusetzen, dann ist eine zeitliche Ausdehnung gerechtfertigt. Es geht also nicht darum, die Schule künstlich zeitlich auszudehnen und dann zu sehen, womit man diese zusätzliche Zeit füllt, sondern andersherum kann erst ein pädagogisches Konzept dazu führen, dass die Schule länger dauert als bis 13.30 Uhr. Dementsprechend sind die Argumente, die für den Ausbau von Ganztagsschulen und Ganztagsangeboten aufgeführt werden, inhaltlich zwar nachvollziehbar, aber sie bedingen keineswegs einen längeren Aufenthalt in der Schule. Die Kausalitäten zwischen den vielfältigen Erwartungen und der Lösung „Ganztagsschule" führen somit eventuell in die Irre bzw. verkürzen ein Gestaltungsproblem auf ein Zeitproblem.

Die Ganztagsschule im Ausland als Orientierungspunkt deutscher Bildungspolitik

Nach den Veröffentlichungen des international vergleichenden Kompetenztests PISA und dem Ergebnis, dass die Leistungen deutscher Schüler in bestimmten Feldern schlechter sind als in anderen Ländern sowie der Bestätigung, dass schulische Leistungen an die soziale Herkunft gekoppelt sind, begann das große Schlussfolgern. Auf der Suche nach Lösungen ist es nicht verwunderlich, dass die Schulsysteme der PISA-Siegerländer intensiver beobachtet und Unterschiede zum eigenen Bildungssystem diskutiert wurden. Insbesondere die skandinavischen Länder haben es den deutschen Bildungspolitikern und Pädagogen angetan. Die Ganztagsschule sei internationaler Standard, kann man in den Werbeschriften des BMBF zum Investitionsprogramm „Zukunft Bildung und Betreuung" lesen (vgl. BMBF o.J., S. 4).

Im Rahmen von Studienreisen, Vorträgen und Beiträgen deutscher Medien über finnische und schwedische Schulen lassen sich Erziehungswissenschaftler, Pädagogen, Bildungspolitiker und Eltern von anderen Schulsystemen inspirieren. Beim Besuch schwedischer Schulen ist man – so dass eigene Erleben bei einer Studienreise – von vielem beeindruckt:

- von kommunalen Strukturen in denen Jugendhilfe und Schule in einer Verantwortung sind;
- vom Stellenwert den die Bildung in kommunalen Haushalten einnimmt;
- von den autonomen Entscheidungen, die innerhalb der Schulen getroffen werden;
- vom längeren gemeinsamen Lernen bis Klasse 9;

- von den knappen zentralen Curricula;
- von der Kommunikations- und Kooperationskultur der Lehrer;
- von dem Verhältnis zwischen Schülern und Lehrern;
- von dem Bild, dass die Lehrer vom Schüler haben;
- vom kostenlosen Mittagessen, an dem alle Schüler teilnehmen;
- von der Flexibilität der Unterrichtsgestaltung;
- von der Eigenverantwortung, die Schülern im Rahmen ihres Lernprozesses übertragen wird;
- vom Schulklima u.a.m.

Allein Ganztagsschulen wird man kaum erleben. Der Unterricht beginnt in der Regel um 8.00 Uhr und endet mit täglichen Abweichungen zwischen 13.30 und 14.30 Uhr. Bestandteil dieser Unterrichtstage ist zum Beispiel eine über einstündige Mittagspause. Der Besuch von schulischen oder außerschulischen Angeboten steht den Schülern frei.

Auch bei der Betrachtung anderer Bildungssysteme, vor allem derjenigen, die bei PISA 2000 über dem OECD-Durchschnitt lagen, fällt entgegen der weit verbreiteten Meinung auf, dass die Ganztagsschule (im Sinne der zeitlichen Ausdehnung des Schultages) nicht die Regel ist. Das PISA-Siegerland Finnland beispielsweise ist ein klassisches Halbtagsschulland, wo der Unterricht gegen 13.00 Uhr beendet ist und sich viele Kinder am Nachmittag selbst überlassen sind (vgl. Pulkkinen/Pirttimaa 2005). Trotzdem erbringt Finnland sowohl Spitzenleistungen in den von PISA getesteten Kompetenzbereichen und weist einen deutlich geringeren Zusammenhang zwischen sozialer Herkunft und Schulleistung auf. Die Leistungsstärke der finnischen Schüler lässt sich also nicht auf die Existenz der Ganztagsschule zurückführen, sondern liegt in anderen Faktoren begründet, z.B. in ihrer Kleinheit, der personellen Ausstattung und der kulturellen Homogenität der Schülerschaft (vgl. von Freymann 2003).

Im Gegenteil: „Alle Maßnahmen, die nur dazu führen, dass den Lehrkräften an deutschen Schulen weitere unterrichtsfremde Aufgaben aufgebürdet werden (z.B. Ganztagsbetrieb, aber ohne zusätzliches Personal), können auf Dauer die Effektivität des Unterrichts nicht erhöhen." (ebenda, S. 298) In den so genannten „Ganztagsschulländern" Frankreich, Japan, Kanada, Neuseeland oder Italien beginnt der Unterricht nicht wie in Deutschland gegen 7.30 Uhr, sondern in der Regel eine bis eineinhalb Stunden später. Der verpflichtende Unterricht laut Stundentafel wird meist durch eine ein- bis zweistündige Mittagspause unterbrochen. Hinzu kommen eventuell außercurriculare Angebote und Aktivitäten. Wie lange Schüler in der Schule sind, braucht also nicht weiter diskutiert werden, entscheidend ist, wie effektiv die Lernprozesse organisiert und gestaltet werden. Obwohl finnische Schüler laut OECD während ihrer Schullaufbahn noch weniger Unterrichtsstunden erhalten als deutsche Schüler, die schon im internationalen Vergleich unterdurchschnittlich wenige Stunden absolvieren müssen (vgl. O-ECD 2008), reichen diese „wenigen" Stunden offenbar aus, um zumindest unter PISA-Bedingungen Spitzenleistungen zu erbringen. Quantität scheint somit nicht der „Hebel" zu sein, um die Leistungsfähigkeit eines Schulsystems zu erhöhen.

Die „plurale Motivlage" für eine Erweiterung der täglichen Schulzeit

In den vorhergehenden Abschnitten wurde die bildungspolitische Konstruktion eines Bedarfs an Ganztagsschulen beschrieben. Pädagogen und Erziehungswissenschaftler unterstützen diesen Konstruktionsprozess durch vielfältige Begründungen und Argumentationen. Auf empirischen Erkenntnissen der Schulforschung basiert die Forderung nach Ganztagsschulen jedoch nicht, denn es ist bisher kein Nachweis erbracht worden, dass die Ganztagsschule anderen Organisationsformen von Schule in ihrer Leistungsfähigkeit überlegen wäre. Vielmehr sind es weit gefächerte Hoffnungen und Erwartungen, die auch von Seiten der Erziehungswissenschaft auf Ganztagsschulen projiziert werden. Im Folgenden soll die „plurale Motivlage" (Höhmann/Holtappels/Schnetzer 2004, S. 253) noch einmal deutlich gemacht werden (vgl. ebenda, S. 253–257; Popp 2006, S. 182ff.).

Wozu Ganztagsschule? Weil durch einen verlängerten und verlässlich organisierten Schulaufenthalt der Kinder am Nachmittag die Erwerbstätigkeit von Müttern und Vätern unterstützt wird.

Dies mag vor allem auf die westlichen Bundesländer zutreffen, da deren Betreuungsangebot im Rahmen des SGB XIII (Förderung von Kindern in Tageseinrichtungen) deutlich niedriger ist als in den östlichen Bundesländern. Das trifft insbesondere auf die Betreuung der Kinder im Hortalter, also die Grundschüler zu (vgl. DJI Zahlenspiegel 2005, S. 48). Ein Bedarf an verlässlicher Betreuung in der gesamten Bundesrepublik besteht dagegen für die Kinder der Klassenstufen 5 und 6, die für den Hort zu alt und für den Jugendclub zu jung sind, die so genannten „Lückenkinder".

Wozu Ganztagsschule? Weil im Rahmen verlängerter Betreuungszeiten an der Schule Bildungs- und Teilhabechancen erhöht werden.

Dies trifft vor allem auf diejenigen Kinder und Jugendlichen zu, die auf Grund unzureichender soziokultureller Infrastrukturen in ihrem Wohnumfeld, mangelnder häuslicher Anregungen und fehlender sozialer Kontakte vergleichsweise geringere Bildungs- und Entwicklungsmöglichkeiten haben. Kostenfreie oder kostengünstige Bildungsangebote im Rahmen der Ganztagsschule bieten hier einen Ausgleich.

Wozu Ganztagsschule? Weil innerhalb einer erweiterten Schulzeit erzieherische Defizite der Familien ausgeglichen werden.

Die Schule wird im Rahmen der Ausgestaltung eines erweiterten Zeitbudgets zum Ort familienergänzender und familienunterstützender erzieherischer Leistungen. Traditionell ist dies auch ein besonderer Auftrag der Kinder- und Jugendhilfe (z.B. Jugendsozialarbeit, Hilfen zur Erziehung).

Wozu Ganztagsschule? Weil innerhalb des verlängerten Schulaufenthalts Sozialisationsrisiken aufgefangen werden.

Soziale Desintegration, Identitätskrisen und Passivität können Folgen des Verlusts an Erfahrungsräumen, medialer Überversorgung und kommerzieller Reizüberflutung sein. Im Rahmen schulischer Angebote können solche Tendenzen kompensiert bzw. durch andere ergänzt und ins Gleichgewicht gebracht werden. Ganztagsschule kann soziale Integration gewähren, Lern- und Erfahrungszusammenhänge herstellen, Verantwortung für sich und andere erlebbar machen. Sie kann im Sinne einer Polis Kontakte und Rollenerlebnisse ermöglichen sowie Orientierungen aufzeigen. Durch Förderung freundschaftlicher Beziehungen leistet die Ganztagsschule auch einen Beitrag zur Gewaltprävention.

Wozu Ganztagsschule? Weil mehr Zeit für die Erfüllung schulischer Qualifikationsaufgaben zur Verfügung steht.

Manche Anforderungen an die Lebensgestaltung und die Erwerbsarbeit haben sich im Vergleich zu den letzten Jahrzehnten verändert. Eigentätigkeit und Individualismus, die Bewältigung komplexer Zusammenhänge, Informationsüberflutungen und Medieneinflüsse erfordern ein angepasstes Verhalten, wenn man gesellschaftliche Teilhabe anstrebt. Hierfür bedarf es bestimmter (Schlüssel-)Qualifikationen, eines breiten Orientierungswissens sowie sozialer Kompetenzen. Die Schule muss hierauf durch andere Lerngelegenheiten sowie Erfahrungsmöglichkeiten reagieren und benötigt dafür mehr Zeit.

Wozu Ganztagsschule? Weil durch mehr Zeit eine differenzierte und variable Lernkultur entwickelt werden kann und auf Grund dieser bessere Chancen einer intensiven, individuellen Lern- und Begabungsförderung bestehen, was zugleich Einfluss auf bessere Schulleistungen hat.

Die passende Ausgestaltung eines zusätzlichen Zeitbudgets an den Schulen kann strukturelle und pädagogische Defizite der Halbtagsschule ausgleichen: z.B. Schulversagensquoten senken, Klassenwiederholungen vermeiden, kommerziell organisierten Nachhilfeunterricht ersetzen, Bildungsbenachteiligung und Chancenungleichheiten abbauen, Unterrichtsentwicklung vorantreiben (z.B. handlungsorientierte, projektförmige Lernformen) oder Diagnose- und Förderprozesse entstehen lassen. Des Weiteren können Begabungen und Interessen gefördert werden, z.B. im musisch-bildnerischen Bereich, in Mathematik, Fremdsprachen und den Naturwissenschaften.

Die soeben gegebenen Antworten auf das „Wozu" verlängerter täglicher Schulzeiten im Rahmen von ganztägigen Organisationsformen fassen die Vielfalt der Hoffnungen, Erwartungen und Projektionen innerhalb des Diskurses zu diesem Thema zusammen. Die Hoffnungen, die mit dem Ausbau eines ganztägig organisierten Schulwesens verbunden sind bzw. waren, werden in der Regel an die Forderung nach einer „neuen Schule" (Bundesjugendkuratorium 2003) geknüpft, die sich inhaltlich, organisatorisch und gestalterisch von der traditionellen (Halbtags)Schule absetzt.

Im Hinblick auf die dargestellten sozial-, bildungs- und wirtschaftpolitischen sowie schul- und sozialpädagogischen Begründungen für mehr Zeit in der Schule erscheint die Lösung Ganztagsschule fast so unspezifisch und flexibel wie ein Gesundheitsbad. Das ist generell auch für alles gut. Wenn man nicht genau weiß, ob es hilft, kann es zumindest nicht schaden und hinterher fühlt man sich auch irgendwie besser. Unter empirischen Gesichtspunkten, wie sie zu Beginn der „neuen Ganztagsschulbewegung" vorlagen, erscheint diese Begründung für Ganztagsschulen im Lichte der an sie geknüpften Hoffnungen und Erwartungen allerdings unbefriedigend. Inwieweit dieser Band eine anteilige Antwort auf die Frage geben kann, ob es aus Sicht der Forschung zu Ganztagsschulen Anlass dafür gibt, die Hoffnungen und Erwartungen an Ganztagsschule aufrechtzuerhalten, sei an dieser Stelle dem Urteil der Lesenden überlassen.

Literatur

BMBF (o.J.): Ganztagsschulen. Zeit für mehr. Berlin. Verfügbar über: www. ganztagsschulen.org/_downloads/imagbroschuere_bmbf.pdf (Zugriff: 23.09.2010).
BMFSFJ (2005): 12. Kinder und Jugendbericht. Bericht über die Lebenssituation junger Menschen und die Leistungen der Kinder- und Jugendhilfe in Deutschland. Ohne Ort. Verfügbar über: http://www.bmfsfj.de/RedaktionBMFSFJ/ Abteilung5/Pdf-Anlagen/ zwoelfter-kjb,property=pdf.pdf (Zugriff: 12.10.2010).
Bundesjugendkuratorium (BJK) (2003): Auf dem Weg zu einer neuen Schule. Jugendhilfe und Schule in gemeinsamer Verantwortung. Stellungnahme des BJK zum Investitionsprogramm „Zukunft Bildung und Betreuung" der Bundesregierung zur Schaffung von mehr Ganztagsschulen. Bonn: Bundesjugendkuratorium. Verfügbar über: www.bundesjugendkuratorium.de/pdf/2002-2005/bjk_2003_ auf_dem_weg_zu_ einer_neuen_schule.pdf (Zugriff: 12.10.2010).
Coelen, Thomas (2004): Ganztagsbildung in der Wissensgesellschaft – Bildung zwischen Jugendhilfe und Schule. In: Stefan Appel/Harald Ludwig/Ulrich Rother/Georg Rutz (Hrsg.): Jahrbuch Ganztagsschule 2004. Schwalbach: Wochenschau Verlag, S. 217–226.
Deutscher Bildungsrat (1968): Empfehlungen der Bildungskommission: Einrichtung von Schulversuchen mit Ganztagsschulen. Verabschiedet auf der 13. Sitzung der Bildungskommission am 23./24. Februar 1968. Ohne Ort.
Deutscher Bundestag (2002a): Regierungserklärung von Bundeskanzler Schröder zur Familienpolitik. „Familie ist, wo Kinder sind – Politik für ein familien- und kinderfreundliches Deutschland". Donnerstag, 18.04.2002. Verfügbar über: http://archiv.bundesregierung.de/bpaexport/regierungserklaerung/05/76605/ multi.htm (Zugriff: 23.09.2010).

Deutscher Bundestag (2002b): Antwort der Bundesregierung auf die kleine Anfrage der Abgeordneten Dr. G. Friedrich und weiterer Abgeordneter und der Fraktion der CDU/CSU vom 14.05.2002. Drucksache 14/9014.

Deutsches Jugendinstitut (DJI) (2005): Zahlenspiegel 2005: Kindertagesbetreuung im Spiegel der Statistik. München: DJI.

DKJS (o.J.): Homepage „Ideen für mehr. Ganztägig lernen.". Verfügbar über http://www.ganztaegig-lernen.org (Zugriff: 12.10.2010).

fischerAppelt AG (o.J.): www.fischerappelt.de/fischerappelt/_referenzen/referenz objekt.php?NavEbene1=1&NavEbene2=&we_objectID=328, (Zugriff: 03.09.2010).

Forum Bildung (2001): Empfehlungen des Forum Bildung. Bonn, 19.11.2001.

Freymann, von Thelma (2003): Die finnische Schule – ein Modell für Deutschland? Zu den Ursachen der finnischen PISA-Ergebnisse. In: Toni Hansel (Hrsg.): PISA – Und die Folgen? Die Wirkung von Leistungsvergleichsstudien in der Schule. Herbolzheim: Centaurus, S. 277–301.

Hansel, Toni (Hrsg.) (2003): PISA – Und die Folgen? Die Wirkung von Leistungsvergleichsstudien in der Schule. Herbolzheim: Centaurus.

Höhmann, Katrin/Holtappels, Heinz G./Schnetzer, Thomas (2004): Ganztagsschule. Konzeptionen, Forschungsbefunde, aktuelle Entwicklungen. In: Heinz G. Holtappels/Klaus Klemm/Hermann Peiffer (Hrsg.): Jahrbuch der Schulentwicklung. Band 13, Weinheim/München: Juventa, S. 253–289.

Holtappels, Heinz Günter/Klieme, Eckhard/Radisch, Falk/Rauschenbach, Thomas/Stecher, Ludwig (2007): Forschungsstand zum ganztägigen Lernen und Fragestellungen in StEG. In: Heinz-Günter Holtappels/Eckhard Klieme/Thomas Rauschenbach/Ludwig Stecher (Hrsg.): Ganztagsschule in Deutschland. Ergebnisse der Ausgangserhebung der „Studie zur Entwicklung von Ganztagsschulen" (StEG). Weinheim/München: Juventa, S. 37–50.

KMK (2001): KMK-Pressemitteilung: Kultusministerkonferenz erzielt Einigung mit Lehrerverbänden über Konsequenzen aus der PISA-Studie. Bonn, 05.12.2001. Verfügbar über: www.kmk.org/presse-und-aktuelles/pm2001/einigung-mit-lehrerverbaenden.html (Zugriff: 12.10.2010).

KMK (2004a): KMK-Pressemitteilung: Stellungnahme der KMK zu den Ergebnissen von PISA 2003. Bonn, 06.12.2004. Verfügbar über: www.kmk.org/presse-und-aktuelles/pm2004/stellungnahme-der-kmk.html (Zugriff: 12.10.2010).

KMK (Sekretariat der Ständigen Konferenz der Kultusminister der Länder in der BRD) (2004b): Bericht über die allgemein bildenden Schulen in Ganztagsform in den Ländern in der BRD – Schuljahr 2002/03. Bonn. Verfügbar über: http://www.ganztagsschulen.org/_downloads/GTS-Bericht-2002.pdf (Zugriff: 12.10.2010).

KMK (Sekretariat der Ständigen Konferenz der Kultusminister der Länder in der BRD) (2007): Allgemein bildende Schulen in Ganztagsform in den Ländern in der BRD – Statistik 2002 bis 2005. Bonn. Verfügbar über: www.kmk.org/fileadmin/pdf/Statistik/GTS_2005.pdf (Zugriff: 12.10.2010).

KMK (2010): Allgemein bildende Schulen in Ganztagsform in den Ländern in der Bundesrepublik Deutschland – Statistik 2004 bis 2008. Verfügbar über: www.kmk.org/statistik/schule/statistische-veroeffentlichungen/allgemeinbildende-schulen-in-ganztagsform-in-den-laendern-in-der-bundesrepublik-deutschland.html (Zugriff: 23.09.2010).

Popp, Ulrike (2006): Argumente für eine zeitgemäße Ganztagsschule aus schulpädagogischer Sicht. In: Hans-Uwe Otto/Jürgen Oelkers (Hrsg.): Zeitgemäße Bildung. Herausforderung für Erziehungswissenschaft und Bildungspolitik. München: Reinhardt, S. 178–190.

Pulkkinen, Lea/Pirttimaa, Raija (2005): Der integrierte Schultag in Finnland. In: Hans-Uwe Otto/Thomas Coelen (Hrsg.): Ganztägige Bildungssysteme. Innovation durch Vergleich. Münster: Waxmann, S. 81–93.

OECD (2008): Education at a Glance 2008. Paris: OECD. Verfügbar über: www.oecd.org/dataoecd/23/46/41284038.pdf (Zugriff: 12.10.10).

Radisch, Falk/Klieme, Eckard (2003): Wirkung ganztägiger Schulorganisation. Bilanzierung der Forschungslage. Literaturbericht im Rahmen von „BildungPlus". Frankfurt am Main: DIPF.

Rauschenbach, Thomas: Bildung, Erziehung und Betreuung in der offenen Ganztagsschule: Schlussfolgerungen aus einem Jahr offene Ganztagsgrundschule. Manuskript eines Vortrages auf der Bilanzveranstaltung „1 Jahr offene Ganztagsgrundschule in NRW" am 11.02.2005 in Hamm. Verfügbar über: http://www.isa-muenster.de/pdf/ Vortrag Rauschenbach.110205.pdf (Zugriff: 23.09.2010).

Rother, Ulrich (2003): Ist Deutschland auf dem Weg zur Ganztagsschule? Entwicklungsstand und Entwicklungstendenzen in den Bundesländern. In: Stefan Appel/Harald Ludwig/Ulrich Rother/Georg Rutz (Hrsg.): Jahrbuch Ganztagsschule 2004. Schwalbach: Wochenschau, S. 61–70.

Vogel, Peter (2006): Bildungstheoretische Optionen zum Problem der Ganztagsbildung. In: Hans-Uwe Otto/Jürgen Oelkers (Hrsg.): Zeitgemäße Bildung. Herausforderung für Erziehungswissenschaft und Bildungspolitik. München: Reinhardt, S. 14–20.

Andreas Wiere

Wie wirkt die Ganztagsschule?

Forschungsfragen und Befunde

Bezogen auf die Ganztagsschule und auf Ganztagsangebote lässt sich fragen, woher der Optimismus kommt, dass diese Organisationsformen eine „bessere" Schule ermöglichen. Der Betreuungsaspekt sei zugunsten der Bildung einmal dahingestellt. Die Wissenschaft hat bis dato keine Belege für deren Überlegenheit gegenüber der Halbtagsschule, beispielsweise hinsichtlich der Entwicklung der kognitiven Leistungsfähigkeit, entdecken können (vgl. Prüß 2007, S. 74). Verhält es sich mit der Ganztagsschule also wie mit einem Aphrodisiakum? Casanova schwor auf Wein und Austern, Shakespeare auf die Kraft der Kartoffeln, die Römer auf Fenchel. Die Liste vermeintlicher Mittel mit aphrodisierender Wirkung ist lang. Wissenschaftliche Beweise für deren zugeschriebene Wirksamkeit fehlen jedoch weitestgehend. Ob ein Mittel als Aphrodisiakum taugt oder nicht, bestimmen vor allem unsere Fantasie und der Glaube an deren spezielle Wirkung. Glaube hat etwas mit Haltungen gegenüber bestimmten Ideen, Werten oder Zielen zu tun und wirkt zirkulär mit Handlungen und Verhaltensweisen. Selbst wenn also ein wissenschaftlicher Nachweis für die zugeschriebene Wirkung eines Stoffes oder eines Gegenstandes fehlt, scheint es andere Faktoren zu geben, die letztlich das wahrgenommene Resultat erzielen. Ist es mit der Ganztagsschule also wie mit einem Aphrodisiakum? Muss man nur fest daran glauben, dann wird es schon wirken?

Im vorangegangenen Kapitel von Wiere wurden die Ziele und Erwartungen benannt, die heute bzw. heute wieder oder immer noch mit ganztägigen Organisationsformen verbunden sind. Die vielfältigen Erwartungen an ganztägige Organisationsformen sind nicht neu (vgl. Deutscher Bildungsrat 1968) – jedoch muss festgestellt werden, dass sich die Ganztagsschule in den letzten 40 Jahren in Deutschland nicht als gängige Praxis gegenüber der Halbtagsschule durchgesetzt hat. Zwar ist auf Gesamtdeutschland bezogen durchaus ein Anstieg der Ganztagsbetreuung zu verzeichnen, jedoch scheint dies vor allem mit der Verbesserung einer insbesondere in Westdeutschland prekären Betreuungssituation im Primarbereich zusammenzuhängen. Um Das Jahr 1990 war lediglich für rund 5 % der Schüler eine Ganztagesversorgung gesichert (vgl. Holtappels 2004, S. 262). Hierbei ist zu berücksichtigen, dass in Ostdeutschland durch ein sehr breites Angebot an Horten eine sehr hohe Betreuungsquote im Primarbereich existierte. Die Hortbesuchsquoten in Ostdeutschland weisen immer schon zum Teil weit über die Fünfzig-Prozent-Marke hinaus, während in Westdeutschland etwa nur um die fünf Prozent der Grundschulkinder eine Nachmittagsbetreuung im Hort in Anspruch nehmen (können) (vgl. Konsortium Bildungsberichterstattung 2006, S. 245).[1] Zwischen 2002 und 2005 stieg in Deutschland der Anteil der Verwaltungseinheiten[2] mit Ganztagsbetrieb von 16,3 % auf 28,3 % (vgl. Quellenberg 2007, S. 16). Voll gebundene Ganztagsschulen bilden unter den Schulen mit Ganztagsbetrieb die Ausnahme. Die offene Form des Ganztagsangebotes ist mit Ausnahme der Förder- bzw. Sonderschulen weitaus stärker verbreitet (vgl. KMK 2007). Trotz der im Zuge der Initiative des Bildungsrates in den siebziger Jahren vorangetriebenen Debatte um die Vorteile einer Schule in ganztägiger Organisationsform und der durch die BLK gesetzten Ausbaumarke von 30 % Ganztagsschülern bis zum Jahr 1985 ist nicht zu erkennen, dass die Ganztagsschule sich gegenüber der Halbtagsschule ernsthaft durchsetzen konnte. Dennoch wird die Einrichtung der Ganztagsschule heute mit fast identischen Argumenten im Zuge der Debatten um Familienfreundlichkeit und „Bildungskatastrophen" wieder als Erfolgsmodell bemüht. Wieder ist die Ganztagsschule mit der Hoffnung an eine breite Wirksamkeit verbunden. Woher, so kann man fragen, zeugt dieser Optimismus? Worauf gründen sich die Hoffnungen und Erwartungen, die auf ganztägige Organisationsformen projiziert werden? Gibt es Belege oder Hinweise, die annähernd deren Wirksamkeit (Erfolg) beschreiben? In diesem Kapitel werden daher die Ergebnisse der „Fahndung" nach empirischen Aussagen zusammengestellt, die darüber Auskunft geben könnten, wie realistisch es ist, bestimmte Zielvorstellungen, die an ganztägigen Organisationsformen gekoppelt werden, argumentativ aufrechtzuerhalten. Es geht also nicht um die Frage des Geschmacks bestimmter schulischer Gestaltungselemente oder darum, ob bestimmte konzeptionelle und inhaltliche Normierungen der Ganztagsschule sympathischer sind als andere pädagogische Gestaltungsformen, sondern um die Frage der empirischen Legitimationen der Ganztagsschule.

Über die Schwierigkeit, erwünschte Wirkungen empirisch nachzuweisen

Kann man empirisch nachweisen, dass die Ganztagsschule wirkungsvoller als die Halbtagsschule ist? Mit dieser einfachen, aber schwer zu beantwor-

---

1 Dieser Umstand führte beispielsweise auch dazu, dass für Sachsen eine „wundersame Vermehrung" von Ganztagsangeboten im Spiegel der KMK-Statistik zu Ganztagsangeboten konstatiert wurde. Sachsen verzeichnete zum Schuljahr 2002/2003 mit 22,3 % die höchste Ganztagsversorgungsquote in der KMK-Statistik (vgl. KMK 2004), was vor allem daran liegt, dass viele Grundschüler den Hort besuchen (vgl. den Beitrag von Markert „Das hatten wir doch alles schon!?" im dritten Teil des Bandes).
2 Verwaltungseinheit meint die organisatorische Einheit von Schulen unabhängig von der Schulart (z.B. Schulzentren, Gesamtschulen, Mittelschulen usw.).

tenden Frage ist eine Diskussion darüber angestoßen, ob die empirische Schulforschung den Beweis für die pädagogisch wertvollste, effizienteste, gerechteste, leistungsstärkste – kurz die „richtige" Schule – erbringen kann. Das prominente Beispiel PISA zeigt hierzu etwa Folgendes: Nachdem die internationalen oder auch die nationalen Rangplätze der getesteten Leistungsfähigkeit von Schülern veröffentlicht wurden, waren finnische, schwedische oder kanadische Schulsysteme die schulpädagogische Goldgrube für viele deutsche Pädagogen und Politiker. Man ließ sich faszinieren von dortigen Ansichten und Praktiken in den Schulen und wünschte sich mehr Transfer in hiesige Schulsysteme. Übrigens kam kaum jemand auf die Idee, sich an Schulsystemen von Japan oder Korea zu orientieren, die in den PISA-Ranglisten ebenfalls ganz oben notiert waren. Offenkundig gibt es verschiedene Systeme, die wiederum in unterschiedliche kulturelle Kontexte eingebettet für hohe Leistungen sorgen. Man hätte somit, ohne dass dies ernsthaft möglich wäre, also die Wahl gehabt, welches System den Deutschen aus ihrer „Bildungskrise" heraus hilft. Eine solche Vorstellung ist natürlich irreal, da Schulen in Finnland, in Korea und eben auch in Deutschland keine auswechselbaren „trivialen Maschinen" sind, die, egal wo sie stehen und wirken, den immer gleichen Output erbringen. Baumert u.a. (2003) weisen auf Grundlage eines „allgemeinen theoretischen Rahmenmodells zur Erklärung schulischer Leistungen" (ebenda. S. 18), welches eine Reihe von Kontextvariablen für Lern- und Leistungsergebnisse zusammenfasst, explizit auf die „Grenzen der Aussagefähigkeit von PISA hin, wenn es um kausale Schlussfolgerungen geht" (ebenda). Das bedeutet, dass man die besondere Leistungsfähigkeit von Schülern und deren Einbettung in variablen Kontexten zunächst einmal ausschließlich zur Kenntnis nehmen, aber durchaus leidenschaftlich und pädagogisch motiviert diskutieren kann. Hieraus ergeben sich jedoch keine einfachen und mechanistischen Schlussfolgerungen zum Ausbau von Gestaltungselementen, die vermeintlich und woanders erfolgreich waren. Wahrscheinlich würde auch keiner ernsthaft behaupten, dass die positiv zu bewertende Abnahme der sozialen Disparitäten der Lesekompetenz deutscher Schüler von PISA 2000 über PISA 2003 bis PISA 2006 (vgl. PISA-Konsortium Deutschland 2007, S. 331) ein kausaler Effekt des Ausbaus von Ganztagsangeboten in Deutschland ist. Dass dies so eintrat, zeigt eine wünschenswerte Entwicklung. Über die tatsächlichen Ursachen kann allerdings nur gemutmaßt werden.

Eine weitere Perspektive bezieht sich auf methodische Schwierigkeiten: zum einen die mangelnde Spezifikation eines eineindeutigen Forschungsgegenstandes *Ganztagsschule*, zum anderen die Tatsache, dass Wirkungen vor allem im erziehungswissenschaftlichen Genre wegen der komplexen und systemischen Gemengelage nicht einfach erklärbar sind. *Die* Ganztagsschule gibt es nicht. Es gibt immer nur voneinander unterscheidbare einzelschulische Praktiken dieses Konstrukts, die wiederum in voneinander verschiedenen Kontexten wirken. Demzufolge dürfte es schwer fallen, die

Ganztagsschule als abhängige Variable neben die Halbtagsschule in einen kontrollierten Wirkungszusammenhang zu bringen. Für die Halbtagsschule gilt zudem ähnliches wie für die Ganztagsschule. Auch diese existiert nur als Modell, ansonsten ist sie das, was die Akteure im Rahmen eines bestimmten Kontextes aus ihr machen: eine „pädagogische Handlungseinheit" (Fend). Unter dem Paradigma der Einzelschule als „pädagogische Handlungseinheit" kann man also davon ausgehen, dass es sowohl in Deutschland, wie auch in Finnland und Korea leistungsfähigere und weniger leistungsfähigere Schulen gibt. Die Schulforschung hat mittlerweile viele Dimensionen „guter" bzw. „schlechter" Schulen identifiziert (vgl. u.a. Fend 2001). So nimmt es beispielsweise eine Helene-Lange-Schule in Wiesbaden (die nun auch noch zufällig eine Ganztags- und Gesamtschule ist) mit den im PISA-Ranking erreichten Punktzahlen der „Siegerländer" in den getesteten Leistungsbereichen auf. Nun könnte wieder geschlussfolgert werden, was ja getan wird, dass auch die Gesamtschule ein Modell wäre, was mindestens bessere Leistungen und mehr soziale Chancengerechtigkeit erbringt. In diesem Zusammenhang müssten die neusten Forschungsergebnisse von Fend zur Beziehung von Schulsystem und Bildungs- und Berufserfolg jedoch für Irritationen bei den Befürwortern der Gesamtschule sorgen. Egal ob Gesamtschule, Förderstufe oder dreigliedriges Schulsystem – die soziale Selektivität im Hinblick auf Bildungserfolg und Berufsweg hängt weniger mit dem Schulsystem zusammen als vielmehr mit der sozialen Herkunft der Schüler (vgl. Fend 2008).

Vor dem Hintergrund einer ungeheuren Komplexität, Variabilität und Divergenz des „pädagogischen Wirkstoffes Ganztagsschule" dürfte es schwer fallen, wenn nicht gar unmöglich sein, positive wie negative Ergebnisse im Bereich der erwünschten pädagogischen Wirkungen ausschließlich auf die Ganztagsschule zurückzuführen. Die Ganztagsschullandschaft in Deutschland entwickelt sich nicht ideal entlang einer konkreten und verbindlichen Organisationsform, geschweige denn gäbe es geltende inhaltliche Qualitätsvorgaben, sondern repräsentiert sich als vielschichtige Praxis der schulischen Akteure in den Einzelschulen – von der freiwilligen Arbeitsgemeinschaft am Nachmittag bis hin zur radikalen Umstellung des schulischen Lernbetriebs ist unter dem Ganztagslabel alles möglich.

Der empirischen Schulforschung dürfte es unter diesen Voraussetzungen schwer fallen, die intendierte Wirksamkeit, sprich sämtliche Erwartungen die an die Ganztagsschule gekoppelt sind, nachzuweisen. Sie ist damit auch kaum als argumentativer Steigbügelhalter für die Durchsetzung eines bereits in seinen Konturen absolut unscharfen Schulmodells geeignet. Selbstverständlich ist es möglich, Schülerzahlen zu erheben, die am Nachmittag im Rahmen des Ganztagsangebotes betreut werden. Hiermit lässt sich eine Aussage hinsichtlich der Wirkung von Ganztagsangeboten in Bezug auf das Ziel der Verbesserung der nachmittäglichen Betreuungssituation formulieren. Darüber hinaus kann die erziehungswissenschaftliche Forschung mehr oder weniger verlässlich die Wirkung eines Ausschnitts der sich etablierenden Praktiken beschreiben, aber nicht mit Sicherheit Aussagen über erreichte intendierte Wirkungen formulieren, die allein auf die Existenz irgendeiner ganztägigen Organisationsform zurückzuführen sind. Die empirische Schulforschung ist deshalb vor allem ein bedeutender „Seismograph" der Situation. Man kann von ihr aber keine abschließenden Urteile über das Funktionieren oder Scheitern einer mit vielen Erwartungen verbundenen Idee erhoffen, die zum einen in ihren Konturen verschwimmt und zum anderen lediglich Teil eines systemischen Bedingungskontextes ist.

Ausgewählte Forschungsergebnisse zu Wirkungen der Ganztagsschule

Betrachtet man Bilanzierungen zum Stand der Forschung im Bereich der Ganztagsschule, werden vor allem zwei Dinge schnell deutlich. Erstens wird „ein beträchtliches Forschungsdefizit" (Holtappels/Klieme/Rauschenbach/Stecher 2007, S. 40) festgestellt und zweitens fehlen insbesondere Forschungen, welche die Wirksamkeit von Ganztagsschulen auf intendierte Effekte bei den Schülern nachweisen.

„Insgesamt gesehen finden sich bislang nur spärliche empirische Befunde über die Schulqualität von Ganztagsschulen im Hinblick auf ihre Lern-, Erziehungs- und Organisationskultur (Struktur- und Prozessqualität). [...] Überhaupt nicht explizit erforscht wurde bisher die Ergebnisqualität, also die pädagogische Wirksamkeit von Ganztagsschulen im Hinblick auf fachliche Lernleistungen, methodische und soziale Kompetenzen der Schüler/innen sowie auf Daten zum Schulerfolg (Abschlüsse, Schulversagen etc.). Wirkungsstudien, die speziell die Effekte des Ganztagsbetriebes überzeugend untersuchen und nachweisen, liegen bislang nicht vor." (Höhmann/Holtappels/Schnetzer 2004, S. 262)

Aus welchen Gründen dies auch weiterhin schwierig bleiben dürfte, wurde versucht, weiter oben zu plausibilisieren. Gut dargestellt ist vor allem der Ausbaugrad von ganztägigen Organisationsformen in Deutschland, man weiß um die Motivation der Eltern, die ihre Kinder bei Ganztagsangeboten anmelden und kann bemerken, dass die Akzeptanz der Eltern gegenüber einer ganztägigen Betreuung gestiegen ist (von 39 % im Jahr 1991 auf 56 % im Jahr 2004) (vgl. ebenda. S. 265).

Obwohl ein „Forschungsdefizit" (Holtappels/Klieme/Rauschenbach/Stecher 2007, S. 40) beklagt wird, finden sich Aussagen, die auf erwartbare bzw. nicht erwartbare Wirkungen der Ganztagsschule hinweisen. „Im Hinblick auf Schulleistungen und Schulerfolg zeigen sich keine nennenswerten Unterschiede zu Halbtagsschulen, jedoch kann die Organisation der Ganztagsschule offenbar die pädagogische Qualität vertiefen." (Höhmann/Holtappels/Schnetzer 2004, S. 271) Der Ganztagsschule wird eine hohe Schulzufriedenheit und Lernmotivation sowie ein verbessertes Schulklima zugeschrieben. Die Erledigung der Hausaufgaben, eine von den Eltern stark gehegte Hoffnung in Verbindung mit der Ganztagsschule, geschieht in dieser erfolgreicher (vgl. ebenda. 2004, S. 271).[3] Hieraus könnte man schlussfolgern, dass der mit Hausaufgaben verbundene Anteil des Schulerfolgs vom privaten Umfeld in die Schule verlagert wird und dies wiederum einen Einfluss auf den Zusammenhang von sozialer Herkunft und Bildungserfolg hat.

Den Ganztagsschulen werden gegenüber den Halbtagsschulen Vorteile in der Entfaltung sozialer Kompetenzen und sozialintegrativer Wirkungen zugeschrieben. Ganz sicher kann man aber auch hier nicht sein: „Die Ganztagsschule bietet wahrscheinlich auf verschiedenen Gebieten ein Anregungsmilieu, das insgesamt höhere Wirkungen als die Halbtagsschule erzeugt" (Prüß 2007, S. 81). Eine Zwischenbemerkung zum Zusammenhang von Schulleistung und Ganztagsschule sei gestattet. Natürlich ist es nicht ausschließlich die Organisationsform einer Schule, die Einfluss auf Schulleistungen hat, sondern es sind neben vielen anderen außerschulischen Faktoren und schulklimatischen Bedingungen einzelschulische Gestaltungsmerkmale, die im Bereich der Schulleistung Relevanz haben. Dies umfasst sowohl die unabhängig von zeitlichen Organisationsformen geltenden Annahmen eines „guten Unterrichts" (vgl. Meyer 2004, Haenisch 1999) wie auch besondere Gestaltungselemente innerhalb eines erweiterten schulischen Zeitrahmens (z.B. zusätzliche individuelle Fördermöglichkeiten).

Bevor nun ein Ausflug in die Forschungslandschaft vor und nach 2003 unternommen werden soll, werden stichpunktartig noch einmal die zentralen Effekte, zu deren Erreichung die Ganztagsschule beitragen soll, genannt:

- Verringerung des Zusammenhangs von sozialer Herkunft und Bildungserfolg
- Steigerung der Lernergebnisse und Kompetenzen
- Senkung der Zahl von Jugendlichen ohne Schulabschluss
- Entwicklung einer neuen Lern- und Lehrkultur
- Milderung sozialer Probleme in Schulen („soziale Brennpunkte")
- Unterstützung von Familien in schwierigen Erziehungssituationen
- Vereinbarkeit von Familie und Beruf, insbesondere Steigerung der Erwerbstätigkeit von Frauen (Betreuungsaspekt)

Dieses grobe Zielbündel soll in etwa den Fokus der weiteren Betrachtungen erziehungswissenschaftlicher Hinweise zu den Wirkungen der Ganztagsschule bestimmen. Bezug genommen wird dabei sowohl auf ältere Forschungen der siebziger und achtziger Jahre, die im Zuge der „ersten deut-

---

3 Vgl. die sächsischen Befunde hierzu bei Markert „Hausaufgabenbetreuung" in diesem Band.

schen Ganztagsschulwelle" durchgeführt wurden (vgl. z.B. Ipfling 1981, Joppich 1979, Ipfling/Lorenz 1979, Dobart 1984), als auch auf neuere erziehungswissenschaftliche Hinweise, die im Rahmen der „zweiten deutschen Ganztagsschulwelle" in Bezug auf Wirkungen gegeben werden. Der folgende Überblick zur Forschungslandschaft ist notwendigerweise kursorisch. Eine detaillierte Gesamtdarstellung würde weit mehr Raum beanspruchen, als hier zur Verfügung steht. Die Auswahl der dargestellten Untersuchungen orientiert sich also einerseits an dem oben skizzierten Fragenkatalog sowie andererseits an der Absicht, möglichst aufschlussreiche Ergebnisse zur Frage der Wirkung der Ganztagsschule zu präsentieren.

Seit 2003 boomt die Forschung im Spektrum der Ganztagsschule bzw. der Ganztagsangebote. In den einzelnen Bundesländern existieren zahlreiche Einzelprojekte, hinzu kommen weitere länderübergreifende Begleitprojekte mit mehr oder weniger empirischem Charakter (vgl. Prüß/Kortas/Richter/ Schöpa 2007, S. 133ff.). Bei der Betrachtung der Kurzbeschreibungen der Forschungsprojekte zum Thema *Ganztagsschule/Ganztagsangebote* wird schnell deutlich, wie heterogen die Fragestellungen und Forschungsperspektiven sind. Die einzelnen Untersuchungen hängen zudem stark mit länder- und damit themenspezifischen Aspekten zusammen, denn die Etablierung von Formen und Inhalten ganztägiger Bildung und Erziehung im Rahmen der Schulen wird nicht überall gleich verstanden und umgesetzt. Eine ganze Reihe von Projekten beschäftigt sich mit Fragen der Kooperation von Schulen mit außerschulischen Institutionen. Es gibt Projekte, die die Ganztagsschule im Zusammenhang mit Migrationshintergründen betrachten. In diesem, aber auch darüber hinaus, wird der Beitrag der Ganztagsschule bei Schulrisiken erkundet (z.B. Sprachprobleme und Schulabsenz). Andere Projekte befassen sich mit der Beschreibung von Entwicklungen, Chancen und Grenzen ganztägiger Modelle der Schulorganisation oder aber mit Lehrerarbeitszeitmodellen in der Ganztagsschule. Wieder andere Studien untersuchen fachliche und überfachliche Kompetenzentwicklungen. Es werden darüber hinaus auch Themen im Zusammenhang mit der Ganztagsschule bearbeitet, wie zum Beispiel Berufsorientierung, Lehrerkooperation oder Gesundheitsförderung. Im Rahmen der länderübergreifenden empirischen Forschungen sind vor allem die „Studie zur Entwicklung von Ganztagsschulen" (StEG) (vgl. Holtappels/Klieme/Rauschenbach/Stecher 2007; Radisch 2009; Radisch/Klieme/ Bos 2006) und die Untersuchungen zur Lernkultur- und Unterrichtsentwicklung in Ganztagsschule (LUGS) (vgl. Kolbe u.a. 2009) zu nennen. Andere länderübergreifende Projekte befassen sich vor allem mit Fragen der Entwicklung von Qualitätskriterien (z.B. Lernen für den GanzTag, QuaST) oder haben entwicklungsbegleitende Absichten (z.B. Projekte des DJI, IFS und der DKJS). So heterogen und komplex wie der Forschungsgegenstand selbst ist schließlich auch das Forschungsfeld. Eine Analyse der vielfältigen Untersuchungen zum Thema Ganztagsangebote/Ganztagsschule kann und soll an dieser Stelle nicht geleistet werden, zumal eine Vielzahl von Projekten derzeit noch läuft und keine abschließenden Ergebnisse vorliegen.

Ganztagsschule und Schulleistung

Vor allem Radisch/Klieme (2003 und 2004) haben in Bezug auf den Zusammenhang zwischen Ganztagsschule und Schulleistung eine Bilanzierung der Forschungslage zur Wirkung ganztägiger Schulen vorgenommen. Sie kommen zu dem Schluss, dass es zum Zeitpunkt ihrer Recherchen keine verwertbaren empirischen Studien gab, die verlässliche und allgemeingültige Aussagen über die Wirkung ganztägiger schulischer Betreuung auf die Schüler erlauben. In Folge einer umfangreichen Literaturrecherche tragen sie allerdings Ergebnisse aus älteren Untersuchungen zusammen, die Bezüge zwischen ganztägigen Organisationsformen und Schulerfolg, verstanden als Schulleistung, herstellen.

Zum Beispiel verweisen sie auf Befunde der Gesamtschulforschung von Fend (1982). Eine Erkenntnis war, dass Mittel- und Oberschichtkinder, die als leistungsstark eingestuft werden können, im Rahmen der Gesamtschule in ihren Schulleistungen zurück blieben. Dies läge jedoch nicht an der Gesamtschule, sondern daran, dass diese Schulen ganztägig organisiert waren. Die Interpretation lautet, dass existierende häusliche Stützsysteme für Mittel- und Oberschichtkinder wegfallen, da sich die Verweildauer in der Schule erhöht. Kümmerten sich vormals die Eltern in der Regel sehr stark um die Erledigung der Hausaufgaben, so wird dies durch den Ganztagsschulcharakter nun weniger wahrscheinlich. Ursachen für Leistungseinbußen bei diesen Schülern werden also durch eine Verlagerung häuslicher Lernzeiten in die Schule begründet. Radisch/Klieme (2003, S. 28f.) verweisen mit Fend (1982) schließlich darauf, dass die leistungsstärkeren Schüler durch den Wegfall häuslicher Stützsysteme in ihrem Leistungsniveau absinken, leistungsschwächere Schüler aber auch nicht besser werden. Die Autoren formulieren unter Rückgriff auf Fend (1982), dass bei differenzierter Orientierung der Lehrerschaft an den Leistungspotentialen der Schüler in den Ganztagsgesamtschulen durchaus ein positiver Effekt auf die Schulleistungen zu erwarten wäre. Die dementsprechenden potentiellen Gestaltungsmöglichkeiten in Form von Unterstützungsangeboten wurden nur nicht genutzt. Dies verweist auf ein Spannungsverhältnis von Idealvorstellungen und Praxis.

Radisch/Klieme (2003, S. 29ff.) verweisen weiterhin auf empirische Befunde aus der wissenschaftlichen Begleitung eines Experimentalprogramms mit Ganztagsschulen in Rheinland-Pfalz, das von Ipfling/Lorenz (1979) durchführt wurde. Innerhalb dieser wissenschaftlichen Begleitung wurden zwei psychologische Basistests sowie vergleichende Untersuchungen zur Schulleistung durchgeführt. Z.B. wurde in einem Testverfahren (Prüfsystem für Schul- und Bildungsberatung, (PSB)) zu zwei Zeitpunkten u.a. milieuabhängige Faktoren (Umfang des Wortschatzes, Wortverständnis, Wortflüssigkeit), kognitive Faktoren (Denkfähigkeit, logisches Denken), Faktoren, die die technische Begabung bzw. das Arbeitsverhalten unter bestimmten Bedingungen abbilden, erfasst. Der Globalwert, der mit intellektueller Fähigkeit bezeichnet wurde, erhöhte sich bei den getesteten Schülern im Verlauf eines Schuljahres. Allerdings konnte der positive Effekt, der an ganztägig organisierten Schulen festgestellt wurde, nicht durch Ergebnisse einer entsprechenden Kontrollgruppe aus einer Halbtagsschule abgesichert werden. Man kann also vermuten, dass sich auch dort im zeitlichen Verlauf des Schuljahres die Globalwerte der intellektuellen Fähigkeiten erhöhen.

Ipfling/Lorenz haben zudem Untersuchungen zur allgemeinen Schulleistung durchgeführt sowie einen Schülerfragebogen eingesetzt, der Prüfungsangst, allgemeine Angst und Schulunlust erfasst und zugleich Auskünfte darüber sammelt, wie angepasst und sozial erwünscht sich Schülerinnen und Schüler darstellen. Hierbei konnten die Ergebnisse aus einer Ganztagsschule mit Ergebnissen von Halbtagsschulen verglichen werden. Im Ergebnis wurden keine signifikanten Unterschiede zwischen der Ganztagsschule und den beiden Halbtagsschulen festgestellt. Es gab „keinen statistisch abgesicherten Hinweis auf Unterschiede in der Angstbesetzung bzw. Schulmotivation bei Achtklässlern der Ganztagsschule einerseits und der Halbtagsschule andererseits" (Ipfling/Lorenz 1979, S. 72). Oder anders ausgedrückt: „Die Ganztagsschule bedeutet keine zusätzliche Belastung für die Schüler, sie ermöglicht aber auch keine zusätzliche Motivation oder Sozialisation der Schüler" (ebenda). Eine Generalisierung dieser Ergebnisse ist jedoch auf Grund der kleinen Stichprobe nicht möglich.[4]

Radisch/Klieme (2003) führen in ihrem Bericht zur Wirkung ganztägiger Schulorganisation interessante Befunde einer unveröffentlichten Sonderauswertung der Hamburger LAU-Studie („Aspekte der Lernausgangslage und der der Lernentwicklung") von 1990 an. Mit Hilfe von Längs-

---

4 Rheinland-Pfalz beteiligte sich an einem Experimentalprogramm der KMK zum Ausbau von Ganztagsschulen mit der Einrichtung von acht Versuchsganztagsschulen. Im Rahmen der wissenschaftlichen Begleitung hat es sowohl systematische Erhebungen in allen Versuchsschulen gegeben als auch spezifischere Einzelfalluntersuchungen. Zu bestimmten Aspekten und Themenberreichen wurden einzelne bzw. wenige und immer wieder andere Versuchs- sowie Kontrollschulen einbezogen. Deshalb sind die Forschungsergebnisse nur bedingt auf die Gesamtheit des Schulversuches zu beziehen und müssen aus diesem Grund wiederum mit Zurückhaltung aufgenommen werden.
Der von Heinz-Jürgen Ipfling und Ulrike Lorenz 1979 veröffentlichte Bericht der wissenschaftlichen Begleitung von Ganztagsschulversuchen in Rheinland-Pfalz zwischen 1971 und 1977 enthält darüber hinaus noch weitere interessante Einzelheiten. Zum Beispiel musste eine vergleichende Leistungsmessung in Mathematik, bei der integrierte Übungen in der Ganztagsschule mit den Hausaufgaben in der Halbtagsschule verglichen werden sollten, abgebrochen werden, da die Lehrer sich im Verlaufe des Schuljahres nicht mehr im Stande sahen, die entsprechenden Teiltests durchzuführen (vgl. Ipfling/Lorenz 1979, S. 77).

schnittdaten zu Lernständen und Lernentwicklungen wurde geprüft, inwieweit sich Ganztagsschulen auf die Entwicklung von Schulleistungen auswirken. Tendenziell weist die Sonderauswertung darauf hin, dass es hinsichtlich der Schulleistungen keine nennenswerten Unterschiede zwischen Halb- und Ganztagsschulen gibt. Diese Aussage, so die Autoren, ist wegen des geringen Stichprobenumfangs mit Vorsicht zu behandeln.

Ausgewertet wurde zudem die Leistungsstreuung, also die positiven und negativen Abweichungen von einem einzelschulischen Leistungsmittelwert. Hier ergab sich eine geringere Streuung bei den ganztägig geführten Schulen gegenüber den Halbtagsschulen. Die Heterogenität der Schülerleistungen ist demzufolge in den Halbtagsschulen höher als in den Ganztagsschulen, wo eher Nivellierungstendenzen auftreten. In Ganztagsgesamtschulen kommt es gar zu „einer Nivellierung der durchschnittlichen Schülerleistung auf niedrigem Niveau" (ebenda S. 33).

Radisch/Klieme (2003) weisen in ihrem Gutachten auch auf eine Sekundäranalyse von Daten der Arbeitsplatzuntersuchung an hessischen Schulen (APU) durch Steinert/Schweitzer/Klieme (2003) hin. Dabei wurde versucht, aus Lehrersicht halbtägig und ganztägig geführte Schulen zu vergleichen. Was die Einschätzung der erreichten Schülerleistungen durch die Lehrer betrifft, wird festgestellt, dass ganztägig geführte Schulen schlechter abschneiden als die Halbtagsschulen.

Nach der Begutachtung von vor allem älteren Fallstudien zu Ganztagsschulen, die stellenweise auch einen Vergleich mit Halbtagsschulen aufgenommen haben, merken die Verfasser des Gutachtens zur Wirkung ganztägiger Schulorganisation (Radisch/Klieme 2003) an, dass kein signifikanter Unterschied in den schulischen Leistungen in Abhängigkeit von der Betreuungsform auffindbar war bzw. dass Ganztagsschüler sogar teilweise schlechtere Schulleistungen aufwiesen. Allerdings, so die Autoren, scheinen Ganztagsschulen, die Schüler mit ungünstigem sozialem Hintergrund besuchen, deren Leistungspotentiale besser auszuschöpfen als vergleichbare Halbtagsschulen. Einen anderen Hinweis, den die Autoren aus der Vielzahl von Einzelfallstudien zu Ganztagsschulen generieren, betrifft die offensichtlich positive Wirkung einer ganztägigen Organisationsform in Bezug auf das Schulklima. Das Schulklima beschreibt den Grad der Sicherheit, der Angstfreiheit sowie der Förderlichkeit der Lebens-, Arbeits- und Umgangsbedingungen in der Schule. Wichtige Faktoren, die das Schulklima beeinflussen sind die pädagogischen Grundorientierungen der Lehrer, die Partizipationsmöglichkeiten, das Lehrer-Schüler-Verhältnis sowie das praktizierte Schulleben. Wenn also ein gutes Schulklima positive Einflüsse auf die Lernbedingungen und die Arbeitsmotivation der Schüler und Lehrer hat, kann dies wiederum indirekte Auswirkungen auf die Schülerleistungen haben.

Auf die Schwierigkeit, die Vielzahl der älteren Fallstudien zur Formulierung genereller Aussagen zu nutzen, weist Ipfling im Zuge seiner überregionalen Auswertung von 34 Modellversuchen aus den Jahren 1971 bis 1977, hin: „Aufgrund der Materiallage war es nicht möglich, zu allen Problemen ganztägiger Förderung allgemeingültige Aussagen zu machen." (Ipfling 1981, S. 5) Es ist auch für die aktuelle Forschungslandschaft zu befürchten, dass deren Heterogenität letztlich so groß ist, dass nur auf den jeweiligen Gegenstand bezogene Aussagen möglich sind. Einige Darlegungen im Bericht von Ipfling (1981) bestätigen jedoch die von Radisch/Klieme (2003) formulierten Einschätzungen hinsichtlich der Wirkungen: Im Hinblick auf Schulleistung und Schulerfolg ergeben sich keine wesentlichen Unterschiede zwischen Ganztagsschulen und Halbtagsschulen. Außerunterrichtliche Aktivitäten tragen im Sinne des Schulklimakonzeptes jedoch zur Verstärkung der Leistungsbereitschaft im Pflichtunterricht bei (vgl. Ipfling 1981, S. 7). Bemerkenswert ist, dass die durch Ganztagsangebote erhöhte Leistungsbereitschaft im Pflichtunterricht sich offenbar nicht in einer generell messbaren Verbesserung der Schulleistungen der Schüler an Ganztagsschulen niederschlägt. Vielleicht kommt es lediglich zu einer Konsolidierung der im Regelunterricht erbrachten Leistungen bei gleichzeitigem Anstieg der Schulfreude.

Auch in einer Untersuchung zum Leseverständnis von Grundschülern zeigten sich keine signifikanten Unterschiede im Leseverständnis von Schülern die an Schulen mit bzw. ohne Ganztagsangeboten lernen (vgl. Radisch/ Klieme/Bos 2006, S. 47). Radisch/Klieme (2003) geben schließlich den Hinweis,

„dass Vorteile der ganztägigen Schulstruktur wohl am ehesten in erzieherischen und sozialpädagogischen Bereichen zu suchen sind. Eine direkte Wirkung auf schulische Leistung, die sich aus Lehrersicht etwa in höheren Leistungszielen niederschlagen würde, konnte dagegen nicht nachgewiesen werden. Vielmehr scheint die Leistungsorientierung aufgrund der stärkeren Betonung anderer Aspekte (etwa sozialpädagogischer Elemente) in der Bedeutung abzusinken." (Radisch/Klieme 2003, S. 35)

Die Arbeitssituation an Ganztagsschulen aus Lehrersicht

Ein anderer Aspekt ist vor allem hinsichtlich der wahrgenommenen Wirkungen der Ganztagsschule auf die darin tätigen Personen, also auf die Lehrer, interessant. 64 % der Befragten (n = 235) gaben an, dass die Ganztagsschule die Arbeits- und Lebenssituation verändert. Von diesen sind wiederum 67 % der Meinung, dass sich die Arbeits- und Lebenssituation gegenüber der Halbtagsschule verschlechtert hat (vgl. Ipfling/Lorenz 1979, S. 190):

„Die Aufforderung, die eigne Situation zu schildern, brachte fast nur negative Umschreibungen, die sich im Einzelnen in folgender Skala ordnen lassen: Nachmittagsunterricht, Privates muss sich stärker Beruf und dessen Zeiteinteilung unterordnen, mehr physischer und psychischer Stress, mangelhafte Versorgung eigener Kinder, keine Erholungspausen (auch mittags), unregelmäßiger Lebensrhythmus, kaum zusammenhängende Zeitphasen für Arbeit oder Freizeit, Vorbereitung auch am späten Abend, mehr Konferenzen, eingeschränktes Familienleben, wenig Zeit für Vorbereitung und Weiterbildung, Arbeiten auch am späten Abend, mehr pädagogische und organisatorische Arbeit, Umdenken von Arbeit auf Spiel" (ebenda, S.190).

Als Hauptprobleme, die die Befragten in der Ganztagsschule sehen, erweisen sich:

„1. die leistungs- und Motivationsproblematik am Nachmittag,

2. die unzureichenden Räume für Freizeit und

3. für Unterricht,

4. das Fehlen differenzierten Personals und

5. das Nichtvorhandensein einer realisierbaren Ganztagsschule-Konzeption" (vgl. ebenda, S. 195).

Neben der Frage nach den intendierten Effekten der Ganztagsschule auf die Schüler ist es nicht uninteressant, die Einstellungen und Perspektiven der Lehrer zu ermitteln, die ihre Erfahrungen mit Ganztagsangeboten vor 30 Jahren gemacht haben. Dies trifft vor allem dann zu, wenn man zum Beispiel erkennt, dass heutzutage „die Bereitschaft zu einer konkreten Mitarbeit im offenen Ganztag nicht gerade berauschend ist" (Beher u.a. 2007, S. 44). Knapp ein Drittel der befragten Grundschullehrer im Rahmen einer Studie zur offenen Ganztagsschule in Nordrhein-Westfalen sind bereit, auch nachmittags zu unterrichten, nur knapp ein Viertel der Grundschullehrer wäre bereit, als Klassenleiter in einem „Ganztagszug" zu arbeiten und noch weniger der teilzeitbeschäftigten Grundschullehrer würden am Nachmittag bezahlte zusätzliche Stunden übernehmen (vgl. ebenda).

In der bereits oben erwähnten Sekundäranalyse von Daten der Arbeitsplatzuntersuchung an hessischen Schulen (APU) durch Steinert/Schweitzer/ Klieme (2003) wurde versucht, aus Lehrersicht halbtägig und ganztägig geführte Schulen zu vergleichen. Der Vergleich bezieht sich neben Schulleistungen auch auf Lehrerkooperation, Schülermitarbeit, Sozialverhalten der Schüler und soziale Integration. Aus den vorliegenden Daten wurden als Ganztagsschulen jeweils die Schulen identifiziert, die erstens ein Mittagessen anbieten und zweitens eine regelmäßige Nachmittagsbetreuung absichern. Nimmt man diese äußerst grobe Definition einer Ganztagsschule zur Grundlage des Vergleichs zweier Schulmodelle, dann lauten die Aussagen wie folgt (vgl. ebenda, S. 34ff.): Die Lehrerkooperation ist bei ganztägig geführten Gesamtschulen signifikant höher als bei allen anderen Schulformen, egal ob diese halb- oder ganztägig geführt werden. Innerhalb einer Schulart finden sich im Vergleich der Betreuungsformen (halbtags und ganztags) dagegen kaum Unterschiede in der Lehrerkooperation: Die Differenzen sind zwischen einer halb- und einer ganztägig geführten Realschule gering bis gar nicht vorhanden. Die Mitarbeit der Schüler im Unterricht ist ebenfalls nicht abhängig von der jeweiligen Betreuungsform. Signifikante Unterschiede zwischen Halbtags- und Ganztagsschulen werden jedoch hinsichtlich der wahrgenommenen Aggression der Schüler durch die Lehrer beschrieben. Demnach ist diese in Ganztagsschulen geringer als in Halbtagsschulen. Aber auch hier dürfen die Interaktionseffekte von aggressivem Verhalten und Schulart nicht verschwiegen werden. Das gleiche wie für die Aggression trifft auf die Einschätzung der Lehrer in Bezug auf die soziale Integration zu. Auch in diesem Punkt schneiden die Ganztagsschulen besser ab. Allerdings schlägt auch hier wieder die Schulform durch. Zwischen einer ganztägig geführten Realschule und einem halbtägig geführten Gymnasium scheint es demzufolge nur geringe Unterschiede bei der sozialen Integration der Schüler zu geben.

Vergleich von Ganztags- und Halbtagsschulen als Fallstudie

Bezüglich der pädagogischen Wirkung von ganztägig organisierten Schulen sei noch auf weitere interessante Aussagen der wissenschaftlichen Begleitforschung der siebziger Jahre hingewiesen, die Joppich vorlegte (vgl. Joppich 1979). Auf die Begrenztheit von Fallstudien wiesen bereits Radisch/Klieme (2003) hin (vgl. S. 35). Dennoch erscheinen die Ergebnisse und Erfahrungen vor dem Hintergrund heutiger Diskussionen interessant und anregend. Dies gilt vor allem unter der Prämisse der Heterogenität ganztägiger Schulangebote, die heute ebenso existiert wie vor dreißig Jahren. Die Ergebnisse sind selbst dann von Interesse, wenn sie „nur" zu spezifischeren Fragestellungen oder Hypothesen verleiten.

Joppich und seine Mitarbeiter legten 1979 einen sechshundertfünfzig Seiten umfassenden „Werkstattbericht" (Joppich 1979, S. 17) über die wissenschaftliche Begleitung zweier Ganztagsschulversuche (Ganztagshauptschule und Ganztagssonderschule) in Niedersachsen vor. Vor dem Hintergrund der Motive und Vorstellungen, die der Deutsche Bildungsrat 1968 im Zusammenhang mit der Forderung von Ganztagsschulversuchen entwickelte[5] und für eine Begleitforschung zu berücksichtigenden Rahmenbedingungen (Bedürfnisse der Schulen, eigene Fragestellungen und Hypothesen, Auflagen der Auftraggeber) entwickelten Joppich u.a. ein umfassendes Forschungsdesign. Hierzu gehörten u.a. sozial-biografische und begabungsstatistische Bestandsaufnahmen bei den Schülern der Versuchsschulen und einer Kontrollgruppe, Beobachtungen des Verhaltens der Ganztagsschüler während der Mittagsfreizeit, Vergleichsmessungen von Kreativitätseffekten bei Ganztagsschülern und einer Kontrollgruppe (Halbtagsschüler), Befragungen zu Einstellungen von Schülern und Lehrern zur Ganztagsschule

---

5 Vgl. dazu zusammenfassend Wiere in diesem Band.

wiederum unter Einbezug von Kontrollgruppen, Entwicklung und Begleitung einzelner inhaltlicher Projekte in den Versuchsschulen (Lernmotivierung durch Mitplanung, Sozialbeziehungen im Schülertutorenprojekt, soziales Lernen in der Gruppe), Erhebungen zur Lehrer-Schüler-Beziehung sowie Interviews zur Ermittlung von Schwierigkeiten und Möglichkeiten zur Verbesserung der Versuchsarbeit (vgl. S. 42). Auf einige interessante Ergebnisse der Forschungsarbeit von Joppich (1979) soll hingewiesen werden, die ihren besonderen Reiz gerade durch die differenzierte Spezifik des Einzelfalls erlangen: Im Vergleich einer Ganztagshauptschule mit einer Halbtagshauptschule finden sich kaum signifikante Unterschiede in der Schichtzugehörigkeit und anderen sozial-biografischen Merkmalen der Schüler beider Schulen. Die Schüler, die die eine bzw. die andere Schule besuchen, stammen vorrangig aus dem näheren Wohnumfeld, in dem sich die Schule befindet. Selbst wenn die Ganztagsschule als frei wählbare Angebotsschule für alle Eltern offen steht, kommt es fast nicht vor, dass weitere Schulwege in Kauf genommen werden (vgl. ebenda, 88ff.). „Die [...] Frage, ob die Ganztagshauptschule mehr sozial benachteiligte Kinder fördert als Halbtagshauptschulen, muss [...] verneint werden" (S. 90). Die meisten Eltern, die nicht in besonderem Maße eine Schule mit entsprechendem Angebot und Konzept suchen, melden ihre Kinder im jeweiligen Wohnumfeld an. Wenn man also mit den Ganztagsangeboten besondere Erwartungen zum Ausgleich soziokultureller Defizite verbindet, dann hängt es von der Einzelschule ab, ob sie sich für ein ganztägiges Schulkonzept entscheidet. Chancengerechtigkeit durch Ganztagsangebote bleibt somit dem Zufall überlassen.

Joppich u.a. (1979) haben des Weiteren Vergleichsmessungen von Kreativitätseffekten bei Ganztagsschülern und einer Kontrollgruppe (Halbtagsschüler) durchgeführt. Anhand eines Kreativitätstests (Torrance-Test) wurde versucht, Wirkungsunterschiede zwischen einer Ganztagsschule und einer Halbtagsschule herauszufinden. Unter dem Vorbehalt einer vagen Zwischenbilanz der Testergebnisse entsprechen die „festgestellten Wirkungen der untersuchten Ganztagsschule nicht ohne weiteres einer projektiven Wunsch- und Erwartungslogik" (ebenda, S. 373). Zwischen der Ganztagsschule und der Halbtagsschule sind hinsichtlich der Testkreativität keine Unterschiede nachweisbar. „Beim Eintritt in die Ganztagsschule liegt die Kreativität der 5. Klassen durchweg unter den Werten der gleichaltrigen Hauptschüler." Soweit die Ausgangslage. Die Werte der Testkreativität der 9. Klassen liegen in beiden Schulen deutlich unter den Werten der 5. Klasse. Allerdings sinken die Werte der Ganztagsschüler nicht so rasant wie die der Halbtagsschüler. „Diese Tendenz lässt eine pädagogische Qualität der Ganztagsschule vermuten" (ebenda, S. 374). Insbesondere für Jungen deutet sich in der Ganztagsschule die Chance an, ihre gegenüber den Mädchen geringeren Kreativitätswerte zu kompensieren (vgl. ebenda). Vermutlich sind hieran die freizeitpädagogischen Angebote der Ganztagsschule nicht ganz unschuldig.

Im Anschluss an die vielen interessanten und bedenkenswerten Ergebnisse der wissenschaftlichen Begleitung von Ganztagsschulen weisen die Autoren der Studie selbst noch einmal darauf hin, dass diese „nicht als pauschale Antworten auf pauschale Fragen brauchbar" (ebenda, S. 18) und nicht ohne weiteres verallgemeinerbar sind:

„Die Empfehlung kann daher weder lauten: generelle Einrichtung von Ganztagsschule, noch: generelle Abschaffung dieser Schulform[6]. Ganztagsschulen sind nicht ‚an sich' besser als Halbtagsschulen – ebenso wie ‚mehr Schule' nicht ohne weiteres besser ist als ‚weniger Schule'. Ganztagsschulen als Einrichtungen bloß ‚äußerer Schulreform' bedeuten eine unzureichende, pauschal nicht zu kalkulierende Veränderung. Auch da, wo unter großem pädagogischem Einsatz planmäßige Innovationseffekte mit Teilerfolgen durchgeführt wurden, kann [...] kein abschließendes Urteil abgegeben werden" (ebenda, Fußnote A. W.).

Eine Einschätzung, die unter Betrachtung neuerer und eigener Forschungen immer noch Gültigkeit besitzt.

Im Gegensatz zu dieser eher nüchternen Bilanz der Wirkung einer Ganztagsschule kommt die folgende geradezu überschwänglich daher. Dobart u.a. erkennen eine positive Wirkung auf die Persönlichkeitsentwicklung der Schüler in ganztägigen Schulen.

„Anfänglich aggressives Verhalten lässt nach, die Schüler beruhigen sich bald. Alle entwickeln einen besseren Gemeinschaftssinn, bessere Umgangsformen und selbstbewussteres Auftreten und zeigen insgesamt ein wesentlich besseres Sozialverhalten als vorher. Die Lernwilligkeit und die Schulfreude nehmen zu, es werden weniger Absenzen als vor dem Schulversuch festgestellt. Mit zunehmendem Vertrauensverhältnis zu den Lehrern als Folge des sehr engen Kontaktes wird eine positivere Leistungseinstellung erreicht, die nach regelmäßiger Arbeit eine Konsolidierung der schulischen Leistungen bewirkt" (Dobart/Koeppner/Weismann/Zwölfer 1984, S. 148).

---

6 Die Ganztagsschule ist im Übrigen keine neue Schulform, da sie neben den bestehenden Schulformen (Grundschule, Hauptschule, Realschule, Gymnasium, Förderschule) kein eigenes alternatives Bildungs- und Laufbahnangebot darstellt. Das ist beispielsweise anders bei der Gesamtschule, die auf Grund ihres Verzichts auf eine hierarchisch selektive Gliederung der Bildungsgänge eine Alternative zum gegliederten Schulsystem darstellt (vgl. Horstkemper/Tillmann 2004, S. 288). Die Ganztagsschule bleibt also hinsichtlich ihrer Wirkungen auf der Ebene des Schulsystems folgenlos, da sie deren Statik nicht verändert, sondern bestehende Schulformen wohl eher inhaltlich und organisatorisch „veredelt".

Zu dieser Feststellung kommen Dobart u.a. (1984) im Rahmen der Darstellung der österreichischen Schulversuche der siebziger Jahre. Dem speziellen Zitat liegt eine Schulleiterbefragung zugrunde, bei der die Schulleiter in einem Fragebogen auch Beobachtungen zum Verhalten der Schüler notieren konnten. In Österreich gab es im Schuljahr 1981/82 149 Schulversuche mit ganztägigen Organisationsformen. Die Darstellung der Schulversuchsarbeit in Österreich (vgl. ebenda) bieten jedoch keine Ergebnisse einer systematisch angelegten empirischen Forschung zu zentralen Inhalten und Hypothesen, die in Verbindung mit Ganztagsschulen gebräuchlich sind. Von den Autoren werden Entwicklungsphasen von Modellversuchen mit ganztägigen schulischen Organisationsformen (Ganztagsschule und Tagesheimschule) beschrieben (vgl. ebenda, S. 13–29), Zielsetzungen und bildungstheoretische Annahmen in Verbindung mit der Ganztagsschule gebracht (vgl. ebenda, S. 32–40) sowie Erfahrungen von Schulleitern an ganztägig organisierten Schulen zusammengefasst (vgl. ebenda, S. 70–86). Diese entstammen keiner gezielten Datenerhebung, sondern bündeln die Inhalte von sieben Tagungen, bei denen Schulleiter Fragen und Probleme mit der Ganztagsschule diskutierten. Weiterhin werden in tabellarischen Übersichten statistische Grunddaten zu dem Versuchsschulen aufgeführt, die bei den Schuleitern dieser Schulen mit einem Fragebogen erhoben wurden: Zahl der Ganztagsschulklassen im Verlauf des Schulversuchs; allgemeine Angaben zur Schule (u.a. Klassen- und Schülerzahlen, Standort, Einzugsgebiet); zeitliches Ausmaß des Ganztagsbetriebs; Raumangebote für den Ganztagsbetrieb; Angaben zu Essensversorgung; Angaben zur Berufstätigkeit der Eltern sowie den Freizeitangeboten (Inhalte, Aktivitäten). Leider haben die Autoren nur sehr wenige und kaum aussagekräftige Zusammenfassungen der Einzelangaben der Schulen gemacht. Aus den seltenen Gesamtübersichten geht unter anderem hervor, dass die dominante Schulform, an denen Ganztagsangebote etabliert wurden, die Hauptschule ist (vgl. ebenda, S. 159). Man kann jedoch nicht erkennen, wie hoch z.B. die Schülerbeteiligung an den Ganztagsangeboten gemessen an den Gesamtschülerzahlen in den Versuchsschulen, ist.

Freizeitangebote an Ganztagsschulen

Joppich und Team haben über sieben Jahre hinweg die Gestaltung und den Umgang mit der Freizeit von Schülern in einer Ganztagsschule begleitet. Dabei unterscheiden sie im Nachhinein eine dreiphasige Entwicklung: „Phase der mehr zufälligen Angebote, Phase der Erarbeitung einer freizeitpädagogischen Konzeption aufgrund einer erfassten und bewerteten Realität, Phase von Freizeitprojekten mit einzelnen Klassen" (Joppich 1979, S. 223). Während die ersten beiden Phasen ein breit gefächertes Freizeitgestaltungsprogramm an einer Ganztagsschule darstellten, bezieht sich die dritte Phase auf ein Schulentwicklungsprojekt, in der sich Schüler einer 8. Klasse mit Partizipationsmöglichkeiten im Unterricht auseinandersetzten und fortgesetzt versucht wurde, die hieraus gewonnenen Ergebnisse in den Unterricht einzubeziehen. Nach diesen Aktivitäten und einer hieraus resultierenden veränderten Unterrichtskultur in der 8. Klasse stellten sich jedoch nach einem Jahr der Gewöhnung wieder die alten Unterrichtsmuster und Verhaltensweisen ein. Joppich und Team kommen zu dem Schluss, dass „die Institution Schule die traditionellen systemimmanenten Verhaltensmuster erneut durchgesetzt [hat]" (ebenda, S. 253). Es muss auch in Betrachtung der heutigen Situation, in der sich vor allem offene Ganztagsangebote etablieren, gefragt werden, wie und ob der Unterricht in einer Ganztagsschule mit Veränderungen der unterrichtlichen Lehr-Lern-Kultur einhergeht oder ob diese Erwartung enttäuscht wird oder gar verfehlt ist.

Joppich und Team (1979) beurteilen schließlich den Erfolg des Freizeitkonzeptes einer ganztägig organisierten Schule, an deren Entwicklung und Umsetzung auch die Schüler beteiligt waren, mit gewisser Skepsis:

a) „Die Schüler sind nicht in der Lage, ihr Freizeitverhalten irgendwie zu begründen.

b) Sie zeigen mehr Verhaltenskonstanz, als das sie Alternativen nutzen und intensiv wahrnehmen.

c) Sie üben in erster Linie Tätigkeiten aus, die sie – mit Ausnahme der sozialen Kontakte zu ihren Mitschülern – auch zu Hause ausüben könnten.

d) Sie sehen ihre Wünsche zur Freizeit nicht berücksichtigt. Sie machen die Erfahrung, dass die Schülermitverwaltung und einige Lehrer – aus welchen Gründen auch immer – nicht auf ihre Wünsche eingehen" (ebenda, S. 242).

Insbesondere ältere Schüler ziehen hieraus die Konsequenz, die „richtige Freizeit" – ohne schulische Atmosphäre – zu Hause bzw. außerhalb der Schule zu verbringen. Die jüngeren Schüler (5.–6. Klasse) zeigen sich dagegen erfreut und beeindruckt von der Vielfalt der Freizeitangebote. Sie reflektieren ihr Freizeitverhalten jedoch nicht, da hierzu erstens kaum Anlässe bestehen und zweitens keine Beurteilungsmaßstäbe vorhanden sind (vgl. ebenda, S. 243).

Joppich und Team sprechen im Zusammenhang mit den Freizeitangeboten an der Schule eine weitere bedenkenswerte Beobachtung an. Neben den divergenten Rollen, die Lehrer im Rahmen der Freizeitangebote einnehmen (z.B. Fortsetzung des Unterrichtsstils, Aufforderungen zum Arbeiten, Aufsichtsführung, Anleiter usw.), verweisen die Forscher auch darauf, dass die Gestaltung der Freizeitangebote am Nachmittag in eine Zeit fällt, in der Lehrer ein verstärktes Bedürfnis nach Ruhe und Erholung haben. Da die Freizeitangebote meist nach dem Unterricht stattfinden, kann dies nicht nur für Schüler anstrengend sein sondern in verstärktem Maße auch für Lehrer (vgl. ebenda, S. 243).

Das Argument, im Rahmen eines so genannten „rhythmisierten Schultages"[7] könne man dem begegnen, in dem zum Beispiel auch vormittags nicht-formelle Angebote organisiert werden, ist erstens nur teilweise angebracht und zweitens widerlegt die Realität diesen Ausweg. Selbst wenn Lehrer auch am Vormittag Ganztagsangebote übernehmen, fehlt ihnen am frühen Nachmittag Zeit, sich angemessen zu entspannen oder andere Dinge im Zusammenhang mit ihrer Berufstätigkeit zu erledigen. Zudem zeigen Statistiken, dass der überwiegende Anteil der Ganztagsangebote am Nachmittag stattfindet, da die offene und teilgebundene Variante der Ganztagsschule überwiegt (vgl. Quellenberg/Carstens/Stecher 2007, S. 63). Mit diesen Modellen ist es nur schwer möglich, im großen Stil eine über den Tag verteilte Vermischung von curricularen und nicht-curricularen Inhalten vorzunehmen.

Unterrichtskultur an Ganztagsschulen

Zu den Wirkungen einer stärker schülerzentrierten Unterrichtskultur haben die Forscher um Joppich im Rahmen eines Unterrichtsversuchs „Lernen in der Gruppe" im Fach Mathematik Möglichkeiten eines nicht-direktiven Unterrichts erprobt und im Vergleich zu einer Kontrollgruppe deren Einfluss auf eine Reihe von erwarteten Wirkungen bei den Schülern hin untersucht (vgl. Joppich 1979, S. 432–514). Wirkungen eines nicht-direktiven Unterrichts versprach man sich hypothetisch in folgenden Kompetenzbereichen: Erhöhung der Selbständigkeit, Steigerung des kooperativen Verhaltens, Erhöhung des Selbstbewusstseins, Steigerung der emotionalen Zufriedenheit der Schüler im und mit dem Unterricht. Ferner war zu verifizieren, dass sich die kognitiven Leistungen im nicht-direktiven Unterricht nicht vom traditionellen Unterricht in der Kontrollgruppe unterscheiden, es also in Bezug auf die Schulleistungen keine Nachteile gibt. Im Ergebnis konnten in den Bereichen Selbstständigkeit, Kooperation und Zufriedenheit positive Effekte des nicht-direktiven Unterrichts bei der Versuchsgruppe nachgewiesen werden. (vgl. ebenda, S. 491, 497, 506) Allerdings gilt dies auch für die Kontrollgruppe, was bedeutet, dass keine signifikanten Unterschiede im Vergleich der beiden Unterrichtsstile nachgewiesen werden konnten. Auf die Steigerung des Selbstbewusstseins haben beide Lernformen wenig Einfluss. (vgl. ebenda, S. 502) Die kognitiven Leistungen der Schüler aus der Versuchs- und der Kontrollgruppe unterscheiden sich nicht. (vgl. ebenda, S. 508) Unter dem Zugeständnis forschungsmethodischer Probleme kommen die Forscher zum dem Schluss,

> „dass mit einer anderen Methode die gleichen Ziele ebenfalls erreicht worden wären. Nicht-direktiver Unterricht stellt somit keine Universalmethode dar, um Ziele wie Selbständigkeit [...] etc. zu erreichen, son-

---

[7] Vgl. zum Thema *Rhythmisierung* die Beiträge von Kulig/Müller bzw. von Bloße in diesem Band.

dern muss [...] als eine sinnvolle Alternative zu traditionellen Unterrichtsverfahren angesehen werden." (ebenda, S. 508)

Einstellungen von Eltern, Schülerinnen und Schülern zur Ganztagsschule

Einige Ergebnisse der Befragungen zu Einstellungen von Schülern und Eltern zur Ganztagsschule, die wiederum unter Einbezug von Kontrollgruppen stattfanden, deuten durchaus auf Effekte hinsichtlich der Erwartungen an Ganztagsschulen im Zusammenhang mit der Unterstützung von Familien (nicht nur in schwierigen Erziehungssituationen) hin. So sehen Eltern von Ganztagssonderschülern die positiven Aspekte der Ganztagsschule vor allem darin, dass die Kinder ein Mittagessen erhalten, dass die Hausaufgaben erledigt werden und dass die Möglichkeit des Besuchs von Arbeitsgemeinschaften besteht (vgl. Joppich 1979, S. 175). Eltern, die in einer sozial und materiell sehr bedrängten Situation leben, werden durch die Ganztagsschule vor allem psychisch entlastet (vgl. ebenda, S. 202). Viele Schüler würden sich, egal ob mit oder ohne Ganztagsschulerfahrung, bei freier Wahl für den Besuch einer Halbtagsschule entscheiden (vgl. ebenda, S. 178ff.). Die Begründungen von Schülern aber, die sich für den Besuch einer Ganztagssonderschule entscheiden, weisen darauf hin, dass diese sich hierdurch kritischen häuslichen Situationen entziehen können (zu Hause sei es langweilig bzw. ungemütlich, in der Schule bestünden bessere Lernmöglichkeiten, Hausaufgaben müssten nicht mehr zu Hause gemacht werden, zu Hause müsste man nicht mehr arbeiten) (vgl. ebenda, S. 180).

Am Deutschen Jugendinstitut angesiedelt ist eine Studie zur Qualität und Wirkung individueller Fördermaßnahmen und -angebote in ganztägig organisierten Grundschulen in vier Bundesländern. Die Zielsetzung der Studie besteht darin, anhand konkreter Beispiele die Entwicklung spezifischer Förderangebote zu beschreiben und diese Förderangebote in Beziehung zu Motiven, Interessen und Bedürfnissen von Schülern mit unterschiedlichen schulischen Leistungen und familiären Ausgangsbedingungen zu stellen. „Von besonderem Interesse ist hier die Fragestellung, inwieweit die erweiterten Möglichkeiten individueller Förderung in Ganztagsschulen einen Beitrag leisten zur Verbesserung der Bildungschancen unterschiedlicher Adressatengruppen." (vgl. Kaufmann 2007; DJI 2007). Auf der Projekthomepage wird auf erste Ergebnisse hingewiesen: Die Hausaufgabengestaltung und -betreuung im Rahmen der Ganztagsangebote im Primarbereich nimmt für die Beteiligten (Eltern, Schüler, Lehrer) einen besonderen Stellenwert ein. Die Eltern erwarten von der Hausaufgabenbetreuung, die als Ganztagsangebot dann kostenpflichtig ist, wenn sie im Hort organisiert ist, dass die Hausaufgaben vollständig, richtig und ordentlich erledigt sind. Hausaufgabenbetreuung wird von den Eltern als Dienstleistung im Rahmen des Ganztagsangebotes verstanden. Die Perspektive der Lehrer und Erzieher auf die Hausaufgabengestaltung und -betreuung unterscheidet sich von der der Eltern. Hausaufgaben dienen aus deren Sicht dazu, den Leistungsstand, das jeweilige Arbeitsverhalten und die Selbständigkeit der Schüler bei der Bearbeitung der Aufgaben transparent zu machen – und zwar für Lehrer als auch die Schüler selbst. „Für die Weiterbearbeitung ergibt sich jedoch die Fragestellung, inwieweit bzw. in welcher Form die Hausaufgaben im Rahmen der Ganztagsschule überhaupt als Element individueller Förderung einsetzbar sind, oder ob ihre Wirksamkeit nicht letztendlich von familiären Ressourcen abhängig bleiben muss und die soziale Selektivität auf diese Weise aufrechterhalten bleibt." (Kaufmann 2007; DJI 2007) Es bleibt also zu klären, ob die Hausaufgabenhilfe als Form individueller Förderung überhaupt anerkannt werden kann. Die Frage, wie die Ganztagsschule die ihr zugeschriebenen erweiterten Möglichkeiten individueller Förderung umsetzt und ob diese schließlich einen Beitrag zur Verbesserung der Bildungschancen unterschiedlicher Adressatengruppen leisten, scheint damit allerdings noch nicht beantwortet zu sein.

Die Studie zur Entwicklung von Ganztagsangeboten (StEG)

Die vierte und derzeit sicher prominenteste Untersuchung, die sich u.a. mit Auswirkungen der Ganztagsschule befasst, ist die „Studie zur Entwicklung von Ganztagsschulen" (StEG (vgl. Holtappels/Klieme/Rauschenbach/Stecher 2007):

> „Die Studie [...] untersucht im Längsschnitt [...] Veränderungsprozesse in den Schulen und in der Persönlichkeitsentwicklung von Schülern, die innerhalb dieser Schulen an Ganztagsangebote teilnehmen. Die Studie erbringt dadurch erstmals verlässliche Informationen zur Realität von Ganztagsschulen in Deutschland und kann damit solide Aussagen über die Auswirkungen machen, die ganztägige Bildung und Betreuung auf die teilnehmenden Kinder und Jugendlichen, aber auch auf ihre nicht am Ganztagsangebote teilnehmenden Mitschüler, die Eltern und Familien, die Lehrkräfte und das soziale Umfeld der Schulen haben." (ebenda, S. 12)

Mit der Veröffentlichung der Ergebnisse der ersten Datenerhebung von 2005 kann vor allem eine Bestandsaufnahme der 373 in die Studie einbezogenen und aus dem IZBB geförderten Ganztagsschulen (vgl. ebenda, S. 61) vorgenommen werden. D.h. die Ausgangssituation kann beschrieben, Schul-, Familien- und Schülermerkmale können dargestellt und Akteursperspektiven transparent gemacht werden. Es können jedoch noch „keinerlei Aussagen zur Wirkung des Ganztagsbetriebes auf Fähigkeiten oder Einstellungen von Kindern und Jugendlichen oder zu den Veränderungsprozessen in den Schulen und den Familien gemacht werden" (ebenda, S. 12).

Mit den veröffentlichten Ergebnissen der Ausgangserhebung und unter der Berücksichtigung des Umstandes, dass sich die Entwicklung von Ganztagsschulen zum Erhebungszeitpunkt vielleicht erst in den Anfängen befand, ist es dennoch möglich, erste Hinweise auf sich „erfüllende Prophezeiungen" im Zusammenhang mit Ganztagsangeboten und Ganztagsschule zu erhalten. Dies trifft vor allem auf vier Erwartungen zu:

a) Schaffung von mehr und zeitlich über den Unterrichtsschluss hinausgehenden Betreuungsangeboten im Lichte der Vereinbarung von Familie und Beruf
b) bessere Integration von sozial benachteiligten Kindern
c) Schaffung von Möglichkeiten individueller Förderung von Schülern zum Ausgleich von Defiziten
d) Ausweitung der Bildungsinhalte und Lernformen über den Fachunterricht hinaus.

Beim derzeitigen Stand der Publikationen liegen gesicherte Erkenntnisse vor allem für die erste Fragestellung vor. Die StEG untersucht eine Reihe von Fragestellungen an Ganztagsschulen, die eine Förderung aus dem IZBB erhielten. Ein Hauptaugenmerk liegt nicht auf der Darstellung des generell in Deutschland stattfindenden Ausbaus von Betreuungsangeboten für Schulkinder und deren Familien. In der Veröffentlichung der Ergebnisse der Ausgangserhebung sind natürlich in einleitenden Abschnitten statistische Angaben zum Ausbaugrad ganztägiger Betreuung über den Unterricht hinaus zu finden (vgl. ebenda, S. 14ff.): Im Jahr 2005 bieten 28,3 % deutscher Schulen eine ganztägige Betreuung von mindestens drei Tagen in der Schulwoche mit je sieben Zeitstunden Minimum an. Im Jahr 2002 waren es im Bundesdurchschnitt nur 16,3 %. Der Ausbaugrad unterscheidet sich deutlich zwischen den Bundesländern. Den geringsten Ausbaugrad im Jahr 2005 verzeichnet Baden-Württemberg mit 13,4 % ganztägig betreuender Schulen, am weitesten ist der Ausbau mit 72,4 % in Sachsen fortgeschritten. Im Osten Deutschlands ist die Versorgungsquote einer ganztägigen Betreuung von durchschnittlich 49,2 % im Jahr 2005 erwartungsgemäß höher, was insbesondere am traditionellen Hortangebot für Grundschüler liegt, als mit 22,1 % im Jahr 2005 im Westen Deutschlands.

Bedeutsam vor dem Ruf nach einer verbesserten Betreuungssituation durch Ganztagsangebote ist nicht nur der Ausbaugrad zum Zeitpunkt X sondern auch die Zuwachsquote von Betreuungsangeboten im Verlauf der Zeit, symbolisiert dies doch die Anstrengung, einer formulierten Erwartung gerecht zu werden. Zuwachs an ganztägiger Betreuung für Schulkinder hat es im Prinzip seit 2002 in allen Bundesländern gegeben. Im Osten ist dieser wegen des an sich schon höheren Versorgungsgrades natürlich weniger drastisch ausgefallen als im Westen. So haben zum Beispiel Schleswig-Holstein, das Saarland und Berlin ihre Ganztags(-betreuungs-)angebote stark ausgebaut.

Wenn es um das Ziel des Ausbaus der ganztägigen Betreuung wegen einer besseren Vereinbarkeit mit der Berufstätigkeit geht (Es gibt neben diesem Betreuungsaspekt noch den Bildungsaspekt.), dann ist davon auszugehen, dass insbesondere jüngere Kinder, vor allem Grundschüler und eventuell Schüler der Klassenstufen 5 und 6 im Zentrum stehen. Ältere Kinder brauchen weniger als jüngere Kinder eine nachmittägliche Aufsicht und Betreuung durch Erwachsene. Es ist also sinnvoll, sich den Ausbaugrad für diese Schülerpopulation für das Jahr 2005 genauer anzusehen. Die KMK-Statistik (KMK 2007), auf die sich auch die Autoren der StEG berufen, weist aus, dass knapp ein Viertel (23,3 %) aller Grundschulen eine Ganztagsbetreuung anbieten. Aber auch hier sind die Unterschiede zwischen den Bundesländern eklatant. Während in Thüringen, Berlin und Sachsen fast alle Grundschulen Betreuungsangebote ermöglichen (vor allem durch die Existenz eines Hortes), ist dies im Jahr 2005 vor allem in Baden-Württemberg (1,6 %), Niedersachen (2,8 %) und (erstaunlicherweise) in Sachsen-Anhalt (5,2 %) nur selten der Fall. Offensichtlich gelten für den Ausbau von Ganztagsangeboten im Vergleich der Bundesländer verschiedene Schwerpunktsetzungen. So spielt der Ausbau von Betreuungsangeboten an Grundschulen vor allem in Schleswig-Holstein, Nordrhein-Westfalen und Bayern eine besondere Rolle.

Nun bedeutet das Angebot einer nachmittäglichen Betreuung noch lange nicht, dass es auch angenommen wird. Im Primarbereich sind die weitaus meisten Betreuungsangebote freiwillig, es dominiert die offene Organisationsform. Wenn also mit dem Ziel des Ausbaus von Ganztagsbetreuung implizit ein hoher Bedarf hieran prognostiziert wird, dann wäre zu erwarten, dass die Ganztagsangebote der Schulen fast vollständig angenommen werden. Dem scheint nicht so. Die KMK-Statistik (2007) weist für das Jahr 2005 aus, dass lediglich 15,2 % der Schüler ein Ganztagsangebot wahrnehmen. In den Grundschulen nehmen sogar noch weniger Schüler an einer ganztägigen Betreuung teil, nämlich 9,9 %. Man muss sich angesichts dieser Daten fragen, ob denn der Betreuungsbedarf, der in der Kampagne zum Ausbau von Ganztagsangeboten implizit mit prognostiziert wurde, tatsächlich besteht.

Vergleicht man allerdings die Teilnahmequoten der KMK-Statistik mit denen von StEG, stellt man sehr große Unterschiede fest. Einer Teilnahmequote von 9,9 % der Grundschüler laut KMK stehen 40,6 % (3. Klasse) bei StEG gegenüber (vgl. Holtappels/Klieme/Rauschenbach/Stecher 2007, S. 109). In der 5. Klasse liegt die Teilnahmequote bei 69,6 %. Die Autoren berichten weiterhin, dass im Grundschulalter vor allem diejenigen Kinder ein Ganztagsangebot wahrnehmen, deren Eltern beide vollzeitig berufstätig sind. 62 % der Grundschüler, deren Mutter und Vater Vollzeit arbeiten, nehmen an den Ganztagsangeboten teil. Bei vollzeitbeschäftigten allein erziehenden Müttern ist die Teilnahmequote der Kinder im Primarbereich noch höher. Sie beträgt 78,3 %. Angesichts dieser Daten kommt man zu dem Schluss, „dass die Ganztagsschule einen bedeutsamen Beitrag zur besseren Vereinbarkeit von Familie und Beruf leisten kann" (ebenda, S. 121).

Irritierend bleibt weiterhin der große Unterschied zwischen den Statistiken der KMK und den Ergebnissen der StEG. Während zum einen kaum ein Betreuungsbedarf suggeriert wird, zeichnet sich dieser zum anderen vor allem bei Berufstätigen ab. Allerdings spielt die Aussicht auf Ausübung einer Berufstätigkeit als Anmeldekriterium bei den Eltern keine vordergründige Rolle. Den Eltern geht es bei der Anmeldung zum Ganztagsangebot vor allem um bessere individuelle Fördermöglichkeiten des Kindes (vgl. ebenda, S. 167).

Fazit

Auch im Jahr 2010 kann nicht die Rede davon sein, dass sich ein den Argumenten nach erfolgreicheres Modell als die Halbtagsschule rasant ausgebreitet hat. Es ist an dieser Stelle zu bedenken, dass sowohl die jeweilige Organisationsform (offen bis voll gebunden) eine zentrale Einflussgröße zu sein scheint, wie auch die inhaltliche Ausrichtung und pädagogische Qualität der Angebote von Bedeutung ist. Deshalb bleibt zu vermuten, dass mit der konzeptionellen Begrenztheit eines zur Halbtagsschule addierten Nachmittagsangebotes, dessen Teilnahme freiwillig ist, viele bildungspolitisch motivierte Erwartungen im Zusammenhang mit der Ganztagsschule nicht befriedigt werden können.

Wenn also die Ganztagsschule im Zusammenhang mit Schulleistungssteigerungen ins Feld geführt wird, muss erstens beachtet werden, dass man vorsichtig mit Hoffnungen im Bereich der traditionellen Schulleistungen sein muss. Dies hängt allerdings wieder mit den Inhalten und Gestaltungselementen der einzelnen Ganztagsschule zusammen, denn wenn sich eine Ganztagsschule sehr stark auf individuelle fachbezogene Fördermaßnahmen konzentriert und diese mit einer funktionierenden Diagnostik verbindet, sind die Chancen der Verbesserung attestierbarer schulischer Leistungen höher, als wenn es sich um ein riesiges Angebot von Arbeitsgemeinschaften handelt, die vom Unterricht losgelöst stattfinden. Wenn man allerdings den Leistungsbegriff erweitert und individualisiert, hat die Ganztagsschule z.B. mit eben diesem Angebot an Arbeitsgemeinschaften gute Voraussetzungen, die Kinder und Jugendlichen in anderen Bereichen zu hohen Leistungen zu führen. Was also als Leistung bestimmt wird und woran sich Leistungen messen lassen, hängt von den Akteuren selbst ab.

Der Forschungsstand zur Thematik „Ganztagsschule" ist derzeit, auch unter Berücksichtigung älterer Studien, ebenso heterogen wie partiell widersprüchlich. Dies lässt sich unseres Erachtens am ehesten damit erklären, dass der Untersuchungsgegenstand zwar mit einem Begriff – *Ganztagsschule* – bezeichnet wird, sich dahinter jedoch ebenso schulart- und schulformspezifische Unterschiede verbergen, wie auch regionale durch den Bildungsföderalismus erklärbare Entwicklungsrichtungen und Konzeptentwicklungen forciert werden.

Literatur

Baumert, Jürgen/Artelt, Cordula/Klieme, Eckard/Neubrand, Michael/Prenzel, Manfred/Schiefele, Ulrich/Schneider, Wolfgang/Tillmann, Klaus-Jürgen/Weiß, Manfred (2003): PISA 2000 – Ein differenzierter Blick auf die Länder der BRD. Opladen: Leske + Budrich.

Beher, Karin/Haenisch, Hans/Hermens, Claudia/Nordt Gabriele/Prein, Gerald/ Schulz, Uwe (2007): Die offene Ganztagsschule in der Entwicklung. Empirische Befunde zum Primarbereich in Nordrhein-Westfalen. Weinheim; München: Juventa.

Bettmer, Franz/Maykus, Stephan/Prüß, Franz/Richter, André (2007): Ganztagsschule als Forschungsfeld. Wiesbaden: VS.

Grzesik, Jürgen (1998): Was kann und soll Erziehung bewirken? Möglichkeiten und Grenzen der erzieherischen Beeinflussung. Münster; München; Berlin: Waxmann.

Deutscher Bildungsrat. Empfehlungen der Bildungskommission: Einrichtung von Schulversuchen mit Ganztagsschulen. Verabschiedet auf der 13. Sitzung des Bildungskommission am 23./24.Februar 1968.

DJI (2007): Projekt: Individuelle Förderung in ganztägig organisierten Schulformen des Primarbereichs. Verfügbar über: www.dji.de/cgi-bin/projekte/output.php?projekt=412&Jump1=LINKS&Jump2=5 (Zugriff: 7.10.2007).

Dobart, A./Koeppner, H./Weissmann, L./Zwölfer, A. (1984): Ganztägige Organisationsformen der Schule: Ganztagsschule und Tagesheimschule. Darstellung der Schulversuchsarbeit 1974–1982. Schulentwicklung. Arbeits- und Forschungsberichte des Zentrums für Schulversuche und Schulentwicklung 9. Wien: Österreichischer Bundesverlag.

Fend, Helmut (2001): Qualität im Bildungswesen. Schulforschungen zu Systembedingungen, Schulprofilen und Lehrerleistung. 2. Aufl. Weinheim; München: Juventa.

Fend, Helmut (2008): Schwerer Weg nach oben. Das Elternhaus entschiedet über den Bildungserfolg – unabhängig von der Schulform. Verfügbar über: www.zeit.de/2008/02/C-Enttaeuschung (Zugriff: 7.11.2010).

Haenisch, Hans (1999): Merkmale erfolgreichen Unterrichts. Soest: Landesinstitut für Schule und Weiterbildung.

Höhmann, Katrin/Holtappels, Heinz Günter/Schnetzer, Thomas (2004): Ganztagsschule. Konzeptionen, Forschungsbefunde, aktuelle Entwicklungen. In: Heinz Günter Holtappels/Klaus Klemm/Hermann Pfeiffer (Hrsg.): Jahrbuch der Schulentwicklung. Band 13. Weinheim; München, S. 253–289.

Höhmann, Katrin/Holtappels, Heinz Günter/Schnetzer, Thomas (2005): Ganztagsschule in verschiedenen Organisationsformen. Forschungsergebnisse einer bundesweiten Schulleitungsbefragung. In: Stefan Appel/Harald Luwig/Ulrich Rother/Georg Rutz (Hrsg.): Jahrbuch Ganztagsschule 2006. Schwalbach/Ts.: Wochschau Verlag, S. 169–186.

Holtappels, Heinz-Günther/Klieme, Eckard/Rauschenbach, Thomas/Stecher, Ludwig (Hrsg.) (2007): Ganztagsschule in Deutschland. Ergebnisse der Auswertung der Ausgangserhebung der „Studie zur Entwicklung von Ganztagsschulen" (StEG). Weinheim, München: Juventa.

Horstkemper, Marianne/Tillmann, Klaus-Jürgen (2004): Schulformvergleiche und Studien zu Einzelschulen. In: Werner Helsper, Jeanette Böhme (Hrsg.): Handbuch der Schulforschung. Wiesbaden: VS, S. 287–323.
Ipfling, H.-J., Lorenz, U. (1979): Schulversuche mit Ganztagsschulen. Bericht der Projektgruppe zur Begleitung der Schulversuche mit Ganztagsschulen in Rheinland-Pfalz 1971–1977. Mainz: v. Hase & Koehler.
Ipfling, H.-J. (1981): Modellversuche mit Ganztagsschulen und anderen Formen ganztägiger Förderung. Bonn-Oedekoven: Köllen.
Joppich, Gerhard. (1979): Projekte der inneren Schulreform. Praktische Schulforschung an zwei Ganztagsschulen. Hannover; Dortmund; Darmstadt; Berlin: Schroedel.
KMK (2004): Bericht über die allgemein bildenden Schulen in Ganztagsform in den Ländern der Bundesrepublik Deutschland. Schuljahr 2002/03. Verfügbar über: www.ganztagsschulen.org/_downloads/GTS-Bericht-2002.pdf (Zugriff: 7.11.2010).
KMK (2007): Allgemein bildende Schulen in Ganztagsform in den Ländern in der Bundesrepublik Deutschland. Statistik 2002 bis 2005. Verfügbar über: www.kmk.org/fileadmin/pdf/Statistik/GTS_2005.pdf (Zugriff: 7.11.2010).
Kolbe, Fritz-Ulrich/Reh, Sabine/Fritzsche, Bettina/Idel, Till-Sebastian/Rabenstein, Kerstin (2009): Ganztagsschule als symbolische Konstruktion. Fallanalysen zu Legitimationsdiskursen in schultheoretischer Perspektive. Wiesbaden: VS.
Konsortium Bildungsberichterstattung (2006): Bildung in Deutschland. Ein indikatorengestützter Bericht mit einer Analyse zu Bildung und Migration. Verfügbar über: www.bildungsbericht.de/daten/gesamtbericht.pdf (Zugriff: 7.11.2010).
Meyer, Hilbert (2004): Was ist guter Unterricht? Berlin: Cornelsen.
PISA-Konsortium Deutschland (2007): PISA 2006. Die Ergebnisse der dritten internationalen Vergleichsstudie. Münster: Waxmann.
Prüß, Franz (2007): Ganztägige Lernarrangements als Herausforderung für die empirische Bildungsforschung. In: Franz Bettmer/Stephan Maykus/Franz Prüß/ André Richter (Hrsg.): Ganztagsschule als Forschungsfeld. Wiesbaden: VS, S. 73–108.
Prüß, Franz/Kortas, Susanne/Richter, André/Schöpa, Matthias (2007): Die Praxis der Ganztagsschulforschung – Ein Überblick zur wissenschaftlichen Begleitung der Ganztagsschulentwicklung. In: Franz Bettmer/Stephan Maykus/Franz Prüß/ André Richter (Hrsg.): Ganztagsschule als Forschungsfeld. Wiesbaden: VS, S. 109–152.
Quellenberg, Holger (2007): Ganztagsschule im Spiegel der Statistik. In: Heinz Günter Holtappels/Eckhard Klieme/Thomas Rauschenbach/Ludwig Stecher (Hrsg.): Ganztagsschule in Deutschland. Ergebnisse der Ausgangserhebung der „Studie zur Entwicklung von Ganztagsschulen" (StEG). Weinheim; München: Juventa, S. 14–36.
Quellenberg, Holger/Carstens, Ralf/Stecher, Ludwig (2007): Hintergrund, Design und Stichprobe. In: Heinz Günter Holtappels/Eckhard Klieme/Thomas Rauschenbach/Ludwig Stecher (Hrsg.): Ganztagsschule in Deutschland. Ergebnisse der Ausgangserhebung der „Studie zur Entwicklung von Ganztagsschulen" (StEG). Weinheim; München: Juventa, S. 51–69.
Radisch, Frank (2009): Qualität und Wirkung ganztägiger Schulorganisation: Theoretische und empirische Befunde. Weinheim; München: Juventa.

Radisch, Frank/Klieme, Eckhard: Wirkungen ganztägiger Schulorganisation. Bilanzierung der Forschungslage. Literaturbericht im Rahmen von „Bildung Plus". Frankfurt/M: Deutsches Institut für internationale Pädagogische Forschung.

Radisch, Frank/Klieme, Eckhard (2004): Wirkungen ganztägiger Schulorganisation. Bilanz und Perspektiven der Forschung. In: Die deutsche Schule. Jg. 96, H. 2, S. 153–169.

Radisch, Frank/Klieme Eckhard /Bos, Wilfried (2006): Gestaltungselemente und Effekte ganztägiger Angebote im Grundschulbereich. In: Zeitschrift für Erziehungswissenschaft. 9. Jg., H. 1, S. 30–50.

Spranger, Eduard (1962). Das Gesetz der ungewollten Nebenwirkungen in der Erziehung. Heidelberg: Quelle & Meyer.

Tobias Lehmann

Rahmen und Förderung ganztagsschulischer Angebote in Sachsen

Die Suche nach dem passenden Weg

Nach der politischen Wende in Ostdeutschland nahm die eigenständige Bildungspolitik des Freistaats Sachsen ihren Ausgang im Sächsischen Schulgesetz von 1991. Dabei wurden Grundsätze festgeschrieben bzw. eingeführt, welche über die letzten zwei Jahrzehnte nicht bzw. kaum verändert wurden. Dies ist hauptsächlich mit der politischen Kontinuität in Sachsen zu begründen: Bis 2004 stellte die CDU mit ihrer absoluten Mehrheit die Landesregierung.[1] Diese „Politik der ruhigen Hand" wurde und wird von den sächsischen Entscheidungsträgern auch gern zur Basis erfolgreicher Bildungspolitik erklärt. So führte der sächsische Kultusminister 2006 in einer Veröffentlichung des Sächsischen Staatsministeriums für Kultus zur Bewertung der Ergebnisse der PISA-Studie von 2003 Folgendes an:

„Verlässlichkeit der Bildungspolitik sowie Kontinuität und behutsamer Wandel bilden wichtige Voraussetzungen für das gute Abschneiden sächsischer Schüler bei nationalen und internationalen Leistungsvergleichen." (Flath 2006, S. 41)

In diesem Kapitel wird die sächsische Ganztagsschulentwicklung vor dem Hintergrund sächsischer Bildungspolitik nachgezeichnet. Auch bei diesem Punkt lässt sich – nachdem diese Thematik lange Zeit kaum eine Rolle spielte – zunächst von einem „behutsamen" Wandel sprechen, welcher allerdings in den letzten Jahren deutlich an Dynamik gewonnen hat. Wie bereits bei Wiere in diesem Band hergeleitet wurde, nahm die Ganztagsschulentwicklung seit 2002/2003 in Deutschland enorm Fahrt auf. Aus *Abb. 1* ist ersichtlich, dass sich diese Zunahme auch im Freistaat Sachsen nachverfolgen lässt. Jedoch muss die Entwicklung in Sachsen auch mit einer „sächsischen Brille" angesehen werden. Daher soll in einem ersten Punkt auf das Sächsische Schulgesetz eingegangen werden, bevor dann in chronologischer Reihenfolge die weitere Entwicklung dargestellt wird. Abbildung 1 zeigt überblicksartig die Ganztagsschulentwicklung in Sachsen mit Bezug auf die einzelnen Förder- bzw. Entwicklungsinstrumente.

---

[1] Andere Entwicklungen ließen sich z.B. im benachbarten Bundesland Sachsen-Anhalt mit diversen Regierungswechseln beobachten.

Abb. 1: Zeitleiste der Ganztagsschulentwicklung im Freistaat Sachsen

Jahr	§ 16 Ganztagesbetreuung SÄCHSISCHES SCHULGESETZ §16 Betreuungsangebote/§16a Ganztagsangebote	SCHULJUGENDARBEIT		FÖRDERUNG ÜBER DAS IZBB	MODELLVERSUCH „SÄCHSISCHE SCHULE MIT GANZTAGSANGEBOTEN /GANZTAGSSCHULE"	FÖRDERRICHTLINIE ZUM AUSBAU VON GANZTAGSANGEBOTEN IN SACHSEN
2010						
2009						
2008						■
2007	■					■
2006	■				■	■
2005	■				■	■
2004	■			■	■	
2003	■		Landesprogramm „Schuljugendarbeit in Sachsen"	■		
2002	■					
2001	■					
2000	■	FRL „Schuljugendarbeit als Bestandteil von Ganztagsangeboten				
1999	■					
1998	■					
1997	■					
...	■					
1991	■					

60

Neues Schulgesetz 1991

Bevor im Jahr 1991 im Freistaat Sachsen das neue Schulgesetz in Kraft treten konnte, gab es für die Bundesländer auf dem Gebiet der ehemaligen DDR eine vorläufige Schulordnung vom 18.09.1990, welche als Übergangslösung bis zur Einführung der landesrechtlichen Regelungen gelten sollte (vgl. Ministerium für Bildung und Wissenschaft der DDR 1990). Diese vorläufigen Regelungen veränderten am damals bestehenden Schulsystem zunächst wenig, um den zu erarbeitenden Landesregelungen möglicherweise nicht entgegenzustehen. So blieb für das Schuljahr 1990/91 die allgemeinbildende Schule mit den Klassenstufen 1 bis 10 bestehen. Der § 8 der Verordnung regelte den außerunterrichtlichen Bereich. Darin war sowohl der Schulhort (für die Klassen 1 bis 4 bzw. an Sonderschulen evtl. bis Klasse 8) als auch die freiwillige Teilnahme an Angeboten der Freizeitgestaltung angeführt (vgl. ebenda, S. 2f.).

Am 1. August 1991 trat das neue Sächsische Schulgesetz in Kraft (vgl. Holfelder/Bosse 1991). Im §1 wird der Erziehungs- und Bildungsauftrag der Schulen hervorgehoben, wobei der Erziehungsbegriff an erster Stelle steht. Zentraler Punkt ist die Entfaltung der Persönlichkeit in Gemeinschaft. Dabei hat der Lehrer neben der Wissensvermittlung auch einen Erziehungsauftrag, dessen Erziehungsziele sich auf das Grundgesetz bzw. Artikel 101 der Verfassung des Freistaates Sachsen beziehen.

Neben grundlegenden Weichenstellungen, wie der Einführung eines zweigliedrigen Schulsystems oder des achtjährigen gymnasialen Bildungsgangs[2], sah das Sächsische Schulgesetz mit Blickrichtung auf den Aspekt ganztägiger Bildung damals noch keine Einrichtung von Ganztagsschulen o. Ä. vor. Der Begriffsbestandteil „Ganztag" tauchte im Sächsischen Schulgesetz in der Fassung vom 3. Juli 1991 nur im § 16 Ganztagesbetreuung auf. Dort hieß es in den Absätzen 1 und 2:

„(1) Der Schulträger soll an der Grundschule einen Hort einrichten, in dem Kinder, deren Eltern es wünschen, vor und nach dem Unterricht betreut werden.

(2) An den übrigen Schulen kann der Schulträger von der 5. bis zur 10. Klasse eine ganztägige Betreuung anbieten." (Holfelder/Bosse 1991, S. 41).

Der Fokus wurde somit deutlich auf den Aspekt der (außerunterrichtlichen) Betreuung gerichtet. Der Hort hatte die Möglichkeit, Betreuung nach dem Bedarf der Eltern vor und nach der Schule anzubieten. An den weiterführenden Schulen konnte der Schulträger (unter bestimmten Voraussetzungen) eine (ganztägige) Betreuung vorhalten. Nach dem Wechsel der minis-

---

2 Auf die (bildungs-)politischen Überlegungen zu diesen zentralen Aspekten des Sächsischen Schulgesetzes kann an dieser Stelle nicht eingegangen werden.

teriellen Zuständigkeit für den „Betreuungsort Hort" vom Sächsischen Staatsministerium für Kultus (SMK) zum Sächsischen Staatsministerium für Soziales (SMS) wurde der § 16 des Schulgesetzes dahingehend geändert, dass es nun im Absatz 1 hieß:

> „(1) Der Schulträger kann von der fünften bis zur zehnten Klasse an Mittelschulen und Gymnasien eine außerunterrichtliche Betreuung (Ganztagesbetreuung) anbieten." (Holfelder u.a. 1995, S. 57).

In den weiteren Absätzen des § 16 wurden nun weitere Bestimmungen für den Förderschulbereich angeführt (ebenda). Die Grundschule-Hort-Konstruktion wurde nicht mehr erwähnt. Eine schulische Ganztagsbetreuung an den Grundschulen war somit aus schulpolitischer bzw. behördlicher Sicht „kein Thema mehr".[3]

Die in den 1990er Jahren stattfindende außerunterrichtliche Betreuung stand somit eher in der Tradition der nachmittäglichen Arbeitsgemeinschaften der ehemaligen polytechnischen Oberschulen als in der pädagogischen Ausrichtung einer rhythmisierten Ganztagsschule, wie sie derzeit bildungspolitisch diskutiert und in sehr unterschiedlicher (förderaler) Weise umgesetzt wird.

Das Programm „Schuljugendarbeit"

Das Landesprogramm „Schuljugendarbeit" war bezüglich ganztägiger Bildung auch weniger strukturell und konzeptionell im Sinne einer Ganztagsschule angelegt, sondern sollte eher die Funktion eines Unterstützungssystems der außerunterrichtlichen Betreuung erfüllen. Im Jahr 1996 wurde vom SMK in Zusammenarbeit mit der Deutschen Kinder- und Jugendstiftung e.V. das Programm „Kooperation von Schule und Jugendarbeit" initiiert. Ab 1997 stand der Begriff „Schuljugendarbeit" in Sachsen für ca. zehn Jahre für ein Angebot, welches über die Intentionen des § 16 des Schulgesetzes hinausging.

Im Konzept des SMK zur Schuljugendarbeit vom 20.12.1996 wurde folgende inhaltliche Rahmung vorgenommen: Von Schule wird, ausgehend von den gesellschaftlichen Veränderungen und den damit verbundenen Auswirkungen für die Kinder und Jugendlichen, eine verstärkte Bildungs- und Erziehungsleistung verlangt. Schuljugendarbeit wird deutlich als außerunterrichtliches Angebot definiert und somit klar auf den Nachmittagsbereich festgelegt. Als grundlegende Ziele werden u.a. angeführt: Schuljugendarbeit soll Schülern soziale Erfahrungen und soziale Verantwortung ermöglichen. Durch Schuljugendarbeit soll eine enge Verknüpfung von

---

3 Auf das – auch durch diesen Aspekt beeinflusste – Verhältnis zwischen Grundschulen und Horten im Freistaat Sachsen wird im Beitrag von Markert in diesem Band eingegangen.

Schule und Jugendhilfe erreicht werden. Mit dem Programm soll auch die Öffnung der Schule nach außen weiter gefördert werden, denn Grundvoraussetzung für die erfolgreiche Realisierung von Schuljugendarbeit sind aufgeschlossene unterstützungswillige Partner (vgl. SMK 1996, S. 3ff.).

In diesem Zusammenhang muss jedoch, um Verwechslungen zu vermeiden, auf die Unterschiede zwischen Schuljugendarbeit und Schulsozialarbeit hingewiesen werden. Die Schulsozialarbeit als Bestandteil der Angebote der Jugendhilfe (§13 Kinder- und Jugendhilfegesetz) bietet vorrangig sozialpädagogische Hilfen in psycho-sozialen Problemlagen an. Dagegen lag bei den Projekten der Schuljugendarbeit die Gesamtverantwortung bei der Schule mit ihrem Erziehungs- und Bildungsauftrag. Die Projekte waren zumeist freizeitpädagogisch ausgerichtet. Eine enge Abstimmung bzw. Zusammenarbeit mit den Trägern der Jugendhilfe wurde in diesem Zusammenhang erwünscht und als notwendig erachtet.

Das Programm „Schuljugendarbeit" startete mit Veröffentlichung der Ausschreibung im April 1997 im Sächsischen Amtsblatt und wurde zu Beginn des Jahres 1998 erneut ausgeschrieben. Am 20.11.1998 erfolgte die Veröffentlichung einer ersten Förderrichtlinie Schuljugendarbeit, die im Januar 1999 in Kraft trat. In den Jahren 1997 bis 2003 wurden insgesamt ca. 9,66 Millionen Euro an Fördermitteln an ca. 450 sächsische Schulen ausgereicht. Darunter waren auch Schulen bzw. Projekte, welche in mehreren Jahren Fördergelder erhielten (vgl. Elsner 2001, S. 8–13).

Zur Unterstützung der qualitativen Weiterentwicklung der Betreuungsangebote wurde am 2. September 2003 die Förderrichtlinie „Schuljugendarbeit als Bestandteil von Ganztagsangeboten" im sächsischen Landtag verabschiedet. Diese Förderrichtlinie und die Benutzung des in diesem Zusammenhang eingeführten Begriffes „Ganztagsangebot" müssen in Verbindung mit der Veränderung des Schulgesetzes vom 1. August 2003 gesehen werden, worauf dann im nächsten Abschnitt näher eingegangen wird.

Das bisherige Spektrum der „Schuljugendarbeit" wurde 2003 somit erweitert und sah eine Förderung im Rahmen folgender drei Module vor:

- „Modul freizeitpädagogische Bildungsangebote oder freizeitpädagogische Bildungsangebote mit einem verlässlichen Betreuungsangebot"
- „Modul Angebote zur speziellen Förderung und Unterstützung",
- „Modul unterrichtsergänzende Projekte".

Das erste Modul wurde als Basismodul angesehen, wobei alle Angebote eine Ergänzung zum Unterricht darstellen sollten und von den Schülern auf freiwilliger Basis genutzt werden konnten. In dieser Förderrichtlinie gab es keine vorgeschriebene Begrenzung der Fördersumme. Es konnten im Rahmen einer Anteilsfinanzierung bis zu 75 % der Gesamtausgaben gefördert werden. Hervorzuheben ist noch ein möglicher Personalkostenzuschuss von

15.000 Euro für maximal eine halbe Personalstelle für pädagogische/sozialpädagogische Fachkräfte bzw. adäquat geeignete Personen.

Mit der Neufassung der Förderrichtlinie im Jahr 2003 verband sich keine finanzielle Aufstockung des Programms, wenn man sich die Förderstatistiken zur Schuljugendarbeit ansieht. In den Jahren 2003 bis 2007 wurden jährlich zwischen 53 und 84 Förderanträge bewilligt, mit einem jährlichen Gesamtvolumen von max. 1,43 Millionen Euro (im Jahr 2006) (vgl. SASJ o.J.).

Die Förderrichtlinie „Schuljugendarbeit als Bestandteil von Ganztagsangeboten" wurde am 15. Juli 2005 dahingehend geändert, dass nun die Sächsische Arbeitsstelle für Schule und Jugendhilfe neben der inhaltlichen Einbindung auch die Trägerschaft übernahm. Das Programm bzw. die Förderrichtlinie wurde am 31. Juli 2007 durch die Übernahme in die Richtlinie des Sächsischen Staatsministeriums für Kultus zur Förderung des Ausbaus von Ganztagsangeboten (FRL GTA) beendet.

Die langsame Entdeckung des „Ganztags" in der sächsischen Schul- und Bildungspolitik

Außer dem beschriebenen § 16 des Schulgesetzes gab es im Freistaat Sachsen viele Jahre kein (inhaltliches) Aufgreifen der Idee des „Ganztags". Die Bildungspolitik wurde von anderen Themen dominiert. Besonders aber seit der Jahrtausendwende steht das sächsische Schulsystem vor den Herausforderungen des demografischen Wandels. Ab dem Schuljahr 1995/96 ist bis zum aktuellen Schuljahr ein Rückgang der Schülerzahlen an den allgemein bildenden Schulen zu verzeichnen.[4] Besuchten im Schuljahr 1994/95 noch knapp 632.000 Schüler allgemein bildende Schulen, so sind dies im Schuljahr 2008/09 nur noch ca. 302.000 Schüler. Dies entspricht einem Rückgang auf ca. die Hälfte (47,7 %) des höchsten Wertes seit der politischen Wende. Im Schuljahr 2009/10 hat sich dieser Wert auf dem Niveau des Vorjahres stabilisiert.

Besonders betroffen waren natürlich zunächst die Grundschulen, an denen sich die Schülerzahlen allein vom Schuljahr 1997/98 (ca. 200.500 Grundschüler) zum Schuljahr 2001/02 (ca. 99.500 Grundschüler) halbierten.[5] Dieser Abwärtstrend erreichte dementsprechend eine Grundschulgeneration später die Mittelschulen sowie (etwas abgeschwächt) die Gymnasien. Den sinkenden Schülerzahlen folgte unweigerlich die Diskussion um den Abbau von Lehrerstellen im Freistaat Sachsen. In der folgenden Tab. 1 ist neben der Entwicklung der Schülerzahlen vom Schuljahr 1999/2000 zum Schul-

---

4 Dazu gehören im Freistaat Sachsen die Schularten Grundschule, Mittelschule, Gymnasium, Förderschule und die extra angeführten Waldorfschulen.
5 Vgl. *www.sachsen-macht-schule.de/schule/download/download_smk/2010_schulen_ oeff_freie_traegerschaft.pdf* (Zugriff: 17.08.2010) und eigene Berechnungen.

jahr 2007/2008 parallel die Entwicklung der Lehrerzahlen im gleichen Zeitraum zu erkennen. Deutlich sichtbar ist bei den Schülern, dass sich in der Primarstufe der Rückgang in abgeschwächtem Umfang fortsetzte, während in der Sekundarstufe der „Geburtenknick" erst ankam. Beim Lehrerpersonal ist dagegen kein vergleichbarer Rückgang zu erkennen.

Tab. 1: Entwicklung der Schüler- und Lehrerzahlen in Sachsen, Werte aus dem Schuljahr (SJ) 1999/2000=Grundwert

	Schüler SJ 2007/08 im Vergleich zu SJ 1999/2000	Lehrer SJ 2007/08 im Vergleich zu SJ 1999/2000
Grundschule	82,0 Prozent	87,8 Prozent
Mittelschule	38,9 Prozent	70,0 Prozent
Gymnasium	59,6 Prozent	92,0 Prozent
Förderschule	73,3 Prozent	88,3 Prozent

Quelle: Statistisches Landesamt Sachsen und eigene Berechnungen.

Die sächsische Landesregierung sprach im Zusammenhang mit dem Abbau der Lehrerstellen von einem so genannten „Schulkompromiss" (CDU-Landesverband Sachsen 2004, S. 8). Mit dem „pädagogischen Zuschlag" (ebenda) von einem nicht linearen Abbau der Lehrerstellen analog der Schülerzahlen (siehe Tab. 1) sollte auch der Unterrichtsausfall minimiert werden. In diesem Zusammenhang müssen jedoch auch unbedingt die Teilzeitregelungen des Bezirkstarifvertrages von 2005[6] für die Lehrer berücksichtigt werden.

Der Rückgang der Schülerzahlen führte zu einer (kontinuierlichen) landesweiten Ausdünnung des Schulnetzes. Gab es im Schuljahr 1992/93 noch ca. 2.300 allgemein bildende Schulen, so waren es im Schuljahr 2002/03 noch 1.824 und im Schuljahr 2009/10 gibt es nur noch 1.478 allgemein bildende Schulen.

Der Rückgang der Schülerzahlen, der damit verbundene Abbau der Lehrerstellen sowie die daraus resultierende Umstrukturierung des sächsischen Schulnetzes haben jahrelang die bildungspolitischen Diskussionen im Freistaat bestimmt und von anderen Frage- bzw. Weichenstellungen abgelenkt.

Die erläuterten Entwicklungen führten landesweit zu zahlreichen Protesten und Kämpfen um den Erhalt von Schulstandorten. Im Zuge dieser Diskussion gründete sich 2001 der Verein „Zukunft braucht Schule", welcher mit-

---

[6] Vgl. dazu unter *www.sachsen-macht-schule.de/smk/download/download_smk/btv.pdf* (Zugriff: 13.08.2010).

tels eines Volksantrages eine Änderung des Schulgesetzes – um damit Schulschließungen zu verhindern – erreichen wollte. Die Durchführung des Volksbegehrens, welches in Zusammenarbeit mit den politischen Parteien der SPD und der PDS erfolgte, wurde von der Mehrheit der CDU im Landtag verhindert und konnte erst gerichtlich durchgesetzt werden. In den Jahren 2002 und 2003 sammelten die Initiatoren dafür Stimmen im Freistaat Sachsen. Jedoch wurden statt der notwendigen 450.000 Stimmen nur 380.000 Stimmen erreicht. Damit war das Volksgesetzgebungsverfahren gescheitert.

Dem außer- und innerparlamentarischen Druck begegnete die sächsische CDU mit einem eigenen Gesetzesentwurf. Dieser Entwurf – so proklamierte die CDU – reagiere auch auf die Erkenntnisse aus der ersten PISA-Studie (vgl. CDU-Fraktion des sächsischen Landtages 2002, S. 1–12). Letztendlich wurde das so genannte „bessere Schulkonzept" der CDU im Jahr 2004 mit der Novellierung des Sächsischen Schulgesetzes[7] umgesetzt. Ein weiterer Versuch einer Qualitätsverbesserung der Bildung an den sächsischen Schulen war die Lehrplanreform. Die neuen Lehrpläne (in allen Fächern und Schularten) wurden schrittweise ab dem Schuljahr 2004/2005 eingeführt.

Doch welche weiteren Entwicklungen, neben diesen allgemeinen schulpolitischen Veränderungen, gab es im Bereich der Ganztagsangebote/der Ganztagsschule – außer den bereits beschriebenen Aspekten des § 16 des Sächsischen Schulgesetzes und dem Programm/der Förderrichtlinie zur Schuljugendarbeit?

Schaut man sich die Wahlprogramme der bildungspolitisch gewichtigsten Kraft im Freistaat Sachsen – der sächsischen CDU – etwas genauer an, so lässt sich im Programm für die Landtagswahl 1999 noch kein Hinweis auf ein verstärktes Interesse an Ganztagsschule/Ganztagsangeboten erkennen (vgl. CDU-Landesverband Sachsen 1999, S. 38–45). Auch in der Regierungserklärung des sächsischen Ministerpräsidenten Prof. Dr. Biedenkopf von 1999 wurde weder auf etwaige Erfolge im Bereich Ganztagsangebote eingegangen noch ein Bedarf festgestellt (vgl. Sächsischer Landtag 1999). Im Wahlprogramm der CDU von 2004 wurde schwerpunktmäßig auf die Umsetzung des besseren Schulkonzeptes sowie auf die neuen Lehrpläne verwiesen. Bezüglich der Ganztagsthematik wurde (nur) erwähnt, dass die Klassenstufen fünf bis zehn von mehr freiwilligen Ganztagsangeboten profitieren würden (womit die FRL „Schuljugendarbeit" gemeint ist) (vgl. CDU-Landesverband Sachsen 2004, S. 8–14).

Verfolgt man die Veränderungen im Sächsischen Schulgesetz, so fällt in den Jahren 2003 und 2004 ein gewisses Lavieren mit den Begriffen im § 16 auf. Die Fassung vom 01.08.2003 stellt dem Begriff der Ganztagesbetreu-

---

[7] Im Detail handelt es sich um ein erstes und zweites Gesetz zur Umsetzung des besseren Schulkonzeptes in den Jahren 2003 und 2004.

ung (§16) noch den Begriff Ganztagsangebote (§16a) zur Seite. Eine weitergehende inhaltliche Differenzierung ist in den beiden Paragrafen, in denen von außerunterrichtlichen Betreuungsangeboten sowie Ganztagsangeboten gesprochen wird, noch nicht zu erkennen. Doch zumindest die terminologische Ähnlichkeit führte in der Fassung vom 09.03.2004 zu der Veränderung der Paragrafen in Betreuungsangebote (§16) und Ganztagsangebote (§16a). Die inhaltliche Formulierung des §16 hat sich aber im Vergleich zum Sächsischen Schulgesetz von 1991 nur marginal verändert.

Diese Begrifflichkeiten wurden nun bisher beibehalten, in der Fassung vom 01.08.2004 wurde der §16a mit einem zweiten Absatz ergänzt, der den Begriff Ganztagsangebote näher definiert, ohne das damit eine abschließende Aufzählung gemeint ist. Darin heißt es:

„Zulässige Formen von Ganztagsangeboten sind insbesondere Schulklubs, Arbeitsgemeinschaften, zusätzlicher Förderunterricht oder Angebote der Schuljugendarbeit." (SMK 2004, S. 12).

Im Praxiskommentar zum Sächsischen Schulgesetz heißt es, der Gesetzgeber will mit dem §16a „den Lebensumständen und gesteigerten Ansprüchen an schulische Bildung und Erziehung gerecht werden" (Runck/Geißler/Ihlenfeld 2004, S. 61). Bemerkenswert sind die folgenden Anmerkungen im Praxiskommentar: „Dazu ist eine Öffnung der weiterführenden Schulen hin zu ganztägigen Bildungsangeboten unumgänglich" (ebenda). Einerseits wird hier der Schwerpunkt für die weiterführenden Schulen klar bei Bildungsangeboten gesehen. Andererseits wird betont, dass der Ausbau der Ganztagsangebote im Rahmen der Schulentwicklungsprozesse für die Schulen unumgänglich ist. Bezüglich des Aspekts der Freiwilligkeit bzw. der Angebotsform merkten die Kommentatoren folgendes kritisch an: „Fraglich ist, ob die Entscheidung für eher unverbindliche Ganztagsangebote und gegen eine zumindest regional angebotene verbindliche Ganztagsschule ausreichend ist" (Runck/Geißler/Ihlenfeld 2004, S. 61).

Dieser Aspekt wird auch noch im Zusammenhang mit der im Jahr 2005 eingeführten „Förderrichtlinie […] zum Ausbau von Ganztagsangeboten" zu diskutieren sein. Bevor es jedoch um diese für Sachsen maßgebliche Förderrichtlinie geht, sollen im Folgenden zwei Programme vorgestellt werden, die außerhalb des Schulgesetzes seit 2003 die Beschäftigung und Auseinandersetzung im Freistaat Sachsen mit schulischen Ganztagsangeboten bewirkt haben. Dies geschieht zum einen auf Landesebene mit dem Beginn des sächsischen Modellversuchs „Sächsische Schule mit Ganztagsangeboten/Ganztagsschule", zum anderen auf Bundesebene durch das Investitionsprogramm „Zukunft Bildung und Betreuung" (IZBB).

Modellversuch „Sächsische Schule mit Ganztagsangeboten/Ganztagsschule"

Der Modellversuch „Sächsische Schule mit Ganztagsangeboten/Ganztagsschule" (MV GTS/GTA) startete zum Schuljahr 2003/04 mit sieben Mittelschulen und drei Gymnasien und lief mit Beendigung des Schuljahres 2007/08 nach fünf Jahren aus. Die zehn beteiligten Schulen erhielten für diesen Zeitraum zusätzliche Honorar- und Sachgelder sowie, unabhängig vom jeweiligen Konzept und der Anzahl der Ganztagsschüler, ein zusätzliches Personalbudget (ca. 50 Lehrerwochenstunden).

Bei diesem Modellversuch ging es um Schul- und Unterrichtsentwicklung vor dem Hintergrund der bundesweiten Diskussion über die Ganztagsbetreuung. Anknüpfend an die leitenden Prinzipien der sächsischen Bildungspolitik – Chancengerechtigkeit und Leistungsorientierung (vgl. Comenius Institut 2005, S. 3) – sollten im Modellversuch u.a. Antworten auf die veränderten Herausforderungen der Wissensgesellschaft gesucht werden. Die Schulen sollten ihre Praxis als Lebens- und Lernort unter hoher Eigenverantwortung gestalten. Dabei wurden verschiedene Möglichkeiten der Schultagsgestaltung (Wechsel von Lernarbeit und Erholung, Selbstbestimmung und Fremdbestimmung) erprobt (vgl. SMK 2003a). Diese Ziele sollten vor allem durch „zeitgemäße, schülerorientierte Unterrichtsformen, z.B. selbständiges und partnerschaftliches Lernen, fächerübergreifendes und fächerverbindendes Lernen sowie Projektunterricht" (ebenda) erreicht werden. Ebenso sollte ein Augenmerk auf das verstärkte individuelle Fördern und Fordern gelegt werden. Die Ausschreibung zum Modellversuch nannte auch noch weitere Gestaltungselemente und Qualitätsmerkmale einer Ganztagsschule (gemeinsame und individuelle Freizeitgestaltung, Projekte in Kooperation mit außerschulischen Partnern, ein warmes Mittagessen) (ebenda).

Die Möglichkeiten und Spielräume der Schulen zur Ausgestaltung ganztägiger Organisationsformen wurden von Seiten des SMK bewusst offen gehalten. Man verzichtete auf konkrete Festlegungen sowie inhaltliche Vorgaben und organisatorische Verbindlichkeiten. Dies hatte den Vorteil, dass die Schulen die eigenen Bedarfe und Möglichkeiten selbst ausloten und maßgeschneiderte Realisierungsformen erarbeiten konnten. Dies führte in der Auswertung bzw. Bewertung dieses Modellversuchs zu der Erkenntnis, dass jede Schule vor dem Hintergrund der eigenen Spezifik und der eigenen Rahmenbedingungen eine Ganztagskonzeption entwickeln muss und es daher keine übertragbaren Modelle geben kann.[8]

---

8 Einige Ergebnisse der umfangreichen qualitativen und quantitativen Forschungstätigkeit der TU Dresden im Rahmen der wissenschaftlichen Begleitung dieses Modellversuchs sind auch in den Beiträgen dieses Buches eingebunden.

Das Investitionsprogramm „Zukunft Bildung und Betreuung" (IZBB)

Mit dem Investitionsprogramm „Zukunft Bildung und Betreuung" stellte der Bund allen beteiligten Bundesländern für die Jahre 2003 bis 2007 insgesamt vier Milliarden Euro zum Ausbau von ganztägigen Angeboten an Schulen zur Verfügung, welche bis Ende 2009 abgerufen werden konnten. Mit diesen Mitteln sollte die Schaffung einer „modernen Infrastruktur im Ganztagsschulbereich" (BMBF 2003, S. 2) ermöglicht werden.

Der Freistaat Sachsen erhielt in diesem Zusammenhang ca. 200 Millionen Euro Fördermittel. Für Schulen und Schulträger im Freistaat Sachsen bestand im Rahmen des IZBB die Möglichkeit, Fördermittel für Investitionen (Bauausgaben und Ausstattung) im Bereich des Ausbaus von Ganztagsangeboten zu beantragen.[9] Hierbei handelte es sich um eine Anteilsförderung, bei der die Antragsteller zwischen 10 und 25 % der Investitionsausgaben selbst tragen mussten. Außerdem wurde eine pädagogische Konzeption verlangt, welche sich jedoch nur an der Basisdefinition einer Ganztagsschule der Kultusministerkonferenz zu orientieren brauchte.

Insgesamt erhielten 148 sächsische Schulen (teilweise in mehreren Jahren) Fördermittel im Rahmen des IZBB (BMBF 2009, S. 3). Gegenstand der Förderung waren investive Maßnahmen wie der Aufbau neuer Ganztagsschulen, die Weiterentwicklung bestehender Schulen zu Ganztagsschulen, die Schaffung zusätzlicher Plätze an bestehenden Ganztagsschulen oder die qualitative Weiterentwicklung bestehender Ganztagsschulen (SMK 2003b, S. 1).

In diesem Zusammenhang muss jedoch nochmals deutlich betont werden, dass eine Ganztagsschule nicht nur gebaut, sondern auch inhaltlich gestaltet werden muss. Bestimmte Rahmenbedingungen sind für diese Entwicklung förderlich bzw. unabdingbar – doch ohne ein inhaltliches Konzept, welches von allen Beteiligten mitgetragen wird, wird es die gewünschten Schulentwicklungsprozesse nicht geben. Ein direkter Zusammenhang zwischen dem Bau einer Mehrzweckhalle oder der Renovierung eines Schulhauses und beispielsweise der Verbesserung von Schulleistungen oder einem Bildungserfolg, der vom sozialen Status unabhängig ist, ist offensichtlich nicht gegeben.

---

9 Grundlage für die Mittelverteilung bildete die Förderrichtlinie des SMK zur Gewährung von zweckgebundenen Zuwendungen im Rahmen des Investitionsprogramms „Zukunft Bildung und Betreuung" (Förderrichtlinie IZBuB – Föri IZBuB) (vgl. SMK 2003b). Abweichend von der bundesweit genutzten Abkürzung des Investitionsprogramms „IZBB", wird das Programm in der sächsischen Förderrichtlinie „IZBuB" abgekürzt.

Aufgrund der finanzpolitischen und bildungspolitischen Tragweite des Investitionsprogramms schien eine einfache Rechenschaftslegung gegenüber dem Bund zu wenig. Deshalb beauftragte der Bund ein Forschungskonsortium, das IZBB wissenschaftlich zu begleiten und zu evaluieren. Die „Studie zur Entwicklung von Ganztagsschulen" (StEG) sollte den Prozess der Entstehung und Einführung von Ganztagsschulen und -angeboten dokumentieren sowie Erkenntnisse zur Qualität der Schulorganisation, zu der Schul- und Lernkultur und der pädagogischen Wirkungen in Schulen mit Ganztagsform gewinnen.[10]

Richtlinie des SMK zur Förderung des Ausbaus von Ganztagsangeboten (FRL GTA)

Nach den Landtagswahlen im Jahr 2004 kam es erstmals seit 1990 in Sachsen zu einer Koalitionsregierung. Die bis dato alleinregierende CDU bildete nun eine Koalition mit der SPD. In der Koalitionsvereinbarung wurde festgehalten, dass der begonnene Ausbau der Ganztagsangebote an sächsischen Schulen konzeptionell fortgesetzt wird. Das bedeutete zum einen, dass die Fördermittel des IZBB-Programms auszuschöpfen waren, zum anderen, dass Sachsen eigene Fördermittel in beträchtlicher Größenordnung bereitstellen wollte. Als Ziel wurde in der Koalitionsvereinbarung der flächendeckende Ausbau von Ganztagsangeboten bis 2010 benannt (vgl. CDU-Fraktion des sächsischen Landtages 2004, S. 26).

Als Instrument für die Verteilung der sächsischen Fördermittel trat am 1. August 2005 die „Förderrichtlinie des Sächsischen Staatsministeriums für Kultus zum Ausbau von Ganztagsangeboten an Schulen (Förderrichtlinie GTA)" in Kraft. Für den Ausbau von Ganztagsangeboten an sächsischen Schulen standen laut Koalitionsvereinbarung der Sächsischen Staatsregierung 2005 15 Millionen Euro und seit 2006 jährlich 30 Millionen Euro zur Verfügung (vgl. CDU-Fraktion des sächsischen Landtages 2004, S. 26).

Über die Förderrichtlinie GTA sollen Maßnahmen und Projekte im Rahmen von Ganztagsangeboten gefördert werden, die sich im Vergleich zur Förderrichtlinie Schuljugendarbeit auf den gesamten Schultag beziehen. Die Anträge müssen sich mit dem Themenbereich der ausgewogenen Gestaltung des gesamten Schultages und des Unterrichts (Rhythmisierung) auseinandersetzen.

Die Förderrichtlinie grenzte zu Beginn drei Förderbereiche voneinander ab. Das Modul 1 zielte auf Angebote zur leistungsdifferenzierten Förderung und Forderung der Schüler. Der zweite Förderbereich, das Modul 2, sollte

---

10 Auf Landesebene hat die TU Dresden die Entwicklung der Ganztagschullandschaft in Sachsen im Zusammenhang mit den Daten der StEG betrachtet und ausgewertet. Ausgewählte Ergebnisse werden auch in den Beiträgen dieses Buches aufgegriffen.

die Förderung unterrichtsergänzender Angebote und Projekte ermöglichen. Im Modul 3 konnten Mittel für Angebote im schulischen Freizeitbereich beantragt werden. Zur Erzielung von Synergieeffekten sollte die Kooperation mit außerschulischen Partnern, insbesondere mit der Jugendhilfe, angestrebt werden.[11]

Neben anfallenden Sachkosten konnten von den Schulen umfangreich Fördermittel für Honorare eingeplant und verwendet werden. An vielen Schulen wurden diese Gelder nur in geringem Umfang für externe Kooperationspartner eingesetzt. Hauptsächlich wurden damit Honorare für Ganztagsangebote bezahlt, welche von den Lehrern der Schulen durchgeführt wurden. Es wurde den Lehrern somit gewissermaßen im Gegenzug zu den weiter oben beschriebenen Stellenkürzungen respektive Gehaltseinbußen die Möglichkeit eines (geringen) Nebeneinkommens an ihren Schulen ermöglicht. In bestimmtem Umfang war dies bereits im Zusammenhang mit der Förderrichtlinie Schuljugendarbeit zu beobachten.

Die Jahre 2005 und 2006 sind rückblickend als Anfangszeitraum bzw. „Eingewöhnungszeit" zu bezeichnen. Neben der Diskrepanz zwischen den über die Förderrichtlinie zur Verfügung stehenden Mitteln und den ausgereichten Mitteln durch die Bewilligungsbehörden war größtenteils eine „Entwicklung der kleinen Schritte" bei den pädagogischen Konzeptionen zu beobachten. Bereits ab Herbst 2006 wurde seitens des SMK an einer Überarbeitung der Förderrichtlinie gearbeitet. Die Fertigstellung der überarbeiteten Förderrichtlinie verzögerte sich aufgrund eines intensiven Abstimmungsbedarfes zwischen den beteiligten Ministerien. Weiterhin sollte die neue Förderrichtlinie von Beginn an mit einer parallelen Förderung von „Bildungsmaßnahmen" über die zur Verfügung stehenden Mittel aus dem Europäischen Sozialfonds kompatibel sein.

Am 22. Mai 2007 wurde die überarbeitete „Richtlinie des Sächsischen Staatsministeriums für Kultus zur Förderung des Ausbaus von Ganztagsangeboten (FRL GTA)" von der Landesregierung gebilligt und vom Staatsminister für Kultus (Steffen Flath) unterschrieben. Grundlegendes Ziel sollte weiterhin die Verbesserung der Lernvoraussetzungen der Schüler mit dem Schwerpunkt der zusätzlichen Angebote für leistungsschwache sowie leistungsstarke Schüler bleiben.

Die Veränderungen bezogen sich im Einzelnen auf die folgenden Punkte (vgl. SMK 2007): Die Inhalte der Förderung wurden erweitert, die maximale Fördersumme wurde erhöht, der Bonus für Schulen, die mindestens 50 % ihrer Schüler in die GTA einbeziehen, wurde aufgestockt. Zudem wurden GTA für den Sekundarbereich II geöffnet und der Förderzeitraum wurde

---

11 Nach der Überarbeitung im Jahr 2007 ist die erste Fassung der Förderrichtlinie von 2005 kaum noch abrufbar. Eine Möglichkeit besteht derzeit unter: www.fachkraefteportal.info/media/files/foerderrichtlinie_ganztagesangebote.pdf (Zugriff: 12.10.2010).

vom Kalenderjahr zum Schuljahr geändert. Es besteht nun die Möglichkeit, zielgruppenorientierte Ganztagsangebote einzurichten. Dabei wurde der Kreis der möglichen Antragsteller erweitert (z.B. auf Träger der Jugendhilfe). Mit diesen Punkten wurde einer ganzen Reihe von Wünschen bzw. Kritikpunkten entsprochen, die von den Schulen hinsichtlich einer Überarbeitung der Förderrichtlinie GTA genannt worden waren. So mündete auch die angekündigte Integration der Förderrichtlinie Schuljugendarbeit in das neue Modul 4, wofür anteilig Personalkosten gefördert werden.

Im Schuljahr 2009/10 haben inzwischen 1.167 sächsische Schulen die Möglichkeiten der Förderrichtlinie zum Ausbau von Ganztagsangeboten genutzt. Dies entspricht ca. 79 % aller antragsberechtigten allgemein bildenden Schulen im Freistaat Sachsen.[12] Insbesondere bei den weiterführenden Schulen kann mit einer Beteiligungsquote bei den Gymnasien von 87,4 % und bei den Mittelschulen von 90,4 % davon gesprochen werden, dass das Ziel des flächendeckenden Ausbaus erreicht wurde. Bei den Grund- und Förderschulen liegt die aktuelle Teilnahme am Förderprogramm bei ca. 72 bzw. 70 %.

Auf die bisherigen Erfahrungen mit dem Ausbau der Ganztagsangebote an sächsischen Schulen wird ebenfalls in den einzelnen thematischen Beiträgen dieses Bandes eingegangen. Inwieweit die Ganztagskonzeptionen der Schulen bislang tatsächlich einen wichtigen Beitrag für die Schulentwicklung leisten konnten, muss sehr differenziert eingeschätzt werden. Beim genauen Hinschauen offenbaren sich deutliche Qualitätsunterschiede zwischen den Schulen. Dies betrifft sowohl das Vermögen der Schulen, sich eine entsprechend fundierte Ganztagskonzeption zu erstellen, als auch die Umsetzung dieser, so z.B. auf der gewichtigsten Ebene, den Angeboten zur individuellen Förderung.

Blickt man auf die Organisation der ganztagsschulischen Angebote, so hat sich ein Großteil der sächsischen Schulen für die offene Form entschieden. Auch wenn alle Schulen sich in ihren Konzeptionen zur Rhythmisierung des Schultages positionieren müssen, kann in der Breite der Schulen nicht von einer veränderten Schultagsgestaltung gesprochen werden. Das in Sachsen bildungspolitisch intendierte offene Modell eines (offenen) Angebotes hat sich als solches in der Realität herausgebildet und etabliert.

Inwieweit sächsische Bildungspolitik zukünftig die aktuellen Entwicklungen auf gleicher oder ähnlicher Weise unterstützt, bleibt abzuwarten. Die Nachhaltigkeit der von politischer Seite gegebenen Signale zur kontinuierlichen Förderung der Ganztagsangebote in Sachsen unterliegt sicherlich auch weiterhin dem sächsischen bildungspolitischen „Mainstream". Schaut man auf die bildungspolitischen Positionen der Parteien in Sachsen (und auch darüber hinaus) scheint eine Abkehr vom Ausbau schulischer Ganztagsangebote derzeit jedoch eher unwahrscheinlich.

---

12 Dazu auch Lorenz/Mindermann/Wippler 2010, S. 147f.

Literatur

BMBF (2003): IZBB-Verwaltungsvereinbarung. Verfügbar über: www.ganztags schu len.org/_downloads/Verwaltungsvereinbarung_IZBB.pdf (Zugriff: 12.10.2010).

BMBF (2009): Länderspezifische Darstellung – Sachsen. Verfügbar über: www.ganztagsschulen.org/_downloads/SN_Grafiken_2009.pdf (Zugriff: 12.10.20 10).

CDU-Landesverband Sachsen (1999): Arbeitsprogramm 2004. Verfügbar über: http://wissen.cdu-sachsen.de/images/stories/dokumente/Arbeitsprogramm_ 2004.pdf (Zugriff: 12.10.2010).

CDU-Landesverband Sachsen (2004): Gemeinsam für Sachsen! Wahlprogramm der Sächsischen Union 2004. Verfügbar über: wissen.cdu-sachsen.de/images/stories/ dokumente/Gemeinsam_fuer_Sachsen_Landtagswahlprogramm_2004.pdf (Zugriff: 13.08.2010).

CDU-Fraktion des sächsischen Landtages (2002): „Direkt" Informationsdienst. Das bessere Schulkonzept. 10/2002 (Sonderausgabe). Verfügbar über: www.cdu-sachsen-fraktion.de/dokumente/dschule.pdf (Zugriff: 13.08.2010).

CDU-Fraktion des sächsischen Landtages (2004): Vereinbarung zwischen der Christlich Demokratischen Union Deutschlands, Landesverband Sachsen und der sozialdemokratischen Partei Deutschlands, Landesverband Sachsen über die Bildung der Staatsregierung für die 4. Legislaturperiode des Sächsischen Landtages. Verfügbar über: www.cdu-sachsen-fraktion.de/dokumente/koalio.pdf (Zugriff: 12.10.2010).

Comenius Institut (2005): Position zur Leistungsermittlung und Leistungsbewertung. Verfügbar über: www.sn.schule.de/~nk/doc/bg_lp_positionspapier_zur_lei stungsbewertung.pdf (Zugriff: 12.10.2010).

Elsner, Grit (2001): 2. Bericht der wissenschaftlichen Begleitung des Landesprogramms „Schuljugendarbeit in Sachsen". DJI-Arbeitspapier. Verfügbar über: www.sasj.de/downloads/Schuju/Bericht2SJA2001.pdf (Zugriff: 13.08.2010).

Flath, Steffen (2006): Gute Chancen für alle an Sachsens Schulen. In: Sächsisches Staatsministerium für Kultus (Hrsg.): PISA-Forum 2006. Ergebnisse und Auswertung von PISA 2003 für den Bildungsstandort Sachsen. Dresden: Sächsisches Staatsministerium für Kultus, S. 41–43. Verfügbar über: www.sachsen-macht-schule.de/schule/download/download_broschueren/br_pisaforum_ 2006.pdf (Zugriff: 20.10.2010)

Holfelder, Wilhelm, Bosse, Wolfgang (1991): Sächsisches Schulgesetz: Handkommentar mit Sonderteil Lehrerdienstrecht. Stuttgart; München; Hannover; Berlin: Boorberg.

Holfelder, Wilhelm/Bosse, Wolfgang/Benda, Hans-Heinrich/Runck, Andreas (1995): Sächsisches Schulgesetz mit ergänzenden Rechtsverordnungen. Handkommentar mit Sonderteil Lehrerdienstrecht. Neuwied; Kriftel; Berlin: Luchterhand.

Lorenz, Thomas/Mindermann, Florian/Wippler, Marleen (2010): Schulen mit Ganztagsangeboten unterstützen: Erfahrungen aus der Perspektive der Servicestelle Sachsen. In: Herbert Buchen/Leonhard Horster/Hans-Günter Rolff: Ganztagsschule – Erfolgsgeschichte und Zukunftsaufgabe. Stuttgart: Verlag Raabe, S. 147–164.

Ministerium für Bildung und Wissenschaft der DDR (1990): Verordnung über Grundsätze und Rahmenregelungen für allgemeinbildende Schulen und berufsbildende Schulen – vorläufige Schulordnung – vom 18. September 1990 (GBl. I

Nr. 63, S. 1579). Verfügbar über: www.ddr-schulrecht.de/Schulrechtssammlung %20-%20DDR-Dateien/pdf/1990-a.pdf (Zugriff 13.08.2010).

Ruck, Andreas/Geißler, Nils/Ihlenfeld, Hans-Ulrich (2004): Sächsisches Schulgesetz – Praxiskommentar. Kronach: Wolters Kluwer Deutschland.

Sächsischer Landtag (1999): Plenarprotokoll der Sitzung des Plenums vom 27.10.1999. Verfügbar über: www.landtag.sachsen.de/dokumente/sitzungskalender/1999/pp19991027.pdf (Zugriff: 12.10.2010).

SASJ (o.J.): Beteiligte Schulen. Verfügbar über: *www.schuljugendarbeit.de/pages/ schuljugendarbeit/schuljugendarbeit_ganztag.html* (Zugriff: 13.08.2010).

SMK (1996): Konzept zur Schuljugendarbeit in Sachsen. Verfügbar über: www.sasj.de/downloads/Schuju/Konzept_schuljugendarbeit.pdf (Zugriff: 13.08.2010).

SMK (2003a): Ausschreibung zum Modellversuch „Sächsische Schule mit Ganztagsangeboten/Ganztagsschule". In: Ministerialblatt des SMK, Nr. 2/2003.

SMK (2003b): Förderrichtlinie des Sächsischen Staatsministeriums für Kultus zur Gewährung von zweckgebundenen Zuwendungen im Rahmen des Investitionsprogramms „Zukunft Bildung und Betreuung" (Förderrichtlinie IZBuB – Föri IZBuB), Az.: SSB-6503.10/36. Verfügbar über: www.revosax.sachsen.de/GetPDF.do?sid=326122856325 (Zugriff: 12.10.2010).

SMK (2004): Schulgesetz für den Freistaat Sachsen (SchulG). Verfügbar über: http:// www.revosax.sachsen.de/GetPDF.do?sid=4241111732213 (Zugriff: 13.08.2010).

SMK (2007): Richtlinie des Sächsischen Staatsministeriums für Kultus zur Förderung des Ausbaus von Ganztagsangeboten (FRL GTA). Az.: 6503.10/117. Verfügbar über: www.revosax.sachsen.de/Text.link?stid=11012 (Zugriff: 12.10.2007).

Antje Förster, Thomas Markert, Janine Berge

Ganztagsschulforschung in Sachsen
Beschreibung der Forschungsprojekte

Im Zusammenhang mit den bildungspolitischen Bemühungen zur Entwicklung der Ganztagsschule, wie sie in diesem Band von Wiere und Lehmann ausführlich dargestellt werden, entwickelte sich eine umfangreiche Ganztagsschulforschung. Die „Forschungsgruppe Ganztagsschule" der Fakultät Erziehungswissenschaften der TU Dresden ist ein Verbund von Projekten, die im Freistaat Sachsen die Implementierung und den Ausbau ganztägiger Organisationsformen in Schulen untersuchen und wissenschaftlich begleiten. Im Einzelnen handelt es sich dabei um folgende Projekte (vgl. TU Dresden 2010):

1. Modellversuch „Sächsische Schule mit Ganztagsangeboten/Ganztagsschule" (MV GTA/GTS) (01/2004 bis 08/2008);
2. Wissenschaftliche Begleitung und Evaluation der „Richtlinie des Sächsischen Staatsministeriums für Kultus zur Förderung des Ausbaus von Ganztagsangeboten" (FRL GTA) im Freistaat Sachsen (EFRL-GTA) (seit 04/2006);
3. Wissenschaftliche Begleitung und Evaluation der bundesweit angelegten „Studie zur Entwicklung von Ganztagsschulen" (StEG) für den Freistaat Sachsen (StEG-Sachsen) (03/2006 bis 02/2010);
4. Untersuchungen zum Ganztagsangebot von Grundschule und Hort in Sachsen (GSH) (02/2008 bis 03/2013).

Die an der TU Dresden angelagerte Forschung zur Ganztagsschule weist sich durch eine besondere Vielschichtigkeit aus – sowohl auf struktureller als auch inhaltlicher und methodischer Ebene. So sind die Projekte auf bundesweite (StEG-Sachsen), landesweite (MV GTA/GTS, EFRL-GTA) und TU-eigene Initiativen (GSH) zurückzuführen und beschäftigen sich unter Einsatz quantitativer und qualitativer Methoden der empirischen Sozialforschung mit länderübergreifenden aber auch sachsenspezifischen Fragen zur Weiterentwicklung von schulischen Ganztagsangeboten. Der projektübergreifende wissenschaftliche Austausch innerhalb des Forschungsverbundes garantiert sowohl eine kontinuierliche Reflexion als auch eine prozessbegleitende Anpassung der eigenen Forschungsarbeiten und Erkenntnisprozesse. Im Folgenden werden die benannten Projekte im Einzelnen vorgestellt.

Wissenschaftliche Begleitung des Modellversuchs „Sächsische Schule mit Ganztagsangeboten/ Ganztagsschule"

Der Modellversuch „Sächsische Schule mit Ganztagsangeboten/Ganztagsschule" (MV GTA/GTS) fand vom Schuljahr 2003/04 bis zum Ende des Schuljahrs 2007/08 statt. Er wurde vom Sächsischen Staatsministerium für Kultus initiiert und geleitet. Die wissenschaftliche Begleitung wurde von der Fakultät für Erziehungswissenschaften der TU Dresden unter Leitung von Prof. Dr. Hans Gängler übernommen.

Der Modellversuch wurde an sieben Mittelschulen und drei Gymnasien durchgeführt, welche „sich hinsichtlich ihrer geografischen Lage, ihrer sozialräumlichen Situation sowie in ihren spezifischen einzelschulischen Gegebenheiten (Architektur und Zustand des Gebäudes, Schüler- und Lehrerzahlen, Traditionen u.Ä.)" (Gängler/Lorenz/Wiere 2008, S. 2) unterschieden. Im Rahmen des MV GTA/GTS wurde, wie der Titel andeutet, nicht auf bestimmte Ganztagsschulformen abgezielt, sondern den Schulen freie Wahl bei der Gestaltung der ganztägigen Organisationsform gelassen, damit sie sich entsprechend der Bedingungen ihrer Schule entwickeln konnten. Den Schulen wurden dafür pro Schuljahr ca. 10.000 € für Sach- sowie Honorarkosten und Personalmittel im Umfang von durchschnittlich zwei zusätzlichen Lehrerstellen zur Verfügung gestellt.

Auf bildungspolitischer Ebene sollte der MV GTS/GTA ein weiterer Schritt zur Entwicklung der ganztägigen Bildung sein. Demzufolge ging es „im weitesten Sinne um Schul- und vor allem Unterrichtsentwicklung unter den Aspekten von Leistungssteigerung und Kompetenzvermittlung" (Gängler/ Wiere 2004, S. 33). Die wissenschaftliche Begleitung hatte zum Ziel, die verschiedenen Modelle der ganztägigen Bildung zu erläutern sowie die inhaltliche und organisatorische Entwicklung in ihren Gemeinsamkeiten und Unterschieden darzustellen. Dabei sollten die Einschätzungen der Schüler, Lehrer und Eltern ebenfalls eine Rolle spielen.

Zudem war die wissenschaftliche Begleitung als formative Evaluation angelegt, bei der „[a]usgehend von den konzeptionellen Vorstellungen der Schulen, […] die Prozesse der Ausgestaltung und Entwicklung der Ganztagsangebote bzw. der ganztägigen Organisationsform berücksichtig[t]" (Gängler/Wiere 2004, S. 38) wurden. Somit konnten Gründe für Schwierigkeiten und Erfolge analysiert und erklärt werden, wobei die Bedingungen der einzelnen Schulen und des Versuchs in die Betrachtung einbezogen wurden. Der MV GTA/GTS war entsprechend von einem regen Austausch zwischen den beteiligten Schulen und der wissenschaftlichen Begleitung gekennzeichnet.

Im Rahmen der wissenschaftlichen Begleitung wurden zur Datenerhebung folgende Methoden gewählt:

Dokumentenanalyse: Alle schriftlichen Dokumente, die mit der Schule in Zusammenhang standen, wurden zusammengetragen und bearbeitet.

Themenzentrierte Interviews: Pro Schuljahr wurde mit der Schulleitung, den Projektkoordinatoren, Klassenleitern und mit der Schüler- und Elternvertretung einer Schule sowie mit weiteren Prozessbeteiligten, wie z.B. mit dem jeweils zuständigen Regionalschulamt, ein Leitfadeninterview von eineinhalb bis zwei Stunden durchgeführt.

Standardisierte Befragung: Lehrer, Schüler und Eltern wurden mehrmals mit standardisierten, im Rahmen des MV GTA/GTS entwickelten Fragebögen befragt. Die Details der Erhebung bildet die folgende Tabelle ab.

Tab. 1: Details der Fragebogenerhebungen des MV GTS/GTA

Jahr	Schüler		Eltern	Lehrer
2004	Klassenstufen 5 und 6:	n=419	n=496	
2006	Klassenstufen 5 bis 8:	n=1.000	n=682	n=208
2008	Klassenstufen 5 bis 10:	n=1.433		n=233

Teilnehmende Beobachtung: In den Schulen wurden einzelne Klassen an einem gesamten Schultag beobachtet, um die Umsetzung der Konzepte verfolgen zu können.

Schülergruppendiskussion: An allen am MV GTS/GTA beteiligten Schulen wurden leitfadengestützte Gruppengespräche mit sieben bis 13 ausgewählten Schülern verschiedener Klassenstufen durchgeführt. Die Schüler wurden dabei nach ihren Erfahrungen mit dem Ganztagsangebot befragt.

Während der Datenerhebung wurden die Schulen regelmäßig über die Zwischenergebnisse informiert. Mit Hilfe der Daten verfasste die wissenschaftliche Begleitung insgesamt sieben Berichte zum Schulversuch, in denen die verschiedenen Formen der Ganztagsschule, die individuelle Förderung, Hausaufgabenbetreuung, die Kooperation mit außerschulischen Partnern u.v.a.m. thematisiert wurden.

Wissenschaftliche Begleitung und Evaluation der „Richtlinie des Sächsischen Staatsministeriums für Kultus zur Förderung des Ausbaus von Ganztagsangeboten" (FRL GTA) im Freistaat Sachsen

Seit August 2005 erhalten sächsische Schulen die Möglichkeit, für die Neugestaltung ihres Schultags durch Ganztagsangebote, Fördermittel vom Land Sachsen zu erhalten. Gefördert werden alle allgemeinbildenden Schulen aller Schularten der Primarstufe und Sekundarstufe I und II[1], die Maßnahmen und Projekte im Rahmen von Ganztagsangeboten entsprechend der Förderrichtlinie durchführen.

Die „Wissenschaftliche Begleitung und Evaluation der ‚Richtlinie des Sächsischen Staatsministeriums für Kultus zur Förderung des Ausbaus von Ganztagsangeboten' (FRL GTA) im Freistaat Sachsen" (EFRL-GTA) bezeichnet das Evaluationsprojekt zur gleichnamigen Förderrichtlinie des Landes. Es ist an der Fakultät für Erziehungswissenschaften der TU Dresden angelagert und wird seit April 2006 bearbeitet. Gefördert wird das Projekt durch das Sächsische Staatsministerium für Kultus und Sport.

Ziel der wissenschaftlichen Begleitung ist es, den Ausbauprozess der Schulen mit ganztägigen Angeboten in all seinen Phasen zu verfolgen und gezielt sowohl fördernde als auch hemmende Faktoren zu explizieren. Dabei gilt es, schulartenübergreifende und schulartenspezifische Erkenntnisse zur Rhythmisierung, d.h. „zur ausgewogenen Gestaltung des gesamten Schultages und Unterrichts" (SMK 2007, S. 1), zur Unterrichtsentwicklung, zur individuellen Förderung, zur Zusammenarbeit mit Kooperationspartnern als auch zur Beteiligung von Eltern und Schülern zu erarbeiten.

Um ein Gesamtbild des Ausbaus von Ganztagsangeboten herstellen zu können, werden quantitative wie auch qualitative Methoden der empirischen Sozialforschung bei den verschiedenen an Schule beteiligten Akteuren (Schüler, Eltern, Lehrer, Schulleiter, Kooperationspartner) eingesetzt. Neben Fragebogenerhebungen aller sächsischen Schulen mit Ganztagsangeboten werden 20 ausgewählte Schulen (Projektschulen)[2] verschiedener Schularten quantitativ und qualitativ näher untersucht. Die Grundgesamtheit der Erhebungen bilden alle sächsischen allgemeinbildenden Schulen (Grundschulen, Mittelschulen, Förderschulen, Gymnasien), welche Ganztagsangebote mit einer Förderung über die Förderrichtlinie GTA anbieten.

---

1 Seit Mai 2007 werden auch Angebote für die Sekundarstufe II gefördert.
2 Die Auswahl erfolgte unter der Maßgabe, ein möglichst umfassendes Abbild der bestehenden Vielfalt der an der Förderrichtlinie GTA beteiligten Schulen zu erhalten. Auswahlkriterien bildeten die Schulart, die ganztagsschulische Organisationsform, die Größe der Schule (Schülerzahl), der Schulträger (öffentlich vs. privat) als auch der Schulstandort (ländlich/städtisch, sozialer Brennpunkt).

Die Anzahl der Schulen hat sich dabei seit Beginn der Förderung rasant erhöht – von 169 Schulen in 2005 auf 1.167 Schulen in 2010.[3] Im Folgenden werden die im Projekt eingesetzten Untersuchungsmethoden, welche die Datenbasis der Forschungsergebnisse bilden, im Überblick dargestellt:

Schulleiterbefragung: 2006 sowie wiederholend in 2008 und 2010 wurden die Schulleiter aller beteiligten Schulen mit Förderung schriftlich per Fragebogen befragt. Die Beteiligung (Rücklaufquote) der Schulleiter lag 2006 bei 27 % (74 von 267 Schulen) und 2008 bei 49 % (435 von 894 Schulen). Die Daten der dritten Welle (2010) werden aktuell[4] bearbeitet.

Lehrerbefragung: Die wiederholte schriftliche Fragebogenerhebung aller Lehrer konnte an 19 Projektschulen (fünf Grundschulen, sieben Mittelschulen, vier Gymnasien, drei Förderschulen) realisiert werden. Die Rücklaufquote betrug 2007 48 % (300 von 632 Lehrern) und 2008 52 % (326 von 622 Lehrern). Im Jahr 2010 wurde die Fragebogenstudie erstmals auf alle sächsischen Schulen mit Ganztagsförderung ausgeweitet. Die Auswertung der Daten wird bis Ende 2010 erfolgen.

Schüler- und Elternbefragung: Die Eltern- und Schülerbefragungen wurden als Längsschnittanalyse angelegt. So richtete sich die Erhebung sowohl an Schüler und Eltern der 3./4. Klassenstufen (2007, 2008 und 2009) als auch an Schüler und Eltern der 5./6. (2007), 6./7. (2008) sowie 7./8. (2009) Klassenstufen. An den beteiligten Förderschulen wurden jeweils die gesamte Elternschaft (2007, 2008, 2009) und bei zwei der vier Projektschulen Schüler verschiedener Klassenstufen (2007) befragt. Dieses Vorgehen ermöglichte Trendanalysen für die Befragtengruppen der beteiligten Schulen.[5] Tabelle 2 bildet den Rücklauf der Erhebung ab.

Tab. 2: Stichprobengrößen (SPG) und Rücklaufquoten (RQ) der EFRL-GTA

Befragten-gruppe	1. Welle – 2007			2. Welle – 2008			3. Welle – 2009		
	anvisierte SPG	realisierte SPG	RQ	anvisierte SPG	realisierte SPG	RQ	anvisierte SPG	realisierte SPG	RQ
Schüler	1.452	902	62 %	1.607	857	53 %	1.603	988	62 %
Eltern	1.502	1.096	73 %	1.664	875	53 %	1.816	973	54 %

---

3 Dies entspricht einem Anteil von ca. 10 % in 2005 und ca. 79 % in 2010 aller allgemeinbildenden Schulen in Sachsen.
4 Rücklauf: 519 von 1.167 (Stand Oktober 2010).
5 2007 gingen Daten von 5 Grundschulen, 3 Gymnasien und 7 Mittelschulen sowie 2 (Schülerbefragung) bzw. 3 (Elternbefragung) Förderschulen in die Erhebung ein. Die Auswertungen von 2008 und 2009 basieren auf den Angaben aus 5 Grundschulen, 4 Gymnasien und 7 Mittelschulen. 2008 konnten zusätzlich die Eltern einer Förderschule und 2009 die Eltern zweier Förderschulen befragt werden. Aufgrund der Datenlage und Vergleichbarkeit der Ergebnisse konnten die Förderschulen zum Teil nicht in die Analysen einbezogen werden.

Leitfadengestützte Interviews: Zu Beginn des Projekts 2006 wurden Experteninterviews mit den zuständigen GTA-Koordinatoren[6] der Regionalschulämter durchgeführt. Im Jahr 2007 fanden zudem Interviews mit ausgewählten „wichtigen"[7] Kooperationspartnern der Schulen statt. Weiterhin wurden 2008 Interviews mit den Verantwortlichen der Ganztagsangebote der einzelnen Schulen als auch den jeweiligen Schulleitern realisiert.

Gruppenbefragungen/Gruppendiskussionen: Im Verlauf des Projekts konnten Gruppendiskussionen mit Lehrern (2006), Schülern (2006) sowie Elternvertretern (2008/2009) der beteiligten Schulen zu den Themen Rhythmisierung, Unterrichtsentwicklung und Partizipation durchgeführt werden.

Schulporträts: Auf Basis der Schulleiterinterviews, der Förderanträge als auch der Beobachtungen und Gespräche während der Schulbesuche zu Beginn des Projekts 2006, wurden für alle 20 an der qualitativen Studie beteiligten Schulen Kurzbeschreibungen hinsichtlich ganztagsschulisch relevanter Strukturmerkmale angefertigt.

Schulbeobachtungen: Um Befunde über die Struktur von alltäglichen schulischen Abläufen ermitteln zu können und die Umsetzung der Ganztagsangebote hinsichtlich des Aspekts Rhythmisierung eingehender zu untersuchen, wurden 2009 und 2010 an den 18 Projektschulen eintägige Beobachtungen durchgeführt.

Die im Projekt entstandenen Ergebnisse der quantitativen und qualitativen Erhebungen werden den beteiligten Schulen prozessbegleitend zurückgemeldet. Dies geschieht sowohl auf Ebene der Einzelschule als auch schulübergreifend in Form von Berichten sowie Vorträgen/Präsentationen bis hin zu themenspezifischen Fortbildungen. Auf diese Weise soll der kontinuierliche Austausch zwischen Wissenschaft und Praxis sichergestellt werden.

Wissenschaftliche Begleitung und Evaluation der bundesweit angelegten „Studie zur Entwicklung von Ganztagsschulen" (StEG) für den Freistaat Sachsen

Die StEG-Studie

Die „Studie zur Entwicklung von Ganztagsschulen" (StEG) ist das bundesweite Projekt zur Begleitung und Evaluation des „Investitionsprogramms Zukunft Bildung und Betreuung" (IZBB). StEG ist ein gemeinsames For-

---

6 Die GTA-Koordinatoren in den Regionalschulämtern (heute: Regionalstellen der Sächsischen Bildungsagentur) gehören zum Beratungsteam der Servicestelle Ganztagsangebote. Weiterhin haben sie die Aufgabe, die Umsetzung der Förderrichtlinie im jeweiligen RSA mit den GTA-Verantwortlichen der unterschiedlichen Fachabteilungen zu koordinieren.

7 Die Schulen sollten maximal drei für sie wichtige Kooperationspartner nennen.

schungsprojekt des Deutschen Instituts für Pädagogische Forschung (DIPF) in Frankfurt, des Deutschen Jugendinstituts (DJI) in München und des Instituts für Schulentwicklungsforschung (IfS) an der Universität in Dortmund. Es wird vom Bundesministerium für Bildung und Forschung (BMBF) und vom Europäischen Sozialfond (ESF) gefördert. Ziel ist die systematische Gewinnung wissenschaftlicher Erkenntnisse über Struktur, Entwicklung und Wirksamkeit von Ganztagsschulen in Deutschland. Darüber soll der bedarfsgerechte Aus- und Aufbau schulischer Ganztagsangebote sichergestellt werden (vgl. Holtappels u.a. 2007, S. 11).

Im Wesentlichen verfolgt die Studie folgende Einzelziele:

- Bestandsaufnahme und Dokumentation der Entstehung und Einführung von Ganztagsschulen und -angeboten,
- Gewinn von Erkenntnissen zur Qualität der Schulorganisation, der Schul- und Lernkultur und den pädagogischen Wirkungen in Schulen mit Ganztagsform,
- Beitrag zur Grundlagenforschung über Entwicklungsverläufe und Wirkungen veränderter Schulzeit und Schulorganisation,
- Identifizierung verschiedener Formen pädagogischer Ansätze und Organisationsmodelle für Bildung, Erziehung und Betreuung,
- Schaffung einer empirisch gesicherten Basis für Steuerungswissen und für Wissenstransfer und Unterstützung ganztägiger Schulen (vgl. StEG 2010).

Bei der Studie handelt es sich um eine mehrperspektivische Längsschnittanalyse, welche in Form einer standardisierten schriftlichen Befragung durchgeführt wurde. D.h. alle an Ganztagsschule beteiligten Personengruppen – Schüler, Eltern, Schulleiter, Lehrer sowie weiteres pädagogisches Personal und Kooperationspartner – wurden im Abstand von etwa eineinhalb Jahren (2005, 2007, 2009) gebeten, einen jeweils auf sie zugeschnittenen Fragebogen auszufüllen. Die Anlage als Panelstudie, bei der dieselben Personen über mehrere Erhebungszeitpunkte befragt werden, ermöglicht dabei sowohl Trendaussagen zur Entwicklung von Ganztagsschulen als auch Aussagen auf individueller Ebene und Analysen zu Wirkungszusammenhängen (vgl. Quellenberg/Carstens/Stecher 2007, S. 51ff.; Schnell 2008, S. 238ff.).

StEG-Sachsen

StEG-Sachsen bildet die landesspezifische Auswertung innerhalb der bundesweiten StEG für ausgewählte Schulen im Freistaat Sachsen. Gefördert wurde dieses Projekt durch das Sächsische Staatsministerium für Kultus. Ergänzend zur Untersuchung der sächsischen Längsschnittdaten der StEG, wurden innerhalb des Projekts Leitfadeninterviews zur Kooperationspraxis sächsischer Ganztagsschulen durchgeführt.

Die sächsischen StEG-Schulen – Stichprobenbeschreibung der Fragebogenerhebung

Die Grundgesamtheit der Stichprobe StEG-Sachsen bildeten allgemeinbildende Schulen mit Sekundarstufe I, die in den Jahren 2003 und 2004 Investitionsmittel aus dem IZBB erhielten. In Sachsen traf dies zu Erhebungsbeginn auf 31 Schulen zu. Grund- und Sonderschulen blieben bei der Stichprobenziehung unberücksichtigt. Die anvisierte Stichprobengröße von 20 Schulen konnte in der ersten Erhebungswelle 2005 mit 19 Schulen fast vollständig realisiert werden. In der zweiten und dritten Erhebungswelle beteiligten sich noch 18 Schulen. 2009 waren darunter neun Mittelschulen, acht Gymnasien und eine Schule mit mehreren Bildungsgängen. Die Beteiligung an StEG-Sachsen gestaltete sich dabei für die einzelnen Untersuchungsgruppen standortspezifisch sehr heterogen. Entsprechend unterschiedlich ist auch die Repräsentativität des Panels in den einzelnen Befragtengruppen (vgl. Tab. 3).

Tab. 3: Stichprobengrößen (SPG) und Rücklaufquoten (RQ) StEG-Sachsen

Befragten-gruppe	1. Welle – 2005			2. Welle – 2007			3. Welle – 2009			Panel* 2009 (abs. Anz.)
	anvi-sierte SPG	reali-sierte SPG	RQ	anvi-sierte SPG	reali-sierte SPG	RQ	anvi-sierte SPG	reali-sierte SPG	RQ	
Schulleiter	20	19	95 %	20	18	90 %	20	16	80 %	15
Lehrer	762	526	69 %	771	350	45 %	819	350	43 %	108
Schüler	2.433	1.756	72 %	2.234	1.631	73 %	2.429	1.742	72 %	329
Eltern	2.433	1.416	58 %	2.234	1.204	54 %	2.429	1.069	44 %	170
päd. Personal	146	75	51 %	182	77	42 %	170	60	35 %	15
Koop.-partner	49	30	61 %	57	30	53 %	84	41	49 %	6

*Anzahl der Befragten, die an der ersten, zweiten und dritten Welle teilnahmen.
Quelle: Gängler, u.a. 2010, S. 7

Am Ende der dritten Erhebung lagen die Rücklaufquoten bei den Schulleitern (80 %) und den Schülern (72 %) im Vergleich der Befragtengruppen am höchsten. Kooperationspartner (49 %), Lehrer (43 %) und Eltern (44 %) waren mit wesentlich geringeren Anteilen an der Erhebung beteiligt. Am geringsten war die Rücklaufquote für das pädagogische Personal – sie betrug in 2009 nur noch 35 %. Bei den Auswertungen ist insbesondere bei der Gruppe der Schulleiter als auch der Kooperationspartner auf die geringe absolute Anzahl der erfassten Befragten hinzuweisen, wodurch für diese Gruppen die Datenauswertungen überwiegend auf deskriptiver Ebene verbleiben mussten.

Insgesamt kann die Stichprobe für die Dimensionen Schulart, Schulträger sowie (mit Abstrichen) Ganztagsorganisationsform als repräsentativ bezeichnet werden. Für die sächsische Ganztagsschullandschaft insgesamt gilt dies jedoch nicht (vgl. Gängler u.a. 2007, S. 14–24).

Die qualitative Ergänzungsstudie – Interviews zur Kooperationspraxis
Aufgrund des gesteigerten bildungspolitisch begründeten Forschungsinteresses zum Thema Kooperation entschied sich das Forschungsteam StEG-Sachsen im Jahr 2009 in Absprache mit dem Auftraggeber für die Durchführung einer sachsenspezifischen qualitativen Erhebung. Diese wurde in Form von Interviews mit neun für die Organisation und Koordination des Ganztags der Schulen Verantwortlichen, d.h. mit der Schulleitung und/oder einer Lehrkraft sowie elf externen Partnern auf Leitungs- und Mitarbeiterebene umgesetzt. Die Auswahl der Interviewpartner erfolgte auf Basis der beteiligten Schulen der StEG-Sachsen und zielte darauf ab, die Bandbreite ganztägig organisierter Schulen möglichst vollständig abzubilden: So unterschieden sich die beteiligten Schulen hinsichtlich ihrer ganztägigen Organisationsform (offen, teilweise gebunden, voll gebunden), der Schulart (Mittelschule, Gymnasium), des Standorts (städtisch, ländlich) als auch der Anzahl an Kooperationspartnern. Das entstandene qualitative Datenmaterial wurde inhaltsanalytisch ausgewertet (vgl. Mayring 2008) und bildet eine Datenbasis für die Aussagen zur Kooperationspraxis (s. Bloße/ Böttcher/ Förster in diesem Band).

Untersuchungen zum Ganztagsangebot von Grundschule und Hort in Sachsen

Unter dieser Überschrift werden drei kleinere, inzwischen abgeschlossene Untersuchungen und ein aktuell laufendes, bis März 2013 befristetes Projekt geführt. Das letztgenannte Projekt greift die Themen und Ergebnisse der ersten drei Untersuchungen auf und führt die Forschung fort. Zunächst die Projekte im Einzelnen:

1 IST-Standanalyse zur Zusammenarbeit zwischen Grundschule und Hort im Rahmen des Ausbaus von Ganztagsangeboten in der *Stadt Dresden* (Drittmittelgeber: Deutsche Kinder- und Jugendstiftung, Laufzeit: 3 Monate (beendet), Veröffentlichung: Markert/Wiere 2008 und Markert in Abschnitt I in diesem Band);

2 IST-Standanalyse zur Zusammenarbeit zwischen Grundschule und Hort im Rahmen des Ausbaus von Ganztagsangeboten *im ländlichen Raum* im Freistaat Sachsen (Drittmittelgeber: Deutsche Kinder- und Jugendstiftung, Laufzeit: 3,5 Monate (beendet), Veröffentlichung: Markert/ Weinhold 2009 und Markert in Abschnitt I in diesem Band);

3 Untersuchung zu ganztagsschulischen Bemühungen in der DDR und deren Bedeutung für gegenwärtige Akteure von Schule und Hort (seit 08/2007 als freies Projekt bearbeitet, jetzt im Projekt 4 integriert, Veröffentlichung s. Markert in Abschnitt III in diesem Band);

4 Das Ganztagsangebot von Grundschule und Hort zwischen Bildungsprogrammatik und akteursgebundenen Entwürfen (Drittmittelgeber: ESF/ Freistaat Sachsen (Projektnr. 080949328, Laufzeit: 36 Monate, Projektende 03/2013).

Anlass dieses Forschungsbereichs ist die Feststellung, dass die sächsischen Aktivitäten zum Ausbau des Ganztagsangebots in der Primarstufe auf eine besondere Situation treffen: Hier müssen die bildungspolitisch formulierten und finanziell geförderten Ziele nicht nur von einer Schule zentral, sondern von der Grundschule und dem mit ihr kooperierenden Hort umgesetzt werden. Dies gelingt den Einrichtungen nicht überall. Stattdessen werden mitunter Projekte realisiert, die an den Interessen und Ressourcen des zur Jugendhilfe gehörenden Hortes vorbei organisiert sind. Entsprechend wurden die ersten beiden genannten Projekte von der administrativ angebundenen „Servicestelle Ganztagsangebote Sachsen"[8] in Auftrag gegeben, um die Kooperation in ihrer Vielfalt zu erheben und Innovationen und Problembereiche zu beschreiben.

An insgesamt 23 Standorten wurden Akteure von Hort und Schule zum Ganztagsangebot an sich und ihrer diesbezüglichen Zusammenarbeit interviewt. Die Informationen wurden primär in Form von ca. einstündigen, leitfadengestützten Interviews erhoben, an denen immer Vertreter von Schule und Hort – zumeist von der Leitungsebene – gemeinsam teilnahmen. Die Interviews waren so nicht nur Gespräche zwischen Interviewleitung und interviewten Personen, sondern die befragten Akteure diskutierten im Sinne von Kleinst-Gruppendiskussionen miteinander. Aus dem Material wurde für jeden Standort eine Beschreibung angefertigt. In den zusammenfassenden Analysen wird einerseits eine Typisierung der angetroffenen Kooperationsmodelle vorgelegt. Andererseits werden Konfliktbereiche, die aus der Zusammenarbeit von Schule und Hort im Ganztagsangebot hervorgehen, benannt und die Breite der gefundenen Lösungen dargestellt.

Auch innerhalb der soeben thematisierten Untersuchungen findet sich Material, anhand dessen deutlich wird, dass heutige Akteure von Schule und Hort bei der Betrachtung ihrer Praxis negative und positive Bezüge zu ihrer Tätigkeit in der DDR herstellen. Dieser Frage geht das Projekt 3 nach, in dessen Rahmen neben einer ausführlichen Dokumenten- und Literaturanalyse auch eine explorative Interviewstudie durchgeführt wurde.

---

8 Die „Servicestelle Ganztagsangebote Sachsen" ist eine Kooperation des Sächsischen Staatsministeriums für Kultus und der Deutschen Kinder- und Jugendstiftung.

Die Arbeit an diesem Thema ging als ein Arbeitsbereich in das Projekt 4 über. Hinzu kommt, dass aus den im Rahmen der ersten beiden Untersuchungen besuchten 23 Standorten einzelne als Untersuchungsorte für eine ethnografische Studie ausgewählt wurden. Diese empirische Studie geht aktuell der Frage nach, welche Bedeutung das Akteurshandeln bei der Gestaltung eines Ganztagsangebots im Primarbereich hat. Neben dieser Einzelfallstudie sind innerhalb des Projekts die seit 2003 laufende „Neue Ganztagsschulbewegung" sowie die Konzeption des sächsischen Ganztagsangebots Gegenstand der Betrachtung.

Literatur

Bundesministerium für Bildung und Forschung (BMBF) (2010): Ganztagsschule: Das Programm: Was die Regierung tut. Verfügbar über: www.ganztagsschulen.org/131.php (Zugriff: 20.09.2010).

Diekmann, Andreas (1995): Empirische Sozialforschung. Reinbek bei Hamburg: Rowohlt-Taschenbuch-Verlag.

Gängler, Hans/Böttcher, Sabine/Kuhlig, Wolfram/Markert, Thomas/Müller, Matthias (2007): Studie zur Entwicklung von Ganztagsschulen (StEG). Landesspezifische Auswertung für den Freistaat Sachsen. Jahresbericht 2007 (unveröffentlicht). Dresden: TU Dresden.

Gängler, Hans/Förster, Antje/Markert, Thomas/Dittrich, Susanne (2010): Studie zur Entwicklung von Ganztagsschulen (StEG). Sächsische Ganztagsschulen in der Entwicklung von 2005 bis 2009. Abschlussbericht 2010 (unveröffentlicht). Dresden: TU Dresden.

Gängler, Hans/Wiere, Andreas (2004): Modellversuch „Sächsische Schule mit Ganztagsangeboten/Ganztagsschule". 1. Tätigkeitsbericht der wissenschaftlichen Begleitung (unveröffentlicht). Dresden: TU Dresden.

Gängler, Hans/Wiere, Andreas/Lorenz, Annekatrin (2008): Der Modellversuch Sächsische Schule mit Ganztagsangeboten/Ganztagsschule. Ergebnisse der wissenschaftlichen Begleitung. Verfügbar über: www.sachsen-macht-schule.de/ schule/download/download_smk/gta_wiss_begleit.pdf (Zugriff: 08.07.2010).

Holtappels, Heinz-Günther/Klieme, Eckhard/Rauschenbach, Thomas/Stecher, Ludwig (Hrsg.) (2007): Ganztagsschule in Deutschland. Ergebnisse der Auswertung der Ausgangserhebung der „Studie zur Entwicklung von Ganztagsschulen" (StEG). Weinheim, München: Juventa.

Markert, Thomas/Weinhold, Katharina (2009): Ganztagsangebote im ländlichen Raum. Dresden: Servicestelle Ganztagsangebote Sachsen. Verfügbar über: http://tu-dresden.de/Members/thomas.markert/download/Markert_Weinhold_ GS_Hort_laendlicherRaum.pdf (Zugriff: 25.06.2010).

Markert, Thomas/Wiere, Andreas (2008): Baustelle Ganztag. Dresden: Servicestelle Ganztagsangebote Sachsen. Verfügbar über www.sachsen.ganztaegig-lernen.de/ GetFile.aspx?aliaspath=%2fSachsen%2fLSDokumente%2fBrosch%c3 %bcre_HORT_mail_pdf (Zugriff 25.06.2010).

Mayring, Philipp (2008): Qualitative Inhaltsanalyse. Grundlagen und Techniken. 10. Auflage. Weinheim; Basel: Beltz Verlag.

Quellenberg, Holger/Carstens, Ralf/Stecher, Ludwig (2007): Hintergrund, Design und Stichprobe. In: Holtappels, Heinz-Günther/Klieme, Eckhard/Rauschenbach,

Thomas/Stecher, Ludwig (Hrsg.) (2007): Ganztagsschule in Deutschland. Ergebnisse der Auswertung der Ausgangserhebung der „Studie zur Entwicklung von Ganztagsschulen" (StEG). Weinheim, München: Juventa, S. 51ff.

Schnell, Rainer/Hill, Paul/Esser, Elke (2008): Methoden der Empirischen Sozialforschung. 8. Auflage. München: Oldenbourg Verlag.

SMK (Sächsisches Staatsministerium für Kultus und Sport) (2007): Förderrichtlinie des Sächsischen Staatsministeriums für Kultus zum Ausbau von Ganztagsangeboten. Verfügbar über: www.revosax.sachsen.de/GetPDF.do;jsessionid= C3A54EB6C20DF818EF66F8B829745CE6?sid=5973311012559 (Zugriff: 01.07.2010).

StEG – Studie zur Entwicklung von Ganztagsschulen (2010): Projekt StEG: Fragestellung und Ziele der Studie. Verfügbar über: www.projekt-steg.de (Zugriff: 27.09.2010).

TU Dresden (2010): Homepage der Prof. für Sozialpädagogik einschließlich ihrer Didaktik: Forschung: Ganztagsschule. Verfügbar unter: http://tu-dresden.de/ die_tu_dresden/fakultaeten/erzw/erzwibf/sp/forschung/ganztagsschule (Zugriff 23.09.2010).

Susanne Dittrich, Tobias Lehmann

Der Weg zur Schule mit Ganztagsangebot
Zwei Mittelschulen im Portrait

Nachfolgend werden zwei Mittelschulen mit Ganztagsangebot vorgestellt, die im Rahmen der beschriebenen Forschungsprojekte[1] vertiefend untersucht wurden bzw. werden. Erhobene Strukturmerkmale, Daten aus Beobachtungen und Interviews wurden für diesen Text, ohne dass jeweils detailliert auf die Quelle verwiesen wird, zu einem Portrait verdichtet, das den Entwicklungsweg und den aktuellen Stand der jeweiligen Schule nachzeichnet. Dabei wird die Deskription punktuell um kommentierende Einschätzungen, die im Rahmen der Evaluation der Förderrichtlinie Ganztagsangebote im Projekt EFRL-GTA erarbeitet wurden, erweitert.

„Ganztagsschule heißt, einfach Zeit haben, gute Schule zu machen" (Schulporträt I)

Diese Schule kann auf eine bisher achtjährige Tradition als sächsische Ganztagsschule zurückblicken, fünf Jahre davon als Schule im Modellversuch „Sächsische Schule mit Ganztagsangeboten/Ganztagsschule". Der Wunsch nach Veränderungen des Schulprogramms und einer Ausrichtung auf ganztägiges Lernen existierte an der Mittelschule schon länger. Die registrierten Probleme der vor allem leistungsschwächeren Schüler, in einem 45-Minuten Rhythmus sechs bis sieben Stunden konzentriert dem Unterricht zu folgen, wie auch die Beobachtung einer wachsenden Anzahl von Eltern, die sich immer stärker aus der Bildungsverantwortung zurückzuziehen scheint, haben dazu geführt, dass bereits seit mehreren Jahren Elemente wie Methodentraining, Freiarbeit oder vernetzter Unterricht erprobt und praktiziert wurden. Die gleichzeitige Ausrichtung der Schule auf die Entwicklung sozialer Kompetenzen, auf aktive Freizeitangebote und Unterstützungsangebote außerhalb des schulischen Lernens wurde zudem durch die Zusammenarbeit mit einem überregional tätigen freien Träger der Jugendhilfe bestärkt. Diese für die Schule wichtige Kooperation begann im Jahr 2000 mit dem Projekt „Schuljugendarbeit" und hält bis heute an. Die Mitarbeiter arbeiten im Ganztag eng mit den Lehrern zusammen und sind von 8.30 bis 15.50 Uhr vor Ort. Die Zusammenarbeit geschieht nicht nur im Rahmen des Schulclubs, der von Schülern und Lehrern in Pausen und für

---
1 S. Förster/Markert/Berge in diesem Band.

Freizeitangebote genutzt wird, sondern auch bei der gemeinsamen Durchführung von unterrichtsergänzenden Projekten, Trainings zum sozialen Lernen und Methodenlernen etc.

Mit der Umgestaltung zur Ganztagsschule behielt die Schule ihre Schwerpunktsetzung bei. Wichtigstes Ziel ist die individuelle Förderung aller Schüler im Unterricht, in Trainingsstunden und in allen zusätzlichen Arbeitsgemeinschaften. Das Förderkonzept baut auf Förderanalysen und daraus erstellten individuellen Förderplänen auf und hat zwischenzeitlich bspw. dazu geführt, dass zwölf Schüler an der Schule lernen, die eigentlich sonst eine Förderschule für Erziehungshilfe besuchen müssten. Dieser integrative Gedanke zeichnet die Schule mittlerweile aus: „Es gibt immer mehr Eltern, die auch deswegen unsere Schule wählen, weil wir mit den Kindern so umgehen und sie nicht abschieben. Das ist auch fürs Schulklima gut", so der Schulleiter. Der Blick über die schulische Laufbahn hinaus auf die berufliche Zukunft der Kinder und Jugendlichen gehört ebenso zur Förderzielsetzung. Leistungsstarke Schüler werden auf den Besuch des Beruflichen Gymnasiums vorbereitet; Schüler der achten Klasse gehen zusätzlich zum Betriebspraktikum dreimal im Schuljahr für einen festgelegten Zeitraum in ein Unternehmen, um weitere Berufsrichtungen kennenzulernen. Die Konzeption der Schule ist nicht darauf ausgerichtet, alle Ziele, die mit dem Ausbau von Ganztagsangeboten verbunden sind, gleichzeitig zu realisieren. Dies ist illusorisch und aufgrund von Beschränkungen durch räumliche, personelle oder zeitliche Bedingungen auch nicht immer möglich. Die Schule setzt in ihrer Gestaltung des Ganztags vielmehr an den Notwendigkeiten an, die sich aus den Bedingungen der Schule und den Bedürfnissen der Schüler ergeben. Den Vorteil einer ganztägigen Bildung sieht die Schule, gemäß dem Motto „Ganztagsschule heißt, einfach Zeit haben, gute Schule zu machen", darin, sich intensiver der Weiterentwicklung des Unterrichts und der Lernformen widmen und eine Umgebung schaffen zu können, in der umfassendes Lernen besser möglich ist und sich Schüler und Lehrer wohl fühlen. Die Schule hat sich vor allem deshalb für das Modell einer voll gebundenen Schule entschieden.

Die Organisation des Ganztags

Das Ganztagskonzept war von Beginn an darauf ausgelegt, alle Klassenstufen der gesamten Schule in das Ganztagsschulprogramm einzubeziehen. Im ersten Jahr als Ganztagsschule wurden die beiden fünften und sechsten Klassen als Ganztagsklassen geführt. Mit jedem neuen Schuljahr kamen die neuen Jahrgänge hinzu. Die höheren Jahrgänge wurden als Ganztagsklassen weitergeführt, mit dem Ergebnis, dass nach fünf Jahren Ganztagsarbeit alle Schüler bis zur zehnten Klassenstufe in das Ganztagskonzept integriert sind. Diese konsequente Durchführung verlangte in der Realisierung anfänglich zwar einen erhöhten Informations- und Arbeitsaufwand sowie eine größere Umstellung und Motivation aller Beteiligten, ermöglichte letztendlich jedoch ein konstanteres Arbeiten an den Zielstellungen.

Zudem erfolgte die Integration der zusätzlichen Angebote in den Gesamtablauf des Schultages. Entgegen der in Sachsen weitverbreiteten Praxis, die Ganztagsangebote im Anschluss an den regulären Unterricht ausschließlich am Nachmittag anzubieten, finden die verbindlichen Angebote (Arbeitsgemeinschaften, Team-, Trainings- und Lesestunden) auch am Vormittag zwischen den Unterrichtsstunden statt. Der Nachmittagsunterricht setzt sich vorrangig aus Fächern wie Kunst, Musik oder Sport zusammen, die den Schülern eine andere Art der Konzentration abverlangen als die Hauptfächer. Die dritte und vierte Stunde wird als Blockunterricht abgehalten. Alle Schüler sind an drei Tagen der Woche (von Dienstag bis Donnerstag) verbindlich von 7.20 bis 15.15 Uhr in der Schule. Für die Fahrschüler, die aufgrund des großen Einzugsgebietes der Schule in hoher Zahl vertreten sind, werden vor dem Unterrichtsbeginn und nach Schulschluss bis zur Abfahrt des Schulbusses Betreuungsmöglichkeiten angeboten. Am Montag und Freitag finden die Angebote nur am Nachmittag statt und die Teilnahme ist für die Schüler freiwillig. Mit dieser Regelung kam die Schule den Wünschen der Eltern und Schüler entgegen, während der Schulwoche auch noch Zeit für außerschulische Freizeitaktivitäten oder Verpflichtungen zur Verfügung zu haben.

Durch diese Form der Organisation ist es der Schule möglich, den Wechsel zwischen konzentriertem Arbeiten sowie Möglichkeiten der Entspannung und eigenständigen Beschäftigung in den Schultag zu integrieren. Sich bei der Gestaltung von Entspannungszeiten an den Bedürfnissen der Schüler zu orientieren, heißt auch, jedem Einzelnen soweit wie möglich Zeit und Raum zu geben, sich seinem Empfinden nach zu erholen. Die Schule erzielt dies bspw. durch eine einstündige Mittagspause, in der die Zeit nach dem gemeinsamen Essen im Schulclub, dem Spielzimmer, der Bibliothek, dem Internetcafé oder der neu erbauten Mehrzweckhalle verbracht werden kann.

Das Ganztagsangebot

Dieses Organisations- und Rhythmisierungsmodell bietet der Schule den Rahmen für ein vielfältiges Ganztagsangebot.

Teamstunde

Alle Schüler und Klassen nehmen einmal wöchentlich an einer Teamstunde teil, die vom jeweiligen Klassenlehrer zusammen mit Mitarbeitern des freien Trägers der Jugendhilfe (s.o.) durchgeführt wird. Inhaltlicher Schwerpunkt ist das soziale Lernen z.B. durch Konflikttraining, Konzentrationstraining oder Erlernen von Entspannungstechniken zur Stressbewältigung. Jede Klassenstufe arbeitet dabei nach einem eigenen, speziell entwickelten Konzept. Thema in den fünften und sechsten Klassen ist vorrangig soziales

Kompetenztraining. Für die höheren Klassen findet in diesen Stunden Bewerbungstraining statt. Anfänglich war auch das Erlernen von Lernmethoden und Arbeitstechniken in den Teamstunden angesiedelt. Dass das frühzeitige Erlernen von Arbeitsmethoden wichtig ist, ist der Erfahrung geschuldet, dass erweiterte Lernformen wie z.B. Freiarbeit im Unterricht nicht sofort funktionieren, sondern von den Schülern als Lernkultur erst erlernt werden müssen. Nach Fortbildungen eines Teils des Lehrerkollegiums wird dieses Methodentraining jetzt kompakt in einem dreitägigen Kurs angeboten.

Lesestunde

Mit der Lesestunde soll das Leseverständnis und die Leselust der jüngeren Schüler von Beginn an gefördert werden. Als Ergänzung dazu finden regelmäßig Projekte wie eine Lesenacht und Lesewettbewerbe statt. Ab der siebenten Klasse wird die Lesestunde mit Spielstunden und Freizeitangeboten kombiniert.

Arbeitsgemeinschaften

Jeder Schüler besucht im Schuljahr verbindlich mindestens eine AG. Viele dieser Angebote werden mit Hilfe von Kooperationspartnern realisiert. Neben sportlichen und kulturellen Freizeitangeboten hat das Musizieren, besonders mit Blechblasinstrumenten, Tradition. Im Rahmen des Musikunterrichts erlernt deshalb jeder Schüler der fünften und sechsten Klasse ein Instrument.

Ein besonderes unterrichtsergänzendes Projekt ist der „Bau von Schulmöbeln für den Ganztagsbereich". Auf Initiative von Schülern der neunten und zehnten Klasse hat sich die Schule dafür entschieden, einen Teil ihrer Ausstattung selbst herzustellen. In den Arbeitsgruppen werden, unter Anleitung von Lehrern und Eltern, Möbel entworfen und gebaut, die dann im Ganztag zum Einsatz kommen. Schüler aus der AG „Schulhausgestaltung" übernehmen die künstlerische Innengestaltung; das Schülerradio informiert dazu regelmäßig. Um das Projekt auszubauen und weiterzuführen, arbeiten auch jüngere Schüler mit. Dieses Projekt hat den Effekt, dass Schüler einen engeren Bezug zu ihrer Lernumgebung aufbauen können, da sie diese selbstverantwortlich planen und nach ihren Vorstellungen mitgestalten können.

Trainingsstunden

Eine Neuerung im Rahmen des Ganztagsangebotes sind die wöchentlichen Trainingsstunden in den Fächern Mathematik, Deutsch und Englisch. Für alle Schüler verbindlich, stellen sie den Kernpunkt des Förderangebotes der Schule dar. In den Vormittag integriert, finden die Trainingsstunden früh am Morgen bis spätestens 11.00 Uhr statt, damit die Schüler leistungsfähig und konzentriert sind. In der zehnten Klasse werden diese Stunden als Vorbereitung auf die Abschlussprüfung und zur Förderung der Schüler, die am Beruflichen Gymnasium weiterlernen, genutzt. Die Schüler mit einer Leserechtschreibschwäche oder Dyskalkulie können in dieser Zeit speziell gefördert werden. Grundlage für die Arbeit in den Trainingsstunden sind die erstellten Förderpläne, wodurch die Förderung differenzierter erfolgen kann. Die Klassenstufen werden in Gruppen mit leistungsschwächeren Schülern, zwei Gruppen mit mittleren und eine Gruppe mit leistungsstärkeren Schülern aufgeteilt. Dabei können die Schüler je nach Lernfortschritt zwischen den Gruppen wechseln. So kann gezielt an den derzeitigen Lernstärken und -schwächen eines Schülers gearbeitet werden und es wird dabei vermieden, Schüler einseitig auf eine Gruppe mit „guten" bzw. „schlechten" Schülern festzulegen. Weiterhin sind die Trainingsstunden eine Weiterentwicklung der Hausaufgabenbetreuung. Mit dieser Neuerung hat die Schule auf die bis dahin bestehenden Probleme mit der regulären Hausaufgabenbetreuung reagiert. Die anfänglich konzipierte Hausaufgabenbetreuung am Ende des Schultages stellte für Schüler wie für Lehrer keine Entlastung, sondern, laut Einschätzung des Schulleiters, den „größten Stress am Nachmittag" dar. Durch fehlende Absprachen zwischen den Fachlehrern hatten die Schüler oft mit zu vielen und zu umfangreichen Aufgaben am gleichen Tag zu kämpfen. Die Lehrer waren durch den dadurch entstandenen Zeit- und Arbeitsaufwand mit der Organisation der Betreuung überlastet und konnten die Erwartungen der Eltern nach Vollständigkeit und Richtigkeit der Hausaufgaben ihrer Kinder nicht erfüllen. Mit der Einsicht, dass nicht die Hausaufgaben an sich entscheidend sind, sondern eine qualifizierte pädagogische Betreuung für den Lernerfolg wichtig ist, erfolgte die Umstellung auf differenzierte Übungen innerhalb der Trainingsstunden. Die Hausaufgaben in den Hauptfächern konnten dadurch vollständig ersetzt werden. Die wenigen sonstigen Hausaufgaben können von den Schülern in einer Hausaufgabenstunde am Montag bzw. Freitag erledigt werden. Im Hinblick auf die Hausaufgaben wie auch die Förderinhalte verlangen die Trainingsstunden eine verbesserte Abstimmung der Lehrer untereinander. Somit hat sich der Erfolg eingestellt, dass sich Absprachen zwischen den Lehrern verbessert haben und die Lernziele von Aufgaben bewusster reflektiert werden.

Jahrgangsteams

Eine Verbesserung der Teamarbeit an der Schule wurde außerdem durch die Einführung von Jahrgangsteams bewirkt. Die zwei Klassenlehrer einer Klasse, die mit den beiden Klassenlehrern der Parallelklasse ein Jahrgangsteam bilden, begleiten ihren Jahrgang von der fünften bis zur zehnten Klasse. Dadurch konnte neben der Kontinuität für Schüler und Lehrer erreicht werden, dass sich die Kollegen, je nach ihren individuellen Möglichkeiten und Wünschen, die Klassenleiteraufgaben flexibel aufteilen können.

Die Erfahrungen als Ganztagsschule

Das jetzige tragfähige Ganztagsschulkonzept zu entwickeln und aufzubauen, war und ist ein Entwicklungsprozess und verlief nicht an jeder Stelle reibungslos. Am Anfang standen der verlängerte Schultag und eine Vielzahl von Ideen, wie der Ganztag mit Leben gefüllt werden könnte. Diese Anfangseuphorie verhalf allen Beteiligten zur nötigen Motivation und weckte Ambitionen, in kurzer Zeit sehr viel erreichen zu wollen. Es wurde versucht, alle möglichen Ganztagselemente im neuen Schultag unterzubringen. Was zu dieser Zeit fehlte, war eine dem Inhalt angepasste Rhythmisierung. Die Folge war, dass die neuen Strukturen für die Schüler wenig entlastend waren. Auch für die beteiligten Lehrer führten die schnellen Veränderungen zu dem Gefühl, überfordert zu sein. Die Menge an zusätzlicher Arbeit, der sie sich plötzlich gegenübersahen, ließ die anfänglichen Ambitionen schnell sinken. Diese Erfahrungen machten zum einen deutlich, dass vordergründig an dem Ziel gearbeitet werden muss, den Schultag für alle entspannter und erträglicher zu gestalten. Zum anderen resultierte daraus die Überzeugung, dass Schülern, Eltern und Lehrern mehr Zeit gelassen werden muss, sich an veränderte Abläufe und Strukturen zu gewöhnen. Auch die Einführung einer anderen Lernkultur mit neuen Lehr- und Arbeitsmethoden braucht Zeit und kann nicht immer sofort funktionieren. Dazu kommen auch äußere Anforderungen wie die Fluktuation von Lehrerpersonal oder räumliche Engpässe, für die im Schulalltag Lösungen gefunden werden müssen.

Wenngleich an manchen Stellen weiterhin noch Entwicklungen nötig sind, konnte die Schule bisher viel erreichen. Das Kollegium arbeitet enger zusammen und hat den Mut, Neues zu probieren. Die meisten Eltern unterstützen das Ganztagskonzept und für die Schüler konnte eine förderliche und entspannte Lernumgebung geschaffen werden. Geholfen hat der Schule in ihrer Entwicklung, dass sich bei der Umsetzung immer daran orientiert wird, wo die Bedürfnisse von Schülern, Lehrern und Eltern liegen und flexibel darauf reagiert wird. Eigene Schwierigkeiten werden als Anstoß gesehen, das Ganztagsmodell immer wieder zu hinterfragen und weiterzuentwickeln. Die Erfahrungen anderer Schulen dienen der Orientierung, werden jedoch nicht unreflektiert übernommen, sondern auf die speziellen Bedingungen der Schule abgestimmt. Auf diesem Wege konnte ein durchdachtes Ganztagskonzept entstehen, was das gesamte Geschehen an der Schule vorangebracht und viel Potential zur Schulentwicklung eröffnet hat.

„Eine sinnvolle Beschäftigung am Nachmittag" (Schulportrait II)

Die Mittelschule befindet sich in einer Kleinstadt im ländlichen Raum Sachsens. Im Rahmen der Neustrukturierung des sächsischen Schulnetzes aufgrund des Rückgangs der Schülerzahlen wurden zwei Mittelschulen der

Region an diesem neuen Standort (im Gebäude einer anderen geschlossenen Schule) ab dem Schuljahr 2005/06 zu einer zweizügigen Mittelschule für die Stadt sowie die angrenzenden Ortschaften etabliert. Im Zuge der Zusammenlegung wurde an einem Ganztagskonzept gearbeitet, welches das Profil der neuen Schule maßgeblich prägen sollte. In diesem Zusammenhang wurden auch Fördermittel über das Investitionsprogramm „Zukunft Bildung und Betreuung" beantragt, welche der Schule auch zugesprochen worden sind. Somit begann mit dem Start der „neuen" Mittelschule auch der Ausbau der Ganztagsangebote bzw. das „Programm der Ganztagserziehung", wie es auch vor Ort bezeichnet wird.

Für die Entscheidung zur Schule mit Ganztagsangeboten wurden von der Schulleitung, neben dem Wunsch der Etablierung des neuen Schulstandortes, weitere Begründungslinien angeführt, welche in der allgemeinen deutschlandweiten Ganztagsdiskussion häufig vorkommen. Mit dem „Programm der Ganztagserziehung" sollten Schülerleistungen stabilisiert bzw. verbessert werden, es sollte dem gewachsenen „Schulfrust" der Schüler entgegengewirkt werden, es sollte auch dem Wunsch der Eltern nach sinnvoller Freizeitbeschäftigung für ihre Kinder entsprochen werden. Außerdem sollte das Programm den Schülern aus schwierigen familiären Situationen z.B. Möglichkeiten der Förderung bieten. Als Hauptzielstellungen wurden die Verbesserung des Schulklimas, der Lernvoraussetzungen sowie der Unterrichtsqualität formuliert.

Organisation des Schultages – Organisation des Ganztags

Zu Beginn der Überlegungen wurde für die Schule eine teilweise gebundene Organisationsform für den Ganztagsbetrieb anvisiert. Das Modell war zunächst auf die Klassenstufen fünf und sechs ausgerichtet und fand an drei Wochentagen (Dienstag, Mittwoch und Donnerstag) statt. Die Eltern konnten nach einer 14-tägigen Probephase die Kinder verbindlich für ein Schulhalbjahr anmelden. Diese Aspekte zeigen jedoch, dass es sich bereits zu Beginn nicht um eine teilweise gebundene Organisationsform im Sinne der gängigen KMK-Definitionen handelte, da die Teilnahme am Ganztagsangebot nie für einzelne Klassen oder Klassenstufen verbindlich war, sondern die Entscheidung für die Anmeldung generell den Schülern bzw. deren Eltern oblag. Zu Beginn lag die Teilnahmequote bei den Schülern der fünften und sechsten Klassen bei ca. 70 %.

Der Ganztagsbetrieb sollte ursprünglich in den folgenden Schuljahren auch auf die höheren Klassenstufen ausgeweitet werden. Nach fünf Jahren sind jedoch nach wie vor die Schüler der fünften und sechsten Klassen die Hauptzielgruppe des Ganztagsprogramms. Es existieren auch einige Angebote für Schüler höherer Klassenstufen, allerdings nehmen diese nur wenige Schüler wahr. So lag die Teilnahmequote am Ganztagsbetrieb für die achten Klassen im Jahr 2009 nur bei ca. 13 %. Ein weiterer Ausbau der Verbindlichkeit, auch im Hinblick auf höhere Klassenstufen, ist derzeit nicht geplant. Dies wird auch von den Schülern und Eltern sowie einem Großteil der Lehrer nicht gewünscht.

Die tatsächlich vorherrschende, offene Organisationsform (freiwillige Anmeldung für einen bestimmten Zeitraum) des Ganztagsbetriebs beeinflusst natürlich die Organisation des Schultages. Demzufolge findet das Ganztagsangebot an der Schule additiv statt, d.h. das Programm der Ganztagserziehung folgt im Anschluss an den Unterricht.

Abb. 1: Struktur des Schultages
Fach 1 7.30–8.15 Uhr
Pause (5 min)
Fach 2 8.20–9.05 Uhr
Frühstückspause/ Hofpause (20 min)
Fach 3 (1. DS) 9.25–10.10 Uhr
Pause (10 min)
Fach 3 (2. DS) 10.20–11.05 Uhr
Pause (10 min)
Fach 4 11.15–12.00 Uhr
Pause (5 min)
Fach 5 12.05–12.50 Uhr
Mittagspause/ Erholungsphase 12.50–13.45 Uhr
Förderphase 13.45–14.30 Uhr
Freizeitkursphase 14.30–16.00 Uhr

Mit Beginn der Umsetzung der Ganztagskonzeption erfolgte der Unterricht zunächst am Vormittag in zwei Blockstunden, danach schlossen sich „klassische" 45-minütige Unterrichtseinheiten an. Diese Struktur blieb jedoch nur drei Schuljahre erhalten. Inzwischen finden fast ausschließlich wieder 45-minütige Unterrichtsstunden statt, teilweise werden die ersten beiden Stunden als Block zusammengefasst.

Nach dem Ende der Unterrichtskernzeit schließt sich das Ganztagsprogramm mit seinen drei Phasen an. An der beschriebenen, additiven Grundstruktur hat sich konzeptionell und praktisch in den vergangenen Jahren nichts geändert. In der nebenstehenden Abb. 1 ist die Struktur eines Schultages exemplarisch abgebildet.

Das Ganztagsangebot

Das Ganztagsprogramm wurde an der Schule von Beginn an konzeptionell und strukturell in drei Phasen unterteilt: die Erholungsphase, die Förderphase und die Freizeitkursphase. Da die Erholungsphase jeweils direkt nach der sechsten Unterrichtsstunde beginnt, ist eine Nutzung aller Phasen – und somit der intendierten Rhythmisierung – für Schüler höherer Klassenstufen aufgrund längeren Unterrichts nicht möglich. Diese Schüler können dann nur die verschiedenen Freizeitangebote am Nachmittag nutzen.

Erholungsphase

Dieses Zeitfenster ist auf 55 Minuten angelegt und dauert von 12.50 bis 13.45 Uhr. Es wird den Schülern im Schulgebäude ein warmes Mittagessen angeboten. Nach diesem (freiwillig nutzbaren) Essensangebot haben die

Schüler die Möglichkeit, sich in die „Erholungsräume" zurückzuziehen und sich auszuruhen, Zeitungen sowie Bücher zu lesen oder alternativ sich mit sportlichen Aktivitäten (Tischkicker, Tischtennis) zu beschäftigen. In diesem Zeitraum ist es die Entscheidung der Schüler, wie sie sich vom Unterricht erholen wollen. Die für die Erholungsphase eingeteilten Lehrer haben ausschließlich eine Aufsichtsfunktion, wie bei einigen Schulbesuchen beobachtet werden konnte.

Die in der Erholungsphase eingeschlossene Möglichkeit der Schulspeisung wird von den Schülern kaum genutzt. Dies kann aufgrund der ausreichend zur Verfügung stehenden Zeit nicht an der Länge der Mittagspause liegen. Die Teilnahmequote an der Schulspeisung liegt nochmals deutlich unter den bereits niedrigen Vergleichswerten anderer Schulen der Sekundarstufe I. Im Jahr 2007 nahmen von den Schülern der fünften und sechsten Klassen (Hauptzielgruppe der Ganztagserziehung) gerade einmal 15 % regelmäßig an der Schulspeisung teil. In den darauffolgenden Jahren sank bei dieser Alterskohorte der Wert über 9,6 % (2008) auf 7,1 % (2009). Ca. 80 % der Schüler, welche nicht an der Schulspeisung teilnahmen, gaben an, dass ihnen das Essen nicht schmecke. Der Einfluss der Schule auf die Qualität des Essens wurde von den Aufsichtspersonen als sehr gering eingeschätzt, da dies im Zuständigkeitsbereich des Schulträgers liegen würde. Weitere Gründe der Schüler, die gegen eine Teilnahme an der Schulspeisung sprachen, waren der Preis sowie der gruppendynamische Einfluss („weil meine Freunde auch nicht hingehen").

Förderphase
Der Erholungsphase folgt die sogenannte Förderphase. Diese dauert mit 45 Minuten so lang wie die Unterrichtsstunden am Vormittag. Im Zentrum steht die Erledigung der Hausaufgaben. In der Richtlinie zum Ausbau von Ganztagsangeboten an Schulen des Sächsischen Staatsministeriums für Kultus und Sport (FRL GTA) wird dem Bereich der individuellen Förderung große Bedeutung beigemessen. Vor diesem Hintergrund scheint eine Hausaufgabenbetreuung als Schwerpunktsetzung für den Bereich der individuellen Förderung doch etwas zu wenig. Die Hinweise auf Förderunterricht in Englisch oder den Aufbau einer Schülerbibliothek können diesen Eindruck nur bedingt korrigieren. Durch die Freiwilligkeit der Teilnahme am Ganztagsprogramm wird ein Großteil der Schüler mit der Förderphase nicht erreicht. Zusätzlich ist die Qualität der Hausaufgabenbetreuung nicht zufriedenstellend. Bei einer Elternbefragung wurde bezüglich der Hausaufgabenbetreuung folgender Kommentar abgegeben: „Ich war damit sehr unzufrieden. Die Hausaufgaben waren oftmals unvollständig und falsch. Das betreuende Fachpersonal erschien mir unqualifiziert und überfordert." Ursprünglich war vorgesehen, dass Fachlehrer bei der Hausaufgabenbetreuung anwesend sind und bei Nachfragen zur Verfügung stehen. Bei einer Lehrerbefragung an der Schule gab ca. die Hälfte der Lehrer an, dass die Hausauf-

gabenbetreuung qualitativ verbessert werden muss. Da innerhalb dieser nur die Vollständigkeit und nicht die Richtigkeit überprüft wird, ist zusätzlich das Thema Hausaufgaben danach für die Schüler noch nicht beendet. Die Schule zog in einem Bericht das Zwischenfazit, dass die Vergesslichkeit in punkto Hausaufgaben durch das Ganztagsangebot stark abgenommen habe. Es ist unklar, inwieweit man dadurch dem selbstgesteckten Ziel „Schülerleistungen langfristig auf höherem Niveau zu stabilisieren" (Ganztagskonzeption der Schule) gerecht werden kann.

Freizeitphase

Die dritte Phase im Programm der Ganztagserziehung ist die Freizeitphase. In dieser Zeit können die Schüler verschiedene Kurse bzw. Arbeitsgemeinschaften besuchen, zu denen sie sich zu Beginn des Schuljahres anmelden. Als Zeitfenster sind für diesen Bereich 90 Minuten vorgesehen, d.h. die Angebote finden zwischen 14.30 und 16.00 Uhr statt. Die Angebotsanzahl variiert im Verlauf der Schuljahre, durchschnittlich gibt es ca. 10 verschiedene Beschäftigungsmöglichkeiten für die Schüler am Nachmittag. Innerhalb des Angebots lässt sich eine breite Themenvielfalt feststellen; so gibt es verschiedene sportliche und künstlerisch-musische Angebote, aber auch ein naturwissenschaftlich geprägtes Angebot bzw. die Möglichkeit in einer Schülerfirma mitzuwirken. Bei den meisten Angeboten ist die Anzahl der teilnehmenden Schüler eher gering. In den beobachteten Freizeitangeboten, die von Lehrern durchgeführt werden, herrscht eine sehr lockere und entspannte Atmosphäre. Dadurch bieten die Angebote einen deutlichen Kontrast im sozialen Miteinander zu den vormittäglichen Unterrichtseinheiten, womit – zumindest für die anwesenden Schüler – ein Schritt zu dem Ziel der Verbesserung des Schulklimas gegangen wird. Eine intentionale Verknüpfung der Inhalte von den Arbeitsgemeinschaften mit dem entsprechenden Fachunterricht wurde und wird nicht hergestellt.

Die Umsetzung des Ganztagsprogramms

Zu Beginn des Ganztagsbetriebs gab es am neuen Schulstandort aufgrund der hohen Schülerzahlen erhebliche Platzprobleme, so dass dadurch auch die Durchführung der Ganztagsangebote behindert wurde. Diese Situation hat sich durch den Abgang der geburtenstarken Jahrgänge deutlich entspannt.

Die Schülerbeförderung ist ein weiterer Aspekt, welcher von vielen Schulen im ländlichen Raum – so auch an dieser Schule – als erschwerender Standortfaktor für den Ausbau des Ganztagsbetriebs angeführt wird. Ca. 60 % der Schüler dieser Schule sind auf den Schülertransport für den Weg zur Schule bzw. nach Hause angewiesen. Insbesondere die Organisation der Angebote der Freizeitphase wird dadurch beeinflusst.

Die Durchführung bzw. Betreuung der Ganztagsangebote wurde zunächst mit einem sehr umfangreichen Lehrereinsatz abgedeckt. Dafür wurden die vorhandenen freien Kapazitäten bei den Lehrerstunden im Ergänzungsbereich eingesetzt. Dies betraf alle Bereiche der Ganztagserziehung. Insbesondere die neuen Einsatzzeiten, aber auch der (verpflichtende) Einsatz in der Erholungs- und teilweise auch in der Förderphase stieß bei einem Teil der Lehrerschaft auf wenig positive Resonanz. Generell scheint es innerhalb des Kollegiums deutliche Differenzen und Meinungsunterschiede zu geben, welche jedoch nicht offen ausgetragen werden. Teile der Lehrerschaft erwarten diesbezüglich mehr Unterstützung durch die Schulleitung.

Im Lauf der Jahre hat sich bei der Mehrheit des Kollegiums jedoch die Akzeptanz bzw. auch eine größere Verantwortlichkeit für das Programm durchgesetzt. Im Jahr 2009 gaben ca. 80 % des Kollegiums an, an der Durchführung des Programms beteiligt zu sein. Ähnlich wie die Eltern und Schüler der Schule favorisieren jedoch auch die Lehrer ein offenes Modell mit einer freiwilligen, für einen bestimmten Zeitraum verbindlichen Anmeldung.

Fazit

Die Mittelschule hat mit einem durchaus ambitionierten Konzept den Ausbau zur Schule mit Ganztagsangeboten begonnen. Verschiedene Anfangsschwierigkeiten (Raumproblematik, Akzeptanz im Lehrerkollegium) konnten ganz oder teilweise überwunden werden. Verschiedene Angebote (Erholungsphase, bestimmte Freizeitangebote) werden von einem Teil der Schüler gut angenommen.

Eine kontinuierliche Weiterentwicklung des Ganztagskonzepts in den vergangenen Jahren kann jedoch nicht festgestellt werden. In einigen Bereichen ist eher eine gegenläufige Tendenz zu beobachten. Die geplante Ausweitung einer verbindlichen Teilnahme in höheren Klassenstufen hat nicht stattgefunden, tendenziell ist eher ein genereller Rückgang der Teilnahmequote zu konstatieren.

Ein wichtiges Ziel der Schule war die Verbesserung der Unterrichtsqualität. Auch diesbezüglich konnten nur sehr bedingt Fortschritte erkannt werden. Gerade im Bereich der Binnenrhythmisierung bestehen an der Schule große Entwicklungspotentiale. Auch der Bereich der individuellen Förderung der Schüler ist noch ausbaufähig. Für einige der anfangs formulierten Ziele der Schulentwicklung (Unterrichtsentwicklung, Leistungsförderung) sind teilweise keine Maßnahmen für eine konkrete Umsetzung bzw. Zielerreichung zu erkennen. Wenn die Schule nicht nur den Status quo erhalten und für einige Schüler eine sinnvolle Nachmittagsbeschäftigung anbieten will, müssen bezüglich der angeführten Punkte deutlich mehr Überlegungen und Anstrengungen zur Umsetzung unternommen werden.

Thomas Markert

Schule + Hort = ein Ganztagsangebot?
Eine Bestandsaufnahme zur Zusammenarbeit von Grundschule und Hort im Ganztagsangebot

Mit Grundschule und Hort sind hier zwei institutionelle pädagogische Akteure Thema, die zumindest eins vereint: Ihre Zielgruppe sind die Schulkinder der ersten vier Klassenstufen. Zugleich vertreten Hort und Grundschule zwei Systeme: Die Schule und die Jugendhilfe, die als eigenständige Bereiche u.a. unterschiedliche Bildungsansätze verfolgen. Dies ist nicht nur daran erkennbar, dass Kinder zum Besuch der Schule verpflichtet sind, während die Hortteilnahme freiwillig ist. Deutlicher wird es darin, dass die Schule curricular geleitet formalisierte Bildungsangebote bereitstellt, die das Ziel der gesellschaftlichen Eingliederung, der Qualifikation und der Allokation durch die Vermittlung definierter Wissensbestände verfolgen. Dagegen sieht der Hort als Einrichtung der Jugendhilfe sein Aufgabenfeld stärker darin, an den Bedürfnissen der Kinder orientiert nichtformelle Bildungsangebote zu unterbreiten und informelle Bildungsgelegenheiten zu schaffen, sodass Räume und Zeiten bereit stehen, in denen die Kinder selbstständig im freien Spiel Erfahrungen sammeln und Kompetenzen entwickeln können. Selbstverständlich folgt die Hortarbeit dabei theoretischen Konzepten, was sich im „Bildungsplan" (für Sachsen vgl. SMS 2007) quasi als Arbeitsprogramm der pädagogischen Arbeit niederschlägt. Die geteilte institutionelle Zuordnung, die Konzentration auf unterschiedliche Bildungsansätze und zugleich die Arbeit mit der identischen Zielgruppe sind somit Bedingungen für ein spannungsreiches, zugleich potenziell produktives wie aber auch konfliktträchtiges Kooperationsfeld.

Das Nebeneinander von Grundschule und Hort rückt zudem im Zuge der Debatte von ganztägig organisierter Schule zentral ins Blickfeld: Reicht diese Struktur und Form der Zusammenarbeit aus, um die bildungspolitischen Ziele jenseits einer verlässlichen Betreuung zu erreichen? Wie diese Frage in Sachsen beantwortet wird und welche Schlüsse daraus gezogen werden, wird im Folgenden erörtert.

In einem anderen Beitrag dieses Bandes wird darauf verwiesen, dass in Sachsen der Hort traditionell umfangreich genutzt wird (s. Markert in Abschnitt III). Diesem Thema ist auch der erste Abschnitt des Textes gewidmet. Es wird gezeigt, welche Ausgangssituation zu dem Moment existierte, als die Primarstufe in die Bemühungen der sächsischen Landesregierung einbezogen wurde, Ganztagsangebote zu realisieren. Damit werden zuerst die Ausgangspositionen – also die „Tradition" – und die heutigen, administrativ gesteuerten Veränderungen beschrieben. Der zweite Abschnitt geht dann der Realisierung des bildungspolitischen Entwurfs von „Ganztagsangeboten" nach. Auf der Basis von Befunden aus zwei Forschungsprojekten wird einerseits gezeigt, welche immense Spannbreite an Projektideen und -realisierungen in Sachsen auffindbar ist. Des Weiteren steht die Vielfalt der Kooperation im Mittelpunkt: Wie arbeiten eigentlich Hort und Schule bei der Konzepterstellung und im Alltag zusammen? Das daraus für Sachsen deutlich werdende Bild ist wenig einheitlich: Schulen und Horte sind bei der Unterbreitung eines kooperativen ganztägigen Bildungs-, Erziehungs- und Betreuungsprogramms verschieden weit fortgeschritten. Dies ist Thema der abschließenden Bilanz.

Hort und Grundschule in der „sächsischen Ganztagsgegenwart"

Die Bedeutung des Hortes ist in den einzelnen Bundesländern sehr verschieden. Im Jahr 2006 reichte die Quote der Inanspruchnahme einer solchen Tageseinrichtung für 6- bis 10-jährige Schulkinder von 0,1 % in Berlin bis zu 56,4 % in Sachsen (Lange 2008, S. 63). Für Berlin bedeutet dieser Wert aber nicht, dass dort kein ganztägiges Bildungs-, Erziehungs- und Betreuungsprogramm im Primarbereich angeboten wird, sondern dass diese Aufgabe jetzt vollständig der Schule zugeordnet und so aus der Jugendhilfe ausgegliedert ist. Selbiges gilt heute schon für Thüringen[1] und als Tendenz auch für Nordrhein-Westfalen, wo die Hortaufgaben bspw. bis 2012 in die „Offene Ganztagsgrundschule" überführt werden (vgl. Schilling/Lange 2009, S. 13).

Wie bereits erwähnt, ist Sachsen bundesweiter Spitzenreiter bei der Hortnutzung. Aus der KMK-Statistik ist nun ablesbar, dass 2006 67,4 % der sächsischen Grundschüler/innen eine Ganztagsschule besuchten (KMK 2008, S. 31*). Deutlich wird anhand der Zahlen, dass hier Doppelzählungen vorgenommen wurden. Die Kinder sind nicht entweder Hortkinder oder Ganztagsschüler/innen, sondern jedes Hortkind wird zugleich als Ganztagsschüler/in geführt. Hierin drückt sich die Sichtweise aus, dass die landesweiten Hort-Schule-Kooperationen die Bedingungen zur Ganztagsschule der KMK per se erfüllen. Eine Halbtagsgrundschule und die vom Hort als

---

1 Zwar führt das Thüringer Kindertageseinrichtungsgesetz von 2010 (vgl. TMBWK 2010) „Kinderhorte für schulpflichtige Kinder" (§1) als Kindertageseinrichtungen an, verweist aber zugleich darauf, dass der Betreuungsanspruch „mit der Förderung an Horten in Grundschulen als erfüllt" (§ 2 (2)) gilt. Diese Horte an Schulen sind dann aber keine Einrichtungen der Jugendhilfe, sondern laut Thüringer Schulgesetz (TMBWK 2008) „organisatorisch Teil der betreffenden Schulen" (§ 10 (1)).

Angebot der Jugendhilfe erbrachte verlässliche Nachmittagsbetreuung[2] ergeben nach sächsischem Verständnis eine offene Ganztagsschule.

Bei genauerer Betrachtung kommt man an dieser Stelle nicht umhin, diese sächsische Definitionsauslegung kritisch zu kommentieren. Zwar erfüllen die Grundschulen und Horte gemeinsam die Anforderungen, dass an mindestens drei Tagen ein siebenstündiges Angebot sowie ein Mittagsessen vorzuhalten ist. Allerdings wird das Programm des Hortes rein formell eben nicht „unter der Aufsicht und Verantwortung der Schulleitung organisiert" (KMK 2008, S. 4), wie dies der dritte Punkt der KMK-Definition vorschreibt. Stattdessen ist das Angebot des Hortes eine Jugendhilfeleistung unter Aufsicht und Verantwortung des jeweiligen Trägers. Aufgrund dieser von der Sächsischen Staatsregierung vorgenommenen Einordnung galten zu Beginn der „neuen Ganztagsschulbewegung" und deren statistischer Dokumentation 2002 95,7 % der sächsischen Grundschulen als offene Ganztagsschulen (KMK 2008).[3] Diese Betrachtung ist aber eher eine historische, da inzwischen – wie nachfolgend erläutert – an einem Großteil der Grundschulen zusätzliche, unter der Leitung der Schule stehende „Ganztagsangebote" veranstaltet werden und so diese Standorte die KMK-Kriterien erfüllen.[4]

Entsprechend dieses eben beschriebenen Begriffsverständnisses stellten 2006 die Sächsischen Staatsministerien für Kultus und für Soziales in einer gemeinsamen Erklärung zur Kooperation von Grundschule und Hort fest, dass Horte und Grundschulen „aufgrund der jeweiligen Inhalte und Strukturen eine offene Form von Ganztagsangeboten dar[stellen], indem sie im Freistaat Sachsen bedarfsgerecht ein flächendeckendes Bildungs-, Erzie-

---

2 Die begriffliche Reihung Bildung-Erziehung-Betreuung wird mitunter (fälschlicherweise) so verstanden, dass Betreuung als drittes und auch nachgeordnetes Angebot isoliert von Bildung und Erziehung steht. Sucht man aber nach dem Ursprung dieser Begriffstriade, so stößt man auf das Kinder- und Jugendhilfegesetz, laut dem der Förderauftrag die „Erziehung, Bildung und Betreuung des Kindes umfasst" (vgl. SGB VIII § 22 (3)). Entsprechend sind verlässlich organisierte Zeitabschnitte der Betreuung (im Sinne bspw. der Hortöffnungszeiten) von pädagogischen Fachkräften geleitete Zeiten der Förderung, in denen selbstverständlich auch Bildungs- und Erziehungsarbeit stattfindet. Dass in diesen Zeitabschnitten die Kinder auch beaufsichtigt werden, ist ein Effekt, der aufgrund seiner hohen arbeitsmarktpolitischen Bedeutung in den Diskussionsbeiträgen teilweise die pädagogische Arbeit überdeckt, die Inhalt dieser Betreuung ist.
3 2008 galten nunmehr 98,6 % der Grundschulen als Ganztagsschulen (KMK 2010, S. 8), wobei 77,3 % aller Grundschulen offene Ganztagsschulen waren (ebenda, S. 4*).
4 Im Übrigen ist in der Praxis nicht feststellbar, dass durch die reine Zuordnung der Grundschule-Hort-Kooperationen zu offenen Ganztagsschulen die Verantwortungsstrukturen geändert wurden. D.h. es gibt keine Hinweise darauf, dass administrativ im Jahr 2002 der Versuch unternommen wurde, die Horte der Schulleitung zu unterstellen. Lediglich wurden im weiteren Verlauf die Kindertageseinrichtungen in Folge der Bildungsdebatte vom Sozialressort in die fachliche Zuständigkeit des Kultusministeriums verlagert.

hungs- und Betreuungsangebot vorhalten" (SMS/SMK 2006, S. 1; Umstellung T. M.). In dem eben zitierten Regierungspapier wird aber zugleich deutlich, dass ein „bedarfsgerecht[er]" und „flächendeckende[r]" Ausbau nicht ausreicht, um die bildungspolitischen Ziele zu erreichen, die man mit einer ganztägig organisierten Schule verbindet. Es wird darauf verwiesen, dass das ganztägige Angebot durch „verstärkte Kooperation" zu vertiefen sei, „um den Kindern eine ganztägige und ganzheitliche Bildung und Erziehung zu ermöglichen" (ebenda). Bemängelt wird, dass Hort und Grundschule in nicht ausreichendem Maß

- „gemeinsame Ziele und Grundprinzipien der Kooperation
- gemeinsame Planungen und entsprechende Verantwortlichkeiten sowie
- über den Unterricht hinausgehende Angebote zur leistungsdifferenzierten Förderung und Forderung bzw. in Abstimmung mit dem Hortangebot unterrichtsergänzende Projekte und Angebote im schulischen Freizeitbereich" (ebenda).

vereinbaren. D.h. es wird angemahnt, dass die gemeinsamen Ressourcen, die bei einer intensiven Kooperation verfügbar wären – so jedenfalls die Annahme –, aufgrund der zu oberflächlichen Zusammenarbeit ungenutzt bleiben und in Folge dessen zu wenige Zusatzangebote veranstaltet werden.

Dieses Defizit sollte vorrangig durch das Förderprogramm „Förderrichtlinie Ganztagsangebote"[5] (FRL GTA) behoben werden. Sie trat 2005 in der ersten Fassung in Kraft und wurde 2007 novelliert (SMK 2005, 2007).[6] Mit diesem Förderinstrument verbindet sich zentral das Bild, dass dieses Angebotsdefizit aufgrund einer ungenügenden Ausstattung mit Personal- und Sachmitteln besteht. D.h. es wird davon ausgegangen und zugleich transportiert, dass dem bildungspolitischen Anspruch nicht allein durch eine verbesserte Zusammenarbeit von Schule und Hort, so durch eine bessere Abstimmung zwischen Lehrerinnen[7] und Erzieherinnen entsprochen werden kann.

Interessant ist es auch, die Veränderungen, die in der Förderrichtlinie zwischen 2005 und 2007 vorgenommen wurden, genauer zu betrachten. Anfangs wurde besonders im Bereich der individuellen Förderung ein Verbesserungsbedarf gesehen. Deswegen ist es den Grundschulen bereits seit Juli

---

5 Voller Wortlaut: „Förderrichtlinie des Sächsischen Staatsministeriums für Kultus zum Ausbau von Ganztagsangeboten".
6 Zum Redaktionsschluss dieses Beitrages gab es zunehmend Hinweise, dass die FRL GTA im Jahr 2010 erneut novelliert wird, wobei hierfür vorrangig die Verknappung der Haushaltmittel und weniger eine inhaltliche Veränderung Anlass sein dürfte.
7 Wenn hier und im weiteren Text von „Erzieherinnen" und „Lehrerinnen" gesprochen wird, so schließt diese Bezeichnung die wenigen Erzieher und Lehrer ein, die erfreulicherweise an den Standorten tätig sind.

2005 möglich, Mittel für die Einrichtung entsprechender Zusatzangebote zu beantragen. Während in dieser ersten Fassung der Förderrichtlinie Zuwendungen für „Unterrichtsergänzende Angebote und Projekte" und „Angebote im schulischen Freizeitbereich" nur „in begründeten Fällen" (SMK 2005, S. 2) bewilligt werden sollten, hat sich die Förderpraxis seit Mai 2007 geändert: Die Einschränkungen wurden gestrichen und die Grundschulen können umfassend Sach- und Personalmittel – d.h. bis zu einer Maximalsumme von 30.000 € – für die Unterbreitung eines umfangreichen ganztägigen Angebots beantragen.

Bei der Gestaltung des Ganztagsangebots in der Primarstufe geht die Landesregierung davon aus, dass „Schule und Hort [...] nur zusammen ein Ganztagsangebot gestalten" (SMS/SMK 2007, S. 4) können, wobei eine „gleichberechtigte Partnerschaft" (SMS/SMK 2006, S. 2) angestrebt wird. In der FRL GTA dokumentiert sich dagegen die Ansicht, dass das Ganztagsangebot unter der Leitung der Schule stehen sollte. Fördervoraussetzung ist zwar grundsätzlich, dass die Grundschule und der Hort ihre Zusammenarbeit schriftlich vereinbaren (vgl. 4.3 der FRL GTA 2007 (SMK 2007)). Antragsteller ist aber zuerst der Schulträger, der dieses Recht aber auch einem Schulförderverein bzw. einem örtlichen Träger der öffentlichen Jugendhilfe oder einem anerkannten freien Träger der Jugendhilfe übertragen kann. Entsprechend eigener Recherchen (Schuljahr 2008/2009) sind in der Praxis jedoch in ca. drei Vierteln der Fälle die Kommunen Träger des Ganztagsangebots an Grundschulen. Freie Träger der Jugendhilfe spielen hier keine Rolle, sodass das restliche Viertel der Anträge von Schulfördervereinen eingereicht wird. D.h. die Organisation, Umsetzung und Abrechnung des (kooperativen) Ganztagsangebots ist primär auf der Seite der Schule angebunden, auch wenn eine Kommune als Antragsteller zugleich Schulträger und als öffentlicher Träger der Jugendhilfe Hortträger sein kann.

In der Umsetzung der Förderrichtlinie zeigte sich, dass das potenziell spannungsreiche Kooperationsfeld Grundschule-Hort durch den Ausbau von zusätzlichen, zumeist schulisch organisierten „Ganztagsangeboten" weitere Brisanz erhielt. Vorsichtig ausgedrückt, wurde bei weitem nicht überall in der Tradition einer guten Zusammenarbeit von Grundschule und Hort gemeinsam ein Ganztagskonzept erstellt, das im Sinne beider Einrichtungen war. Stattdessen wurden mitunter Projekte realisiert, die an den Interessen und Ressourcen des Hortes vorbei organisiert waren (vgl. Markert/Wiere 2008, Markert/Weinhold 2009).

Praxisbefunde: Grundschule und Hort als Akteure des Ganztagsangebots

Aufgrund der eben geschilderten Situation sah die Servicestelle Ganztagsangebote Sachsen – eine Kooperation des Sächsischen Staatsministeriums für Kultus und der Deutschen Kinder- und Jugendstiftung – den Bedarf, die Kooperation zwischen Hort und Grundschule mit Ganztagsangebot genauer untersuchen zu lassen. Entsprechend wurde zunächst 2008 die TU Dresden beauftragt, den Ist-Stand in der Großstadt anhand der Situation in Dresden zu untersuchen (vgl. Markert/Wiere 2008). In einem zweiten Schritt wurde 2009 der gleichen Fragestellung im ländlichen Raum nachgegangen (Markert/Weinhold 2009). Im Verlauf dieser beiden Forschungsprojekte wurden 23 Standorte besucht und Informationen zur Gestaltung des Ganztagsangebots erhoben.[8] Aus diesem reichen Datenfundus wurden für diesen Beitrag zwei Themenbereiche ausgewählt: Erstens soll anhand der Tagesabläufe gezeigt werden, wie verschieden das Ganztagsprogramm gestaltet ist und unter welchen förderlichen, aber auch hemmenden Faktoren die Arbeit stattfindet. Schon in diesen Abläufen wird deutlich, welche Rollenverteilung zwischen Schule und Hort praktiziert wird. Welche Form der Zusammenarbeit dabei vorliegt, wird in einem zweiten Schritt dargelegt.

(Ganz-)Tagesabläufe an Grundschule-Hort-Standorten

Im Folgenden werden die unterschiedlichen Tagesabläufe dreier Grundschule-Hort-Standorte in einer für die Darstellung in diesem Rahmen vereinfachten Form vorgestellt. Komplizierte Konstellationen, bei denen bspw. eine Grundschule mit drei Horten kooperiert, von denen einer auf dem Schulgelände und zwei in anderen Gemeinden ihren Sitz haben, wurden hier bewusst ausgespart. Es bedarf vermutlich keiner weiteren Erläuterung, dass in einem solchen Fall die Konzeption eines Ganztagsangebots ungleich schwieriger ist und kaum alle Horte als (gleichwertige) Kooperationspartner mitwirken können. Zugleich beschreibt dies aber mitunter die Realität, die die Akteure von Schule und Hort im dann vorrangig ländlichen Raum bewältigen müssen.

---

8 Einige Anmerkungen zum methodischen Design: Die Daten wurden vorrangig in Form von ca. einstündigen leitfadengestützten Interviews erhoben, an denen immer Vertreterinnen von Schule und Hort – zumeist von der Leitungsebene – gemeinsam teilnahmen. Die Interviews waren so nicht nur Gespräche zwischen Interviewleitung und interviewten Personen, sondern die befragten Akteure diskutierten im Sinne von Kleinst-Gruppendiskussionen miteinander. Darüber hinaus wurden Dokumente, wie Kooperationsvereinbarungen, Konzeptionen, Tagesabläufe etc. als ergänzende Quellen gesammelt und gesichtet. Zudem kam ein Kurzfragebogen zum Einsatz, mit dem Rahmendaten zum Standort erhoben wurden. Anhand des Materials wurden dann Standortbeschreibungen angefertigt, die den Entwicklungsstand des Ganztagsangebots und die Kooperation zwischen Schule und Hort dokumentierten.

A) Die traditionelle Halbtags-Grundschule mit Nachmittagshort und zusätzlichem Angebotsprogramm

Der Schulvormittag wird an diesem Standort, an dem Hort und Schule in einem Gebäude untergebracht sind, in der traditionellen Form einer Halbtagsschule gestaltet (Abb. 1). Vor Schulbeginn existiert die Möglichkeit, das Kind im Frühhort betreuen zu lassen.

Abb. 1: Tagesablauf traditionelle Halbtags-Grundschule mit GTA und Hort

Zeit	Phase	Erläuterung	Verantwortung
ab 6.00 Uhr	Frühhort	Betreuung der Hortkinder bis zum Unterrichtsbeginn	Hort
7.30 Uhr	Beginn des Schultages	45-minütige Unterrichtsstunden und diverse Pausen unterschiedlicher Länge	Schule
:	:	:	:
12.00 bzw. 13.00 Uhr	Mittagessen		Hort
ab 11.00 bis 17.00 Uhr	Hortbetreuung	Die Hortkinder (= 80 % der Schüler/innen) gehen nach Unterrichtsschluss in den Hort und brechen von dort zu den Ganztagsangeboten auf. Während des Aufenthalts im Hort wird die Erledigung der Hausaufgaben durch die Erzieherinnen betreut.	Hort
An den drei Wochentagen mit Ganztagsangebot:			
ab 12.15 Uhr	Betreuungsangebot	Ca. zehn Hauskinder von außerhalb verbringen die Zeit bis zum Beginn der zusätzlichen Angebote im „Betreuungszimmer".	externe GTA-HK[9]
13.30 bis 15.00 Uhr	ca. 20 AGs	zwei 45-minütige Angebote nacheinander	Erzieherinnen; Externe und Lehrerinnen als GTA-HK

Ebenso übernimmt der Hort die Betreuung der Kinder nach Ende des Unterrichts. Dieses System gilt an zwei Schultagen unverändert. Für weitere drei Schultage pro Woche hat die Schule ein nachmittägliches AG[10]-

---

9 GTA-HK: Honorarkraft, die aus Mitteln der FRL GTA finanziert wird.
10 AG: Arbeitsgemeinschaft

Programm geschaffen, an dem die Kinder freiwillig und kostenlos teilnehmen können. Da dies auch rege angenommen wird, wechseln an diesen Tagen die Kinder ab 13.30 Uhr aus dem Hort wieder in die Schulräume. Entsprechend müssen die Erzieherinnen im Hort individuelle Zeitpläne der Kinder berücksichtigen, was bedeutet, dass sie an diesen Tagen keine gruppenbezogenen Angebote unterbreiten (können). Stattdessen bringen sich die Erzieherinnen als Leiterinnen von insgesamt drei AGs in das Ganztagsangebot ein. Problematisch für den Hort ist es, die Hausaufgabenbetreuung zu realisieren, da diese in den zeitlichen Zwischenräumen zwischen Unterricht und AGs erfolgen muss. Für den Hort kann festgestellt werden, dass mit Einführung des Ganztagsangebots die inhaltlich-pädagogische Arbeit drastisch minimiert und so dessen Arbeit entwertet wurde.

Markant für diesen Standort ist, dass zehn Hauskinder (= weniger als 10 % der Schülerschaft), die an den Ganztagsangeboten teilnehmen wollen, in einem extra „Betreuungszimmer" von Honorarkräften beaufsichtigt werden. Für diese Hauskinder wird also nicht auf die professionelle Betreuung im Hort zurückgegriffen. Auffallend ist zudem, dass das Thema Hausaufgaben in keinem neu geschaffenen Ganztagsangebot aufgegriffen wird, sondern allein Aufgabe des Hortes bzw. der Eltern bleibt.

B) Offenes Ganztagsangebot bei räumlicher Trennung von Schule und Hort
Die besondere Bedingung an diesem Standort ist, dass der Hort sich nicht auf dem Schulgelände befindet, sondern in einigen hundert Metern Entfernung in einem eigenen Gebäude untergebracht ist. Folge davon ist, dass das Ganztagsangebot so gestaltet werden muss, dass keine zusätzlichen Wege zwischen Schule und Hort anfallen, da diese sowohl zeitlich von den Kindern nicht bewältigt wie personell von Hort oder Schule nicht abgesichert werden können (Abb. 2).

Dass die Schule überhaupt ein Ganztagsangebot gestalten kann, gelingt ihr nur durch die Einbindung eines von Ehrenamtlichen abgesicherten Freizeitangebots. Im Rahmen dessen „warten" die Kinder auf den Beginn von Hausaufgabenbetreuung und zusätzlichem Kurs (GTA) am Nachmittag. Die Akteure haben sich also für ein offenes Modell entschieden, bei dem an den drei Tagen mit Ganztagsangebot die Hortkinder „fertig" im Hort ankommen. Das heißt, wenn sie einen Kurs wahrnehmen, werden sie bis zu dessen Start beaufsichtigt und können zudem unter der Leitung von Lehrerinnen ihre Hausaufgaben erledigen. Damit kann der Hort unter der Bedingung, dass an den drei GTA-Tagen viele Kinder später in den Hort kommen, seine bisherige Arbeit fortsetzen.

Abb. 2: Tagesablauf eines offenen Ganztagsangebots bei räumlicher Trennung von Schule und Hort

Zeit	Phase	Erläuterung	Verantwortung
ab 7.00 Uhr	freier Einlass in die Schule	Die Kinder kommen individuell in der Schule an, alle Lehrerinnen sind anwesend.	Schule
7.20 – 8.55 Uhr	1. Stundenblock		Schule
8.55 – 9.20 Uhr	Frühstücks- und Hofpause		Schule
9.20 – 10.55 Uhr	2. Stundenblock		Schule
10.55 – 11.25 Uhr	Mittagspause		Schule
ab 11.20 bis 15.00 Uhr	Freizeitbetreuung	Betreuung der Hort- und Hauskinder, die bereits Unterrichtsschluss haben und zum jeweiligen Zeitpunkt keine Hausaufgabenbetreuung bzw. kein Kursangebot (GTA) nutzen; zudem Betreuung der Wartezeit bis zur Busabfahrt	von der Schule beauftragte Ehrenamtliche
11.20 – 14.20 Uhr	Hausaufgabenbetreuung		Lehrkräfte, Eltern als GTA-HK
11.20 – 14.20 Uhr	an 3 Wochentagen: Kursangebot		Lehrkräfte, Eltern sowie Vereine als GTA-HK
nach Unterrichtsschluss bzw. nach Kursende	Hortbetreuung		Hort

Die Schule selbst ist zwar als Halbtagsschule konzipiert, jedoch nicht gänzlich in der Linie der bisherigen Tradition geblieben. „Blockunterricht" und „freier Einlass" finden sich als Neuerungen am Vormittag. Der Hort agiert dagegen weitgehend in bisheriger Form und bringt sich nicht in das an der Schule als Kurse stattfindende GTA-Programm ein. Jedoch bedauern es beide Partner, dass sie aufgrund der räumlichen Trennung nicht intensiver zusammenarbeiten können.

C) *Das integrierte Ganztagsangebot von Schule und Hort in einer vollgebundenen Ganztagsgrundschule*

Abb. 3: Tagesablauf eines integrierten Ganztagsangebots von Schule und Hort in einer vollgebundenen Ganztagsgrundschule

Zeit	*Phase*	*Erläuterung*	*Verantwortung*
6.00 – 7.00 Uhr	Frühhort		Hort
7.00 – 7.45 Uhr	gleitende Anfangszeit	Alle Schüler kommen an, richten sich ein und können sich selbständig beschäftigen.	Schule
7.45 – 9.20 Uhr	1. Unterrichtsblock	Zwei Unterrichtsstunden bei einem Lehrer; es gibt keine Klingel.	Schule
9.20 – 9.50 Uhr	Frühstückspause	Die Schüler essen etwas (mind. 10 Minuten) und gehen an die frische Luft.	Schule
9.50 – 11.25 Uhr	2. Unterrichtsblock	Unterricht und Angebote im Wechsel von An- und Entspannung	Schule/Hort
11.25 – 12.25 Uhr	Mittagspause	Mittagessen und Hofpause	Hort
12.25 – 13.10 Uhr	Unterrichtsstunde	Unterricht und teilweise Angebote	Schule
13.15 – 14.00 Uhr	Unterrichtsstunde	Klasse 1: Mittagsschlaf Klasse 2: Hausaufgabenzeit Klasse 3 u. 4: Unterricht	Schule/Hort
14.00 – 16.00 Uhr	Hortzeit	Betreuung im Hort, inkl. Hausaufgabebetreuung für die 3. u. 4. Klasse	Hort / Schule
15.15 – 16.00 Uhr	Angebote	pro Tag ein offenes Angebot des Hortes	Hort

An diesem Standort sind Schule und Hort in einem Gebäude untergebracht. Die Kinder sind verpflichtet, täglich bis 14.00 Uhr an den Angeboten teilzunehmen. Ca. 90 % der Kinder besuchen anschließend noch den Hort bis 16.00 Uhr. Über diese verlässliche Betreuung am Morgen und am Nachmittag hinaus ist der Hort auch an anderen Stellen des Tages tätig: Die Erzieherinnen sind zum einen überwiegend die Leiterinnen der Zusatzangebote im zweiten Unterrichtsblock, die den Schultag auflockern. Zum anderen sind die Erzieherinnen für die einstündige Mittagspause verantwortlich. Zugleich ist die Arbeitszeit der Lehrkräfte auf die Zeit nach dem Mittagessen ausgedehnt, da sie sowohl im regulären Unterricht wie in der Hausaufgabenbetreuung tätig sind.

Hort und Schule sind als Partner mit ihrer Zusammenarbeit und dem praktizierten Ablauf sehr zufrieden. Aus Sicht der Schule ist dieses Modell nur durch die Zusammenarbeit mit dem Hort umsetzbar. Neben Schule und Hort rückt hier die Kommune als Akteur in den Vordergrund, da sie ausdrücklich dieses Schulmodell gewünscht und die räumlichen Bedingungen im Schulhaus entsprechend gestaltet hat. Auch die personale Ausstattung des Hortes wurde erhöht.

Die drei Beispiele zeigen, wie verschieden „Ganztagsangebote" als neue Bausteine in den Tagesablauf eingebunden werden. Bei A) finden wir sie als additives Zusatzprogramm. Neue bildende und beaufsichtigende Elemente werden neben den Hort gestellt. Beim zweiten Beispiel (B) finden wir auch ein offenes Ganztagsangebot. Allerdings wählten Hort und Schule eine Struktur, bei der der Hort nicht zum Organisationsdienstleister degradiert wird. Stattdessen konnte sichergestellt werden, dass die Erzieherinnen mit den Kindern zwar zeitlich in geringerem Umfang, dafür aber kontinuierlich arbeiten können. Im Beispiel des Tagesablaufs der gebundenen Schule (C) gestalten Schule und Hort gemeinsam ein Ganztagsprogramm, bei dem die jeweiligen Ressourcen der Partner über den Tag verteilt genutzt werden.

Varianten der Kooperation

Die drei eben gezeigten Modelle lassen erahnen, dass die Rolle des Hortes bei der Konzeption und Umsetzung eines ganztägigen Angebots doch sehr verschieden ist. So existieren Standorte, an denen der Hort von der Schule nach Antragstellung und mit feststehendem Ganztagsprogramm in der Hand davon informiert wurde, dass man nun eine Schule mit gefördertem Ganztagsangebot sei. Andernorts ist der Hort seit Anfang an ein fester und gleichwertiger Partner bei der Konzeptualisierung des Angebots.

Ausschlaggebend für die Qualität der Zusammenarbeit ist, inwiefern Hort und Schule Zeiten zur Absprache und zum Austausch suchen, finden bzw. schaffen. Oder im O-Ton der Akteure: „Ohne dass man miteinander spricht, funktioniert es nicht" (Markert/Wiere 2008, S. 13). Dies gelingt nicht automatisch, da die traditionelle Tagesaufteilung in „Vormittags-Schule" und „Nachmittags-Hort" keine Zeiten ergibt, in denen Lehrerinnen und Erzieherinnen tätig sind, ohne dass sie zugleich mit Kindern arbeiten. Im Alltag nutzen die meisten Erzieherinnen und Lehrerinnen „Tür-und-Angel-Gepräche" zum informellen Austausch. Andere vielfältige Möglichkeiten des formellen Austauschs werden seltener geschaffen und praktiziert: Gemeinsame Dienstberatungen bzw. die wechselseitige Teilnahme daran, gemeinsame Fortbildungen, Kontaktstunden, gemeinsame Lehrerinnen-Erzieherinnen-Zimmer usw. sind nur vereinzelt anzutreffen (ebenda, S. 13ff.). Regelmäßige Treffen von Vertreterinnen beider Einrichtungen sind auf Leitungsebene an der Mehrzahl der Standorte üblich, während dies unter den Mitarbeiterinnen eher die Ausnahme darstellt. Damit ist die Kommunikation oft sehr anlassbezogen und abhängig vom Kommunikationsklima. Markert und Weinhold konnten in ihrer Studie anhand eines Interviewablaufs zeigen, dass diese Kommunikationspraxis wenig geeignet ist, um das praktizierte Ganztagsprogramm kritisch zu reflektieren und Änderungen zu diskutieren (Markert/Weinhold 2009, S. 21). Verbreitet werden dazu Steuergruppen gebildet, in denen das Ganztagsangebot konzipiert, evaluiert und modifiziert wird. An kleinen Standorten wird jedoch von den Akteuren darauf verwiesen, dass solche Strukturen überflüssig seien, da aufgrund der geringen Standort- und Teamgröße ja sowieso das gesamte Schulteam in die Gestaltung der GTA eingebunden sei und sich somit eine Extra-Gruppe erübrigen würde. Daran wird deutlich, dass die Mitarbeiterinnen des Hortes eben nicht als gleichwertige Mitgestalterinnen des Ganztagsprogramms in die Überlegungen eingeschlossen werden.

Die so entstehenden „schulischen Ganztagsangebote" einzig als Auswirkung der Macht der Schule als dem strukturell stärkeren Akteur zu interpretieren, greift zu kurz. Denn in einer derartigen Konstellation spiegelt sich auch das Selbstverständnis des Hortes wieder. Horten wird nicht einzig eine Lückenfüllerfunktion zugeteilt, sondern mancherorts übernehmen die Erzieherinnen diese Tätigkeit auch als Kernaufgabe, weil sie den Hort als eine der Schule nachgeordnete Einrichtung in der Tradition der in der DDR gepflegten Hierarchie und Aufgabenverteilung verstehen. Im Gegensatz dazu finden sich bspw. an den Standorten, an denen der Hort nicht im Schulgebäude bzw. unmittelbaren Umfeld der Schule angesiedelt ist, „starke" Horte, die sich der Umsetzung eines eigenen Bildungsauftrages verpflichtet verstehen und deshalb die Übernahme von Serviceleistungen, die die Schule ihnen überträgt, ablehnen. Statt Lückenfüller, zweite Garnitur oder Organisator zu sein, beanspruchen sie die Rolle des gleichwertigen Mitgestalters.

Fokussiert auf die Frage, inwieweit bei der Gestaltung des ganztägigen Programms Grundschule und Hort als zwei an sich institutionell eigenständige Einrichtungen mit eigenen Erziehungs- und Bildungsaufträgen angetroffen werden, lassen sich die Standorte folgenden drei Kooperationsbildern zuordnen (vgl. Markert/Weinhold 2009, S. 11f.):

Erstens trifft man die „erwachsene Kooperation" an. Hier haben die Akteure von Anbeginn an gemeinschaftlich ein Ganztagskonzept entwickelt, was bis heute mit leichten Modifizierungen Bestand hat. Es ist nur durch die Angebote beider Einrichtungen in dieser Weise umsetzbar. Nur für einzelne, wohl dosierte Zusatzangebote werden Externe hinzugezogen. Insgesamt begegnen sich die Akteure auf Augenhöhe und so als gleichwertige Partner. Dieser Kooperationszustand erscheint im Vergleich zu allen anderen angetroffenen Konstellationen als Ideal der Zusammenarbeit.

Zweitens findet sich das „kritische Ungleichgewicht/die verschobene Balance". Hier dominiert die Schule die Konzeptualisierung der Ganztagsangebote und deren Umsetzung. Der Hort versteht sich jedoch nicht als nachgeordneter Teil der Schule, sondern als emanzipierte Einrichtung der Jugendhilfe mit eigenem Bildungsauftrag. Er hat Bedenken gegenüber den „schulischen Ganztagsangeboten". Er empfindet sich als ausgegrenzt und überfahren, letztlich als in der Defensive. Die Kommunikation zwischen Schule und Hort ist konfliktreich, teilweise auch gestört. Gemeinsame Planungen, die im Sinne beider Einrichtungen umgesetzt werden, scheinen in weiter Ferne zu liegen.

Drittens existieren Standorte, an denen der „Hort als Anhängsel" der Schule agiert. An diesen Standorten übernimmt der Hort die Aufgaben, die die Schule ihm überträgt bzw. quasi „übrig lässt". Hierzu gehört die Organisations-/Dispatcheraufgabe, dass die Kinder rechtzeitig bei den schulisch organisierten Ganztagsangeboten erscheinen bzw. zum Bus gebracht werden. In den Lücken leistet der Hort auch die Beaufsichtigung der Kinder und ist ein „Auffangbecken". Eine institutionelle Eigenständigkeit des Hortes als Jugendhilfeangebot ist nicht wahrnehmbar. Jedoch lässt sich nicht erkennen, dass dies eine Folge des Ganztagsangebots ist. Stattdessen ist die Situation eher Ausdruck einer wesentlich längeren und in der Standortlogik bewährten Praxis. Inwieweit bei solch einer Zusammenarbeit dennoch ein ganzheitliches Bildungsprogramm umgesetzt wird, steht und fällt mit der pädagogischen Kompetenz der Schulleitung und den Aufgaben, die dem Hort zugewiesen werden.

Während also beim „Hort als Anhängsel" und der „erwachsenen Kooperation" die Zusammenarbeit harmonisch wirkt, ist sie beim „kritischen Ungleichgewicht" konfliktbeladen und gestört.

Diese drei Kooperationsbilder stellen Idealtypen dar, denen nur einzelne Standorte tatsächlich zuordenbar sind. Vielmehr lässt sich zwischen diesen drei Polen ein Dreieck spannen, auf dessen Fläche sich die Mehrzahl der Standorte verteilt, da hier die Zusammenarbeit eher eine Mischform der gezeigten Kooperationsverhältnisse darstellt, weil die Akteure sich bspw. gerade aus einer kritischen Ungleichgewichtssituation hin zur „erwachsenen Kooperation" bewegen.

Bilanzierung der bisherigen Entwicklung und Ausblick

Die empirischen Befunde verweisen darauf, dass sich durch das Förderprogramm zum Ausbau von Ganztagsangeboten die Zusammenarbeit von Grundschule und Hort erstens nicht allgemein verbessert und intensiviert hat. Grundsätzlich arbeiten viele Standorte in gewohnter Weise weiter zusammen. Die GTA-Förderung reicht als Anlass nicht aus, damit Hort und Schule eine engere und produktivere Zusammenarbeit praktizieren. Vielmehr ist dies von den Motiven der Akteure, den Erwartungen von Kommune und Eltern, den infrastrukturellen Ausgangsbedingungen etc. geprägt. Dies bedeutet, dass bei guter Zusammenarbeit auch das Ganztagsangebot um beiderseits gewollte Zusatzelemente erweitert wird und sich die Kooperation intensiviert. In solch einer Atmosphäre werden gelungene offene und gebundene ganztägige Angebote erdacht. Arbeiten Schule und Hort dagegen eher getrennt als zwei Akteure, die unterschiedliche Bereiche bedienen, so wird das Ganztagsangebot zumeist im Sinne nachmittäglicher Zusatzangebote „aufgesattelt". D.h. die vorgefundene konzeptionelle Spannbreite reicht von Standorten, an denen Schulen und Horte gemeinsam ein Ganztagsangebot konzipieren und durchführen, bis zu denen, wo einzelne Ganztagsangebote neben Unterricht und Hort additiv hinzu gestellt werden.

Die Befunde weisen zweitens darauf hin, dass ein ganzheitliches Ganztagsangebot von Schule und Hort dann gelingt, wenn die Schule im Hort einen starken, eigenständigen, kompetenten Partner findet, der aufgrund einer anderen pädagogischen Perspektive informelle Bildungsgelegenheiten und Freiräume für selbstbestimmte Kinderzeit einfordert und absichert. Und zugleich muss festgestellt werden, dass die eigene Perspektive und Stärke des Hortes sich nicht einfach mit der strukturellen Zuordnung zur Jugendhilfe einstellt. Vielmehr ist dafür die Professionalität der Fachkräfte entscheidend. Insgesamt verstärkt sich durch die Einbindung der Ganztagsangebote der Anspruch an die Mitarbeiterinnen im Hort, sich des eigenen pädagogischen Konzepts zu vergewissern und sich als professionelle, kompetente und gleichberechtigte Partner für Bildung und Erziehung gegenüber der Schule und den Eltern zu präsentieren.[11]

Drittens bestimmen infrastrukturelle Voraussetzungen das, was Hort und Schule in einem Ganztagsangebot leisten können. Sind Schule und Hort auf einem Grundstück vereint und dabei ausreichend Räume vorhanden, bieten sich gute Chancen für ein kooperatives Ganztagsangebot. Flexible Absprachen, Gruppenteilung inklusive individueller Förderangebote, die gegensei-

---

11 In den bisherigen Ausarbeitungen blieben das pädagogische Selbstbild der einzelnen Schulen und dessen Einfluss auf den Status des Hortes unhinterfragt. Diese Fragen sind neben anderen Gegenstand eines am Ende des Artikels erwähnten weiterführenden Forschungsprojektes.

tige bzw. gemeinsame Nutzung von Räumen und Ausstattung u.v.a.m. sind hier möglich. Ganz anders ist die Situation dort, wo Schule und Hort räumlich getrennt angesiedelt sind oder eine Schule gar mit mehreren Horten zusammenarbeitet. Hier zeigen sich zudem die Grenzen dessen, was mit einem auf die inhaltliche Arbeit ausgerichteten Förderprogramm erreichbar ist.

Es bleibt abzuwarten, wie umfangreich die weitere Entwicklung des ganztägigen Bildungs- und Erziehungsangebots für Grundschulkinder gelingt, obwohl Schule und Hort als getrennte Einrichtungen agieren. Regen gelungene kooperative Ganztagsangebote andere, eher getrennt arbeitende Standorte dazu an, ihr Vorgehen zu überdenken, ihre Zusammenarbeit zu modifizieren, sich also zu bewegen? Oder ist die aus einer Standortlogik heraus entstehende Zufriedenheit mit einer „bewährten Praxis" zu dominant und die Ressourcen bleiben (teilweise) ungenutzt?

Die in den angeführten Punkten deutlich werdende Abhängigkeit der Ganztagspraxis davon, wie von den pädagogischen Akteuren vorhandene Möglichkeiten (von Fördermitteln bis zur Infrastruktur) und bildungspolitische Erwartungen interpretiert und in Konzepte übersetzt werden, erweist sich als ein weitgehend unerschlossenes Forschungsfeld. An welchen Ideen, Gedanken, Leitbildern usw. orientieren sich die pädagogischen Kräfte von Hort und Schule, wenn sie die gegenwärtige Praxis bewerten und die weitere Zusammenarbeit im Ganztagsangebot entwerfen? Wie orientieren sich die Akteure in einem Feld, das – wie anfangs gezeigt – von nur wenig konsistent wirkenden bildungspolitischen Aktivitäten gerahmt ist? Was bewirkt die Situation vor Ort, wenn die Sächsische Staatsregierung es ablehnt, „ein mittelfristiges Konzept für die Gestaltung von Ganztagsangeboten und Ganztagsschulen vor[zu]legen und womöglich hieran Förderbedingungen aus[zu]richten", sondern stattdessen auf die „Eigenverantwortlichkeit und Partnerschaftlichkeit der [...] Akteure" (SMK 2010, S. 4) verweist? Diese weiterführenden Fragen sind Gegenstand des an der TU Dresden angesiedelten und von ESF und dem Freistaat Sachsen geförderten Forschungsprojekts „Das Ganztagsangebot von Grundschule und Hort zwischen Bildungsprogrammatik und akteursgebundenen Entwürfen" (Projektnr. 080949328), das ausgehend von den bisherigen Arbeiten die Entwicklungen an einzelnen Standorten mittelfristig analysiert.[12]

Literatur

KMK (Sekretariat der Kultusministerkonferenz) (2008): Allgemein bildende Schulen in Ganztagsform in den Ländern in der Bundesrepublik Deutschland – Statistik 2002 bis 2006. Verfügbar über: www.kmk.org/fileadmin/pdf/Statistik/GTS_2006.pdf (Zugriff: 26.06.2010).

---

12 Informationen zum Forschungsprojekt verfügbar über: http://tu-dresden.de/die_tu_dresden/fakultaeten/erzw/erzwibf/sp/forschung/ganztagsschule (Zugriff: 29.09.2010).

KMK (Sekretariat der Kultusministerkonferenz) (2010): Allgemein bildende Schulen in Ganztagsform in den Ländern in der Bundesrepublik Deutschland – Statistik 2002 bis 2008. Verfügbar über: http://www.kmk.org/fileadmin/pdf/Statistik/ GTS_2008.pdf (Zugriff: 25.06.2010).

Lange, Jens (2008): Schulkinder in der Kindertagesbetreuung. In: Deutsches Jugendinstitut e.V.: Zahlenspiegel 2007. Kindertagesbetreuung im Spiegel der Statistik. München: DJI. S. 53–72.

Markert, Thomas/Weinhold, Katharina (2009): Ganztagsangebote im ländlichen Raum. Dresden: Servicestelle Ganztagsangebote Sachsen. Verfügbar über: http://tu-dresden.de/Members/thomas.markert/download/Markert_Weinhold_ GS_Hort_laendlicherRaum.pdf (Zugriff: 25.06.2010).

Markert, Thomas/Wiere, Andreas (2008): Baustelle Ganztag. Dresden: Servicestelle Ganztagsangebote Sachsen. Verfügbar über: www.sachsen.ganztaegig-lernen.de/ GetFile.aspx?aliaspath=%2fSachsen%2fLSDokumente%2fBrosch%c3%bcre_ HORT_mail_pdf (Zugriff 25.06.2010).

Schilling, Matthias/Lange, Jens (2009): Expansion der Kindertagesbetreuung nicht nur in Westdeutschland. In: KOMDAT Jugendhilfe, 12. Jg, H. 1, S. 12–14.

SMK (Sächsisches Staatsministerium für Kultus und Sport) (2005): Förderrichtlinie des Sächsischen Staatsministeriums für Kultus zum Ausbau von Ganztagsangeboten. Verfügbar über: www.sachsen-macht-schule.de/recht/fp_gta.pdf (Zugriff: 21.02.2007).

SMK (2007): Förderrichtlinie des Sächsischen Staatsministeriums für Kultus zum Ausbau von Ganztagsangeboten. Verfügbar über: www.revosax.sachsen.de/ GetPDF.do;jsessionid=C3A54EB6C20DF818EF66F8B829745CE6?sid=597331 1012559 (Zugriff: 01.07.2010).

SMK (2010): Antrag der Fraktion der SPD, Drs-Nr.: 5/1765. Thema: Ganztagsangebote an Sachsens Schulen (Antwort des Sächsischen Staatsministeriums für Kultus und Sport an den Ausschuss für Schule und Sport). Verfügbar über: http://edas.landtag.sachsen.de/ (Zugriff: 25.06.2010).

SMS (Sächsisches Staatsministerium für Soziales) (2007): Der Sächsische Bildungsplan. Dresden: SV Saxonia.

SMS/SMK (2006): Erklärung des Sächsischen Staatsministeriums für Soziales und des Sächsischen Staatsministeriums für Kultus zur Kooperation von Grundschule und Hort. Verfügbar über: www.kita-bildungsserver.de/fileadmin/download/ 148 (Zugriff: 26.06.2010).

SMS/SMK (2007): Empfehlungen zur Kooperation von Schule und Hort. Eine Handreichung für Kindertageseinrichtungen und Schulen. Verfügbar über: www.sachsen-macht-schule.de/schule/download/download_smk/Schule-Hort.pdf (Zugriff: 25.06.2010).

TMBWK (Thüringer Ministerium für Bildung, Wissenschaft und Kultur) (2008): Thüringer Schulgesetz. Verfügbar über: www.thueringen.de/de/tmbwk/bildung/ schulwesen/gesetze/schulgesetz/content.html (Zugriff: 28.06.2010).

TMBWK (2010): Thüringer Kindertageseinrichtungsgesetz Verfügbar über: www.thueringen.de/imperia/md/content/tmbwk/kindergarten/rechtsgrundlagen/n eufassung_th__rkitag_04052010.pdf (Zugriff: 28.06.2010).

Stephan Bloße, Sabine Böttcher

Ein „Hoch" auf die Ganztagsschule?
Akteursperspektiven im Vergleich

Mit dem Ausbau von Ganztagsschulen bzw. Ganztagsangeboten an Schulen werden neben einer Verbesserung der Schulleistung vor allem die Umsetzung familienpolitischer Ziele (Stichwort: Vereinbarkeit von Familie und Erwerbsarbeit) und der Abbau herkunftsbedingter Ungleichheiten angestrebt (vgl. Rademacker 2007, S. 4). Die Aufgaben Bildung, Betreuung und Erziehung werden im Rahmen der Ganztagsschule neu gewichtet. Hatte zuvor die Bildungsaufgabe höchste Priorität, so rücken immer stärker die beiden anderen Bereiche in den Vordergrund. Der Gedanke liegt nahe, dass das Leistungsspektrum einer Ganztagsschule, gemäß den bildungspolitisch gesetzten Zielen, stärker als bisher sich den genuin familiären Aufgaben widmen soll. Obwohl eine systematische Aufteilung von Bildungs-, Betreuungs- und Erziehungsaufgaben zwischen Familie und Schule nicht möglich ist, verwischen scheinbar zunehmend die Grenzen familiärer und schulischer Zuständigkeiten. Folge davon sind Abgrenzungs- und Definitionskämpfe, die durch verstärkte Kooperationsbemühungen der einzelnen, an der Gestaltung des Ganztags beteiligten Personengruppen austariert werden (müssen) (vgl. von der Hagen-Demszky 2006, S. 43). Doch wer sind die Akteure des Ganztags und welche Erwartungen haben Sie an die (Ganztags-)Schule?

Ganztägige Schulen zeichnen sich u.a. dadurch aus, dass Unterricht und Angebote nicht allein von den Lehrkräften, sondern in Zusammenarbeit mit dem so genannten „weiteren pädagogisch tätigen Personal"[1] organisiert werden. Neben diesen professionell an der Ausgestaltung des Ganztags beteiligten Akteursgruppen sind die Eltern und natürlich die Schüler als Adressaten aktiv in den Prozess der Schulentwicklung involviert. Lehrer, das weitere pädagogische Personal, Eltern und Schüler unterscheiden sich dahingehend, welchen Bezug sie zur Institution Schule haben und welche Funktion Schule aus ihrer jeweiligen Perspektive hat. Daraus folgt, dass die benannten Gruppen unterschiedliche Erwartungen haben, wie Ganztagsschule gestaltet und organisiert sein bzw. was sie leisten soll. Diese differenten Erwartungen muss man sich wiederum vor Augen halten, wenn analysiert werden will, wie zufrieden die einzelnen Beteiligtengruppen des Ganztags mit der aktuellen sächsischen Praxis sind.

---
1 Zum Begriff s.u. Fußnote 2.

Ganztagsschule: Aufgaben, Rolle und Erwartungen der einzelnen Akteure

Lehrer

(Ganztags-)Schulen sind für Lehrer Orte, an denen sie berufsmäßig Kindern und Jugendlichen Unterricht erteilen. Entsprechend der „Standards für Lehrerbildung", welche von der Kultusministerkonferenz (KMK) 2004 formuliert wurden, sind die Lehrer „Fachleute für das Lehren und Lernen" (KMK 2004, S. 3), wobei gleichwohl die Aufgabe des Unterrichtens eng mit der des Erziehens verbunden sein soll. Weiter obliege es ihnen, zu beurteilen und zu beraten, ihre Kompetenzen ständig weiter zu entwickeln und sich an der Schulentwicklung zu beteiligen (vgl. ebenda). Um diesen Aufgaben nachkommen zu können, müssen Lehrer eine lange Ausbildung an einer Universität oder einer pädagogischen Hochschule durchlaufen, wenngleich die Lehrerbildung zwischen den Ländern und den einzelnen Schularten erheblich variiert. Die Thematik „Ganztagsschule" spielte, wenn überhaupt, erst innerhalb der letzen Jahre eine Rolle in der Ausbildung. Für viele Lehrer war deshalb mit der Aufnahme des ganztägigen Schulbetriebs die Notwendigkeit verbunden, sich einerseits weiterzubilden, andererseits aber auch ihr Selbstverständnis von Schule, ihrer Aufgabe und Rolle als Lehrer – gerade auch im Verhältnis zu den Schülern – zu überdenken und gegebenenfalls neu zu definieren.

Wenn sich auch die grundsätzlichen Aufgaben der Lehrer mit Einführung des Ganztags nicht verändert haben, so rücken einzelne Bereiche stärker in den Fokus. So sind Lehrer mehr als bisher gefordert, sich aktiv an Schulentwicklungsprozessen zu beteiligen und eine lernförderliche Schulkultur sowie ein motivierendes Schulklima zu befördern. Auch wird verstärkt darauf verwiesen, „dass sich die Gestaltung von Bildungs- und Lernprozessen in der Schule nicht auf die Vermittlung von Fachwissen beschränken, sondern immer auch auf die Herausbildung und Stützung bestimmter Verhaltensweisen (wie soziale Kompetenzen) sowie auf Persönlichkeitsstärkung zielen sollte." (Fabel-Lamla u.a. 2008, S. 452).

Sofern sich die Pädagogen an der Gestaltung des Ganztags beteiligen, kommt nun zum Unterrichten hinzu, dass sie selbst ganztägige Lernarrangements anbieten. In Abhängigkeit von der Zusammensetzung des Ganztagsangebots ihrer Einrichtung und der personellen Situation sind sie gefordert, mit externen Kräften – dem weiteren pädagogisch tätigen Personal – zusammen zu arbeiten. Die Bildung und Erziehung der Kinder liegt damit nicht mehr allein in ihrer Hand, sondern muss in Abstimmung mit Personen geleistet werden, die unter Umständen über keinen pädagogischen (Hochschul-)Abschluss verfügen und das System Schule nicht kennen. Weiter erfordert der Ganztag, herkömmliche Zeitstrukturen zu verändern, sich neue Methoden anzueignen, möglicherweise länger in der Schule anwesend zu sein und sich dem schulischen Umfeld zu öffnen. Mit diesen Veränderungen im Aufgaben- und Rollenverständnis verbinden Lehrer unterschiedlichste Erwartungen: So wird einerseits angenommen, dass sich Beziehungsformen zu Schülern neu gestalten können, sich eine veränderte Unterstützungs- und Förderkultur etabliert (vgl. Fabel-Lamla u.a. 2008, S. 466) oder sich auch die Arbeitsbedingungen verbessern (z.b. eigener Schreibtisch für jeden Lehrer). Anderseits sind mit der Aufnahme des ganztägigen Betriebs natürlich auch die verschiedensten Befürchtungen verbunden.

Das weitere pädagogisch tätige Personal

Damit Schulen ganztägig organisiert werden können, muss in der Regel das Personalkontingent erhöht werden. Die Einrichtungen beschreiben dabei, in Abhängigkeit von den Vorgaben der Länder und den Möglichkeiten der Einzelschulen, unterschiedliche Wege. So werden in der Praxis z.B. das Stundendeputat der Lehrer erhöht oder Leistungen externer Partner in Anspruch genommen. Viele Einrichtungen beziehen das so genannte „weitere pädagogisch tätige Personal" (Höhmann/Bergmann/Gebauer 2007, S. 77)[2] in die Durchführung des ganztägigen Betriebs ein. Diese Personengruppe vereint Menschen mit den unterschiedlichsten Qualifikationen und Interessenlagen in Hinblick auf die Zusammenarbeit mit der Schule. Nicht alle Mitglieder dieser Akteursgruppe haben vor Aufnahme ihrer Tätigkeit als Anbieter ganztägiger Lernarrangements bereits Erfahrungen in und mit Schulen gesammelt. Sie stehen vor der Aufgabe, sich in das System (Ganztags-)Schule zu integrieren und gemeinsam mit den Lehrkräften Kinder und Jugendliche zu bilden und zu erziehen. Welche Erwartungen die externen Partner an die Ganztagsschule bzw. ihre Tätigkeit vor Ort haben, ist insbesondere davon abhängig, aus welchen Motiven heraus (und von wem) die Zusammenarbeit initiiert wurde. So kann angenommen werden, dass die außerschulischen Anbieter ganztägiger Angebote aus pädagogischen und politischen (z.B. Verbesserung der Freizeitangebote für junge Menschen, Ausbau der Vernetzung der Kommune) oder organisatorischen Beweg-

---

2 Der Terminus „weiteres pädagogisch tätiges Personal" wird hier im Sinne der Vorgabe des StEG-Konsortiums benutzt: „Als weiteres pädagogisch tätiges Personal werden alle Berufsgruppen bzw. Personen bezeichnet, die Angebote und Aktivitäten im Rahmen des Ganztagsbetriebes von Schulen durchführen und nicht als Lehrer oder Lehrerinnen eingestellt sind." (Höhmann/Bergmann/Gebauer 2007, S. 77). Dabei dürfe jedoch nicht davon ausgegangen werden, dass das weitere pädagogisch tätige Personal nur für die außerunterrichtlichen Angebote zuständig sei – in Einzelfällen unterrichte dieser Personenkreis auch (vgl. ebenda). In der sächsischen Praxis setzt sich die Gruppe aus Einzelpersonen (z.B. Selbstständige, ehrenamtlich Tätige), Mitarbeitern von Vereinen, Institutionen, Einrichtungen und Betrieben als auch engagierten Elternteilen zusammen.

gründen (z.B. finanzielle Erwägungen, Talentsicherung)[3] Kooperationen mit Schulen eingehen.[4]

Wie Eltern der Schule gegenübertreten, welche Erwartungen sie an Schule richten, welche Aufgaben sie ihr zuschreiben, hängt nach einer schwedischen Studie von Bouakaz und Persson (2007) in hohem Maße von ihrem sozialen Kapital im Sinne Bourdieus ab sowie von den eigenen mit Schule gesammelten Erfahrungen[5]:

> „Parents with limited social capital and lack of cultural and economic capital often display a sort of resignation, not because they have stopped loving their children or stopped caring for them, but because they are afraid of getting involved in the wrong way, such that it could cause more harm than good for the child" (Bouakaz/Persson 2007, S. 98).

Weil diese sich selbst keine Kompetenzen und Verantwortlichkeiten zuschreiben, wenn es um die schulische Entwicklung ihres Kindes geht, schenken sie den Lehrern vollstes Vertrauen (vgl. ebenda, S. 99). Analog gilt dieser Zusammenhang auch für Eltern, die ein vergleichsweise hohes soziales Kapital aufweisen. Diese betonen ihre Bedeutung für die kindliche Entwicklung und verharren nicht, wie die erste Gruppe in einer resignativen „wait and see attitude" (Smit u.a. 2007, S. 45). Stattdessen treten diese mit hohen Erwartungen an Schule heran. Ganztagsschulen können aus Sicht dieser Eltern nur dann Zuspruch erhalten, wenn diese der Familienzeit adäquate Bildungsangebote ermöglichen (vgl. Rademacker 2007, S. 5).

Neben diesen individuellen Bestimmungsgründen lässt sich gesellschaftlich bedingt eine Zunahme der Bedeutung von Bildung im Allgemeinen und hohen Bildungsabschlüssen im Speziellen feststellen. Angesichts der Entwicklungen des Arbeitsmarktes und der Zugangsmöglichkeiten zu ökonomischem Kapital mag diese Entwicklung wenig verwundern. Die resultierenden, verständlicherweise gesteigerten Erwartungen der Eltern beziehen sich dabei sowohl auf die eigenen Kinder als auch auf die Schule bzw. die Lehrer (vgl. von der Hagen-Demszky 2006, S. 43).

Allen Eltern gemein sind hingegen ihre an die Schule gerichteten Grundbedürfnisse. Einer Veröffentlichung zum Thema Evaluation sind Bedarfe der Eltern zu entnehmen, die unabhängig von Informationen und Kenntnissen

---

3 Siehe hierzu die Auflistung bei StEG innerhalb des Fragebogens an die Kooperationspartner.
4 Detailliert hierzu s. Bloße/Böttcher/Förster in diesem Band.
5 „Die Einstellung von Eltern zur Schule ist häufig geprägt von eigenen Schulerlebnissen und negativen Erfahrungen mit Lehrerinnen bzw. Lehrern der eigenen Kinder. Sie äußert sich in der Bandbreite von Nichtteilnahme am Schul- und Klassenleben bis zum übersteigerten Aktivismus mit dem Ziel, die eigenen Interessen durchzusetzen. Die Zusammenarbeit mit Eltern erfordert ein hohes Maß an Sensibilität von den betroffenen Lehrerinnen und Lehrern und ist abhängig von deren Persönlichkeit" (Ministerium für Schule und Weiterbildung des Landes Nordrhein-Westfalen o.J., S. 5).

über spezielle schulische Zusammenhänge sind, die jedoch verdeutlichen, in welchem Rahmen der elterliche Blick auf Schule sich bewegt. Die folgenden Fragen sollten Schulen positiv beantworten, damit diese den Zuspruch der Eltern erhalten: „Is my child: enjoying school? – happy? – safe? – successful? – well behaved in learning good behavior? – able to get on with other pupils? – being treated fairly by teachers? – being given the fullest opportunities to learn? – being helped to make the best choices?" (Scottish Office Education Department 1992, S. 4/2).

Ganztagschulen/Schulen mit Ganztagsangeboten können nur dann erfolgreich sein, wenn sie erstens die Grundbedürfnisse und gestiegenen Erwartungen in gleicher Weise aufgreifen wie andere Schulen auch und wenn sie zweitens die individuelle Bedingtheit elterlicher Haltungen berücksichtigen und ihr mit entsprechenden Informationen und Partizipationsangeboten begegnen, die das Zusammenspiel von Familie und Schule tatsächlich im Sinne des Kindes verbessern und sich nicht gegenseitig „ausbremsen".

Schüler

Die Schule als Bildungsinstitution gilt heute als eine wichtige Station im Lebenslauf junger Menschen, häufig wird diese als zweite Sozialisationsinstanz neben der Familie bezeichnet. Nicht alle Kinder und Jugendlichen gehen jedoch gern (und freiwillig) in die Schule und verstehen, dass sie der in Deutschland geltenden Schulpflicht nachkommen müssen. Schule ist für Kinder und Jugendliche in erster Linie ein Ort, an dem Wissen, Fähigkeiten und Fertigkeiten vermittelt werden. Schule soll gleichzeitig auch ein Lebensort sein, an dem soziale Beziehungen aufgebaut, soziale Kompetenzen trainiert und eigenverantwortliches Handeln gefördert werden. Mit Schule verbinden Kinder und Jugendliche aber häufig auch, dass Anforderungen bewältigt werden müssen, sie sich in einen Klassenverband einordnen oder lernen müssen, mit Erfolgen bzw. Misserfolgen umzugehen. Von ihren Eltern und den Lehrern wird die Anforderung an sie gerichtet, an Schule und Unterricht teilzunehmen und die gestellten Aufgaben zu bewältigen.

Die Aufnahme des ganztägigen Schulbetriebs ist auch für die Schüler, in Abhängigkeit vom Alter und der besuchten Schulart, mit den verschiedensten Veränderungen verbunden. Eine Teilnahme am Ganztagsangebot bedeutet für die Schüler häufig, dass sie länger in der Schule sind. Mit der Ausdehnung des Schultages wird vielfach die Gefahr einer Verschulung, Verplanung und Pädagogisierung bisher außerschulischer Lebensräume der Kinder verbunden. Dieses „Mehr an Zeit" bedeutet aber auch, dass Kinder und Jugendliche die Möglichkeit haben, ganztägige Angebote zu besuchen und damit ihr Wissen und ihre Fähigkeiten zu erweitern, ihren Interessen und Neigungen nachzugehen, in ihren Leistungen gefördert zu werden, Spaß zu haben und mit Freunden zusammen zu sein. Je nach Alter der Schüler, Geschlecht sowie familiärer und sozialer Herkunft profitieren diese in unterschiedlicher Art und Weise vom Ganztag (vgl. Hunner-Kreisel 2008, S. 45).

Kinder, so die Ergebnisse des LBS Kinderbarometers NRW (2004) und des Kinderpanels des Deutschen Jugendinstitutes (2005 und 2007), verbinden mit (Ganztags-)Schule den Wunsch, sich in „ihrer" Schule wohlzufühlen, dass Schule spannend ist und Spaß macht (vgl. Hunner-Kreisel 2008, S. 35). Am Nachmittag wollen sie in der Schule sportlich aktiv sein, Zeit zum Ausruhen und Spielen haben, aber auch Projekte und Hausaufgaben bearbeiten sowie über Probleme sprechen (vgl. ebenda). Des Weiteren ist es ihnen wichtig, Unterricht und Angebote mitzugestalten (vgl. ebenda, S. 37).

Bereits diese kurze und bei Weitem nicht umfassende Betrachtung der einzelnen Akteure des Ganztags macht deutlich, wie unterschiedlich ihre Bezüge zu Schule, ihre Rollen und Erwartungen an den Ganztag sind. Ziel der folgenden Ausführungen ist es, auf Grundlage empirischer Daten zweier Forschungsprojekte die subjektiven Zufriedenheitsurteile der verschiedenen Gruppen gegenüber der sächsischen Ganztagsschule zu erfassen, diese zu vergleichen und zu integrieren. Dabei gilt zu beachten, dass die herangezogenen Daten und ihr Informationsgehalt den unterschiedlichen Projektkonzeptionen geschuldet sind.

Im Nachfolgenden sollen nun die Sichtweisen der Lehrer, getrennt nach Schulleitung und Lehrkräften, des weiteren pädagogisch tätigem Personals, der Eltern und der Schüler in einem ersten Teil separat dargestellt werden. Der Schwerpunkt der Ausführungen liegt hierbei auf einem globalen Urteil zum Ganztagsangebot. In einem zweiten Teil werden die vorgestellten Befunde zusammengefasst und der Frage nachgegangen, wie sich die sächsische Ganztagsschule aus Sicht der einzelnen Akteure weiterentwickeln sollte und welche Konflikte bzw. Schwierigkeiten hierbei eine Rolle spielen könnten.

Perspektiven auf den Ganztag: Pädagogische Kräfte

In dem hier vorliegenden Artikel werden die Perspektiven der verschiedenen, am Ganztag beteiligten Gruppen – der Lehrkräfte, des weiteren pädagogisch tätigen Personals, der Schüler und der Eltern – auf Grundlage der sächsischen Daten der ersten, zweiten und dritten Erhebungswelle (2005, 2007, 2009) der „Studie zur Entwicklung von Ganztagsschulen" (StEG-Sachsen) sowie der Daten der „Wissenschaftliche Begleitung und Evaluation der ‚Richtlinie des Sächsischen Staatsministeriums für Kultus zur Förderung des Ausbaus von Ganztagsangeboten' (FRL GTA) im Freistaat Sachsen" (EFRL-GTA) dargestellt.[6]

---

6 S. Projektbeschreibung bei Förster/Markert/Berge in diesem Band.

Schulleitung

Fragt man das Leitungspersonal der Schulen nach dem aktuellen Stand der Realisierung des Ganztagsbetriebs, so bittet man diesen Personenkreis gleichzeitig um die Beschreibung bzw. Bewertung des eigenen Wirkens, denn ein Großteil der Schulleiter sieht sich in der Hauptverantwortung für die Organisation und Umsetzung der schulischen Ganztagsangebote – so zumindest die Ergebnisse der EFRL-GTA.[7]

Als nicht sonderlich erstaunlich ist deshalb das Ergebnis der StEG-Studie zu bewerten, dass die Schulleiter 2009 alles in allem „eher zufrieden" mit der Realisierung des Ganztagsangebots an ihrer Einrichtung sind (vgl. Tab. 1). Zwischen 2005 und 2009 hat sich die generelle Einschätzung des Leitungspersonals leicht verbessert, was als ein Zeichen der positiven Weiterentwicklung der Ganztagsschule insgesamt gesehen werden kann (vgl. Gängler u.a. 2010, S. 70). Die Befunde der EFRL-GTA stützen diesen Trend: Auch hier äußern sich die Schulleiter alles in allem positiv zur Realisierung der Ganztagsangebote, die Zufriedenheitswerte sind zwischen 2006 und 2008 weiter angestiegen.[8] Als entscheidende Faktoren dieser Entwicklung können hier die zunehmende Praxiserfahrung in der Organisation, Koordination und Bedarfsabstimmung ausgemacht werden (vgl. Gängler u.a. 2008a, S. 70f.).

Bei einer genaueren Betrachtung der Ergebnisse der StEG-Sachsen wird deutlich, dass sich die Zufriedenheit der Schulleiter mit der Realisierung der einzelnen Angebote durchaus sehr unterschiedlich darstellt (vgl. Tab. 1).

Besonders positiv äußern sich die Schulleiter zu einem Angebot, welches in der sächsischen Praxis eher eine randständige Bedeutung einnimmt: „Deutschunterricht für Schüler nichtdeutscher Herkunft". Aber auch Lernarrangements aus den Bereichen Sport, Musik/Kunst, Handwerk/Hauswirtschaft, die dagegen von einer großen Schülergruppe genutzt werden, sowie Dauerprojekte und das warme Mittagessen zählen zu den gut funktionierenden Elementen ganztägigen Lernens. Bei diesen Angeboten fällt jedoch auf, dass sie im Vergleich von der ersten zur zweiten Welle besser und in der dritten Welle dann wieder etwas schlechter bewertet wurden. Diese Entwicklungen weisen darauf hin, dass Ganztagsangebote nicht automatisch „einmal gut – immer gut" sind, sondern der kontinuierlichen Weiterentwicklung vor dem Hintergrund der aktuellen Bedingungen bedürfen (vgl. Gängler u.a. 2010, S. 72). Bei der Interpretation der Ergebnisse ist zu beachten, dass ein Großteil der Lehrkräfte (EFRL-GTA 2007: 72,2 %) und in der Regel auch die Schulleitungen bereits vor Aufnahme des ganztägigen

---

[7] Die Ergebnisse gehen auf Interviews mit ausgewählten Schulleitern im Jahr 2008 (n=18) zurück (vgl. Gängler u.a. 2008a, S. 78).
[8] Zufriedenheit mit der bisherigen Realisierung der Angebote: 14 Items zur Bewertung vorgegeben, Antwortskala von 1=gar nicht zufrieden bis 4=sehr zufrieden, MW=3,04.

Tab. 1: Zufriedenheit mit der Realisierung des Ganztagsbetriebes: Angaben der Schulleiter 2005, 2007, 2009 (Panel)

Item	MW* 2005	MW* 2007	MW* 2009
Hausaufgabenhilfe/-betreuung, Lernzeit	2,54	2,69	2,8
Förderunterricht für Schüler mit niedrigen/hohen Fachleistungen	2,77	2,67	2,75
		2,86	3,13
Deutschunterricht für Schüler nichtdeutscher Herkunft	k. A.	3,5	3,5
Muttersprachlicher Unterricht		3	3,33
mathematische Angebote	2,7	2,67	2,85
naturwissenschaftliche Angebote	2,69	2,79	3
Deutsch/Literatur	2,73	2,75	3,1
Fremdsprachen-Angebote	2,85	3,08	3,21
sportliche Angebote	3,29	3,53	3,4
musisch-künstlerische Angebote	3,21	3,47	3,4
Politik/Philosophie/Ethik/Religion	k. A.	2,4	3
handwerkliche/hauswirtschaftliche Angebote	3	3,36	3,07
technische Angebote/neue Medien	3,14	3,36	3,27
Gemeinschaftsaufgaben und Formen der Schülermitbestimmung	2,4	3	2,87
Formen sozialen Lernens	3	3	3
Formen interkulturellen Lernens	2,75	2,86	3
Freizeitangebote in gebundener Form	3	3,11	3
freiwillig zu nutzende Freizeitangebote	2,92	3	3,08
Beaufsichtigung von Schülern in der Freizeit	2,89	2,93	3
warmes Mittagessen	3,27	3,5	3,33
Projekttage	k. A.	3,38	3,07
Projektwochen		3,18	3,17
Dauerprojekte	3,27	3,54	3,15
Schulfest	3,33	k. A.	k. A.
schulinterne Wettbewerbe	3,14	k. A.	k. A.
MW gesamt	2,91	3,06	3,07

* Mittelwert (=MW); Skala: 1=sehr unzufrieden, 2=eher unzufrieden, 3=eher zufrieden, 4=sehr zufrieden.
Quelle: StEG 2009, StEG-Sachsen 2009.

Schulbetriebs langjährige Erfahrungen mit der Durchführung eben dieser oben benannten Lernarrangements gesammelt haben, anfängliche Schwierigkeiten bereits abgebaut und Routinen entwickelt wurden (vgl. Gängler u.a. 2007, S. 34).

Etwas weniger positiv schätzen die Schulleiter die Realisierung von zwei Angeboten – Hausaufgabenhilfe und Förderunterricht – ein, die erst mit Aufnahme des Ganztagsbetriebs an den Schulen eingeführt bzw. als ein Regelangebot organisiert wurden. Der Tab. 1 ist weiter zu entnehmen, dass sich die Durchführung dieser zwei Lernarrangements in der Praxis zwischen 2005 und 2009 nur leicht verbessert hat und somit nach wie vor eine „Baustelle" innerhalb der ganztägigen Angebotspalette der Schulen darstellt.

Lehrer

Knapp die Hälfte der Lehrer, so zeigt es die nachfolgende Tabelle, ist 2009 alles in allem zufrieden mit dem Ganztagsangebot. Weitere 39 % der Pädagogen zeigen sich „teils/teils" zufrieden mit der Praxis an ihrer Schule. Die Ergebnisse verdeutlichen jedoch auch, dass ein nicht unerheblicher Teil der Lehrerschaft weniger „begeistert" ist, wie die Umsetzung des Ganztags bisher erfolgte : 36 % der Befragten sind „eher unzufrieden" und 9 % sogar „sehr unzufrieden". Beim Vergleich der Ergebnisse der beiden Wellen[9] und deren Mittelwerte im Trendverlauf wird deutlich, dass sich die Bewertung der Zufriedenheit mit dem Ganztagsangebot im Verlauf der Zeit kaum verändert hat und die Lehrer im Durchschnitt „teils/teils" zufrieden sind – mit der Tendenz zu „eher zufrieden". Bei einer differenzierten Betrachtung der Ergebnisse fällt weiterhin auf, dass sich nur geringe Unterschiede zwischen Mittelschulen und Gymnasien ergeben – wobei sich die Zufriedenheit der Lehrer mit dem Ganztagsangebot an den Mittelschulen leicht erhöht, während diese an den Gymnasien konstant bleibt. Deutliche Unterschiede in der Bewertung des Ganztags zeichnen sich dagegen sowohl auf der Ebene der Einzelschule als auch auf der Lehrerebene ab (vgl. Gängler u.a. 2010, S. 73).

Für die Lehrer im Panel lässt sich im Mittel eine leichte Zunahme der Zufriedenheit erkennen, was unter Umständen auf die Zusammensetzung des Panels[10] zurückzuführen sein könnte (vgl. Gängler u.a. 2010, S. 73).

Betrachtet man in einem nächsten Schritt die Wertungen der Lehrer zu einzelnen Aspekten des ganztägigen Schulbetriebs, so wird ersichtlich, dass sie

---

9 Die Frage „Alles in allem: Wie zufrieden sind Sie mit dem Ganztagsangebot an dieser Schule?" wurde den Lehrern erstmals 2007 gestellt.
10 So muss darauf hingewiesen werden, dass sich womöglich gerade diejenigen Lehrer, die mit dem Ganztagsangebot unzufrieden sind, nicht an der Befragung beteiligt haben.

im Mittel zu allen drei Erhebungszeitpunkten mit der Organisationsform[11], dem zeitlichen Umfang[12], der Angebotspalette[13] und der Durchführung der Angebote[14] zufrieden sind. Eine Veränderung in der Zufriedenheit lässt sich dabei jedoch kaum beobachten – am ehesten ist eine leicht positive Entwicklung für den Aspekt „Zusammenstellung des Ganztagsangebots" zu erkennen. Auch hier ist jedoch darauf hinzuweisen, dass sich die Bewertungen auf Einzelschulebene stark unterscheiden, was wiederum ein Hinweis darauf ist, dass sich Schulen höchst unterschiedlich entwickeln (vgl. Gängler u.a. 2010, S. 71f.).

Tab. 2: Zufriedenheit der Lehrer mit dem Ganztagsangebot insgesamt 2007, 2009: Angaben der Lehrer (Trend, Panel)

Antwortvorgabe	Trend		Panel	
	2007 (n=337)	2009 (n=344)	2007 (n=166)	2009 (n=166)
sehr unzufrieden	4 %	6 %	6 %	5 %
eher unzufrieden	10 %	10 %	10 %	8 %
teils/teils	43 %	39 %	45 %	39 %
eher zufrieden	34 %	36 %	29 %	39 %
sehr zufrieden	9 %	9 %	10 %	9 %
MW*				
MW insgesamt	3,33	3,33	3,27	3,38

*1=sehr unzufrieden, 2=eher unzufrieden, 3=teils teils; 4=eher zufrieden, 5=sehr zufrieden.
Quelle: StEG 2009, StEG-Sachsen 2009.

Nach Einschätzung der Lehrkräfte[15] haben sich des Weiteren die ganztägigen Angebote der Schulen hinsichtlich der Aspekte Qualität, Vielfalt und Umfang[16] im Betrachtungszeitraum kaum verändert – größere „Entwick-

---

11 MW zum Item „Zufriedenheit mit der Organisationsform des Ganztagsbetriebs an eigenen Schule": 2005: 2,84; 2007: 2,81; 2009: 2,84 (1=nicht zufrieden, 2=wenig zufrieden, 3=zufrieden, 4=sehr zufrieden).
12 MW zum Item „Zufriedenheit mit zeitlichem Umfang des Ganztagsbetriebs": 2005: 2,87, 2007: 2,84; 2009: 2,92 (1=nicht zufrieden, 2=wenig zufrieden, 3=zufrieden, 4=sehr zufrieden).
13 MW zum Item „Zufriedenheit mit Zusammenstellung der an eigenen Schule angebotenen Ganztagselemente": 2005: 2,88; 2007: 2,85; 2009: 2,98 (1=nicht zufrieden, 2=wenig zufrieden, 3=zufrieden, 4=sehr zufrieden).
14 MW zum Item „Zufriedenheit mit Durchführung der an eigenen Schule angebotenen Ganztagselemente": 2005: 2,90; 2007: 2,87; 2009: 2,95 (1=nicht zufrieden, 2=wenig zufrieden, 3=zufrieden, 4=sehr zufrieden).
15 Die Frage wurde in der 2. Welle neu in den Fragebogen aufgenommen.
16 Veränderung des Angebots im Trend in den letzten zwei Jahren hinsichtlich der Qualität (MW 2007: 3,50; 2009: 3,64), hinsichtlich der Vielfalt (MW 2007: 3,59;

lungssprünge" in der sächsischen Praxis sind demnach nicht zu verzeichnen. Das trifft auf das Panel gleichermaßen zu. Darauf hinzuweisen ist auch an dieser Stelle, dass die Einschätzungen der Befragten sowohl auf der individuellen Ebene als auch auf der der Schule sehr stark variieren. So gibt es Einrichtungen, an denen die Lehrkräfte sehr deutliche Veränderungen beobachtet haben und andere Standorte, wo nach Einschätzung der Befragten Qualität, Vielfalt und Umfang der Angebote konstant geblieben sind – was aber nicht gleichbedeutend mit der Tatsache ist, dass sich das Ganztagsangebot auf einem qualitativ niedrigen Niveau befindet (vgl. Gängler u.a. 2010, S. 74).

Soll die ganztägige Organisation der Schule in den nächsten Jahren verbessert werden, muss aus Sicht der Lehrkräfte im Zentrum stehen, eine „bessere finanzielle Ausstattung" (Zustimmung: 72 %) des Ganztags zu erreichen, die „Möglichkeiten zum Team-Teaching" (Zustimmung: 62 %) zu verbessern und die Eltern noch stärker als bisher am Ganztag zu beteiligen (Zustimmung: 60 %). Die Befunde der EFRL-GTA zeigen in Bezug auf den Wunsch der Lehrkräfte nach mehr Elternmitwirkung (2009: 63 % Zustimmung), dass es vor allem die Mittelschullehrer sind, die dies für wichtig erachten. Den geringsten Wunsch nach mehr Elternbeteiligung äußern hingegen die Lehrkräfte der Förderschule, möglicherweise bedingt durch die oftmals eher schwierige Elternklientel und die bereits vorhandene enge Zusammenarbeit von Lehrern und Eltern an einigen Schulen dieser Schulart (vgl. Gängler u.a. 2009, S. 51–55).

Etwa die Hälfte der Lehrkräfte sind weiterhin der Meinung, dass es für die Weiterentwicklung des Ganztags perspektivisch von Bedeutung wäre, die „Kooperation mit allen Beteiligten" zu verbessern, „spezielle Fortbildungen zum Ganztag" anzubieten, für jeden Lehrer „einen eigenen Arbeitsplatz" an der Schule einzurichten und die räumlichen Bedingungen an den Einrichtungen insgesamt zu verbessern (vgl. Gängler u.a. 2010, S. 76).

Weiteres pädagogisch tätiges Personal

Das weitere pädagogisch tätige Personal stellt laut der Befunde von StEG-Sachsen der Ganztagsschule 2009 ein recht positives Zeugnis aus. 67 % der Befragten sind mit dem Angebot der jeweiligen Einrichtung „eher" bzw. „sehr zufrieden"; „eher unzufrieden" und „sehr unzufrieden" äußern sich 13 % der Untersuchungsgruppe. Über die Jahre hat sich dieser Befund nicht wesentlich verändert. Diese relativ hohen Zufriedenheitswerte dieser Akteursgruppe zeigen sich auch bei der Betrachtung der Werte für einzelne Aspekte des Ganztags: So äußert sich die Mehrzahl der Befragten 2009 sehr positiv (Zusammenfassung der Antworten „eher zufrieden" und „sehr zu-

---

2009: 3,70) und hinsichtlich des Umfangs (MW 2007: 3,50; 2009: 3,59) (Skalierung: 1=stark verschlechtert, 2=etwas verschlechtert, 3=gleich geblieben, 4=etwas verbessert, 5=stark verbessert).

frieden") zur Organisationsform (83,3 %), dem zeitlichen Umfang des Ganztagsbetriebs (87,3 %), der Angebotspalette (85,4 %) und der Durchführung der Angebote (88,9 %). Im Vergleich mit den Angaben der Lehrer zu dieser Frage wird ersichtlich, dass das weitere pädagogische Personal deutlich zufriedener ist mit der Umsetzung des Ganztags als die Lehrkräfte. Möglicherweise hängt dieser Befund damit zusammen, dass die Mitarbeiter des weiteren pädagogischen Personals Schule aus einer anderen Perspektive wahrnehmen: Sie sind in der Regel nicht als Lehrer bzw. häufig auch nicht pädagogisch ausgebildet, agieren in einer anderen Rolle und sind nur selten den ganzen Tag an der Schule.

Perspektiven auf den Ganztag: Eltern

Zufriedenheit mit der Schule und dem Ganztagsbetrieb

Die Zufriedenheit der Eltern mit der Schule im Allgemeinen stellt eine erste grobe Einschätzung dar, die stellvertretend für die Gesamtbewertung zahlreicher Aspekte steht. Die allgemeine Zufriedenheit beinhaltet sowohl Bewertungen der Schulorganisation, der Schulstruktur, der Professionellen, der Räumlichkeiten u.Ä. als auch Bewertungen, die (un-)erfüllte elterliche Erwartungen widerspiegeln sowie durch Rückmeldungen und Erlebensberichte des eigenen Kindes zustande gekommen sind.

Insgesamt gaben die Eltern an, im Allgemeinen mit der Schule ihres Kindes „eher zufrieden" zu sein. Beide Forschungsprojekte ermittelten ihren aktuellen Ergebnissen zufolge mehr als 90 % zufriedene Eltern. In Abhängigkeit von der Schulart verzeichnen die Grundschulen einen deutlich höheren Anteil zufriedener Eltern als die Gymnasien und Mittelschulen. Tendenziell am unzufriedensten sind die Eltern der Mittelschulen, möglicherweise auch zum Teil bedingt durch die gesellschaftliche Abwertung dieser Schulart sowie durch die Anhäufung so genannter Problemschüler.[17] Keine Abhängigkeit der elterlichen Zufriedenheitsangaben konnte demgegenüber von der Teilnahme des Kindes an Ganztagsangeboten festgestellt werden (vgl. Gängler u.a. 2008b, S. 36). Allerdings ließen sich im Rahmen der sächsischen Panel-Daten der StEG-Studie Tendenzen aufzeigen, die darauf deuten, dass der Einstieg in das Ganztagsangebot die Eltern eher zufriedener als unzufriedener mit der Schule im Allgemeinen macht. Bei den Eltern hingegen, deren Kinder kontinuierlich am Ganztagsangebot teilnahmen, verringerte sich im Zeitverlauf die allgemeine Schulzufriedenheit.

Auch mit dem Ganztagsbetrieb sind die befragten Eltern der StEG-Studie 2007 geringfügig zufriedener als noch 2005. Die Mehrheit der Eltern gab

---

17 Studien zufolge verzeichnen Gymnasien eine höhere Elternzufriedenheit, da mit ihnen gegenüber Mittelschulen bzw. Real-/Hauptschulen ein höheres Lern- und Wissensniveau sowie ein besserer Ruf verbunden ist (vgl. von Rosenbladt/Thebis 2003, S. 28f.).

sowohl 2005 als auch 2007 an, mit dem Ganztagsbetrieb insgesamt „eher zufrieden" zu sein. Insbesondere die gestiegene Zufriedenheit der Eltern mit der räumlichen und materiellen Ausstattung begründet diese Entwicklung, nicht jedoch inhaltliche und konzeptionelle Veränderungen. Ergänzt werden können diese Befunde durch die Angaben der Eltern der zweiten Befragung der EFRL-GTA (2008). Die Eltern wurden danach gefragt, inwieweit sie mit dem Angebot bzw. der Vielfalt und der Qualität der GTA[18] zufrieden sind. Trotz hoher Zufriedenheit der Eltern insgesamt mit beiden Aspekten (ca. 90 % „eher" bzw. „sehr zufriedene" Eltern) ließen sich im Zuge der Analyse von Detailergebnissen zum einen große Unterschiede zwischen den Schulen und zum anderen Diskrepanzen in der Bewertung der Quantität und der Qualität der GTA an einzelnen Schulen feststellen.

Nicht unerheblich für die Zufriedenheit der Eltern ist neben den tatsächlichen Gegebenheiten der Schule und den Rückmeldungen des Kindes das Ausmaß an der subjektiv wahrgenommenen Informiertheit der Eltern über die Ganztagsangebote, das Schulprogramm u.Ä. Eltern, die angaben, gut über schulische Zusammenhänge informiert zu sein, äußerten sich tendenziell zufriedener über Schule im Allgemeinen und über Ganztagsangebote im Speziellen– vermutlich deshalb, weil diese vor dem Hintergrund umfassender Informationen ihre Erwartungen den schulspezifischen Möglichkeiten anpassen und dadurch Enttäuschungen vorbeugen können (vgl. Gängler u.a. 2008b, S. 41).

Wie bereits bei der Bewertung der globalen Zufriedenheit mit der Schule sind es erneut Eltern der Schüler, die neu am Ganztagsbetrieb teilnehmen, die sich zufriedener mit dem Ganztagsbetrieb zeigen. Betrachtet man die Angaben der Eltern zu den verschiedenen Aspekten des Ganztagsbetriebs, die an drei Befragungen der StEG teilgenommen haben, dann lässt sich im Gegensatz zur überwiegenden Zufriedenheitszunahme ein Rückgang der Zufriedenheit hinsichtlich der ganztägigen Organisation und der Tagesgestaltung verzeichnen. Der deutlichste Rückgang bezieht sich dabei auf die Zufriedenheit mit den Lernfördermaßnahmen. Mögliche Gründe dafür auf Seiten der Eltern sind vermutlich gestiegene und/oder veränderte Erwartungen, eine kritischere Beurteilung von Schule sowie eine Gewöhnung an ehemals „Neues". Geringfügig zugenommen hat demgegenüber die Zufriedenheit dieser Eltern mit der inhaltlichen und zeitlichen Ausgestaltung von Bewegungs- und Spielpausen (vgl. Gängler u.a. 2010, S. 67).

Einschätzungen – Erwartungsabgleich

Hinsichtlich der Frage nach der Erfüllung zentraler Erwartungen an die Durchführung von Ganztagsangeboten gaben die Eltern im Rahmen der EFRL-GTA bezogen auf alle abgefragten Aspekte an, dass sich ihre Erwar-

---

18 GTA: Ganztagsangebote.

tungen im Sprachduktus des Fragebogens „eher erfüllt" haben[19]. Am meisten erfüllt sehen 2008 die Eltern ihre Erwartungen bezogen auf eine verlässliche Betreuung (93 %)[20] und eine sinnvolle Freizeitbeschäftigung (90 %). Ca. 80 % der Befragten äußerten sich vor dem Hintergrund ihrer Erwartungen zufrieden mit der Förderung sozialer Kompetenzen, der Verbesserung des sozialen Miteinanders, der stärkeren Berücksichtigung der Schülerinteressen, des Erwerbs von Schlüsselqualifikationen und der Möglichkeit der Teilnahme an exklusiven Angeboten. Etwas weniger als 75 % der befragten Eltern gab an, dass ihre Erwartungen in Bezug auf eine bessere Förderung von Begabungen, eine Steigerung der Unterrichtsqualität, eine offenere Schule und eine vollständige schulinterne Hausaufgabenerledigung erfüllt wurden. Die wenigsten Eltern (ca. zwei Drittel) hingegen stimmten zu, dass sich entsprechend ihren Erwartungen an eine Schule mit GTA der Tages- und Lernrhythmus entspannt hat bzw. eine Verbesserung der Schulleistungen seit Einführung der GTA an der Schule zu beobachten ist.

Im Vergleich zur ersten Elternbefragung 2007 der EFRL-GTA ließen sich 2008 die folgenden geringfügigen Tendenzen feststellen: Einerseits wurden eine höhere Unzufriedenheit mit der Hausaufgabenerledigung sowie dem Aspekt der Verbesserung der Schulleistungen registriert. Andererseits sahen mehr Eltern als noch 2007 ihre Erwartungen hinsichtlich der Förderung sozialer Kompetenzen, des Erwerbs von Schlüsselqualifikationen sowie in Bezug auf eine intensivere Zusammenarbeit der Schule mit anderen Einrichtungen erfüllt. Trotz dieser Veränderungen kann insgesamt betrachtet formuliert werden, dass die Eltern hinsichtlich ihrer Erwartungen 2008 zufriedener gestellt wurden als noch 2007. Vor dem Hintergrund der dargestellten Tendenzen kann allerdings diskutiert werden, inwieweit sächsische Schulen mit ihrem individuell gestalteten, auf Freiwilligkeit basierenden Ganztag und mit den aktuellen Rahmenbedingungen auch zukünftig dazu in der Lage sein werden, die Erwartungen in gleicher Weise zu erfüllen oder aber auch Erwartungen hinsichtlich Leistungssteigerungen durch GTA bzw. durch die Hausaufgabenerledigung innerhalb der Schule annähernd genauso gut befriedigen zu können wie die Erwartungen bezüglich einer verlässlichen Betreuung und sinnvollen Freizeitgestaltung.

Tab. 3 stellt die Unterschiede der Schularten dar und verweist damit zum einen darauf, inwieweit die Erwartungen der Grund- und Mittelschuleltern sowie der Eltern der Gymnasien an den Projektschulen der EFRL-GTA er-

---

19 Nachdem die Eltern ihre Erwartungen an eine Schule mit GTA angeben sollten, wurden jene, die bestimmten Erwartungen zustimmten, gebeten, anzugeben, inwieweit sich diese Erwartungen aus heutiger Sicht erfüllt haben. Die abgefragten Erwartungen entsprechen denen, die in der Tab. 3 schulartspezifisch dargestellt sind. Die entsprechende Skala dazu ist: 1=überhaupt nicht erfüllt, 2=eher nicht erfüllt, 3=eher erfüllt, 4=voll erfüllt.
20 Die Prozentangaben bezeichnen die Summe der Antworten je Item „voll erfüllt" und „eher erfüllt".

füllt werden konnten. Zum anderen wird aber auch sichtbar, in welchen Bereichen schulartspezifisch Reserven vorhanden sind: Grundschulen (GS) konnten ihre Eltern 2008 deutlich zufriedener stellen als Mittelschulen (MS) und Gymnasien (Gym). Tendenziell enttäuscht wurden vor allem die Eltern der Grund- und Mittelschulen, die sich Verbesserungen der Schulleistungen erhofft hatten. An den Gymnasien blieben die Erwartungen der Eltern eher unerfüllt, die sich einen stärker rhythmisierten und damit entspannteren Schultag für ihre Kinder wünschten. Bei einem ersten Vergleich beider Erhebungen wird außerdem deutlich, dass Grundschulen und Gymnasien gegenüber Mittelschulen die Erwartungen 2008 tendenziell besser erfüllen konnten.

Tab. 3: Erfüllte Erwartungen 2008 (Angaben der MW)*

Erwartungen	GS	MS	Gym
Alle Hausaufgaben werden in der Schule erledigt.	3,09	2,77	2,17
Die Kinder werden nach der Schule verlässlich betreut.	3,76	3,37	3,17
Auf die Interessen der Kinder wird besser eingegangen.	3,22	2,87	2,87
Die Begabungen der Kinder werden besser gefördert.	2,94	2,71	2,91
Die Kinder haben eine sinnvolle Freizeitbeschäftigung.	3,51	3,25	3,19
Die Schulleistungen verbessern sich.	2,88	2,56	2,75
Die sozialen Kompetenzen werden gefördert (z.B. Umgang mit Konflikten, Verantwortung für die Gemeinschaft u.Ä.).	3,26	2,99	2,92
Die Kinder erwerben Schlüsselqualifikationen (z.B. Planen, Problemlösen, Teamfähigkeit).	3,10	2,89	2,91
Es werden Angebote gemacht, die sonst nicht möglich wären.	3,37	3,10	2,95
Das soziale Miteinander der Kinder verbessert sich.	3,21	3,01	2,90
Der Tages- und Lernrhythmus in der Schule entspannt sich. Es gibt dadurch weniger Stress.	3,12	2,59	2,44
Die Qualität des Unterrichts verbessert sich.	3,02	2,66	2,60
Die Schule öffnet sich und arbeitet stärker mit anderen Einrichtungen zusammen (z.B. Jugendhilfe, Vereine)	3,07	2,92	2,77

* Skala: 1=überhaupt nicht erfüllt, 2=eher nicht erfüllt, 3=eher erfüllt, 4=voll erfüllt.
Quelle: Elternbefragungen 2007 und 2008 (EFRL-GTA).

Perspektiven auf den Ganztag: Schüler

Schulfreude

Einen ersten Eindruck, wie wohl sich Schüler in der Schule fühlen, liefert die Beantwortung der Frage, wie gerne diese in die Schule gehen (s. Abb. 1).

Abb. 1: Wie gern gehst Du in die Schule? – Ergebnisse 2007 und 2008 (in %)

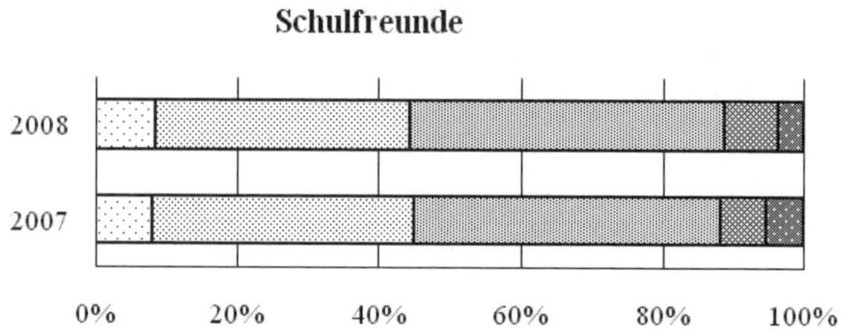

Schulfreunde

	2007	2008
□ sehr gern	7,9	8,2
▨ gern	37,1	36,1
▨ geht so	43,1	44,4
▨ nicht so gern	6,5	7,6
▨ gar nicht gern	5,4	3,6

Quelle: Schülerbefragungen 2007 und 2008 (EFRL-GTA).

Die Ergebnisse der EFRL-GTA ergaben für die zweite Befragungswelle (2008), dass 44,3 % der befragten Schüler „gern" in die Schule gehen („sehr gern" = 8,2 % und „gern" = 36,1 %). Weitere 44,4 % haben sich für die mittlere Antwortvorgabe „geht so" entschieden. Nur ca. jeder zehnte Schüler gab an, „nicht so gern" (7,6 %) bzw. „gar nicht gern" (3,6 %) in die Schule zu gehen. Im Vergleich zum Vorjahr ergaben sich dabei keine bedeutsamen Unterschiede (vgl. Abb. 1).

Untersucht man den Einfluss der Variablen Alter, Schulart, Organisationsform der GTA, Einzelschule sowie Ganztagsteilnahme auf die Schulfreude, sind einige Unterschiede feststellbar. Erwartungsgemäß konnte beobachtet werden, dass die Schulfreude mit zunehmendem Alter sinkt. Jüngere Schüler zeigen deutlich mehr Begeisterungsfähigkeit und Freude an Schule als ältere Schüler, die zum einen bereits über schulische Erfahrungen und zum anderen über vielfältige außerschulische Interessen verfügen. Innerhalb der Analyse der Sekundarstufe I konnte außerdem herausgearbeitet werden, dass generell Schüler der Mittelschulen weniger Motivation, in die Schule zu gehen, angaben als die Schüler der Gymnasien (MW MS=3,12 vs. MW Gym=3,43)[21]. Vergleichsweise homogen fällt hingegen die Einschätzung der Schüler unterschiedlich organisierter Schulen mit GTA (offene vs. gebundene Ganztagsschule) aus. Des Weiteren wurde beim Vergleich der untersuchten Einzelschulen deutlich, dass fast alle Schulen, die in den vergangenen Jahren durch Bundesfördermittel modernisiert und saniert wurden, einen größeren Anteil von Schülern haben, die gern in die Schule gehen. Angenehme Räumlichkeiten und Außenanlagen, die nicht nur Funktionsräume bzw. -flächen beinhalten, sind Voraussetzung dafür, sich in der Schule (länger) aufhalten zu wollen.

Wenn zusätzlich die Schüler in die Gestaltung und Planung einbezogen werden, kann angenommen werden, dass sich dies positiv auf das Wohlbefinden und somit auf die Schulfreude auswirkt. Die folgenden Originalzitate von Schülern, die Antworten auf die Frage „Was würdest Du an Deiner Schule ändern wollen?" sind, illustrieren nochmals den hohen Stellenwert räumlicher Bedingungen für Schüler:

„Ich würde gerne mehr Farbe in den Klassenzimmern haben. Im Essenraum mehr pepp." +++ „Ich würde viele dinge für die Pause bauen wie: Kletterwand, Volleyballfeld... ." +++ „Ordentliche Bänke auf dem Schulhof, mehr Bänke, saubere Klassenzimmer." +++ „Mehr Pflanzen, mehr Farbe an den Wänden, schönere Einrichtung, schönerer Sportplatz, bessere Umkleidekabinen in Sport (weils meistens stinkt)." +++ „Das aussehen ist schrecklich man könnte alles viel stylischer machen". +++ „Die Schule soll einen kröseren Spielplatz, Fußbalplaz und mer Bäume und Sträucher haben. Ich will auch länger mit meinen Freunden spilen." (Schülerbefragung 2008 EFRL-GTA)[22]

Dass die Schulfreude durch die Teilnahme am Ganztagsangebot pauschal positiv oder negativ beeinflusst wird, kann zum jetzigen Zeitpunkt nicht bestätigt werden. Vergleicht man die einzelnen Schulen miteinander, so lassen sich vereinzelt sowohl geringe positive als auch geringe negative Einflüsse der Ganztagsteilnahme auf die Schulfreude feststellen. Die spezifische Gestaltung der Angebote, die pädagogische Leitung, die Räumlichkeiten, die Tagesstruktur, die Mitbestimmungsmöglichkeiten u.Ä. könnten in diesem Rahmen einen solchen Zusammenhang moderieren. Es ist aber nicht nur die Summe solcher schulischer Qualitätsindikatoren, die den Grad der Schulfreude beeinflusst. Ebenso herangezogen werden müssen Bedingungen des außerschulischen Umfeldes, altersspezifische Aspekte sowie individuelle Dispositionen.

---

21 Skala: 1=gar nicht gern, 2=eher nicht gern, 3=geht so, 4=eher gern, 5=sehr gern.
22 Befragt wurden die Schüler aller sechsten und siebenten Klassen.

Bewertung der Ganztagsangebote/des Ganztags

Den Ergebnissen der zweiten Befragungswelle 2008 der EFRL-GTA zufolge nahmen 78,8 % der Schüler mindestens ein Angebot im Schuljahr wahr. Die Teilnahmequote variiert dabei in Abhängigkeit von der Schulart, der Klassenstufe und hinsichtlich der Organisationsform. Um die Perspektive der Schüler beschreiben zu können, ist es wichtig, deren Bewertungen, Meinungen und Motivationen hinsichtlich der bereits besuchten Ganztagsangebote zu erheben.

Im Rahmen der Schülerbefragungen der EFRL-GTA wurden die Schüler auch gebeten, ihre Ganztagsangebote anhand von Schulnoten zu bewerten. Im Durchschnitt vergaben die Schüler 2008 den Angeboten die Schulnote 1 bis 2 (MW=1,81). Ein reichliches Viertel der Schüler hat ihr(e) Ganztagsangebot(e) sogar mit einer 1,0 bewertet. Nur ca. vier Prozent der Befragten vergaben den Angeboten im Durchschnitt das Prädikat „ausreichend".[23] Nach Schularten differenziert lässt sich festhalten, dass die Angebote der Grundschulen mit einer Durchschnittsnote von 1,46 deutlich besser bewertet wurden als die Angebote von Mittelschulen (MW=2,11) und Gymnasien (MW=1,81). Die größte Bewertungsvarianz innerhalb der Schulart wiesen 2008 die Mittelschulen auf.

Pauschal die Schulart für die unterschiedlichen Bewertungen verantwortlich zu machen und somit zu schlussfolgern, dass Schulen der Sekundarstufe I unattraktivere und damit „schlechtere" Angebote organisieren, greift an dieser Stelle deutlich zu kurz. Während vergleichsweise sehr motivierte Grundschüler leichter für „Neues" zu begeistern sind, werden weiterführende Schulen von Seiten der Schüler mit Motivationsdefiziten für Schule allgemein und Ganztagsangeboten im Speziellen konfrontiert. Hinzu kommen die altersbedingte Interessenvielfalt und gestiegene Ansprüche der über 13-jährigen Schüler. Angebote müssen daher besonders und exklusiv sein, damit dauerhaft Schüler dafür gewonnen werden können. Je älter die Schüler, desto schwieriger lassen sich zudem die Interessen auf nur wenige Angebote reduzieren.

Die hohe Zufriedenheit der Schüler mit den Ganztagsangeboten geht aktuell einher mit dem Wunsch nach weiteren interessanten Angeboten. Den Ergebnissen der Schülerbefragung 2008 (EFRL-GTA) nach wünschen sich ca. zwei Drittel der Schüler noch weitere zusätzliche Angebote, die ihren Interessen entsprechen. Die befragten Mittelschüler haben dabei tendenziell häufiger diesen Wunsch geäußert als die Schüler anderer Schularten. Dieser Befund bestätigt die generelle Attraktivität ganztägiger Angebote für Schüler.

---

23 StEG-Sachsen (2007) ermittelte in diesem Zusammenhang ein ähnlich positives Ergebnis: 91,9 % der befragten Schüler stimmten der Aussage „Die Angebote machen mir Spaß" zu (vgl. Gängler u.a. 2010, S. 64).

Die häufigsten Beweggründe für Schüler Ganztagsangebote zu besuchen, entsprechend den Ergebnissen der EFRL-GTA, sind: Zusätzliches/Neues/ den Unterricht Ergänzendes mittels GTA lernen und bei den GTA auch ihren Hobbys nachgehen zu können. Weitere Motive der Schüler sind die Unterstützung bei der Hausaufgabenerledigung im Rahmen der Hausaufgabenbetreuung, das Zusammensein mit Freunden und für Grundschüler die Motivation, durch Ganztagsangebote am Nachmittag betreut werden zu können.

Wendet man den Blick einmal von den überwiegend positiven Ergebnissen der Schulen insgesamt auf die Einzelschulebene, so ließen sich neben den positiven Einschätzungen der Schüler in diesem Rahmen auch Schülermeinungen an einzelnen Schulen finden, die auf Schwierigkeiten mit dem ganztägigen Schulalltag hinweisen. An drei von neun Sekundarschulen stimmten mindestens 43 % der Schüler der Aussage zu, dass der Schultag durch die Ganztagsangebote für sie anstrengender geworden ist.[24]

Gründe dafür können ein Überangebot oder eine zeitlich schlechte Integration der Angebote in den Schultag sein. Insbesondere additive Nachmittagsangebote im direkten Anschluss an den Unterricht, die mit hoher Konzentration und Aufmerksamkeit für die Schüler verbunden sind (z.B. Förderangebote für Leistungsschwache), bergen die Gefahr zusätzlicher Anstrengung. Kommen noch strukturelle Faktoren, wie ein zeitlich rigider Schülertransport an Schulen im ländlichen Raum, der einer spürbaren Entzerrung des Schultages im Wege steht, hinzu, wird möglicherweise zukünftig mit Akzeptanzverlusten von Seiten der Schüler und Eltern zu rechnen sein. Im Hinblick auf die Umsetzung eines rhythmisierten Schultags muss diesen Schulen zurück gemeldet werden, dass ein solcher zumindest aus Sicht der Schüler vermutlich nicht installiert werden konnte. Allerdings bedeutet auch nicht jedes „Mehr" an Anstrengung zwangsläufig ein „Zuviel" an Anstrengung. Die Ergebnisse zeigen jedoch auf, dass die Gestaltung/Rhythmisierung des Schultages an einigen Schulen geprüft und kritisch hinterfragt werden muss.

Dem häufig propagierten Anspruch, der Besuch von Ganztagsangeboten führe zu Leistungssteigerungen, muss, der Mehrheitsmeinung der befragten Schüler beider Studien folgend, widersprochen werden.[25] Detailergebnisse

---

24 Der Grund- und Förderschulfragebogen enthielt nicht das Item „Durch die GTA ist der Schultag für mich anstrengender geworden". Drei Sekundarschulen mussten aufgrund der geringen Schülerbeteiligung bei der Befragung von der Analyse ausgeschlossen werden. Dennoch deutet sich bei zwei dieser Schulen an, dass auch dort ein hoher Prozentsatz an Schülern vorhanden ist, der dieser Aussage zustimmt.

25 EFRL-GTA: Die Schüler sollten angeben, inwieweit sie der Aussage „Seit ich die Ganztagsangebote besuche, bin ich in der Schule besser geworden." zustimmen. Dabei konnten die Schüler aus vier Antwortmöglichkeiten („stimme zu", „stimme eher zu", „stimme eher nicht zu" und „stimme nicht zu") wählen. StEG-Sachsen: Der An-

zeigen indes, dass Schüler bestimmter Schulen deutlich häufiger Leistungsverbesserungen durch Ganztagsangebote bei sich selbst zu registrieren angaben. Beispielhaft sind drei der untersuchten Schulen. Zwei Drittel der Schüler einer Grundschule, knapp die Hälfte aller Schüler einer Mittelschule sowie eines Gymnasiums führen Leistungsverbesserung auf Ganztagsangebote zurück. An dieser Stelle werden erneut die Heterogenität der Schulen und Schwerpunkte innerhalb der Ganztagskonzeptionen deutlich.

Mittagessen – Schulspeisung

Zum Ganztag gehört eine ausgewogene Mittagsversorgung, die von Schülern an Ganztagsschulen wahrgenommen werden kann.[26] Im Folgenden werden Befunde dargestellt, die sich auf die Teilnahme der Sekundarschüler am Mittagessen beziehen (siehe Abb. 2).

Abb. 2: Regelmäßige Teilnahme an der Schulspeisung (nach GTA-Teilnahme)

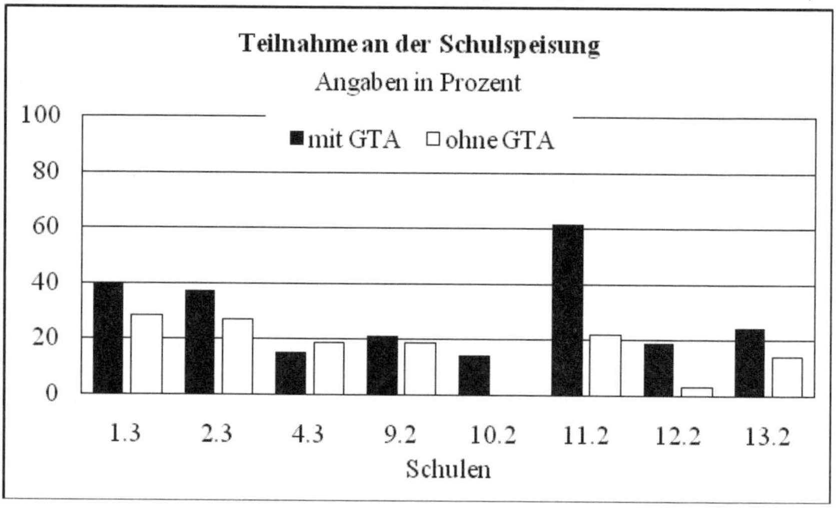

Quelle: Schülerbefragung 2008 (EFRL-GTA).

Ist die Schulspeisung an Grund- und Förderschulen meist verpflichtend, so wird diese, den Ergebnissen der EFRL-GTA folgend, an weiterführenden Schulen im Gesamtdurchschnitt von gerade einmal knapp einem Drittel der Schüler genutzt. Neben der großen Einzelschulvarianz wird anhand der Abb. 2 auch deutlich, dass vor allem die Gruppe der Schüler, die Schulspeisung nutzt, – wenn auch in sehr unterschiedlichem Umfang – an den Ganztagsangeboten teilnimmt. Nichtsdestotrotz müssen auch diese Schüleranteile an Schüler, die das schulische Mittagessen einnehmen – mit Ausnahme

---

teil derjenigen Schüler ist zurückgegangen, der die Ganztagsangebote insgesamt als Unterstützung zur Notenverbesserung empfindet (2005: 48,8 %/2007: 39,6 %).

26 Vgl. KMK 2009, S. 4; vgl. Lehmann 2007, S. 15.

von Schule 11.2 – als sehr gering bezeichnet werden. StEG-Sachsen kommt in diesem Zusammenhang zu einem ähnlich niedrigen Ergebnis: Nicht einmal die Hälfte aller Ganztagsschüler der untersuchten Schulen (44 %) nahm 2007 am Mittagessen teil, wobei sich die Quote von der fünften zur siebenten/neunten Klassenstufe von ca. 60 % auf ca. 30 % halbierte (vgl. Gängler/Böttcher/Markert 2008, S. 83).

Die reine Möglichkeit am Schulessen teilnehmen zu können, führt den Ergebnissen (EFRL-GTA) zufolge kaum zu einer tatsächlichen Nutzung. Interessant ist in diesem Zusammenhang die Tatsache, dass die befragten Schulleiter laut StEG-Sachsen im Gegensatz zu den Schülern angaben, mit der Realisierung des warmen Mittagessens deutlich zufriedener zu sein. Zu überlegen ist an dieser Stelle, woran die Schulleiter ihre relativ hohe Zufriedenheit binden, denn die Idee, dass die Schüler in der Mitte des Tages eine Pause im Sinne einer gemeinsamen Einnahme einer Mahlzeit einlegen, sich dabei unterhalten, sich erholen und zudem etwas Gesundes essen, erreicht nicht einmal die Hälfte der Ganztagsschüler.

Die Schüler, die nicht an der Schulspeisung teilnehmen, gaben an, dass sie sich stattdessen überwiegend von Mitgebrachtem ernähren. Bedenklich sind vor allem folgende Befunde: Ca. ein Drittel aller Schüler vermerkte, eigentlich fast immer in der Schule mittags nichts zu sich zu nehmen – weder Mitgebrachtes, Gekauftes noch Schulessen. Fast die Hälfte derer, die nicht in der Schule essen, gab zudem an, das Mittagessen in der Regel erst zu Hause nachzuholen. Von allen weiteren Schülern kann angenommen werden, dass diese erst nach der Schule, frühestens auf dem Weg nach Hause etwas essen. Ernährungsphysiologisch muss eine „Mittagsmahlzeit", die erst nach dem Ganztag stattfindet, kritisch bewertet werden. Insbesondere bei additiven Angeboten, wie es bei der Mehrheit sächsischer Schulen der Fall ist, könnte sich eine nach hinten verschobene Nahrungsaufnahme negativ auf die Aufmerksamkeit, Motivation und Konzentration der Schüler auswirken.

Verschiedene Gründe und Ursachen für die geringe Nutzung der Schulspeisung ließen sich im Rahmen beider Projekte herausstellen. Als einen ersten Grund äußerten die Schüler Geschmacksaspekte. Im Rahmen der zweiten Schülerbefragung der EFRL-GTA (2008) gaben insgesamt 42,1 % der Schüler, die nicht (mehr) am Essen teilnehmen, an, dass ihnen das Schulessen nicht schmeckt. Je nachdem welche Schüler welcher Schule befragt wurden, variiert diese Auffassung von 17,6 bis ca. 80 %. Einen ähnlichen Befund liefert StEG-Sachsen: 2007 gab nur noch die Hälfte der befragten Schüler an, dass ihnen das Essen „meistens gut" schmeckt. 2005 waren es hingegen noch fast drei Viertel der Schüler, die vom Geschmack des Mittagessens der Schule meistens überzeugt waren. Diese Zunahme an Kritikern korrespondiert dabei zugleich mit dem Rückgang der Teilnahmequoten (vgl. Gängler/Böttcher/

Markert 2008, S. 83).[27] Des Weiteren, so Detailergebnisse von StEG-Sachsen, konnte beobachtet werden, dass nicht ausschließlich an den Schulen mit einer vergleichsweise hohen Anzahl an Schülern, die am Schulessen teilnehmen, auch der Geschmack des Essens besonders gut bewertet wurde. Geschmacksurteil und Teilnahme stehen somit nicht zwingend in einem engen Zusammenhang. Es deutet sich vielmehr an, dass weitere Faktoren wie Wohlfühlen in der Mensa, Struktur des Tagesablaufes, Pausenlänge, konkurrierendes Imbissangebot in bzw. in unmittelbarer Nähe der Schule u.Ä. eine wichtige Rolle spielen (vgl. ebenda).

Neben diesen Faktoren wurde auch von Seiten der Schüler altersabhängig in unterschiedlichem Maße Gründen zugestimmt, die sich auf gruppendynamische Prozesse beziehen. Beim Vergleich der einzelnen Klassenstufen im Rahmen der Schülerbefragungen der EFRL-GTA zeigen die Ergebnisse, dass vor allem Ganztagsschüler höherer Klassenstufen angaben, aufgrund ihrer Peergroup („Weil meine Freunde auch nicht hingehen") häufiger nicht am Essen teilzunehmen. Darüber hinaus konnten auch sozio-ökonomische Faktoren als Gründe für eine Nicht-Teilnahme am Schulessen heraus gearbeitet werden. Nach den Befunden von StEG-Sachsen gilt: Je höher der Status der Eltern, desto wahrscheinlicher auch eine Essensteilnahme des Kindes.

Die Angaben der Schüler insgesamt deuten auf eine verminderte Attraktivität und Schülerfreundlichkeit der Mittagsversorgung. Die Ansprüche, die an eine Mittagspause mit ausgewogenem Mittagessen ernährungsphysiologisch und soziokulturell im Zuge ganztägiger Bildung und Betreuung gerichtet sind, können zurzeit von vielen sächsischen Schulen kaum erfüllt werden.

Zusammenfassung

Betrachtet man die hier vorgestellten Befunde zur Einschätzung der am Ganztag beteiligten Akteure, wird deutlich, dass der sächsischen Ganztagsschule insgesamt ein gutes Zeugnis ausgestellt wird. Schüler, Eltern, Lehrer, Schulleiter und das weitere pädagogische Personal sind im Großen und Ganzen zufrieden, wie die Praxis im Jahr 2009 verläuft.

Die genauere Analyse der Einschätzungen offenbart jedoch, dass zwischen den einzelnen Akteursgruppen Differenzen bestehen – was darauf hindeutet, dass das „Projekt Ganztagsschule" nicht als abgeschlossen betrachtet werden kann. Aus welchen Gründen sich die Akteure zum Teil recht unterschiedlich positionieren und welche Folgen dies für die Weiterentwicklung der schulischen Praxis haben könnte, soll ausgehend von der zusammenfassenden und vergleichenden Darstellung der Ergebnisse anschließend diskutiert werden.

---

27 StEG 2007: Von den Schülern, die 2005 das Mittagessen nutzten, aber dessen Geschmack negativ beurteilten, bleiben 2007 nur noch ca. ein Drittel der Schulspeisung treu.

Wie einleitend dargestellt, sind die einzelnen Akteursgruppen in unterschiedlicher Art und Weise an der Organisation und Durchführung des Ganztags beteiligt. Entsprechend ihrer Aufgabe, ihrer Einbindung, ihrer Rolle und nicht zuletzt auch ihrer beruflichen Qualifikation und Erfahrung, schauen sie aus ganz unterschiedlichen Blickwinkeln auf Schule. Ähnlich wie ihre Erwartung an den Ganztag differiert auch ihre Zufriedenheit mit der aktuellen schulischen Praxis. So überrascht es wenig, dass die Leitungskräfte der Schule die Entwicklung im Bereich des Ganztags relativ positiv einschätzen: Sie sind in der Mehrheit eher zufrieden damit, wie sich die Praxis 2009 gestaltet. Zu begründen ist dieser hohe Zufriedenheitswert damit, dass die Leitungspersonen ihr eigenes Handeln bewerten. Sie sind die Repräsentanten ihrer Einrichtung. Weiter muss bedacht werden, dass die Schulleiter in der Regel an der Planung und Organisation der Ganztagsangebote beteiligt sind bzw. diese verantworten und eher selten selbst als Anbieter eines Lernarrangements fungieren. Sie bewerten das, was an Schule passiert, aus ihrer spezifischen Position und haben möglicherweise eher das „Große Ganze" im Blick als einzelne Aspekte. Deutlich kritischer dagegen schätzen die Lehrer die aktuelle Entwicklung der Ganztagsschule ein: Nur knapp die Hälfte der Pädagogen ist 2009 alles in allem zufrieden mit dem Verlauf der Praxis.

Diejenigen, die nicht zum System Schule gehören und von außen kommen, um ein Lernangebot zu unterbreiten, sind – so die Ergebnisse – zu rund 70 % zumindest „eher zufrieden" mit dem Ganztag. Dieser sehr positive Befund kann einerseits als sehr erfreulich interpretiert werden: Zeigt dieser doch auf, dass sich die externen Kräfte in der Schule und bei ihrer Tätigkeit wohl fühlen und die Rahmenbedingungen als geeignet einschätzen, um ihr Angebot zu unterbreiten. Auf der anderen Seite muss bedacht werden, dass die Gruppe derjenigen, die an der StEG-Studie teilgenommen haben, eher klein ist. Möglicherweise haben sich gerade Personen aus der Gruppe des weiteren pädagogischen Personals an den Befragungen beteiligt, die der Ganztagsschule insgesamt und den aktuellen Entwicklungen positiv gegenüberstehen. Weiter anzuführen ist, dass die befragten externen Kräfte in der Mehrzahl der Fälle ein additives Angebot erbringen und sich als Dienstleister für die Schule verstehen. Sie sind in der Regel nicht in die schulische Organisation einbezogen und agieren in einer anderen Rolle als die Lehrkräfte. Auch weil sie selten den ganzen Tag in der Schule verbleiben, haben sie möglicherweise weniger Einblick und einen deutlich weniger kritischen Blick auf die Organisation Schule als die Lehrkräfte, deren Kerngeschäft das Unterrichten ist.

Trotz der mitunter enormen Unterschiede zwischen den einzelnen Schulen kann festgehalten werden, dass sowohl die Eltern als auch die Schüler im Großen und Ganzen mit den Ganztagsangeboten zufrieden sind. Nicht nur die elterlichen Erwartungen sind mehrheitlich zum jetzigen Zeitpunkt als erfüllt zu betrachten, sondern auch die Präferenz der Eltern, ihr Kind auch zukünftig an einer Schule mit GTA anmelden zu wollen, ist stabil geblieben bzw. zum Vorjahr sogar noch leicht angestiegen. 2007 wünschten 89,8 % aller Eltern eine solche Schule für ihr Kind, 2008 waren es sogar 91,2 % (vgl. Gängler u.a. 2008b, S. 75). Aus Sicht der Eltern ermöglicht die Ganztagsschule vor allem eine sinnvolle Freizeitgestaltung und eine verlässliche Betreuung am Nachmittag. Aber insbesondere die Verwirklichung der Ziele, die eng mit der Ganztagsprogrammatik auf Landes- und Bundesebene in Verbindung gebracht werden und in den Diskurs eingegangen sind – Rhythmisierung, Verbesserung der Unterrichtsqualität sowie die Verbesserung von Schulleistungen –, wurden von den Eltern vergleichsweise weniger registriert. Entwicklungstrends zeigten aber auch auf, dass Eltern zunehmend unzufriedener mit der Hausaufgabenerledigung sowie mit erwarteten Leistungsverbesserungen im Rahmen des Ganztags waren. Darüber hinaus sank ebenfalls die Zufriedenheit der Eltern mit den Lernfördermaßnahmen und der Tagesgestaltung. Wichtig hervorzuheben ist eine weitere Tatsache: Eltern von ganztagserfahrenen Schülern reagierten den Befunden zu Folge zunehmend weniger euphorisch und äußerten sich kritischer als ihre Vergleichsgruppe. Damit verweisen diese auf mögliche Entwicklungsfelder und qualitative Defizite.

Die befragten Schüler äußerten ebenfalls hohe Akzeptanzwerte in Bezug auf den Ganztag. Neben räumlichen, infrastrukturellen und organisatorischen Bedingungen beeinflussen entscheidend einzelspezifische Ganztagskonzeptionen sowie die inhaltliche Ausrichtung der Angebote die Einschätzungen der Ganztagsangebote im Allgemeinen und die Schülerbewertungen zu den wahrgenommenen Wirkungen des Ganztagsbetriebs im Speziellen. Durchweg bedeutenden Einfluss auf die Bewertung und Einschätzung der Aspekte des Ganztags hat, den Befunden folgend, vor allem das Alter der Schüler. Altersspezifische Angebote, die Zusätzliches, zum Unterricht Ergänzendes vermitteln und an den Interessen und Hobbys der Schüler anknüpfen, befördern die Teilnahmebereitschaft sowie die Motivation der Schüler für die Ganztagsangebote. Der bereits dargestellte mehrheitliche Wunsch der Schüler nach weiteren interessanten Angeboten sowie die positive Benotung der vorhandenen Angebote bestätigen zum jetzigen Zeitpunkt das positive Bild der Schüler auf eine Schule mit GTA und verweisen dabei sogar auf die Perspektive eines „Noch-Mehrs". Analog den Eltern meldeten allerdings auch die Ganztagsschüler 2009 zurück, dass sie aktuell nicht die Meinung vertreten, dass die Teilnahme an Ganztagsangeboten Leistungssteigerungen befördere. Im Gegensatz zu den Eltern konnte allerdings kein positiver Einfluss der Teilnahme am Ganztag auf die Schulfreude festgestellt werden. D.h. jene Schüler, die nicht an Ganztagsangeboten teilnehmen, besuchen annähernd gleich gern die Schule wie jene, die an Ganztagsangeboten teilnehmen.

Perspektiven für die Weiterentwicklung der schulischen Praxis

Die hohe Zufriedenheit der Eltern lässt sich damit begründen, dass ihre Erwartungen sowie die eingangs formulierten Grundbedürfnisse, insbesondere die nach Betreuung und sinnvoller Freizeitgestaltung, in hohem Maße befriedigt und abgesichert werden. Die sächsische Schule kann mithilfe von landesspezifischen Förderprogrammen sowie durch Maßnahmen des Bundes den Schülern und Eltern Zusätzliches bieten; sie kann sich nach außen hin vielseitig und besonders aktuell profilieren. Manchen Schulen gelang es dadurch, Schülerzahlen zu sichern und damit den Schulstandort zu erhalten. Eine Schule, die über den Unterricht hinaus freiwillige und attraktive Angebote bietet, die den Schülern Freude bereiten und zur Verbesserung der Schulleistungen beitragen sollen, lässt sich verständlicherweise aus Sicht der Eltern nur begrüßen. Es wird mehr an einem Ort unter (meist) pädagogischer Leitung und Aufsicht geboten, ohne dass dafür zusätzliche Kosten für die Eltern anfallen. Aufgrund des Prinzips der Freiwilligkeit und der überwiegenden bis zu maximal einer Stunde andauernden Nachmittagsangebote führte dies, so unsere Annahme, nur selten zu einer Beschränkung der Familienzeit. Wie Eltern reagieren würden, wenn gravierendere Veränderungen durchgesetzt worden wären, kann anhand der vorliegenden Ergebnisse nicht geklärt werden. Es ist aber zu erwarten, dass größere Veränderungen stärker – als die vorliegenden Ergebnisse es zeigen – polarisiert hätten.

Die Befürchtungen von Kritikern, dass die Schule auf den ganzen Tag ausgeweitet wird und dadurch Kindheit und Jugend verschult werden mit spürbaren Einschränkungen und Übergriffen in die Privatheit der Familie, sind in Sachsen vermutlich nicht oder nur selten eingetreten. Nicht ohne Grund bestätigten die Eltern bisher ihre hohe Akzeptanz. Die Ergebnisse zeigen aber auch, dass elterliche Erwartungen, die über Betreuung und Freizeit hinausgehen, weniger erfüllt worden sind. Kritische Stimmen vor allem in Bezug auf die Qualität, Gestaltung u.Ä. der Hausaufgabenbetreuung/Hausaufgabenerledigung und der Lernfördermaßnahmen ließen sich vor allem bei den Eltern feststellen, deren Kinder bereits seit mehreren Jahren an Ganztagsangeboten teilnehmen. Dies könnte zum einen Folge einer anfangs überschwänglichen Begeisterung für den Ganztag, die im Laufe der Jahre realistischer geworden ist, sein. In diesem Zusammenhang ist es wichtig, Eltern über Ziele und Inhalte der einzelschulischen Konzeption aufzuklären und mit ihnen im Gespräch zu bleiben, damit Erwartungen nicht über die Möglichkeiten der jeweiligen Schule hinausgehen. Zum anderen lassen sich daraus möglicherweise Entwicklungsbedarfe für Schule in der Gestaltung des Ganztags aufzeigen. Leistungssteigerungen infolge gezielter Lernfördermaßnahmen sind gegenüber der vergleichsweise schnellen Umsetzbarkeit von Betreuungs- und Freizeitangeboten langfristiger anzulegen, bis eventuelle Wirkungen auch von den Eltern registriert werden können. Da jedoch auch die Schüler weniger Leistungssteigerungen durch den Ganztag befördert sehen, muss gefragt werden, inwieweit die Gestaltung und weiterführend die Qualifikation der Anbieter solcher Angebote für ein solches längerfristiges Ziel ausreichen. Auch die Schulleiterergebnisse verdeutlichen in den Daten zur Zufriedenheit Reserven in Bezug auf die Lernfördermaßnahmen einerseits und die Hausaufgabenbetreuung andererseits.

Die Eltern werden einer Fortführung der Schule mit GTA in naher Zukunft bei gleichem Einsatz in hohem Maße zustimmen, vor allem dann, wenn das Maß an freier Familienzeit und die Kostenneutralität wie bisher erhalten bleiben. Inwieweit sich die elterlichen Prioritäten und Erwartungen bezüglich des Nutzens und der Wirkungen einer Schule mit GTA zukünftig verändern, lässt sich aktuell nicht ausmachen. Die Erwartungen sind individuell verschieden und eng an die Bedürfnisse der Eltern bzw. des Schülers gekoppelt und variieren altersabhängig, zum Teil auch sozio-ökonomisch. Sicher ist allerdings, dass durch die flächendeckende Einführung von Schulen mit GTA/Ganztagsschulen vermutlich die Idee einer Ganztagsschule, die sich gänzlich von der traditionellen Halbtagsschule unterscheidet, für die Eltern in Sachsen an Kontur verliert und dadurch aus Sicht der Eltern zunehmend zu einer Schule mit Freizeitbetreuung degradiert werden könnte.

Aus Sicht der Lehrer besteht der Wunsch an vielen Schulen, Eltern stärker in die Gestaltung des Ganztags einbeziehen zu wollen. Doch inwieweit lässt sich eine mehrheitlich zufriedene Elternklientel zukünftig stärker einbeziehen, wenn der Ganztag bisher auch fast ohne diese realisiert werden konnte? Wenn die Familienzeit vermutlich nur geringfügig durch den Ganztag eingeschränkt wird, besteht möglicherweise auch kaum die Notwendigkeit dazu, Aspekte zu verändern und umzusetzen. Bedacht werden muss in diesem Zusammenhang jedoch, inwieweit die Eltern auch Selbstwirksamkeit gegenüber Schule empfinden und sich somit überhaupt als ernstzunehmende Koakteure von Schule verstehen.

Die Anliegen der Lehrer zeigen nicht nur in Bezug auf die Eltern den Wunsch nach mehr Unterstützung. Finanzielle Möglichkeiten, personelle Unterstützung im Unterricht durch eine weitere Lehrperson, kompetente Kooperationspartner und Fortbildungen markieren Wünsche, die die Umsetzung des Ganztags erleichtern sollen. Es deuten sich somit Kritikpunkte auf der Durchführungsebene im Gegensatz zur Leitungsebene (Schulleitung) an, die zeigen, dass Lehrer, die in die Gestaltung der Ganztagsangebote involviert sind, mit den vorhandenen Ressourcen und Rahmenbedingungen nur mit Einschränkungen zufrieden sind. Zwischen Schulleitung und Lehrern müssen gerade im Rahmen des Ganztags Kommunikationswege erschlossen bzw. ausgebaut werden, um Diskrepanzen in der Wahrnehmung bzw. Einschätzung vorhandener Ressourcen und Gestaltungsmöglichkeiten zwischen den Ebenen abzubauen. Dieser Austausch begünstigt

Schulentwicklung im Allgemeinen und eine für alle Seiten optimale Umsetzung der Ganztagskonzeption und Bewältigung damit verbundener Probleme im Speziellen.

Im Zuge der Ganztagsschuldebatte wurde und wird immer wieder diskutiert, inwieweit Lehrer zusätzlich zu ihrem Stundendeputat Angebote organisieren und durchführen können oder sollten. Regelungen wie Honorarverträge oder das „Pädagogische Plus"[28] bieten und boten in Sachsen gute Möglichkeiten, die Organisation von Ganztagsangeboten abzusichern. Die Frage, die sich aufdrängt, ist, inwieweit Lehrer grundsätzlich gemäß ihrer Profession in der Lage sein sollten, kompetent etwa freizeitpädagogische Angebote und Angebote im Bereich spezifischer Fördermaßnahmen durchzuführen oder beispielsweise Methoden der Elternpartizipation zu beherrschen. Diese Kompetenzdiskussion führt zwangsläufig dazu, die Inhalte der Lehrerbildung neu zu überdenken und gegebenenfalls durch ganztagsspezifische Themenschwerpunkte anzureichern. Zuvor ist in naher Zukunft allerdings die Frage zu klären, ob es einen „Ganztagslehrer" neben einem „allgemeinen Lehrer" geben soll oder ob die Lehrerprofession durch oben genannte Kompetenzen erweitert werden muss.

Alternativ oder auch ergänzend dazu wird empfohlen, mit außerschulischen Partnern zu kooperieren, die andere Kompetenzen und Fähigkeiten in Schule hineinbringen und dadurch die Lern- und Erfahrungsmöglichkeiten für Schüler auszubauen helfen. Doch auch dieses weitere pädagogische Personal würde von Lehrern erweiterte Kooperations- und Reflexionskompetenzen einfordern. Allerdings, wie bereits bei Bloße/Böttcher/Förster im vorliegenden Band dargestellt, besteht unter den aktuellen zufriedenstellenden Bedingungen aus Sicht der externen Partner kein Anlass, enger als bisher mit Schulen zusammenzuarbeiten.

Die Sicht der Schüler auf den Ganztag und die Motivation zur Teilnahme und Mitgestaltung wird auch zukünftig in hohem Maße von der Einzelschule abhängen. Erwartungen der Schüler zu den Effekten einer Teilnahme am Ganztag sowie Alternativen zu den schulischen Angeboten im Umfeld der Schule werden vor Ort eine entscheidende Rolle spielen. Im Allgemeinen scheinen die Schüler zufrieden mit ihrer jeweiligen Schule unabhängig von einer Ganztagsteilnahme zu sein. Besonderen Einfluss haben dabei die räumlichen Bedingungen. Die Zufriedenheit der Schulleiter mit der Organisation des Mittagessens steht den Teilnehmerzahlen der Schüler und den Schülerbewertungen entgegen. Die räumliche Attraktivität eines Essensraumes und die Rahmenbedingungen sind stärker als bisher zu berücksichtigen, damit eine gemeinschaftliche Essenskultur entsteht, die die Konzentra-

---

28 „Die sich aus der Abkoppelung der Lehrerstellen von der Schülerzahlentwicklung ergebenden Ressourcen (sog. Pädagogisches Plus) sind von den Regionalstellen – neben der Absicherung der Unterrichtsversorgung – zur weiteren Verbesserung des außer- unterrichtlichen Angebotskatalogs zu nutzen" (Schneider 2009, S. 7).

tion für einen längeren Schultag zu sichern und damit auch einen schulischen Ganztag konditionell durchzustehen hilft. Der Wunsch nach weiteren interessanten Angeboten zeigt jedoch auch, dass möglicherweise das Interesse an den aktuellen und etablierten Angeboten schwindet und diese den Schülerbedürfnissen, vor allem denen von älteren Schülern, zukünftig nicht mehr gerecht werden könnten. Geklärt werden sollte daher von jeder einzelnen Schule, inwieweit Altersbezüge im Konzept bereits enthalten sind (Sind die aktuellen Angebote nur für jüngere Schüler von Interesse?) und wie man den Bedürfnissen unterschiedlicher Altersgruppen gerecht werden kann bzw. will. Diskurse mit Schülern sind dafür unerlässlich.

Die von den Akteuren wahrgenommenen Effekte der ganztägigen Bildung fallen, trotz der hohen allgemeinen Zufriedenheit aller Beteiligten, vergleichsweise gering aus. Die Vermutung drängt sich auf, dass sich zumindest der sächsische Ganztag aufgrund seiner offenen Gestaltung nicht entscheidend von der ehemaligen Halbtagsschule – abgesehen von zusätzlicher Betreuung und Freizeitangeboten – unterscheidet. Die wahrgenommene Zufriedenheit aber könnte in diesem Zusammenhang auf einen Status quo hindeuten, der möglicherweise dem kleinsten gemeinsamen Nenner entspricht bzw. auf eine Kräftebalance hindeutet, die alle Akteure zum jetzigen Zeitpunkt zu tragen in der Lage sind.

Literatur

Bouakaz, Laid/Persson, Sven (2007): What hinders and what motivates parents' engagement in school? In: International Journal about Parents in Education, Vol. 1, No. 0, S. 97–107.

Fabel-Lamla, Melanie/Heinzel, Friederike/Klomfaß, Sabine: Arbeitsfeld Schule. In: Hannelore Faulstich-Wieland/Peter Faulstich (Hrsg.): Erziehungswissenschaft. Ein Grundkurs (Reihe: rowohlts enzyklopädie). Reinbek bei Hamburg: Rowohlt Verlag 2008, S. 447–469.

Gängler, Hans/Bloße, Stephan/Lehmann, Tobias/Dittrich, Susanne (2008a): Wissenschaftliche Begleitung und Evaluation der Förderrichtlinie GTA. Zwischenbericht 2008 (unveröffentlicht). Dresden: TU Dresden.

Gängler, Hans/Bloße, Stephan/Lehmann, Tobias/Dittrich, Susanne (2008b): Wissenschaftliche Begleitung und Evaluation der Förderrichtlinie GTA. Jahresbericht 2008 (unveröffentlicht). Dresden: TU Dresden.

Gängler, Hans/Bloße, Stephan/Lehmann, Tobias/Dittrich, Susanne (2009): Wissenschaftliche Begleitung und Evaluation der Förderrichtlinie GTA. Zwischenbericht 2009 (unveröffentlicht). Dresden: TU Dresden.

Gängler, Hans/Bloße, Stephan/Lehmann, Tobias/Wagner, Ulrike (2007): Wissenschaftliche Begleitung und Evaluation der Förderrichtlinie GTA. Zwischenbericht 2007 (unveröffentlicht). Dresden: TU Dresden.

Gängler, Hans/Böttcher, Sabine/Markert, Thomas (2008): Studie zur Entwicklung von Ganztagsschulen (StEG). Landesspezifische Auswertung der 2. Welle für den Freistaat Sachsen (Längsschnittanalysen). Abschlussbericht 2008 (unveröffentlicht). Dresden: TU Dresden.

Gängler, Hans/Förster, Antje/Markert, Thomas/Dittrich, Susanne (2010): Studie zur Entwicklung von Ganztagsschulen (StEG). Sächsische Ganztagsschulen in der Entwicklung von 2005 bis 2009. Abschlussbericht 2010 (unveröffentlicht). Dresden: TU Dresden.

Höhmann, Karin/Bergmann, Katrin/Gebauer, Miriam (2007): Das Personal. In: Heinz Günther Holtappels/Eckhard Klieme/Thomas Rauschenbach/Ludwig Stecher (Hrsg.): Ganztagsschule in Deutschland. Ergebnisse der Ausgangserhebung der „Studie zur Entwicklung von Ganztagsschulen" (StEG). Studien zur ganztägigen Bildung, Bd. 1. Weinheim; München: Juventa, S. 77–86.

Hunner-Kreisel, Christine (2008): Jugendliche. In: Thomas Coelen/Hans-Uwe Otto (Hrsg.): Grundbegriffe Ganztagsbildung. Das Handbuch. Wiesbaden: VS Verlag, S. 40–48.

Hunner-Kreisel, Christine (2008): Kinder. In: Thomas Coelen/Hans-Uwe Otto (Hrsg.): Grundbegriffe Ganztagsbildung. Das Handbuch. Wiesbaden: VS Verlag, S. 31–39.

Lehmann, Ina (2007): Handreichung zur „Förderrichtlinie zum Ausbau von Ganztagsangeboten". Dresden: Sächsisches Staatsministerium für Kultus und Sport.

Ministerium für Schule und Weiterbildung des Landes Nordrhein-Westfalen (o.J.): Zusammenarbeit mit dem Elternhaus. Verfügbar über: http://www.learn-line.nrw.de/angebote/gemeinsamerunterricht/pdf/elternhaus.pdf (Zugriff: 12.04.2010).

Rademacker, Hermann (2007): Ganztagsbildung und soziale Verantwortung. In: Ganztagsschule, DJI Bulletin 78, H. 1, S. 4–5.

Rosenbladt, Bernhard von/Thebis, Frauke (2003): Schule aus der Sicht von Eltern. Das Eltern-Forum als neues Instrument der Schulforschung und mögliche Form der Elternmitwirkung. Eine Studie der Infratest Bildungsforschung. Verfügbar über:http://www.elternrat-niedersachsen.info/doc/doc_request.cfm?79616 122104B6B109D55C9ED982A892A (Zugriff: 30.09.2009).

Schneider, Hans-Jürgen (2009): Zur Arbeit der AG BTV. In: Neue Sächsische Lehrerzeitschrift. Die Zeitschrift des Sächsischen Lehrerverbandes, Jg. 20, H. 3, S. 7.

Scottish Office of Education Department (1992): Using Ethos Indicators in Secondary School Self-Evaluation: Taking Account of the Views of Pupils, Parents and Teachers. Edinburgh: Scottish Office Education Department.

Sekretariat der Ständigen Konferenz der Kultusminister der Länder in der Bundesrepublik Deutschland (KMK) (2004): Standards für die Lehrerbildung: Bildungswissenschaften (Beschluss der Kultusministerkonferenz vom 16.12.2004). Verfügbar über: http://www.kmk.org/fileadmin/veroeffentlichungen_ beschluesse/2004/2004_12_16-Standards-Lehrerbildung.pdf (Zugriff: 30.09.2010).

Sekretariat der Ständigen Konferenz der Kultusminister der Länder in der Bundesrepublik Deutschland (KMK) (2009): Allgemein bildende Schulen in Ganztagsform in den Ländern der Bundesrepublik Deutschland – Statistik 2003 bis 2007. Verfügbar über: http://www.kmk.org/fileadmin/pdf/Statistik/GTS_2007.pdf (Zugriff: 30.09.2010).

Smit, Friederik/Driessen, Geert/Sluiter, Roderick/Sleeger, Peter (2007): Types of parents and school strategies aimed at the creation of effective partnerships. In: International Journal about Parents in Education, Vol. 1, No. 0, S. 45–52.

von der Hagen-Demszky, Alma (2006): Familiale Bildungswelten. Theoretische Perspektiven und empirische Explorationen. München: DJI.

Stephan Bloße

Ganztägige Organisationsformen sächsischer Schulen

Variationsmöglichkeiten, Chancen und Risiken

Ca. 70 % aller sächsischen Schulen hatten für das Schuljahr 2008/09 Anträge zur Förderung ihrer Ganztagsangebote gestellt (vgl. Sächsisches Bildungsinstitut 2008, S. 72). Diese enorme Anzahl spiegelt jedoch in keiner Weise die großen Qualitätsunterschiede und die Differenz in den Erscheinungsformen wider. Zum einen gibt es Schulen, die sich nach dem Modell einer Ganztagsschule gemäß der Programmatik des Ganztagsschulverbandes GGT e.V. (2002) grundlegend von Halbtagsschulen unterscheiden, zum anderen existiert eine Vielzahl von Schulen, die bspw. „nur" einen Theaterpädagogen für einige zusätzliche fakultative Angebote am Nachmittag gewinnen konnten/wollten.

Vergessen darf man erstens dabei nicht, dass Entwicklungsprozesse immer Zeit brauchen. Vorgaben, nicht nur der sächsischen Bildungspolitik, müssen verinnerlicht, ausgedeutet und schulspezifisch umgesetzt sowie den sozialräumlichen Bedingungen angepasst werden. Zweitens werden, im Gegensatz zu anderen Bundesländern, in Sachsen Schulen mit Ganztagsangeboten unabhängig von der jeweiligen Organisationsform unterstützt, möglicherweise aber auch einige unter Vernachlässigung zentraler Prinzipien ganztägiger Bildung. Man hat sich vielleicht für den Begriff der Ganztagsangebote entschieden, um diese Offenheit zu artikulieren, nicht vor einer ganztägigen Schule abzuschrecken sowie negative Assoziationen (z.B. Familienentzug, Verschulung der Kindheit, kulturelle Verarmung) zu vermeiden (vgl. Appel 2005, S. 26). Trotz dieser organisatorischen Freiheiten[1] hat Sachsen inhaltlich einen ähnlichen Anspruch wie den einer voll gebundenen Ganztagsschule, nämlich Unterrichtsentwicklung (neue Unterrichts- und Lernformen), Rhythmisierung des Schultags, Partizipation, individuelle Förderung und die Einbindung außerschulischer Kooperationspartner.

In welcher Form und Qualität diese realisiert werden können, ist jedoch stark von der Organisationsform abhängig, mit anderen Worten „die organisatorische Rahmung der Bildungsprozesse spielt eine zentrale Rolle für Gelingen oder Scheitern der erhofften schulpädagogischen Innovationen" (Bu-

---

1 „Darüber hinaus entscheidet jede Schule selbst, welche Organisationsform von Ganztagsangeboten sie umsetzen möchte" (Lehmann 2007, S. 5).

row/Pauli 2004, S. 99) und hat damit „bedeutende pädagogische Konsequenzen" (Holtappels 1994, S. 243ff.). Deshalb wird es im Folgenden darum gehen, den Blick auf die Organisationsformen im Allgemeinen sowie die der sächsischen Schulen mit Ganztagsangeboten im Speziellen zu schärfen. Außerdem sollen Möglichkeiten der Schulgestaltung nach bildungspolitischen Dimensionen aufgezeigt und mögliche pädagogische Implikationen, Wirkungen sowie Restriktionen berücksichtigt werden. Im Beitrag werden Daten hinzugezogen, die sich auf die Wünsche der Eltern sowie Lehrer hinsichtlich der Organisation des Ganztags beziehen und Auskunft darüber geben, welche Organisationsformen aktuell der sächsischen Realität entsprechen.

Organisationsformen ganztägiger Angebote

Im bundesdeutschen Sprachgebrauch haben sich mit der Kultusministerkonferenz (KMK 2008) drei Bezeichnungen ganztägiger Organisation durchgesetzt. Neben der offenen und teilweise gebundenen gibt es die voll gebundene Ganztagsschule. Das Hauptkriterium dieser Differenzierung geht von unterschiedlichen Verpflichtungsgraden der Schüler/innen zur Teilnahme an den Angeboten aus. Ebenso verweist die KMK auf den Einbindungsgrad der Schüler/innen. Das voll gebundene Modell bezieht sich auf die verpflichtende Teilnahme aller Schüler/innen, „teilweise gebunden" bedeutet hingegen die Teilnahme nur einiger Schülergruppen. Bei einer offenen Form melden sich einzelne Schüler/innen für einen bestimmten Zeitraum verbindlich an oder, so das Institut für Schulentwicklung Dortmund (IFS) ergänzend, das Angebot wird als freies Angebot von mitunter wechselnden Teilnehmern besucht (vgl. Holtappels/Schnetzer 2003, S. 11). Weitere Organisationsformen, so die Kultusministerkonferenz, sind möglich, insbesondere Angebote der Jugendhilfe (beispielsweise von Horten und Kindertageseinrichtungen), die vor allem den Betreuungsaspekt betonen. Darüber hinaus müssen alle ganztägigen Schulorganisationen, so die KMK weiter, an mindestens drei Tagen ein Angebot bereitstellen, welches täglich sieben Zeitstunden und mehr umfasst. Den teilnehmenden Schüler/innen muss an allen Tagen des Ganztagsschulbetriebs ein Mittagessen bereitgestellt werden und die Ganztagsangebote sollen in einem konzeptionellen Zusammenhang mit dem Unterricht stehen sowie unter Aufsicht und Verantwortung der Schulleitung durchgeführt werden (vgl. KMK 2008, S. 4f.). Diese Grundformen sind länderspezifisch übernommen bzw. modifiziert worden (zum Überblick: Quellenberg 2007, S. 24–36). Aufgrund der notwendigen Einstimmigkeit der KMK handelt es sich allerdings lediglich um eine Minimaldefinition (vgl. Rekus 2005, S. 282).

Schulen in Sachsen werden ebenfalls durch bildungspolitische Richtlinien des Landes auf die drei beschriebenen Formen hin orientiert, wobei die Schulen ergänzend darauf hingewiesen werden, dass „sich nur mit bestimmten Organisationsformen [bestimmte Ziele] erreichen" (Lehmann 2007, S. 12; Umstellung S. B.) lassen. Bereits hier findet der Zusammenhang von Zielen, Wirkungen und Strukturen Beachtung. Ziele wie die Erhöhung der Sozialkompetenz, eine verbesserte individuelle Förderung sowie Ziele im Bereich der Betreuung sind nach der Handreichung der FRL GTA schon durch offene Formen erreichbar. Wenn die Ziele jedoch im Bereich der Unterrichtsentwicklung, Leistungssteigerung und des gemeinsamen Lernens liegen, so sind gebundene Modelle die bessere Wahl. Offene Modelle werden, so die Handreichung der FRL GTA, von Eltern und Schüler/innen eher akzeptiert und bieten Schulen dadurch eine gute Möglichkeit, ganztägige Angebote überhaupt auf- bzw. auszubauen. Gebundene Organisationsformen hingegen bedürfen einer umfangreicheren Beratung und Information und eine schon bei der Planung und Ausgestaltung der Angebote stärkere Elternbeteiligung. Voraussetzung für die Wahl der geeigneten Organisationsform sind letztendlich die in der Ganztagskonzeption enthaltenen Ziele und das Votum der an der Schule Beteiligten (vgl. Lehmann 2007, S. 12f.). Dabei spielen verständlicherweise auch sozialräumliche Restriktionen wie die nicht-schulische Anregungsumwelt, Ressourcen der Schule, die Finanzierbarkeit und der Schülertransport eine bedeutende Rolle (vgl. Ipfling 2005, S. 305).

Wie oben bereits erwähnt, sind die beschriebenen Modelle für sächsische Schulen bloße Anhaltspunkte, die förderperspektivisch gleichberechtigt nebeneinander stehen und die Möglichkeit zur schulspezifischen zieladäquaten Modifikation (Stichwort: Mischformen) offenhalten. Eine typische im Rahmen der EFRL-GTA zu beobachtende Mischform an Mittelschulen oder auch Gymnasien ist bspw. die folgende: Alle Schüler/innen der fünften und sechsten Klassen nehmen an den Ganztagsangeboten verbindlich teil; die Schüler/innen der höheren Klassenstufen hingegen können freiwillig Ganztagsangebote besuchen. Diese Differenzierung der unterschiedlichen Organisationsformen für die jeweiligen Klassenstufen macht, so auch Appel (2005), durchaus Sinn, denn hinsichtlich der Bedürfnisse von 12-jährigen und 16-jährigen Schüler/innen gibt es große Unterschiede.[2] Diese organisatorische Erscheinungsform wird von Appel auch als „Staffelungsprogression" (Appel 2005, S. 110f.) bezeichnet. Diese Kombination aus gebundenem und offenem Modell, so Appel weiter, erweist sich in der Praxis der Schule nicht nur aus der Sozialisationsperspektive der Schüler/innen als äußert brauchbar: „Mit [einer solchen; S. B.] Doppelkonzeption, die man als ‚kombiniertes Ganztagsschulmodell' bezeichnen könnte, ist jedoch eine Alternative ins Rampenlicht getreten, die die fatalen oder verwirrenden Ent-

---

2 Ältere Schüler/innen haben einen größeren Freiheitsdrang und legen Wert auf Selbstentfaltung, Persönlichkeitsentwicklung und Selbst- sowie Mitbestimmung. Pflichtangebote der Schule, die ihre Freizeit reglementieren, werden wohl weniger Erfolg haben als Angebote, die auf Freiwilligkeit und Interessen setzen und von den Schüler/innen mitgestaltet werden können.

weder/Oder-Entscheidungen oder bedrückenden Kompromisslösungen ausgleichen kann" (ebenda, S. 112).

Gerade diese Mischformen, die vor allem bei Schulen zu beobachten sind, die schon seit längerem ganztägige Konzepte umsetzen, machen es aus forschungstechnischer Sicht schwierig, die schulische Realität exakt zu beschreiben. Insbesondere bei der ersten Welle der bundesweiten Studie zur Entwicklung von Ganztagsschulen (StEG) wird deutlich, wie unpräzise Organisationsformen z.T. erfasst werden (vgl. Gängler u.a. 2007a, S. 34ff.).

Es besteht, so die Meinung des Verfassers, durch Hinzuziehen weiterer vor allem äußerlicher Kriterien die Möglichkeit, Ganztagsorganisationsformen deutlicher zu systematisieren, voneinander abzugrenzen und dadurch im Forschungszusammenhang kenntlich zu machen.

Im Folgenden werden daher weitere Dimensionen angeführt, die allerdings nicht nur rein äußerlich einer Systematik dienen, sondern darüber hinaus pädagogische Konsequenzen für die Beteiligten von Schule haben (können). Eine zunächst rein äußerliche Beschreibung, so auch die Meinung von Radisch und Kliome (2003), hat vor allem den Vorteil, dass „Mischformen, also die Gruppe der Schulen, die sich nur schwer in ein Schema einfügen lassen, sich leichter klassifizieren lassen, als wenn Merkmale der didaktischen Ausgestaltung des Schulalltages oder auch Merkmale der inneren Schulreform herangezogen würden" (Radisch/Kliome 2003, S. 7).

Befunde und Dimensionen ganztägiger Organisationsformen

Verbindlichkeit der Angebote

Hinsichtlich der ersten beiden bereits angeführten Dimensionen (*Verbindlichkeit der Angebote, einbezogene Schüler/innen*) konnte bei der schriftlichen Befragung von 435 Schulen im Rahmen der EFRL-GTA[3] 2008 festgestellt werden, dass alle Schulen mehrheitlich Ganztagsangebote in allen Klassenstufen anbieten. Allerdings beschränken 7,5 % der Grundschulen, 34 % der Mittelschulen und 22,7 % der Gymnasien ihre Angebote auf einige Klassenstufen. Vor allem unter den Mittelschulen gibt es Schulen, deren Ganztagsangebote sich ausschließlich an Schüler/innen der 5. bis 7. Klassenstufe richten.

---

3 Im Rahmen der zweiten Schulleiterbefragung wurde darauf abgezielt, die Organisationsformen von Schulen mit Ganztagsangeboten differenzierter zu erfassen. Die Ermittlung einzelner Kategorien (Umfang und zeitliche Verortung der GTA, Verbindlichkeitsgrad und die Klassenspezifik der Angebote) in Abhängigkeit von der jeweiligen Klassenstufe sollten schulische Strukturen in ihrer Heterogenität realitätsnäher abbilden (vgl. Gängler u.a. 2008a, S. 29–37).

Das klassische Modell der Ganztagsklasse, d.h. dass nur Schüler/innen einer bestimmten Klasse der jeweiligen Klassenstufe an Ganztagsangeboten mehr oder minder teilnehmen können bzw. müssen, kann weitestgehend ausgeschlossen werden. Nur bei den Gymnasien gibt es bezogen auf die fünfte Klassenstufe knapp 5 % der Schulen, die ein solches Modell organisieren.[4]

Verbindlich sind Ganztagsangebote allgemein bildender Schularten in der Zusammenschau vor allem dann, wenn die Schüler/innen sich für einen bestimmten Zeitraum dafür angemeldet haben – das gilt für ca. 50 % der Grundschulen, Mittelschulen, Gymnasien und Förderschulen. Ausgehend von diesen beiden Befunden lässt sich die Dominanz offener Organisationsformen kaum anzuzweifeln. Wenn man allerdings die unterschiedlichen Klassenstufen in die Betrachtung einbezieht, wird deutlich, dass bspw. verpflichtende und freiwillige Angebote in der Kombination für die Klassenstufen fünf und sechs an den Gymnasien überwiegen (s. *Tab. 1*).

Bleibt der Anteil einer solchen Kombination an Grundschulen über die vier Klassenstufen hinweg bei ca. 28 % stabil, so variiert deren Anteil an Mittelschulen und Gymnasien deutlich in Richtung mehr Freiwilligkeit in der Teilnahme bei Schüler/innen höherer Klassenstufen.

Tab. 1: Dimension – Verbindlichkeit an Gymnasien (n=44) (Angaben in %)

Gymnasium (Verbindlichkeit)	5. KS	6. KS	7. KS	8. KS	9. KS	10. KS	11. KS	12. KS
Alle Schüler nehmen verbindlich an den Angeboten teil.	4,5	4,5	7,1	5,3	5,4	5,6	3,1	3,1
Einige Angebote sind für alle Schüler verpflichtend. Weitere Angebote können gewählt werden.	43,2	43,2	28,6	23,7	21,6	22,2	18,8	15,6
Einzelne angemeldete Schüler nehmen für einen bestimmten Zeitraum verbindlich an den Angeboten teil.	38,6	38,6	45,2	52,6	51,4	50,0	50,0	50,0
Alle Schüler können freiwillig ohne Anmeldung an den Ganztagsangeboten teilnehmen.	13,6	13,6	19,0	18,4	21,6	22,2	28,1	31,3

Quelle: Schulleiterbefragung EFRL-GTA 2008.

---

4 Die Frage der Organisationsformen zielte auf die Ermittlung von Klassenstufenunterschieden ab, so dass Daten bezogen auf die Unterschiedlichkeit der einzelnen Klassen nicht erhoben wurden. Einzig die Frage, ob es an der Schule reine Ganztagsklassen gibt, gab bedingt Auskunft über so genannte teilweise gebundene Organisationsformen.

Verortung in der Stundentafel

Neben diesen beiden Kriterien lässt sich ein nächstes Kriterium anführen, welches vor allem hinsichtlich seiner organisatorischen und pädagogischen Implikationen von großer Bedeutung ist und in der Ganztagsschulforschung vielerorts diskutiert wird: *die Verortung der Ganztagsangebote in der Stundentafel des Schultages*. Zwei Grundkonzeptionen werden dabei unterschieden. Zum einen existieren additive Konzepte – Schulen also, die nach dem Unterricht, am Nachmittag Angebote bereithalten – und zum anderen integrative Konzepte, d.h. Schulen, die vormittags oder auch in der Mittagspause zwischen den Unterrichtsstunden Ganztagsangebote eingerichtet haben. Vor allem die Verfechter einer rhythmisierten Ganztagsschule mit integrativen Angeboten bezweifeln in diesem Zusammenhang den Sinn und die Wirksamkeit offener additiver Veranstaltungen für Schüler/innen. Bei additiven Modellen, so die Kritiker,

> „wird meist übersehen, dass Personal-, Lern- und Gruppenkontinuität wichtige Kriterien darstellen. Kinder brauchen Orte, wo sie kontinuierliche Zuwendung und Lernhilfe sowie stabile und integrierte Gruppenbezüge vorfinden. Auch der für soziales Lernen notwendige soziale Mix der Schülerschaft ist gefährdet, wenn nur Teilgruppen nach Unterrichtsende versorgt werden" (Holtappels 2002, S. 20).

Bei diesen Formen, so Holtappels weiter, dominiert der Verwahr- und Freizeitaspekt (vgl. ebenda). Der Schultag ist geteilt in einen Unterrichts- und einen Betreuungshalbtag. Meist erfolgt die Konzeption der beiden Tageshälften unabhängig voneinander, so dass sich ergänzende Bildungsprozesse zufällig sind (vgl. Burow/Pauli 2004, S. 102; Rekus 2005, S. 290).[5] Qualität ließe sich zudem nicht steigern, wenn „nur *mehr vom Gleichen* geboten wird" (Oelkers 2003, S. 1; Herv. i. O.).

Tatsache ist, dass auch an den vom Projekt EFRL-GTA befragten Schulen – Ausnahme sind die Förderschulen – Ganztagsangebote vor allem am Nachmittag im Anschluss an den Unterricht und unabhängig von der Klassenstufe stattfinden. Ca. 62 % der Grundschulen, mindestens 55 % der Mittelschulen und 58 % der Gymnasien organisierten im Schuljahr 2007/08 ausschließlich Nachmittagsangebote. Grund für die dominante Ausrichtung der Angebote auf den Nachmittag ist vor allem, dass diese Schulen Ganztagsangebote mehrheitlich offen/fakultativ veranstalten. Zum einen erreichen diese möglicherweise eine höhere Akzeptanz und zum anderen exis-

---

5 Ähnlich äußert sich Harder: „Eine gravierende Folge der ‚offenen' Form ist, dass die Umwandlung von Schulen in Lernorte für den ganzen Tag sehr häufig nur höchst unvollkommen gelingt: der Vormittag vollgestopft mit Pflichtunterricht, der Nachmittag organisiert mit additiven Betreuungsangeboten statt mit förderlichen Lernangeboten für alle. Wo aber in dieser Schrumpfgestalt von Ganztagsschule Fachlernen und Unterrichtsgestaltung unangetastet bleiben, da sind Betreuungs- und Freizeiten nur ein schwacher Trost" (Harder 2005, S. 17).

tierten an vielen Schulen bereits vor der bildungspolitischen Förderung von ganztägigen Angeboten Arbeitsgemeinschaften u.ä. in nicht geringem Umfang. Insbesondere der zweite Aspekt schließt Gedanken und Vermutungen an eine schlichte Umfinanzierung dieser Angebote durch Gelder aus Förderprogrammen zur ganztägigen Bildung nicht aus und zeigt, dass die sächsische Offenheit hinsichtlich der einzelnen Organisationsformen nicht zwingend Schulentwicklung bedeuten muss. Nichtsdestotrotz gibt es auch Schulen, die freiwillige Nachmittagsangebote als einen Einstieg zur Schulentwicklung wählen und nach und nach einige verbindliche Angebote in den Vormittag integrieren sowie die Qualität nachmittäglicher Angebote erhöhen, indem sie Unterrichtsbezüge nutzen und herstellen. Da sächsische Schulen flächendeckend erst seit 2005 beim Ausbau ganztägiger Angebote unterstützt werden, bleibt es abzuwarten, wie viele Schulen diese Richtung einschlagen.

„Integrierte Ansätze verfolgen [...] ein pädagogisches Konzept, daß zum Ziel hat, einen erweiterten Zeitrahmen für die Entwicklung der pädagogischen Lernkultur [auch; S. B.] qualitativ zu nutzen" (Holtappels 1994, S. 93). Vorteile des integrativen Modells sind, „dass mit allen Schüler/innen das Schulleben gestaltet und ein lern- und schülergemäßer Tagesrhythmus möglich wird. Die rhythmisierte Zeitorganisation erweitert auch die Lern- und Erfahrungsmöglichkeiten sowie die methodischen Lernformen und gewährleistet soziale Integration und gemeinsames Lernen aller Schüler/innen" (Holtappels 2003, S. 12).

Bei additiven Modellen muss demgegenüber die Rhythmisierung auf den Unterricht, durch einen Wechsel verschiedener Unterrichtsmethoden, beschränkt bleiben. Bei integrativen Angeboten sind Spiel, Freizeit, erweiterte Lern- und Förderangebote und Unterricht miteinander verzahnt, so dass die dadurch möglichen formellen und nicht-formellen Bildungsprozesse abwechselnd ein ganzheitliches Bildungsverständnis zu realisieren helfen (vgl. Burow/Pauli 2004, S. 103). Organisatorisch erfordert das integrative Modell eine voll gebundene bzw. teilweise gebundene Organisationsform (vgl. Popp 2006, S. 62), d.h. einen Anteil verpflichtender Angebote.

Schulen, die ihren Schüler/innen im Schuljahr 2007/08 Angebote sowohl vormittags als auch am Nachmittag ermöglichen, sind vor allem unter den Förderschulen zu finden, aber auch an einer nicht unbeachtlichen Zahl der Grund- und Mittelschulen. In Abhängigkeit von der jeweiligen Klassenstufe ergeben sich für die Grundschulen Anteile von 42 (erste Klassenstufe) bis zu 43,5 % (zweite Klassenstufe) an Schulen mit integrativen Angeboten. Einen ähnlich hohen Anteil verzeichnen Mittelschulen in der fünften und sechsten Klassenstufe. Unter den Gymnasien gibt es ebenfalls den größten Anteil an Schulen, die in den unteren beiden Klassenstufen integrative Angebote im Schuljahr 2007/08 organisieren. Mit steigender Klassenstufe nimmt jedoch analog der Verbindlichkeit auch der Anteil an Mittelschulen und Gymnasien mit Angeboten zwischen und nach dem Unterrichtsstunden ab. Beide Dimensionen zeigen bereits, inwieweit Organisationsformen klassenstufenspezifisch variieren, so dass eine Pauschalabfrage eher irritiert als dass sie die Realität exakt abzubilden vermag.

Zeitlicher Umfang

Ein letztes Kriterium ist der *zeitliche Umfang der Ganztagsangebote*. Darunter sind sowohl die Anzahl der Tage zu verstehen an denen eine Schülerin bzw. ein Schüler je nach Verbindlichkeit verpflichtet ist bzw. die Möglichkeit hat, an Ganztagsangeboten teilzunehmen als auch die durchschnittliche tägliche Zeitdauer der Ganztagsangebote. Dabei gibt es deutliche Unterschiede zwischen den einzelnen Schulen. Die Spanne reicht von einer 45-minütigen Betreuung bis der Schulbus kommt bis zu täglich drei Stunden umfassenden Ganztagsangeboten. Obwohl der zeitliche/wöchentliche Umfang keinerlei Aussagekraft bezüglich der Qualität und des Unterrichtsbezugs hat, so wird doch deutlich, welche Bedeutung Schulen den Ganztagsangeboten beigemessen haben und inwieweit der Erfahrungsraum für formelles, informelles und nicht-formelles Lernen erweitert worden ist. Den Ergebnissen der Schulleiterbefragung zufolge organisiert die Mehrheit der Grundschulen Ganztagsangebote an drei Tagen, die Mittelschulen an vier Tagen und an den meisten Gymnasien gab es im Schuljahr 2007/08 tägliche Angebote. Bei den Förderschulen dominieren entweder Angebote an drei Tagen oder an allen Tagen der Schulwoche. Betrachtet man hingegen die tägliche zeitliche Dauer der Ganztagsangebote, so wird deutlich, dass unabhängig von der Schulart Angebote am häufigsten bis zu zwei Zeitstunden zusätzlich zum Unterricht andauern.

Schließlich ließen sich auch hinsichtlich dieser Dimension die folgenden klassenstufenabhängigen Tendenzen an Grund-, Mittelschulen und Gymnasien feststellen: Für Grundschulen gilt, dass mit steigender Klassenstufe sowohl die Anzahl der Tage als auch der zeitliche Umfang zunimmt. Genau entgegengesetzt verhält es sich bei den Mittelschulen. An Gymnasien hingegen lassen sich zwei Trends beobachten. Bis zum Ende der Sekundarstufe I nimmt die Anzahl der Tage mit Ganztagsangeboten zu, der Stundenumfang hingegen wird geringer. Die Sekundarstufe II verzeichnet einen gegenteiligen Trend. Von der 11. zur 12. Klassenstufe nimmt die Anzahl der Tage ab, aber der Stundenumfang ganztägiger Angebote an diesen leicht zu. Die dargestellten Tendenzen lassen vor allem die Abstimmung des zeitlichen Umfangs mit altersspezifischen Bedürfnissen erkennen und verdeutlichen möglicherweise auch, dass schulartspezifische Inhalte die Dauer der Angebote bedingen.

Zusammenfassend können folgende Dimensionen ganztägiger Organisationsformen festgehalten werden, die eine präzisere Beschreibung ermöglichen:

1. Grad der Verbindlichkeit
   - Alle Schüler/innen nehmen verbindlich an den Ganztagsangeboten teil.
   - Einige Angebote sind für alle Schüler/innen verpflichtend, weitere Angebote können freiwillig gewählt werden.
   - Einzelne angemeldete Schüler/innen nehmen für einen bestimmten Zeitraum verbindlich an den Ganztagsangeboten teil.
   - Alle Schüler/innen können freiwillig ohne Anmeldung an den Ganztagsangeboten teilnehmen.

2. Verortung der Ganztagsangebote in der Stundentafel
   - am Vormittag zwischen den Unterrichtsstunden
   - sowohl am Vormittag zwischen den Unterrichtsstunden als auch am Nachmittag im Anschluss an den Unterricht
   - am Nachmittag nach dem eigentlichen Unterrichtsschluss

3. Umfang der Ganztagsangebote
   - Anzahl der Tage an denen Ganztagsangebote stattfinden
   - täglicher Stundenumfang je Ganztag

Als Fazit kann festgehalten werden, dass eine Beschreibung und Charakterisierung ganztägiger Formen in exakter Weise einen erheblichen Aufwand bedeutet und dadurch schwer zu leisten ist. Dennoch sollte eine möglichst differenzierte Beschreibung der Organisationsformen angestrebt werden, um Unterschiede und die, so deuten erste Forschungsergebnisse an, zahlreichen Mischformen und Zwischentöne, die pädagogisch wohl am sinnvollsten sind, identifizieren zu können. Eine pauschalisierende, begrenzte Beschreibung von offenen, teilweise und voll gebundenen Formen, bezogen auf die Schulebene, ist blind für regional angemessene Schulen mit Ganztagsangeboten. Die Einteilung in voll gebundene, teilweise gebundene, offene und die unspezifische Mischform mag dank der Mischform alle Schulen in eine Schublade stecken, doch verdeutlicht sie nur wenig, welches kreative Potential Schulen in die Gestaltung ihrer Ganztagsschulform gesteckt haben.

Wirkung ganztägiger Organisationsformen und Zusammenhänge

Die Wirkungen (unterschiedlicher) ganztägiger Organisationsformen sind weitgehend unerforscht und fußen entweder auf geringem empirischen Material oder rein hypothetischen Annahmen. Im Vordergrund der Wirkungsforschung liegt oft ausschließlich der Vergleich von Ganztagsschulen per se mit Halbtagsschulen oder von Schüler/innen, die Ganztagsangebote besuchen oder auch nicht. Im Folgenden sollen sowohl einige zentrale Erkenntnisse dargestellt werden als auch auf eigene Forschungsbefunde aus dem Vergleich unterschiedlicher Organisationsformen ganztägiger Angebote Bezug genommen werden.

Nach Holtappels (2003, S. 13) lassen sich beim Vergleich von Halbtags- mit Ganztagsschulen keine Unterschiede hinsichtlich des Schulerfolgs feststellen. D.h. bei Schüler/innen der einen wie auch der anderen Schulorganisation konnten keine Unterschiede in den Schulnoten festgestellt werden. Dass neue Erfahrungs- und Lernmöglichkeiten durch eine ganztägige Schulorganisation erschlossen werden und diese auch positive Rückwirkungen auf den Unterricht, „unter anderem auf eine verstärkte Leistungsbereitschaft im Pflichtbereich" (Holtappels 2002, S. 10) haben, ließ sich hingegen beobachten. „Auch die kognitive und soziale Förderung der Lernenden, kulturelle und musische Anregungen, die Stärkung der Schulgemeinschaft und das Lehrer(innen)-Schüler(innen)-Verhältnis stechen als überaus positiv bewertete Merkmale zugunsten der Ganztagsschule hervor" (ebenda). Belege fehlen jedoch. Die Wirkungszusammenhänge sind plausibel, bedürfen jedoch noch empirisch abgesicherter Befunde. Klieme und Radisch (2003) stellen in ihrem Literaturbericht „Wirkung ganztägiger Schulorganisation. Bilanzierung der Forschungslage" ebenfalls Ergebnisse zusammen, die auf Wirkungen und Zusammenhänge verweisen, jedoch in den meisten Fällen nicht generierbar sind[6]. Es können mit Hilfe der darin beschriebenen Studien Hypothesen gebildet werden, die bereits erste Tendenzen verdeutlichen, die aber in systematischen Untersuchungen geprüft und abgesichert werden müssen. Eine erste Tendenz scheint dahingehend zu bestehen, dass durch die ganztägige Organisation von Schule positive Veränderungen im Bereich des Schulklimas und der sozialen Integration erreicht werden können (Hypothese 1). Das Leistungsniveau, so Klieme und Radisch (ebenda, S. 38) in ihrer zweiten Hypothese, wird von der Ganztagsorganisation nicht entscheidend beeinflusst. Möglicherweise führt aber die verlängerte Lernzeit in einer ganztägig organisierten Schulform dazu, dass ein gewisser „positiver Effekt auf die kognitive Leistungsfähigkeit lernschwacher Schüler/innen zu beobachten ist, während der Wegfall elterlicher Unterstützung bei sozial höher gestellten Familien negativ zu Buche schlägt; beides zusammen kann eine Nivellierung im Leistungsbereich bewirken" (ebenda). Darüber hinaus sind Wirkungen von der Schulform (sozialer Hintergrund der Schüler/innen, Schulkonzept, Leistungs- und Motivationsprofil, Qualifikation des Lehrpersonals) abhängig (vgl. ebenda). Die

---

[6] „Die vorliegenden Befunde stammen entweder aus Einzelfallstudien und Modellversuchen, deren Anlage keine verallgemeinernden Schlüsse zulässt, oder aus der Sekundäranalyse von Surveys […], die nicht systematisch auf das Thema ‚Ganztagsbetreuung' ausgerichtet waren und deren Befunde daher schwach bzw. nicht eindeutig interpretierbar sind" (Radisch/ Klieme 2003, S. 38).

Betrachtung unterschiedlicher Organisationsformen und ihrer Wirkungen sind jedoch bei Klieme und Radisch unbeachtet geblieben.

Im Folgenden soll daher auf einen Vergleich eingegangen werden, der auf Ergebnissen der Elternbefragungen von zehn Sekundarschulen beruht (vgl. Gängler u.a. 2007b). Dabei wurden offene den vollgebundenen Organisationsformen hinsichtlich verschiedener schulischer Aspekte gegenübergestellt.

Die Ergebnisse deuten darauf hin, dass Eltern voll gebundener Schulformen sich im Allgemeinen besser über schulische Aspekte informiert fühlen und hinsichtlich Mitbestimmung/Mitgestaltung weniger kritisch eingestellt sind. D.h. sie nehmen weniger Barrieren durch Lehrereinstellungen und durch Schulstrukturen wahr. Darüber hinaus schätzen sie die Zusammenarbeit mit den Lehrerinnen und Lehrern deutlich besser ein. Außerdem konnte festgestellt werden, dass diese Eltern sich für ihre Kinder vergleichsweise häufiger verbindliche Angebote wünschen, möglicherweise aufgrund positiver Erfahrungen. Voll gebundene Schulen konnten im Vergleich zu offen organisierten Schulen tendenziell eher die Erwartungen der Eltern erfüllen.

Betrachtet man hingegen die Schüler/innen, so fällt ein erwartbarer Unterschied besonders auf: Schüler/innen voll gebundener Schulen erledigen signifikant weniger Hausaufgaben außerhalb der Schule.

Obwohl auch diese dargestellten Befunde nur beschränkt verallgemeinerbar sind, verdeutlichen sie, dass es über die Wirkungen auf Schüler/innen hinaus auch Veränderungen bei weiteren an Schule Beteiligten gibt.

Dass unterschiedliche Zeithorizonte und Verbindlichkeitsgrade verschiedener Organisationsformen ganztägiger Bildung unterschiedliche Auswirkungen auf die Beteiligung und Erreichung spezifischer Ziele haben, kann zurzeit weder bestätigt noch widerlegt werden. Allerdings deuten die dargestellten Befunde bereits Tendenzen an, deren empirische Überprüfung unter Beachtung organisatorischer Merkmale vertieft werden muss, um Aussagen über Wirkungen und Zusammenhänge mit Inhalt zu füllen und um der Beliebigkeit in der Zuordnung von Zielen zu Organisationsformen Grenzen zu setzen.

Elternpräferenzen

In der zweiten Elternbefragung der EFRL-GTA aus dem Jahr 2008 konnten die Eltern von 17 Schulen angeben, wie die Schule ihres Kindes idealerweise Ganztagsangebote organisieren soll[7]. In die Befragung wurden die Eltern

---

7 Aufgrund der Teilnahme der Eltern von nur einer einzigen Förderschule können schulartbezogen keine Aussagen getroffen werden. Die Angaben beziehen sich auf Eltern der Sechst- und Siebentklässler an Mittelschulen und Gymnasien sowie auf Eltern von Dritt- und Viertklässlern an Grundschulen. Einbezogen wurden nur die Eltern, die

nach dem Grad der Verbindlichkeit, nach der Verortung der Ganztagsangebote in der Stundentafel und nach dem zeitlichen Umfang der Ganztagsangebote entsprechend der vorangegangenen Darstellung befragt. An Grundschulen ist die Abfrage schulartspezifisch modifiziert worden[8]. In der *Abb. 1* sind die Ergebnisse je Dimension im Überblick für die Eltern von Schüler/innen der Mittelschule und der Gymnasien dargestellt (n=12 Schulen). In den einzelnen Zellen der Abbildungen sind die drei häufigsten Ausprägungen hervorgehoben. Im Zentrum der *Abbildung* befindet sich das am häufigsten gewählte Modell, d.h. die am häufigsten vorkommende Kombination aller Dimensionen. Analog dazu sind die Ergebnisse für die Grundschulen in *Abb. 2* dargestellt.

Abb. 1: Präferenzen der Eltern (n=671) von Mittelschulen und Gymnasien, 6. u. 7. Klasse (n=12; in %)

Vormittag (8,1) Vor- und Nachmittag (29,5) ***Nachmittag (57,4)***	einzeln angemeldete Schüler (30,5) einige GTA verbindlich + freiwillige (23,3) ***alle freiwillig (38,8)***
am Nachmittag, für alle freiwillig, an zwei Tagen und bis zu zwei Stunden	
täglich (27,3) drei Tage (20,4) ***zwei Tage (31,1)***	bis zu drei Stunden (12,1) ***bis zu zwei Stunden (64,1)*** bis zu einer Stunde (21,9)

Quelle: Elternbefragung EFRL-GTA 2008.

Die *Abbildungen* verdeutlichen, dass ein additives Angebotsmodell von den Eltern der drei Schularten präferiert wird. Im Gegensatz zu den Eltern der Grundschulen soll an Mittelschulen und Gymnasien eine Teilnahme an Ganztagsangeboten für Sechst- und Siebentklässler freiwillig und unverbindlich möglich sein. Ein solches Modell für die Sekundarschulen hat aus Sicht der Eltern und Schüler/innen die folgenden Vorzüge: Je nach Interesse und Befindlichkeit könnten die Schüler/innen daran teilnehmen. Die El-

---

überhaupt eine Schule mit Ganztagsangeboten für ihr Kind bzw. ihre Kinder bevorzugen. Diese Frage war den Fragen nach den Merkmalen zur Organisationsform vorangestellt.

8 Statt nur eine einzige Antwort auf die Frage nach der Verortung der Ganztagsangebote in der Stundentafel geben zu können, erhielten die Eltern der Grundschüler/innen die Möglichkeit zur Mehrfachantwort. Diese Abänderung wurde durch die Ergänzung mit einer weiteren Antwortmöglichkeit „vor dem Unterrichtsbeginn" notwendig. Die Frage nach dem zeitlichen Umfang wurde in die grundschulspezifische Frage „Bis wann soll ihr Kind verlässlich durch die Schule bzw. den Hort betreut werden?" überführt. Eine zusätzliche Frage sollte aufgrund landesspezifischer Diskussionen und Probleme zum Grundschule-Hort-Verhältnis von den Eltern der Grundschüler/innen beantwortet werden: Wer soll an den Ganztagsangeboten teilnehmen? („ausschließlich Hortkinder", „ausschließlich Nicht-Hortkinder" und „alle, sowohl Hortkinder als auch Nicht-Hortkinder").

tern könnten je nach Bedarf entscheiden, ob sie ihr Kind anmelden oder nicht. Für die Schule, insbesondere für die Lehrer, wäre ein solches Modell schwer zu planen, es wären möglicherweise hohe Fluktuationen bei den Angeboten zu erwarten. Systematisch zielführende Projekte, bspw. Angebote, die der individuellen Förderung dienen, sind kaum durchführbar. Wie oben bereits ausgeführt, sind Einflüsse auf den Unterricht unwahrscheinlich, wenn nur ein Bruchteil der Schüler/innen regelmäßig oder auch unregelmäßig an den Angeboten teilnimmt. Kaum verwunderlich ist es da, dass Lehrer, entsprechend den Ergebnissen der zweiten Lehrerbefragung (EFRL-GTA 2009), deutlich mehr Verbindlichkeit bei der Angebotsteilnahme einfordern (vgl. Gängler u.a. 2009a, S. 139f.).

Abb. 2: Präferenzen der Eltern (n=167) von Grundschulen, 3. u. 4. Klasse (n=5; in %)

zwischen den Unterrichtsstunden (22,4) zwischen Schulschluss und Hort (43,6) **nach dem Unterricht (87,2)**	*einzeln angemeldete Schüler (60,3)* einige GTA verbindlich + freiwillige (14,1) alle freiwillig (16,7)
Hort- und Nicht-Hortkinder, alle Klassen und Klassenstufen, nach dem Unterricht parallel zum Hort, einzelne angemeldete Schüler, täglich bis 17 Uhr	
täglich (65,8) vier Tage (25,2)	bis 17 Uhr (38,6) *bis 16 Uhr (27,5)* bis 15 Uhr (14,4)

Quelle: Elternbefragung EFRL-GTA 2008.

Eltern von Grundschüler/innen präferieren hingegen eine verbindliche Anmeldung für einen bestimmten Zeitraum. Eine solche Anmeldungsmodalität ermöglicht den Eltern eine flexible Anpassung des Ganztagsbesuchs ihrer Kinder in Abhängigkeit von der eigenen Berufstätigkeit und garantiert darüber hinaus – durch die verpflichtende Teilnahme – eine planbare verlässliche Betreuung.

Typische Aussagen der Eltern, die ein solches freiwillig wählbares (mit unverbindlicher Teilnahme → Sekundarschulen bzw. mit für einen bestimmten Zeitraum verbindlicher Teilnahme → Grundschulen) Modell bevorzugen sind die Folgenden:

„Mein Kind braucht z. Z. keine Ganztagsangebote, wichtig ist für mich aber, dass es die Möglichkeit gibt. Vielleicht muss ja mein Kind doch mal Hausaufgabenhilfe oder evtl. Förderangebote in Anspruch nehmen, was auch eine gute Unterstützung für uns als Eltern bedeutet."

„Verantwortung für Erziehung (und Bildung) liegt zuerst bei den Eltern, Ganztagsschulen sollten hier ergänzend, nicht verpflichtend sein."

„Ganztagsangebot sollte eher auf freiwilliger Basis erfolgen, da viele Schüler bereits durch sportliche o. musikalische Aktivitäten (Sportverein, Musikschule etc.) gebunden sind." (Elternbefragung EFRL-GTA 2008)

Das dritte Zitat spricht weitere Vorteile an, die mit einem solchen Modell verbunden sind. Freizeitaktivitäten, die außerhalb der Schule besucht werden, können unter diesen Bedingungen aufrechterhalten werden. Auch Eltern, die aufgrund von Nicht-Beschäftigung Zeit haben, könnten selbst Erziehungs- und Bildungsaufgaben am Nachmittag wahrnehmen und Zeit mit ihren Kindern verbringen. Insbesondere die Vorteile eines solchen Modells können auch anhand möglicher Restriktionen durch Einführung gebundener Angebote verdeutlicht werden. Ein häufig genanntes Problem ist der Schülertransport. Vor allem in ländlichen Gegenden herrschen nach wie vor rigide Busabfahrtszeiten, die die Einführung verbindlicher Angebote – egal ob nun am Vormittag oder Nachmittag – unmöglich werden lassen. Ein weiteres Problem sind die zur Verfügung stehenden Ressourcen (qualifiziertes Personal und Räumlichkeiten), die den Ausbau ganztägiger Angebote reglementieren können. Gerade für ein gebundenes Modell bestünde der Anspruch und die Notwendigkeit, die zahlreichen Interessen der Schüler/innen auch aufgreifen zu können. Eine bloße, aus Sicht der Schüler/innen sowie der Eltern nutzlose, verpflichtende Anwesenheit bei wenigen unattraktiven Angeboten hätte nur den umgekehrten Effekt dessen, was man sich eigentlich von Ganztagsangeboten bzw. Ganztagsschule erhofft.

Folgeergebnisse aus der dritten Elternbefragung 2009, die sich allerdings auf die höheren Klassenstufen 7 und 8 beziehen, weisen darauf hin, dass zwar weiterhin ein umfangreiches Angebotsmodell gewünscht wird. Jedoch soll – wie auch von den Lehrern bevorzugt – eine Teilnahme an Ganztagsangeboten erst nach verbindlicher Anmeldung erfolgen.[9] Die Vorteile eines solchen Modells sind offensichtlich: Für die Schule ließen sich dadurch Planungs- und Kalkulationsprozesse in Bezug auf Angebote des Ganztags vereinfachen, für die Eltern der Schüler/innen kann eine verbindliche Teilnahme ihres Kindes an Nachmittagsangeboten positive Auswirkungen auf die Organisation und Planung der Familienzeit haben. Darüber hinaus bietet ein solches Modell aus pädagogischer Sicht größere Chancen zu mehr Angebotsqualität. Es ist auch zu erwarten, dass eine höhere Kontinuität in der Teilnahme positive Auswirkungen auf die Schülerpartizipation in den Angeboten und die Weiterentwicklung dieser haben wird (vgl. Gängler u.a. 2009b, S. 87).

---

9 Die Altersbezüge der elterlichen Präferenzen können aufgrund der geringen Unterschiede nicht weiter ausdifferenziert werden. Es ist zwar davon auszugehen, dass diese einen Einfluss haben, aber entgegen der Vermutung, dass Verbindlichkeiten in höheren Klassenstufen altersentsprechend aufgelockert werden sollten, scheinen die Eltern der Schüler/innen gegenteiliger Meinung zu sein.

Fazit

Die sächsische Landschaft von Schulen mit Ganztagsangeboten verweist auf eine kreative Gestaltung der Organisationsformen, die nicht pauschal mithilfe dreier Organisationsmodelle beschrieben werden kann. Die Anpassung der Modelle durch Variation des Verbindlichkeitsgrads, der zeitlichen Verortung sowie des Umfangs der Ganztagsangebote an Erwartungen, Möglichkeiten und Konzeptionen ist nicht nur pädagogisch sinnvoll, sondern stärkt die Zufriedenheit aller an Schule Beteiligten. Ob die Umsetzung zentraler Prinzipien ganztägiger Bildung durch die Förderung beliebiger Organisationsformen gelingt, muss bezweifelt werden. Schulen könnten die Freiheiten nutzen, Anfänge wagen, aber – und das ist die Gefahr – Ziele formulieren, die in keinem Verhältnis zur Organisationsform stehen. In diesem Zusammenhang sollte auch geklärt werden, wie Schulen mit den elterlichen Vorstellungen an eine ganztägige Organisationsform und den damit verbundenen Erwartungen umgehen. Wie kann rhythmisiert, kooperiert, Unterricht weiterentwickelt, partizipiert und individuell gefördert werden, wenn an drei Nachmittagen der anfangs erwähnte Theaterpädagoge für eine halbe Stunde vorbeischaut und wechselnde Schülergruppen vorfindet, die den Schulbus verpasst haben und mit ihm spielerisch auf den nächsten warten?

Literatur

Appel, Stefan (2005): Handbuch Ganztagsschule. Konzeption, Einrichtung und Organisation. Schwalbach/Ts.: Wochenschau Verlag.

Burow, Olaf-Axel/Pauli, Bettina (2004): Ganztagsbildung. Von der Unterrichtsanstalt zum Kreativen Feld. Verfügbar über: www.uni-kassel.de/fb1/burow/downloads/Studie.pdf (Zugriff: 22.09.08).

Gängler, Hans/ Bloße, Stephan/ Lehmann, Tobias/ Dittrich, Susanne (2007b): Wissenschaftliche Begleitung und Evaluation der Förderrichtlinie GTA. Jahresbericht 2007 (unveröffentlicht). Dresden: TU Dresden.

Gängler, Hans/Bloße, Stephan/Lehmann, Tobias/Dittrich, Susanne (2008a): Wissenschaftliche Begleitung und Evaluation der Förderrichtlinie GTA. Zwischenbericht 2008 (unveröffentlicht). Dresden: TU Dresden.

Gängler, Hans/Bloße, Stephan/Lehmann, Tobias/Dittrich, Susanne (2008b): Wissenschaftliche Begleitung und Evaluation der Förderrichtlinie GTA. Jahresbericht 2008 (unveröffentlicht). Dresden: TU Dresden.

Gängler, Hans/Bloße, Stephan/Lehmann, Tobias/Dittrich, Susanne (2009a): Wissenschaftliche Begleitung und Evaluation der Förderrichtlinie GTA. Zwischenbericht 2009 (unveröffentlicht). Dresden: TU Dresden.

Gängler, Hans/Bloße, Stephan/Lehmann, Tobias/Schönberger, Ina (2009b): Wissenschaftliche Begleitung und Evaluation der Förderrichtlinie GTA. Jahresbericht 2009 (unveröffentlicht). Dresden: TU Dresden.

Gängler, Hans/Böttcher, Sabine/Kulig, Wolfram/Markert, Thomas/Müller, Mathias (2007a): Studie zur Entwicklung von Ganztagsschulen (StEG). Landesspezifische Auswertung für den Freistaat Sachsen (Jahresbericht 2007) (unveröffentlicht). Dresden: TU Dresden.

Ganztagsschulverband GGT e. V. (2002): Programmatik des Ganztagsschulverbandes. Verfügbar über: www.ganztagsschulverband.de/gsv/page/bundesverband/programmatik (Zugriff: 24.08.2010).

Harder, Wolfgang (2005): „Du musst dein Leben ändern" oder: Wie wünschenswert ist die Ganztagsschule? In: Thilo Fitzner/Thomas Schlag/Manfred Lallinger (Hrsg.): Ganztagsschule – Ganztagsbildung. Politik – Pädagogik – Kooperationen. Bad Boll: Evangelische Akademie, S. 12–23.

Holtappels, Heinz Günter (1994): Ganztagsschule und Schulöffnung – Perspektiven für die Schulentwicklung. Weinheim; München: Juventa.

Holtappels, Heinz Günter (2002): „Ganze Tage in der Schule – Erfahrungen, Konzepte, Probleme". Vortrag auf der Tagung der Initiative „Ganze Tage in der Schule" in Berlin am 06.11.2002. Verfügbar über: jugendserver.spinnenwerk.de/~jugschul/downloads/holtappels_referat.doc (Zugriff: 09.09.10).

Holtappels, Heinz Günter (2003): „Ganztagsschule als Herausforderung: Kooperation von Jugendarbeit und Schulen". Vortrag auf der Fachtagung der Landesservicestelle Jugendhilfe/Schule zum Thema „Kooperation in der Ganztagsschule – Perspektiven der Zusammenarbeit von Jugendhilfe und Schule" am 19.11.2003 in Marburg. Verfügbar über: www.rpi-virtuell.net/workspace/users/5053/Ganztagsschule/Grunds%C3%A4tzliches/Forschung/HoltappelsKoop.pdf (Zugriff: 13.10.2009).

Holtappels, Heinz Günter (2005): Ganztagsschulen entwickeln und gestalten – Zielorientierungen und Gestaltungsansätze. In: Katrin Höhmann/Heinz Günter Holtappels/Ilse Kamski/Thomas Schnetzer (Hrsg.): Entwicklung und Organisation von Ganztagsschulen. Anregungen, Konzepte, Praxisbeispiele. Dortmund: IFS, S. 7–44.

Holtappels, Heinz Günter/Schnetzer, Thomas (2003): Analyse beispielhafter Schulkonzepte von Schulen in Ganztagsform. Verfügbar über: www.ganztagsschulen.org/_downloads/IFS_Analyse_Gesamt.pdf (Zugriff: 10.09.2008).

Ipfling, Heinz Jürgen (2005): Voraussetzungen und Bedingungen für die Errichtung von Ganztagsschulen. In: Volker Ladenthin/Jürgen Rekus (Hrsg.): Die Ganztagsschule. Alltag, Reform, Geschichte, Theorie. Weinheim; München: Juventa, S. 299–309.

KMK (Sekretariat der Kultusministerkonferenz) (2008): Allgemein bildende Schulen in Ganztagsform in den Ländern der Bundesrepublik Deutschland – Statistik 2002 bis 2006. Verfügbar über: www.kmk.org/fileadmin/veroeffentlichungen_beschluesse/2008/2008_03_04-Allgem-Schulen-Ganztagsform-02-06.pdf (Zugriff: 13.08.2010).

Lehmann, Ina (2007): Handreichung zur „Förderrichtlinie zum Ausbau von Ganztagsangeboten" (FRL GTA). Verfügbar über: www.sachsen-macht-schule.de/schule/download/download_smk/hr_gta.pdf (Zugriff: 22.09.08).

Oelkers, Jürgen (2003): „Ganztagsschulen und Qualitätssicherung". Vortrag Herbert-Quandt-Stiftung am 19.02.2003. Verfügbar über: www.paed-work.unizh.ch/ap/downloads/oelkers/Vortraege/094_Quandt.pdf (Zugriff: 22.08.08).

Popp, Ulrike (2006): Überlegungen zur Entwicklung ganztägiger Schulformen in Österreich. In: Konstanze Wetzel (Hrsg.): Ganztagsbildung – eine europäische

Debatte. Impulse für die Bildungsreform in Österreich. Wien; Münster: Lit Verlag, S. 61–73.
Quellenberg, Holger (2007): Ganztagsschule im Spiegel der Statistik. In: Heinz Günter Holtappels/Eckhard Klieme/Thomas Rauschenbach/Ludwig Stecher (Hrsg.): Ganztagsschule in Deutschland. Ergebnisse der Ausgangserhebung der „Studie zur Entwicklung von Ganztagsschulen" (StEG). Weinheim; München: Juventa, S. 14–36.
Radisch, Falk/Klieme, Eckhard (2003): Wirkung ganztägiger Schulorganisation. Bilanzierung der Forschungslage. Literaturbericht im Rahmen von „Bildung Plus". Verfügbar über: www.pedocs.de/volltexte/2008/368/pdf/ wirkung_gts.pdf (Zugriff: 24.08.2010).
Rekus, Jürgen (2005): Theorie der Ganztagsschule – praktische Orientierungen. In: Volker Ladenthin/Jürgen Rekus (Hrsg.): Die Ganztagsschule. Alltag, Reform, Geschichte, Theorie. Weinheim; München: Juventa, S. 279–297.
Sächsisches Bildungsinstitut (2008): Schule in Sachsen. Bildungsbericht 2008. Verfügbar über: www.sachsen-macht-schule.de/schule/download/download_sbi/ Schule_in_Sachsen_Bildungsbericht2008.pdf (Zugriff: 20.08.2010).

Wolfram Kulig und Mathias Müller

Rhythmus und Rhythmisierung

Begriffsgeschichtliche Lektüren und schulische Praxis

„In konsequenter Ausgestaltung bietet die Ganztagsschule den Schülern an allen fünf Arbeitstagen ein sich über Vor- und Nachmittag erstreckendes, sorgfältig rhythmisiertes Unterrichtsprogramm."
Aus den Empfehlungen der Gemeinnützigen Gesellschaft Tagesheimschule 1972, zit. nach Holtappels 1994.

Struktur und Inhalt dieses Beitrages sind dem Zusammentreffen einer Innen- und Außenperspektive geschuldet, allerdings nicht in synchroner Weise der Ko-Autorenschaft, sondern in diachroner Hinsicht. Als vormalige Mitarbeiter der wissenschaftlichen Begleitung im Rahmen der bundesweiten „Studie zur Entwicklung von Ganztagsschulen" (StEG) für den Freistaat Sachsen werden wir im *zweiten* Teil des Beitrages einige quantitative Befunde zur „Rhythmisierung" an sächsischen Schulen mit Ganztagsbetrieb vorstellen. Diese Daten stammen aus standardisierten Befragungen unterschiedlicher schulischer Akteursgruppen im Rahmen der StEG aus den Jahren 2005 und 2007. Der *erste* Teil dagegen, in chronologischer Hinsicht der jüngere von beiden und aus deutlicher zeitlicher Distanz verfasst, geht aus einem mehr oder weniger kontingenten und nichtmethodischen Lektüreprozess im Zusammenhang mit der Ganztagsschuldiskussion hervor und ist so gesehen das Resultat der schreibenden kritischen Auseinandersetzung mit dem, was wir die „Rhetorik der Reform" nennen möchten. Eine vermittelnde und möglicherweise weiterführende Kommunikation zwischen diesen beiden Abschnitten steht allerdings noch aus, so dass das Fragmentarische das Systematische letztlich dominiert.

Rhythmus und Rhythmisierung – Beobachtungen zur „Rhetorik der Reform"

„Rhythmus" und „Rhythmisierung" gehören ohne Zweifel zu den Leitbegriffen einer bildungspolitischen wie (schul)pädagogischen Diskussion um eine *ganztägige* Schulorganisation, die bereits mehrere Jahrzehnte andauert. Dieses als Kontrastmodell zur herkömmlichen Halbtags- bzw. Vormittagsschule verstandene Reformprojekt, von dem in den vergangenen Jahrzehnten bereits mehrfach die Rede war – wenn auch in unterschiedlicher Intensität –, scheint sich derzeit auf einen konjunkturellen Zenit zuzubewegen.[1] Ähnlich wie die gesamte Ganztagschule selbst wird innerhalb dieser Debatte die Rhythmisierung schulischer Abläufe mit einer Vielzahl pädagogischer Ansprüche aufgeladen: Als Beispiel mögen die Ausführen von Holtappels dienen, der allein im offenen Unterrichtsbeginn am Morgen (als Element der Tagesrhythmisierung) eine didaktische, eine psychosoziale und eine diagnostische Funktion zu entdecken glaubt (vgl. Holtappels 2007, S. 10).

Allerdings nehmen sich die damals wie heute erhobenen Forderungen nach Rhythmisierung des Schul(all)tags auf den ersten Blick merkwürdig aus, gehört doch die (staatliche) Schule als eine *Institution* und die Einzelschule als eine *Organisation* (auch in ihrer Halbtagsvariante) zu den am stärksten reglementierten gesellschaftlichen Systemen. Auf der Ebene der *Institution* sind Inhalte über Lehrpläne und Unterrichtszeiten über Stundenzahlvorgaben ministeriell festgelegt, Entscheidungen über Personaleinstellungen bzw. Entlassungen folgen arbeitsrechtlichen bzw. bürokratischen Schemata. Als *Organisation* ist die Einzelschule ein Teil des gesamten hierarchischen Arrangements und auch schulintern folgen die meisten Schulen in ihrem Tagesablauf einem Zeit und Raum strukturierenden Reglement: Die Phasen der Anspannung und Entspannung sind schuleinheitlich festgelegt, die Schüler und Lehrer bewegen sich nach strengen Raum- und Stundenplänen minutengenau geplant innerhalb des Gebäudes. So verstanden kann mangelnde Rhythmisierung eigentlich kaum beklagt werden. Bei eingehender Betrachtung erweist sich allerdings schnell, dass ein solcher, mit einer strengen „Einteilung" und der Unnachgiebigkeit eines vom Metronom vorgegebenen „Taktes" in eins gesetzter Begriff von Rhythmus nicht derjenige des pädagogischen Diskurses zur Rhythmisierung der (Ganztags-) Schule ist. So heißt es etwa im „Handbuch Ganztagsschule" (Appel 2005): „Im gegenwärtigen Jahrzehnt der ‚Drum-music' und der harten Takte in der Unterhaltungsmusik wird Rhythmisierung vielfach als turnusmäßige, segmentierende Grundeinteilung gesehen, die sie vom eigentlichen Wortverständnis und von der etymologischen Sinngebung natürlich nicht ist. Der griechische Ursprung des Wortes, nämlich den erlebten Rhythmus als ‚harmonische Bewegung' oder ‚periodischen Wechsel natürlicher Vorgänge' zu verstehen, kommt dem Begriff in seiner eigentlichen Bedeutung am nächsten." (ebenda, S. 142)

Worin die hier postulierte *eigentliche* Bedeutung von Rhythmus und Rhythmisierung ganztagsschulischer Konstellationen besteht, machen die Rekonstruktionen zur „reformpädagogischen Fundierung" des Ganztags-

---

[1] Ob es diesen bereits überschritten hat, wie einige „böse" Stimmen behaupten, wird sich spätestens dann zeigen, wenn die umfangreichen Investitionen auf Bundes- und Länderebene in den Ausbau von Ganztagsschulen gedrosselt werden (müssen) und der Reformoptimismus vom schwierigen Schulalltag(-sgeschäft) einge- oder gar überholt wird.

schuldiskurses deutlich, in denen die gegenwärtige „Reform-Formel ‚Schülerorientierung'" als „spezifische Rezeption reformpädagogischer Prinzipien" ausgedeutet wird (Kolbe/Reh 2008a, S. 41[2]). Diese Formel zeigt sich auch und gerade in den Forderungen nach einer – gegenüber der Halbtagsschule veränderten – zeitlichen Strukturierung und pädagogisch-didaktischen Gestaltung von Schule, die an den Bedürfnissen der Kinder und den spezifischen Bedingungen ihrer Entwicklung ausgerichtet ist. Entscheidend ist hierbei, dass diese Überlegungen auf der Unterstellung eines allen Menschen gleichen und insofern natürlichen Rhythmus' beruhen, der die Orientierung für die Organisation von Arbeits- und Entspannungsphasen vorgibt (vgl. Rabenstein 2008, S. 548f.). In der Sprache des „Handbuch[s] Ganztagsschule" meint Rhythmus bzw. Rhythmisierung dementsprechend „einen wohl proportionierten Klangteppich des modifizierten Arrangements, auf dem das schulische Leben mit allen Vorhaben im unterrichtlichen wie außerunterrichtlichen Bereich harmonisch abläuft." (Appel 2005, S. 144)[3]

In solcherart Konzeptionen schulischer Rhythmisierung ist ein – so ließe sich zuspitzen – spezifischer Naturalisierungsmechanismus wirksam, der Legitimationsgrundlage und Immunisierungsstrategie zugleich darstellt: Die gegenüber der Halbtagsschule veränderte Gestaltung von Schule wird auf die Orientierung an „physiologischen Leistungskurven", also einem den Schülerinnen und Schülern inhärenten harmonischen Wechsel von Leistungs- und Entspannungsbereitschaft verpflichtet und erfolgt damit letztlich im Namen einer Naturnotwendigkeit.[4] Diese Form der Kritik an den

---

2 Vgl. dazu auch Kolbe/Reh 2008b; Kolbe/Rabenstein/Reh 2006; Rabenstein 2008.
3 Historische Vorläufer dieser Programmatiken und ihrer Begründungsfiguren finden sich Kolbe/Rabenstein/Reh 2006 zufolge bereits in den Diskursen um die Versuchsschulen der 1920er Jahre, die durch stark naturalistische Vorstellungen vom Kind geprägt sind: Es dominiert ein „Bild der harmonisch-zyklischen Natur" (ebenda, S. 5) des Menschen, der in seiner natürlichen Entwicklung rhythmischen Schwankungen unterliege, die mit unterschiedlicher Leistungsfähigkeit zu unterschiedlichen Tages- und Jahreszeiten einhergingen. Einen zweiten wichtigen Impuls für das Thema Rhythmisierung sehen Kolbe/Rabenstein/Reh (vgl. 2006, S. 7) in den Diskussionen um die Belastungen von Schülerinnen und Schülern ab den 1950er Jahren: Medizinische und psychologische Studien zu physiologischen Leistungskurven stellen relativ einheitlich einen Gipfel der kindlichen Leistungsfähigkeit am Vormittag und einen längeren Leistungsabfall um die Mittagszeit fest. Am Nachmittag komme es erneut zu einem Anstieg der Leistungsfähigkeit der Kinder. Auch wenn spätere Untersuchungen zeigen, dass die aufgestellten Leistungskurven nicht im angenommen Maße allgemeingültig sind (ebenda) und heute eher von „Bandbreiten" (Holtappels 2007, S. 9) der Leistungsfähigkeit gesprochen wird, hat sich die Argumentation in ihren Grundzügen erhalten. Zusammenfassend kann man festhalten, dass ein pädagogisches Unbehagen an stark „fremdbestimmten" Zeitstrukturen die Diskussion in den letzten hundert Jahren mit verschiedenen Begründungsmustern begleitet und sich, wie ebenfalls Kolbe/Rabenstein/Reh (vgl. 2006, S. 8f.) zeigen, dabei weitgehend auf Deutschland beschränkt hat; vergleichbare Länder in Europa führen kaum derartige Diskussionen.
4 Hierzu auch Rabenstein (2008, S. 549) über das „Handbuch Ganztagsschule" (vgl. Appel 2005): „Mit seinen Begrifflichkeiten gibt Appel dabei als Natur bzw. natürlich

bisherigen, weitgehend starren Zeitstrukturierungen des schulischen Alltags (z.B. 45-Minuten-Takt) stellt sich ihrerseits als nicht hinterfragbar dar, gerade weil sie ein eigentlich pädagogisch-normatives Konzept, das begründungspflichtig ist, als zwangsläufige Orientierung an als natürlich gegeben unterstellten Vorgängen im Kind ausgibt. Indem nun hierfür der Begriff „Rhythmisierung" gebraucht wird, und zwar in derjenigen Ursprungsbedeutung von Rhythmus, die die Herkunftswörterbücher verzeichnen: nämlich als „gleichmäßige Bewegung der Wellen", wird diese Naturnotwendigkeit als Sinn auch auf der Ebene des Zeichens verankert und durch die Art und Weise des Zeichengebrauchs stets (re)aktualisiert.

In einer gerade für diesen Kontext bemerkenswerten Untersuchung hat der französische Linguist Émile Benveniste den unterschiedlichen Bedeutungen und Anwendungen des griechischen *rhythmós*, von dem her sich der abendländisch-moderne Begriff *Rhythmus* ableitet, in den Kontexten seines anfänglichen Auftauchens bei den ionischen und attischen Autoren um das 5. Jahrhundert v. Chr. herum nachgespürt (vgl. Benveniste 1951/1974). Er macht darin deutlich, dass die heutige lexikalische Bedeutung von Rhythmus keineswegs aus den Beobachtungen der Natur und ihrer Prinzipien resultiere. Vielmehr sei sie Ergebnis einer Geschichte des Gebrauchs, in deren Verlauf sich die späteren Verwendungsweisen gegenüber den ionischen und attischen Autoren verändern, insofern sie eine Verallgemeinerung, Ausweitung und Rekontextualisierung des griechischen *rhythmós* darstellen.[5]

---

aus, was er gleichzeitig als Norm pädagogischen Handelns erst unterstellt bzw. was es als Ziel pädagogischen Handelns erst noch zu entwickeln gilt." Nicht zuletzt hierin dürfte das begriffliche Unbehagen Sabine Rabensteins begründet sein, das in ihrem Vorschlag zum Ausdruck kommt, „statt von Rhythmisierung von Zeitstrukturierungsmodellen zu sprechen, um sich des ideologischen und biologistischen Ballasts des Begriffs Rhythmisierung zu entledigen." (Rabenstein 2008, S. 548)

5 In den abschließenden Worten seiner Untersuchung, die aber eben den Beginn weiterer, notwendiger Untersuchungen markieren, hebt Benveniste die Diskontinuität, den Bruch zwischen der ursprünglichen Bedeutung des griechischen *rhythmós* und unserem heutigen Verständnis von *Rhythmus* heraus. In diesem Sinne ist die Bezugnahme auf Benveniste zu verstehen: Es geht nicht so sehr um ein alternatives Deutungsangebot für das, was der Begriff *Rhythmus* eigentlich, ursprünglich meint, als vielmehr darum, durch den Hinweis auf die Geschichtlichkeit und Bedingungen seiner (heutigen) Bedeutung den Blick auf die mögliche Gestaltung (ganztags)schulischer Konstellationen zumindest zu öffnen. „Die hier skizzierte Geschichte wird dazu beitragen, die Komplexität der sprachlichen Bedingungen zu beurteilen, aus der sich der Begriff des ‚Rhythmus' entwickelt hat. Wir sind weit entfernt von den simplifizierenden Darstellungen, die eine oberflächliche Etymologie vorschlug, und es war nicht bei der Betrachtung des Wellenspiels am Strande, daß der primitive Hellene den ‚Rhythmus' entdeckt hat; wir sind es im Gegenteil, die eine Metapher benutzen, wenn wir heute vom Rhythmus der Wellen sprechen. Eine lange Reflexion über die Struktur der Dinge war nötig, dann eine Theorie des Messens, angewandt auf die Figuren des Tanzes und auf die Modulation des Gesangs, um das Prinzip rhythmischer Bewegungen zu erkennen und zu benennen. Nichts war weniger ‚natürlich' als diese lange Ausarbei-

Drei wichtige Erkenntnisse hebt Benveniste aus seiner Untersuchung zur Begriffsgeschichte heraus: „1) *rhythmós* bedeutet niemals ‚Rhythmus', von Anfang an bis zur attischen Periode; 2) es wird niemals auf die regelmäßige Bewegung der Wellen angewandt; 3) die konstante Bedeutung lautet: ‚distinktive Form; proportionierte Figur; Veranlagung' in den vielfältigsten Anwendungen. Ebenso beziehen sich die Ableitungen oder die Zusammensetzungen von *rhythmós*, nominaler und verbaler Art, immer nur auf den Begriff der ‚Form'." (Benveniste 1951/1974, S. 369)[6]. Wird *rhythmós* als Form verstanden, so ergibt sich allein daraus noch nicht dessen Spezifik (z.B. gegenüber anderen griechischen Ausdrücken für „Form"). Um diese Präzisierung vorzunehmen, greift Benveniste in seiner Untersuchung auf jenes Verb zurück, von dem her in den Herkunftswörterbüchern (in Benvenistes Augen zu Recht) die Bildung von *rhythmós* abgeleitet wird: griech. *rhein* – fließen, strömen.[7] Die Bedeutung als (spezifische Form der) Form in Verbindung mit der Ableitung von *fließen* fügt sich bei Benveniste dergestalt zusammen, dass *rhythmós* in seinen frühesten Verwendungskontexten Augenblicksformen bezeichnet, also wandelbare Formen; Formen dessen, was in Bewegung, flüssig, stets veränderlich ist, wie z.B. die Stimmung oder Laune: „Man kann also verstehen, daß *rhythmós* wörtlich ‚eine besondere Art des Fließens' bedeutete und deshalb das geeignetste Wort gewesen ist, um ‚Dispositionen' oder ‚Formen' ohne Festigkeit oder natürliche Notwendigkeit, Resultate einer immer der Veränderung unterworfenen Anordnung zu beschreiben." (Benveniste 1951/1974, S. 371)

Ein Weg, die naturalistischen Konnotationen der Rede von der Rhythmisierung des Schul(-all-)tages zu vermeiden, besteht nun sicherlich darin, auf diesen Begriff gänzlich zu verzichten und statt dessen beispielsweise von Zeitstrukturierung(-smodellen) zu sprechen, wie Kerstin Rabenstein dies

---

tung eines Begriffs durch die Bemühungen der Denker, eines Begriffs, der uns so notwendig den artikulierten Formen der Bewegung inhärent zu sein scheint, daß es uns schwer fällt zu glauben, daß man sich seiner nicht von Anfang an bewußt gewesen ist." (Benveniste 1951/1974, S. 374f.)

6 Hierzu nur einige wenige Beispiele: Demokrit verstand *rhythmós* ausschließlich als Form, und zwar im Sinne einer distinktiven Form anhand derer sich zwei Elemente voneinander unterscheiden lassen, z.B. die Schriftzeichen (A und N) (vgl. Benveniste 1951/1974, S. 366f.); bei Plato entdeckt Benveniste die Verwendung von *ryhthmós* als „‚proportionierte Situation' zwischen dem Überfluss und dem Mangel" (ebenda, S. 369); *rhythmós* als „Veranlagung" findet sich bei den lyrischen Dichtern im Sinne einer individuellen, distinktiven Form des menschlichen Charakters und auch als Haltung gebraucht (vgl. ebenda, S. 368).

7 Vgl. exemplarisch hierfür das Etymologische Wörterbuch des Deutschen (Pfeifer 2005, S. 1125f.). Hier wird (zumindest) vermutet, dass die Assoziation zur Gleichförmigkeit der Wellenbewegung des Meeres aus der Bildung von *rhythmós* zu *rhein* herstammt. Nach Benveniste wird aber auch der griechische Begriff *rhein* nie auf die Bewegungen des Meeres angewandt, da das Meer nicht fließt: „Umgekehrt ist das, was fließt, der Fluß, der Bach; ein Wasserlauf jedoch besitzt keinen Rhythmus." (Benveniste 1951/1974, S. 364f.).

vorschlägt (s. Fußnote 4). Entscheidender als der Wechsel der Terminologie erscheint jedoch vielmehr, dass Rabenstein das Nachdenken über sinnvolle, d.h. pädagogisch begründbare Strukturierungsmöglichkeiten des Schultages so auf die Frage nach den *Möglichkeitsbedingungen* statt auf die nach den *notwendigen* Bedingungen erfolgreichen Lernens zurückführt. Anders als z.B. Appel (2005), der – wie gezeigt – die Passung von äußerer und innerer Rhythmisierung, also von schulischer Tagesstrukturierung auf der einen und dem natürlichen Wechsel von Leistungsbereitschaft und Entspannungsbedürfnissen des Kindes auf der anderen Seite, als unhintergehbaren Grund ins Feld führt, zielen Rabensteins eher vorsichtige Äußerungen in dieser Sache auf die Schaffung von *pädagogischen Möglichkeitsräumen*, die durch unterschiedliche Lernangebote und Lernumgebungen gekennzeichnet sind: „Die Zeitgestaltung und der Tagesablauf sollen bestimmte Formen des Lernens und Arbeitens ermöglichen." (Rabenstein 2008, S. 552). Natürlich kann dies nur vor dem Hintergrund didaktischer Überlegungen und Entscheidungen erfolgen. Wenn jene aber so angelegt sind, dass in ihnen das Spannungsverhältnis zwischen pädagogischen Vorgaben und den schülerindividuellen Aneignungen dieser Vorgaben sehenden Auges aufrechterhalten und nicht einseitig in eine Richtung aufgelöst wird, dann wäre man in der Diskussion um „Rhythmisierung" dort angelangt, wo das Kontingente als ein *pädagogische* Konstellationen konstituierendes Moment anerkannt werden könnte. In einer solchen bewussten Hinwendung zur Offenheit des Möglichkeitshorizontes – die eher Konflikte und Spannungen mit sich brächte als Harmonie – hätte eine *Rhythmisierung* ihren Platz, die sich – entsprechend der einstigen Bedeutung von *rhythmós* – als augenblickhafte, improvisierte und insofern immer wieder zu erneuernde *Formgebung des Fließenden* verstehen könnte.

Dass sich ein solches Verständnis von Rhythmisierung in der derzeitigen Organisationsform von Schule und Unterricht als nicht umsetzbar darstellt, ist evident. Da jedoch mit der Entwicklung der Ganztagsschule immer auch wieder alternative pädagogische Entwürfe entwickelt werden, die nicht zuletzt ausgehend von Überlegungen zur „richtigen Rhythmisierung" eine optimierte Schulorganisation anstreben, ergibt sich konsequenterweise die Frage, ob und wie eine Rhythmisierung *schulisch organisierten Lernens*, die über eine bloße zeitliche Gliederung des Tagesablaufs (im Sinne von Takt) hinausgeht, *überhaupt möglich* ist.

Die bisherigen Kritiken an bestehenden Modellen schulischer Zeitstrukturierung bewegen sich jedoch fast nie auf der Ebene solcher grundsätzlichen Überlegungen. Vielmehr entzünden sie sich im Wesentlichen daran, dass schulische Abläufe organisationslogischen Notwendigkeiten und der Idee eines (möglichst) reibungsfreien Prozessablaufs folgen würden und mithin pädagogische bzw. entwicklungspsychologische Erkenntnisse zu wenig Berücksichtigung fänden. Folgen davon seien vor allem eine „Verkopfung des Morgens" und ein nicht an die kindliche Leistungsfähigkeit angepasster

Schultag, der unbedingt „entzerrt" werden müsse (so die Zusammenfassung der Diskussion durch Kolbe/Rabenstein/Reh 2006, S. 5, wie sie sich historisch rekonstruieren lässt).

Doch genau dieser Konflikt zwischen den Ansprüchen pädagogischer Ideale und den *organisationslogischen Notwendigkeiten* ihrer Realisierung scheint unserer Meinung nach zentral zu sein für die prinzipielle Frage nach den (Un-)Möglichkeiten einer Rhythmisierung schulisch organisierten Lernens. Die Ersetzung eines Zeitstrukturmodells (45-Minuten-Takt) durch ein pädagogisch, lern- und entwicklungspsychologisch, organisatorisch oder gar durch die Hirnforschung begründetes anderes Zeitstrukturmodell (60- oder 65-Minuten-Takt[8]) allein trägt zur Bearbeitung dieser nicht bei.

Ungeachtet der Schwierigkeiten solcher begrifflichen und theoretischen Erwägungen, streben viele Schulen nach praktikablen Lösungen, Elemente von Rhythmisierung in eine veränderte zeitliche Organisation ihres Schultages einfließen zu lassen. Im zweiten Teil sollen hierzu nun einige Ergebnisse aus der Befragung verschiedener schulischer Akteure an sächsischen Ganztagsschulen dargelegt werden.

Befunde zur „Rhythmisierung" an Schulen mit Ganztagsbetrieb

Als Auswertungsraster wird der folgenden Darstellung eine bestehende Klassifikation der unterschiedlichen schulischen Ebenen, in Bezug auf die, in welchen von Rhythmisierung die Rede ist, zugrunde gelegt. Sie findet sich u.a. bei Höhmann (2007): „Die *innere Rhythmisierung* ist der Lernrhythmus, dem der Lernende beispielsweise aufgrund seines individuellen Lerntempos folgt.[9] Die *Binnenrhythmisierung* ist die Rhythmisierung, die der Lehrer und die Lehrerin in ihrem Unterricht praktizieren oder das nichtunterrichtende pädagogische Personal in seinen Angeboten herstellt. Die *äußere Rhythmisierung* bezieht sich auf die Organisationsebene der Schule als Ganzes." (S. 4, Herv. i. O.)[10]. Vor dem Hintergrund dieser begrifflichen Unterscheidung wird nun also gefragt, inwieweit an Schulen mit Ganztags-

---

8 Vgl. exemplarisch die Erfahrungsberichte in Block/Brassat 2007, Höhmann/Kummer 2007.
9 Die Bezeichnung „innere Rhythmisierung" weist eine augenscheinliche Nähe zu naturalistisch argumentierenden Sichtweisen auf. Individuelle Lernrhythmen begreifen wir allerdings nicht als stabile Personenmerkmale, die von Schüler/in zu Schüler/in verschieden sind, sondern als situationsspezifische Erscheinungen, die im Kontext schulischer Arbeits- und Lernpraktiken bei den sozialen Akteuren zu „beobachten" sind. Eine solche begriffliche Auffassung spielt im weiteren sekundäranalytischen Zugriff auf die im Rahmen der „StEG" erhobenen empirischen Daten keine weitere Rolle, doch erscheint uns diese Klarstellung wichtig, um Missverständnissen vorzubeugen.
10 Ähnliche Ausführungen bei Holtappels 2007, S. 10.

angeboten bislang Elemente von Rhythmisierung einerseits auf der Ebene der zeitlichen Organisation von Schultag bzw. -woche und andererseits auf der Ebene des Unterrichts bzw. der ganztägigen Angebote realisiert wurden. Ebenso soll geprüft werden, inwieweit die an den Einzelschulen ausgeübte Unterrichtspraxis Rücksicht auf die individuellen Lernrhythmen der Schüler/innen nimmt und wie dies von letzteren reflektiert wird.

Den hier beispielhaft vorgestellten Befunden liegen Daten zugrunde, die im Rahmen der bundesweiten „Studie zur Entwicklung von Ganztagsschulen" (StEG) erhoben wurden (vgl. Holtappels/Klieme/Rauschenbach 2007). Allerdings beschränken sich die weiteren Ausführungen ausschließlich auf die landesspezifischen Datensätze für den Freistaat Sachsen (vgl. hierzu auch Gängler u.a. 2007, Gängler/Böttcher/Markert 2008).

Die StEG kann derzeit als die umfangreichste Studie über den Ausbau von Ganztagsschulen in Deutschland betrachtet werden. Ihr Potential liegt in ihrem Längsschnittdesign, das drei Erhebungswellen vorsieht (vgl. zum Untersuchungsdesign Quellenberg/Carstens/Stecher 2007, S. 52ff.). Obgleich bereits auswertbare Daten zu zwei Messzeitpunkten (2005 und 2007) vorliegen und somit erste Aussagen zur „Entwicklung" möglich wären, verzichtet die folgende Darstellung weitgehend auf längsschnittliche Aussagen. Zwar werden zum Teil Befunde der Befragungen 2005 und 2007 gegenübergestellt, jedoch geschieht dies in ausschließlich deskriptiver Absicht. Dies hat seinen Grund vor allem darin, dass die eingesetzten Erhebungsinstrumente der ersten gegenüber der zweiten Befragungswelle bisweilen erheblich verändert wurden, sowohl was die Formulierung einzelner Fragen und Fragenkomplexe betrifft als auch die Struktur des Fragebogens selbst: So fehlt, um nur ein Beispiel zu nennen, im 2007er Fragebogen für die Schüler/innen der gesamte Komplex zu den erlebten Sozialformen des Unterrichts.

Zwar hat das Thema „Rhythmisierung" – wie die Ausführungen des ersten Teils in diesem Beitrag deutlich zu machen versuchten – in der bildungspolitischen und erziehungswissenschaftlichen Diskussion um Ganztagsschulen und -angebote einen zentralen Stellenwert, doch findet dieser in den Befragungsinstrumenten der StEG – so muss festgestellt werden – keine vergleichbare Entsprechung. Scheinbar ungeachtet der vielfältigen Bemühungen um ein fachlich begründetes Verständnis von schulischer Rhythmisierung, wenngleich in theoretischer Hinsicht bislang auch hinterfragbar, entbehrt die inhaltliche Ausgestaltung der Fragebögen einer erkennbaren Operationalisierung, die der Mehrdimensionalität dieses Aspekts von Schulentwicklung gerecht zu werden vermag. In der zentralen StEG-Publikation zu den Befunden der Eingangserhebung wird im Hinblick auf die an den Einzelschulen praktizierten Formen von Zeitstrukturierung und Rhythmisierung *einzig* auf die Befragung der Schulleitungen Bezug genommen (vgl. Dieckmann/Höhmann/Tillmann 2007, S. 170–172). Die Schulleiter/innen wurden gefragt, welche Aspekte der Zeitorganisation in ihrer Schule verändert oder neu eingeführt wurden bzw. ob es diese bereits vor der Aufnahme des Ganztagsbetriebes gab. Dieser Fragekomplex zielt auf Aussagen über das Vorhandensein z.B. eines offenen Unterrichtsbeginns, die Bildung von größeren Zeiteinheiten und Abweichungen vom üblichen 45-Minuten-Takt. In der Tat werden hier zentrale Merkmale von Rhythmisierung abgebildet, die sich auf die Organisationsebene der Schule als Ganzes beziehen (*äußere Rhythmisierung*). Unberücksichtigt bleibt damit allerdings die konkrete Unterrichtspraxis im Sinne neuer Sozial- bzw. Lernformen des Unterrichts und deren Bezugnahme auf die schülerindividuellen Lernrhythmen. Denn, wie die StEG-Autor/innen selbst hervorheben, die hier abgefragten Aspekte der Zeitstrukturierung auf Organisationsebene sind „lediglich" „wesentliche Rahmenelemente für alle weiteren organisatorischen Entscheidungen, didaktischen Möglichkeiten und pädagogischen Profile." (Dieckmann/Höhmann/Tillmann 2007, S. 170). Eine *systematische* Erhebung gerade der anderen Dimensionen von Rhythmisierung, ausgehend von einem erkennbaren theoretisch-konzeptionellen Verständnis (welches das auch immer sei), sucht man jedoch im Lehrkräfte- wie Schülerfragebogen vergeblich. Das bedeutet nun nicht, dass sich in den StEG-Instrumenten keinerlei Abfragen z.B. zur konkreten Unterrichtsgestaltung an den Schulen finden ließen, doch sind diese angesichts ihrer logischen Struktur nur indirekt in Verbindung mit einer wie auch immer gearteten fachlich begründeten Auffassung von Rhythmisierung zu bringen.[11] Einige Informationen über die im Unterricht praktizierten Lern- und Arbeitsformen gehen nicht – wie erwartbar – aus den Lehrerangaben hervor, sondern werden im Schülerfragebogen erhoben. Aus der Schülerbefragung lassen sich vereinzelt auch Hinweise zur subjektiv empfundenen Passung oder Nichtpassung zwischen individuellem Lern- und dem Unterrichtstempo entnehmen. Aussagen hierzu finden sich indirekt auch in den Lehrerfragebögen, wenn es um den Umgang der Lehrer/innen mit unterschiedlichen (Leistungs-)Voraussetzungen der Schüler/innen geht. Für Rhythmisierung auf dieser Ebene ebenso relevant könnte der im Lehrerbogen enthaltene Fragekomplex zu Partizipationsformen im Unterricht sein.

Zu all den hier aufgeführten Einzelaspekten von Rhythmisierung in der StEG sollen im Folgenden in knapper Form den Freistaat Sachsen betreffende empirische Befunde dargestellt werden.

---

11 Die vom StEG-Projekt vorgelegte digitale Datendokumentation (für die Eingangserhebung 2005), die unter anderem die bei der Fragebogenkonstruktion zugrunde gelegten Module und die Modulzuordnung der Fragen(komplexe) enthält, bestätigen den Eindruck, dass „Rhythmisierung" hier ausschließlich als Rhythmisierung in Form einer „Restrukturierung der Zeitorganisation" an Schulen verstanden wird. Die im Folgenden beschriebenen und anschließend ausgewerteten Fragen, die andere Rhythmisierungsdimensionen berühren, werden in dieser Datendokumentation nicht ausdrücklich unter diesem Gesichtspunkt aufgeführt.

Aspekte der zeitlichen Organisation und Strukturierung des Ganztagsbetriebes

Die sächsische StEG-Stichprobe umfasst 2005 19 Schulen und 2007 18 Schulen, so dass auch lediglich die Angaben von 19 bzw. 18 Schulleiter/innen vorliegen. Damit ist eine sinnvolle statistische Analyse, die über ein einfaches deskriptives Niveau hinausgeht, nicht möglich. Auf jegliche Differenzierungen z.B. nach Schulart o. Ä. muss verzichtet werden.

Die Aussagekraft wird zudem dadurch eingeschränkt, dass in der Regel nicht alle Befragten auf alle hier relevanten Sachverhalte geantwortet haben. Zum Zeitpunkt der Befragungen 2005 haben darüber hinaus drei Schulen angegeben, den Ganztagsbetrieb noch nicht aufgenommen zu haben. Ihre Angaben zur „Rhythmisierung" beziehen sich also, sofern überhaupt welche gemacht wurden, auf damals aktuelle *Planungen*. Die weiteren Ausführungen können also, eingedenk dieser Beschränkungen, nur in einem sehr begrenzten Maße Aussagekraft beanspruchen. Was lässt sich angesichts dieser Verteilungen nun über Zeitstrukturierungen an den untersuchten Schulen sagen?

Zunächst ist festzuhalten (s. Tab. 1), dass nach Auskunft der Schulleitungen 2005 an 10 Schulen Zeitkonzepte für eine Tagesrhythmisierung entwickelt wurden. Zwei Jahre später sind es bereits 14 der 18 verbliebenen Schulen.[12] Die Mehrheit der Schulen hat die mit der Einführung des Ganztagsbetriebs veränderten Schulzeiten dazu genutzt, die klassischen Unterrichtsangebote über den gesamten Tag zu verteilen. Unterrichts- und Freizeitphasen sind in den meisten Schulen dabei zeitlich voneinander getrennt, auch wenn sich hier zwischen 2005 und 2007 ein rückläufiger Trend abzeichnet und die Übergänge zwischen Unterricht und Freizeitphasen scheinbar in einigen Schulen fließender gestaltet werden als noch 2005.

Am herkömmlichen 45-Minuten-Takt hält etwas mehr als die Hälfte der Schulen fest. Auch wird an diesen Schulen der auf diese herkömmliche Weise einheitlich gegliederte Tagesablauf in der Regel nicht durch einzelne Kurz- oder Maxistunden variiert.

Bei einer deutlichen Mehrheit der Schulen bilden Frühstücks- und Mittagspausen eigene Zeitblöcke und werden somit ausdrücklich in der Tagesstruktur des Schulablaufs verankert. Ebenso mehrheitlich wurde an den Schulen generell die Tagesstruktur in größere Zeitblöcke unterteilt. Nur vier Schulen geben ausdrücklich an, hierbei keine Veränderung vorgenommen zu haben. Zwischen 2005 und 2007 haben sich hier keine wesentlichen Änderungen ergeben.

---

12 Inwieweit an den Schulen nach diesem Konzept auch tatsächlich gearbeitet wird, wurde allerdings nicht abgefragt.

Tab. 1: Aspekte der zeitlichen Organisation des Ganztagsbetriebes (Schulleiterbefragung)

Oft werden mit der Einführung des Ganztagsbetriebs auch Aspekte der Zeitorganisation an der jeweiligen Schule verändert bzw. im Rahmen eines Wochenstrukturplanes eingeführt. Wie ist das an Ihrer Schule?*	2005		2007	
	ja	nein	ja	nein
offener Anfang vor dem eigentlichen Unterrichtsbeginn eingeführt (n=17; n=18)	5	12	7	11
offener Schulschluss wurde eingeführt (n=16; n=17)	6	10	3	14
feste Regelung der Schulzeiten (auch bei Unterrichtsausfall) (n=18; n=17)	15	3	16	1
45-Minuten-Rhythmus der Unterrichtsstunden im wesentlichen beibehalten (n=17; n=17)	9	8	10	7
Zeitkonzepte für die Tagesrhythmisierung entwickelt (n=13; n=18)	10	3	14	4
größere Zeitblöcke in der Tagesstruktur gebildet (n=15; n=18)	11	4	11	7
in der Tagesstruktur einzelne Kurzstunden (unter 45 min) bzw. einzelne Maxistunden (über 45 min) gebildet (n=14; n=17)	2	12	6	11
feste Zeiten für klassen- und jahrgangsübergreifendes Arbeiten im Stundenplan eingebaut (n=16; n=18)	6	10	11	7
Frühstücks- und Mittagspausen bilden eigene Zeitblöcke (n=17; n=18)	16	1	16	2
Unterrichtsstunden nach Stundenplan sind über den ganzen Tag verteilt (n=17; n=18)	13	4	14	4
Freizeit- und Unterrichtsphasen sind zeitlich klar voneinander getrennt (n=17; n=18)	14	3	12	6

* Nicht in Tab. 1 aufgenommen wurde das Item „Es gibt im Stundenplan fest ausgewiesene Klassenlehrerstunden."
Quelle: StEG Sachsen 2005, 2007

Auffällig ist, dass der offene Unterrichtsbeginn – ein Element, das Kamski zufolge als „Indikator für eine elaborierte Form von Rhythmisierung" (2007, S. 17) gilt – an sächsischen Schulen von nur einem geringen Teil der Schulen eingeführt wurde, auch wenn sich hier zu 2007 ein leichter Anstieg verzeichnen lässt. Anders dagegen der offene Schulschluss: Dieser scheint sich in der Schulpraxis nicht zu bewähren.

Betrachtet man die *Verknüpfung* einzelner Elemente der Zeitorganisation von Schulen, wie sie in Tab. 1 aufgeführt werden, also zum Beispiel die Bildung von Blöcken in der Tagesstruktur – inklusive Frühstück und Mittagessen als eigenen Phasen – in Zusammenhang mit der Abkehr vom 45-

Minuten-Takt des Unterrichts und der Verteilung von Unterrichtseinheiten über den gesamten Schultag, dann lässt sich eine solche Form der Rhythmisierung immerhin bei 6 der 19 Schulen finden (2007 sind es nur noch 3 von 18). Allerdings hat keine dieser 6 Schulen einen offenen Unterrichtsbeginn eingeführt. Es handelt sich hierbei um je zwei Schulen mit offener, teil und voll gebundener Organisationsform des Ganztagsbetriebes.

Eine tiefer gehende Analyse, die es z.B. erlauben würde, komplexere Zeitorganisationsprofile der Einzelschulen abzubilden oder zwischen Schulen unterschiedlicher Schulformen bzw. Ganztagsorganisationsformen zu unterscheiden, erscheint angesichts der geringen Fallzahl nicht möglich.

Binnenrhythmisierung der unterrichtlichen und außerunterrichtlichen Ganztagsangebote aus Sicht der Schüler

Zu der als „Binnenrhythmisierung" bezeichneten Gestaltung des Lern- und Arbeitsarrangements im Unterricht und in den außerunterrichtlichen Angeboten an den Ganztagsschulen liegen Angaben der Schüler/innen vor.[13] Die Lehrkräfte wurden zu diesem Themenkomplex nicht befragt.

Die Schüler/innen sollten angeben, wie häufig bestimmte Unterrichtsformen, die als sehr konkrete Arbeitssituationen umschrieben wurden, im Unterricht bzw. in den Angeboten vorkommen. Anhand dieser Angaben lassen sich recht eindeutig frontale Lernsettings von solchen unterscheiden, in denen eher Schüleraktivitäten im Zentrum stehen. Ein klarer Referenzpunkt (Fach, Schulwoche, Lehrkraft o.Ä.) wurde den Schüler/innen nicht vorgegeben, sie sollten lediglich ganz allgemein im Hinblick auf den Unterricht, den sie erleben und die Angebote, die sie besuchen, antworten. Es muss nun aber davon ausgegangen werden, dass für die antwortenden Schüler/innen eine solch globale Aussage angesichts lehrer-, fach- bzw. angebotsspezifischer Arbeitsformen schwierig zu treffen ist. Hinzukommt, dass die Antwortvorgaben wie „manchmal" oder „häufig" zu schwierig bestimmbaren Ergebnissen führen. Trotz dieser Einschränkungen lassen sich aus der folgenden Tab. 2 einige Tendenzen ablesen.

---

13 Ein Vergleich der Schülerangaben 2005 mit denen 2007 ist nicht möglich, weil dieser Fragenkomplex – wie bereits erwähnt – aus dem Schülerfragebogen der zweiten Erhebung entfernt wurde.

Tab. 2: Binnenrhythmisierung des Unterrichts und der Angebote aus Sicht der Schüler

Wie häufig kommen die folgenden Dinge bei dir im Unterricht (bzw. in den Angeboten) vor?*	im Unterricht (%, zeilenweise)			
	nie	manchmal	häufig	immer
Wir sitzen und hören zu, der Lehrer/Betreuer redet. (n=1.718)	2,3	23,1	58,6	16,0
Der Lehrer/Betreuer redet und stellt Fragen, einzelne Schüler antworten. (n=1.716)	1,5	15,2	58,9	24,5
Jeder arbeitet für sich allein. (n=1.708)	3,5	52,3	39,4	4,8
Wir arbeiten zu zweit. (n=1.711)	3,2	73,6	20,5	2,7
Wir bearbeiten eine Aufgabe/Frage in kleinen Gruppen. (n=1.716)	6,8	80,9	11,4	0,9
Ein/e Schüler/in trägt etwas vor. (n=1.718)	3,5	77,6	18,2	0,7
Wir arbeiten an Projekten. (n=1.717)	8,3	77,8	13,0	0,8
Experten von außerhalb stehen zur Verfügung. (n=1.682)	56,8	39,4	2,7	1,1
Wir arbeiten an frei gewählten Themen (Freiarbeit). (n=1.714)	35,1	53,9	8,2	2,9
	in den Angeboten** (%, zeilenweise)			
	nie	manchmal	häufig	immer
Wir sitzen und hören zu, der Lehrer/Betreuer redet. (n=513)	14,6	39,4	28,8	17,2
Der Lehrer/Betreuer redet und stellt Fragen, einzelne Schüler antworten. (n=504)	23,2	34,3	28,4	14,1
Jeder arbeitet für sich allein. (n=509)	37,1	37,1	15,5	9,6
Wir arbeiten zu zweit. (n=502)	17,1	37,5	32,5	12,9
Wir bearbeiten eine Aufgabe/Frage in kleinen Gruppen. (n=498)	28,7	29,7	30,9	10,6
Ein/e Schüler/in trägt etwas vor. (n=502)	60,4	27,9	9,8	2,0
Wir arbeiten an Projekten. (n=500)	42,2	28,4	18,4	11,0
Experten von außerhalb stehen zur Verfügung. (n=491)	61,7	24,4	8,8	5,1
Wir arbeiten an frei gewählten Themen (Freiarbeit). (n=496)	41,5	30,2	19,2	9,1

* nur ausgewählte Items des Originalfragekomplexes
** Es werden nur die Angaben der Schüler berücksichtigt, die an den Ganztagsangeboten teilnehmen.
Quelle: StEG Sachsen 2005

Im Unterricht überwiegen an den untersuchten Schulen Arbeitsformen, in denen die Lehrkraft im Zentrum steht: der Lehrervortrag bzw. das Unterrichtsgespräch. Mindestens drei Viertel der Schüler/innen geben an, dass diese „häufig" bzw. „immer" vorkommen. Auch Einzelarbeit gehört aus Sicht der Schüler zu den geläufigen Arbeitsformen im Unterricht. Situationen, in denen die Schüler entweder zu zweit oder in einer Gruppe tätig sind und/oder an Projekten arbeiten, finden demgegenüber seltener, nämlich aus Sicht der überwiegenden Schülermehrheit nur „manchmal" statt. Im Vergleich dazu kommt Freiarbeit deutlich seltener vor. Ein Drittel der Schüler gibt an, dass dies im Unterricht nie vorkommt, etwas über die Hälfte erlebt Freiarbeit zumindest manchmal. Anders als im Unterricht scheint es in den außerunterrichtlichen Angeboten keine dominante Arbeitsform zu geben: Frontale Settings werden von den Schüler/innen zwar auch öfter als andere Formen erlebt, aber auch Paararbeit bzw. Gruppenarbeit werden häufig genannt. Projekt- und Freiarbeit findet aus Sicht von jeweils zwei Fünfteln der Schüler/innen in den Angeboten nie statt, jeweils ein Drittel gibt an, dass das zumindest manchmal der Fall sei. Noch seltener scheint es vorzukommen, dass Schülervorträge gehalten oder (nichtschulische) Experten eingeladen werden. Grundsätzlich gilt: Die breite Streuung der Angaben legt es nahe, hier genauer nach den jeweiligen Angeboten zu unterscheiden. Denn dass in der Hausaufgabenbetreuung sehr wahrscheinlich andere Arbeitsformen vorherrschen als im Förderangebot oder in einer Arbeitsgemeinschaft, dürfte keine allzu gewagte Hypothese sein. Da aber im Fragebogen allgemein nach den Angeboten ohne weitere Differenzierung gefragt wurde, lässt sich diese Vermutung nicht belegen.

Zwischen den Schüler/innen der unterschiedlichen Klassenstufen (5, 7 oder 9) gibt es keine nennenswerten Unterschiede (im Sinne einer praktischen Signifikanz) bei der Einschätzung, wie häufig bestimmte Arbeitsformen im Unterricht bzw. in den Angeboten vorkommen.

Auch die Vermutung, dass Ganztagsschüler im Unterschied zu Nichtganztagsschülern[14] eine deutlich veränderte Strukturierung des Unterrichts erleben, hat sich nicht bestätigt.

Berücksichtigung schülerindividueller Lernrhythmen im Unterricht

Geht man davon aus, dass zu einem pädagogischen Verständnis schulischer Rhythmisierung auch die innere (Lern-)Rhythmik des Kindes zu zählen ist, dann muss gefragt werden, inwieweit dies z.B. auf den unterschiedlichen

---

14 Diese Vermutung bezieht sich natürlich in erster Linie auf Schulen, in denen es Ganztagsklassen- und Halbtagsklassen gibt, in denen also die Ganztagsschüler/innen einen vollständig anders strukturierten Tagesablauf mit entsprechend anderen Lernformen haben könnten und nicht einfach nur länger in der Schule anwesend sind als Halbtagsschüler/innen.

Ebenen der Unterrichtsdurchführung berücksichtigt wird. Auch wenn in der StEG eine gezielte und systematische Abfrage dieser Form von Rhythmisierung nicht erfolgt ist, lassen sich doch einige wenige empirische Aussagen dazu treffen, wie z.B. im Hinblick

- auf die Zeitnutzung und das Unterrichtstempo (vgl. Tab. 3)[15],
- auf den Umgang mit unterschiedlichen individuellen Leistungsvoraussetzungen und -entwicklungen (Tab. 4) und
- auf Mitbestimmungsmöglichkeiten der Schüler/innen (vgl. Tab. 5)[16].

Einschätzungen zum *Zeitmanagement* im Unterricht wurden von den Schüler/innen, nicht aber von den Lehrkräften erfragt. Wie in Tab. 3 deutlich wird, gehen die Meinungen bisweilen weit auseinander. Zwei Drittel der Schüler/innen sind der Ansicht, dass im Unterricht konzentriert gearbeitet wird. Umgekehrt lehnen auch zirka zwei Drittel die Aussage ab, dass Zeit für nichtrelevante Dinge verschwendet würde. Dass der Unterricht langweilig sei, bestätigt die Hälfte, die andere stimmt dieser Aussage nicht zu. Jeweils der kleinere Teil aus beiden Gruppen antwortet diesbezüglich mit voller Zustimmung bzw. voller Verneinung. Ob Langeweile hier mit Unterforderung gleichgesetzt werden kann, lässt sich nicht mit Bestimmtheit sagen. Umgekehrt zumindest hat ein Drittel der Schüler/innen mehr oder weniger Probleme mit dem Unterrichtstempo. Reichlich die Hälfte lehnt die Aussage, die Lehrerin sei so schnell, dass die Schüler/innen den Anschluss verlieren würden, eher ab; ein Fünftel gibt an, dass dies gar nicht zuträfe. Fast zwei Drittel bescheinigen den Lehrkräften, im Unterricht Geduld bei der Stoffvermittlung zu haben.

Zwischen Ganztagsschüler/innen und Nichtganztagsschüler/innen gibt es in diesem Bereich keine nennenswert unterschiedlichen Meinungen.

Eine besondere Berücksichtigung der inneren Rhythmik von Schüler/innen im Hinblick auf Lernprozesse wird nun insbesondere dann vermutet, wenn Lehrkräfte auf die (unterstellten) *individuellen Voraussetzungen und Entwicklungen* ihrer Schüler/innen Rücksicht nehmen und schulleistungsbezogen differenziert arbeiten. Dieser Aspekt des Lehrerhandelns wurde in der StEG umfassend abgefragt, so unter anderem im Hinblick auf differenzierte Aufgabenstellungen im Unterricht und für zu Hause, der gezielten individuellen Förderung von „schwachen" und Forderung von „starken" bzw. „schnelleren Schülern", der Bildung von homogenen Leistungsgruppen usw.

---

15 Auch dieser Fragekomplex wurde aus dem Schülerfragebogen 2007 entfernt, so dass ein Vergleich der beiden Befragungszeitpunkte nicht möglich ist.
16 Hierzu wurden Lehrer/innen und Schüler/innen befragt, wodurch die Einschätzungen dieser beiden Akteursgruppen bedingt vergleichbar sind. Allerdings wurde der Schülerfragebogen 2007 auch um diese Abfrage gekürzt, so dass Trendaussagen lediglich zu den Lehrkräften möglichen wären, worauf hier allerdings verzichtet wird.

Tab. 3: Aspekte der Unterrichtsdurchführung aus Sicht der Schüler (%, zeilenweise)

Wie erlebst du den Unterricht und deine Lehrerin/deinen Lehrer in diesem Fach?[17]*	stimmt gar nicht	stimmt eher nicht	stimmt eher	stimmt genau
Im Unterricht wird fast immer konzentriert gearbeitet. (n=1.732)	4,8	30,7	49,3	15,1
Im Unterricht wird häufig Zeit verschwendet für Dinge, die gar nichts mit dem Thema zu tun haben. (n=1.732)	21,0	45,7	24,2	9,2
Im Unterricht dauert es lange, bis alle Schüler/innen bei der Arbeit sind. (n=1.722)	11,4	37,3	39,0	12,2
Im Unterricht kommen wir oft sofort zur Sache. (n=1.731)	9,1	43,3	37,7	9,9
Im Unterricht langweile ich mich oft. (n=1.728)	15,3	36,1	31,1	17,5
Unser/e Lehrer/in geht oft viel zu schnell vor, so dass man gar nicht mitkommt. (n=1.722)	20,4	47,0	21,9	10,6
Unser/e Lehrer/in erklärt etwas so lange, bis wir es verstehen. (n=1.714)	7,6	31,9	40,7	19,8

* nur ausgewählte Items des Originalfragekomplexes
Quelle: StEG 2005

All dies kann aber im Rahmen dieser knappen Darstellung nicht gleichermaßen umfassend zur Geltung gebracht werden. An dieser Stelle sollen daher nur einige Anmerkungen zum Umgang der Lehrkräfte mit den ihrer Einschätzung nach unterschiedlichen Lerntempi von Schüler/innen gemacht werden (vgl. Tab. 4).

Zunächst fällt auf, dass jeweils nur ein kleiner Teil der Lehrkräfte angibt, auf schülerindividuelle Fähigkeiten *keine* Rücksicht zu nehmen. Leistungsdifferenziertes Lehrerhandeln findet nun umgekehrt allerdings nicht immer und nicht bei jedem statt: Unterstützung schwacher Schüler im Unterricht wird am häufigsten gewährt. Die aktive Forderung leistungsstarker Schüler in Form zusätzlicher Aufgaben nimmt sich dagegen etwas seltener aus, was allerdings nicht bedeutet, dass diese Schüler gebremst werden: Sind sie schneller fertig, können sie oftmals bereits den nachfolgenden Stoff bearbeiten. Die Arbeit nach individuellen Förderplänen findet dagegen insge-

---

17 An dieser Stelle wurde im Fragebogen eine Fächerdifferenzierung vorgenommen. Je nach dem Geburtstag sollten die Schüler/innen ihre Einschätzung mit Blick auf die Fächer Deutsch, Mathematik, Erdkunde oder ein anderes Fach vornehmen. Auf diese Fächerdifferenzierung wird hier nicht eingegangen.

samt deutlich seltener und bei weniger Lehrkräften statt. Diese Verteilungen deuten daraufhin, dass Lehrkräfte ihre Aufgabe im Unterricht in erster Linie darin sehen, allen Schüler/innen den gleichen Wissensstand zu vermitteln, auch mit verstärktem Einsatz, wenn es schülerindividuell erforderlich ist. Eine Förderung, die darüber hinausgeht, findet zwar statt, aber nicht in gleichem Maße. Die hier beschriebenen Tendenzen wiederholen sich in gleicher Weise in der 2007er-Befragung der Lehrkräfte. Erwähnenswert ist hier lediglich, dass die Arbeit mit Förderplänen geringfügig häufiger angegeben wird (2007: nie=52,9 %, 1–2 Stunden=35,3 %, 3–4 Stunden=5,6 %, 5–10 Stunden=6,2 % bei n=323).

Tab. 4: Umgang der Lehrkräfte mit individuellen Lerntempi von Schüler/innen (%, zeilenweise)

Gehen Sie auf die unterschiedlichen Voraussetzungen der Schülerinnen und Schüler ein?*	nie	in 1–2 von 10 Stunden	in 3–4 von 10 Stunden	5–10 von 10 Stunden
Ich lasse schnellere Schüler/innen schon zum Nächsten übergehen, wenn ich mit den Langsameren noch übe oder wiederhole. (n=500)	7,4	39,4	25,4	27,8
Ich gebe schwachen Schülerinnen und Schülern zusätzliche Unterstützung im Unterricht. (n=504)	5,0	7,5	18,5	69,0
Leistungsstarken Schülerinnen und Schülern gebe ich Extraaufgaben, durch die sie wirklich gefordert werden. (n=495)	5,5	62,2	19,4	12,9
Ich gebe guten Schülerinnen und Schülern, wenn nötig, zusätzliche Aufgaben. (n=493)	4,7	50,5	22,7	22,1
Ich arbeite mit einzelnen Kindern/Jugendlichen nach Förderplänen. (n=489)	60,9	30,1	4,1	4,9

* nur ausgewählte Items des Originalfragekomplexes
Quelle: StEG 2005

Die Berücksichtigung des inneren Rhythmus' der Schüler/innen kann auch dort eine Rolle spielen, wo es um Entscheidungen über die konkreten Lerninhalte geht. Natürlich können – anders als zum Beispiel im Umgang mit unterschiedlichen Lerntempi – aus Sicht der Lehrer kaum immer schülerindividuelle Spezifika in Betracht gezogen werden. Es lässt sich aber dennoch fragen, inwieweit (kollektive) Schülerwünsche eine Berücksichtigung finden und deren Ansichten in Entscheidungs- und Auswahlprozesse einbezogen werden. Bei dieser Frage nach den *Partizipationsmöglichkeiten* an der Unterrichtsgestaltung können die Perspektiven von Lehrkräften und Schüler/innen gegenübergestellt werden, auch wenn sich diese nicht unmittelbar vergleichen lassen. Beide Befragtengruppen sollten sich – bei ähnlicher Frageformulierung – zu Mitbestimmungsmöglichkeiten der Schüler/innen bei der Stoffauswahl und Festlegung der Reihenfolge äußern (Tab. 5).

Von den Lehrkräften geben zirka 30 % an, Schüler/innen in die Wahl der Unterrichtsthemen direkt einzubeziehen. Weniger als ein Viertel geht bei der Festlegung der Reihenfolge auf diese Weise vor. Umgekehrt gibt es also bei zwei Dritteln bzw. drei Vierteln der Lehrkräfte kaum oder gar keine derartigen Mitbestimmungsmöglichkeiten für die Schüler/innen. Die Wünsche von Schüler/innen zu berücksichtigen, nimmt eine deutliche Mehrheit der Lehrkräfte für sich in Anspruch.

Auf der anderen Seite bestätigt reichlich ein Viertel der Schüler/innen, von den Lehrkräften bei der Themenwahl beteiligt zu werden. In Bezug auf die Themenreihenfolge ist es weniger als ein Fünftel. Dass die Lehrkräfte auf ihre Wünsche eingehen würden, bestätigt zirka ein Drittel, die anderen Schüler/innen stimmen dieser Aussage kaum oder gar nicht zu.

Tab. 5: Möglichkeiten der Mitbestimmung aus Sicht von Lehrkräften und Schüler/innen (%, zeilenweise)

Lehrkräfte	trifft nicht zu	trifft eher nicht zu	trifft eher zu	trifft voll zu
Ich beteilige Schüler/innen bei der Auswahl von Unterrichtsstoffen/Unterrichtsthemen. (n=500)	24,6	46,8	27,2	1,4
Ich lasse Schüler/innen bei der Festlegung der Reihenfolge der zu behandelnden Stoffe und Themen mitentscheiden. (n=499)	32,7	43,9	20,6	2,8
Ich gehe auf aktuelle Wünsche von Schüler/innen ein. (n=503)	2,6	23,1	63,0	11,3
Schüler/innen	stimmt gar nicht	stimmt eher nicht	stimmt eher	stimmt genau
Unser/e Lehrer/in beteiligt uns bei der Auswahl von Unterrichtsthemen. (n=1.715)	35,0	37,6	20,7	6,8
Unser/e Lehrer/in lässt uns über die Reihenfolge der zu behandelnden Themen mitentscheiden. (n=1.728)	48,4	33,9	14,1	3,5
Unser/e Lehrer/in geht auf aktuelle Wünsche von Schüler/innen ein. (n=1.720)	25,0	43,3	25,9	5,8

Quelle: StEG 2005

Die hier nur in knapper und kursorischer Form dargestellten Ergebnisse sollten vor dem Hintergrund eines auf mehreren schulischen Ebenen operierenden Begriffs von Rhythmisierung einen Überblick geben, welches Bild schulischer Realitäten sich in dieser Hinsicht an einer spezifischen Stichprobe sächsischer Ganztagsschulen zeigen lässt. Betrachtet man die zeitliche Organisation, dann deutet vieles darauf hin, dass die untersuchten Elemente von Rhythmisierung auf dieser Ebene an den Einzelschulen sehr verschiedentlich stark ausgeprägt und akzentuiert werden. Von einer umfassenden Neustrukturierung des zeitlichen Schulablaufs kann für die untersuchte sächsische Stichprobe aber keine Rede sein. Eine genauere Analyse, die in diesem Rahmen nicht möglich war, müsste auf der Ebene der Einzelschule das jeweilige Zeitorganisationsprofil herausarbeiten und fragen, ob und inwieweit vor dem Hintergrund dieser schulspezifischen Rahmenbedingungen eine Binnenrhythmisierung des Unterrichts bzw. der Angebote stattfindet und schülerindividuelle (Lern-)Rhythmen im pädagogischen Konzept explizite Berücksichtigung finden.

Literatur

Appel, Stefan (2005): Handbuch Ganztagsschule. Konzeption, Einrichtung und Organisation. Schwalbach/Ts.: Wochenschau-Verlag.

Benveniste, Émile (1951/1974): Der Begriff des „Rhythmus" und sein sprachlicher Ausdruck. In: Émile Benveniste (1974): Probleme der allgemeinen Sprachwissenschaft. München: Paul List Verlag, S. 363–374.

Block, Dorothe/Brassat, Arne (2007): Wir steigen um auf 65 Minuten. In: Ganztags Schule machen, Jg. 1, H. 1, S. 12–13.

Dieckmann, Katja/Höhmann, Katrin/Tillmann, Katja (2007): Schulorganisation, Organisationskultur und Schulklima an ganztägigen Schulen. In: Heinz Günter Holtappels/Eckhard Klieme/Thomas Rauschenbach/Ludwig Stecher (Hrsg.) (2007): Ganztagsschule in Deutschland. Ergebnisse der Ausgangserhebung der „Studie zur Entwicklung von Ganztagsschulen" (StEG), S. 164–185.

Gängler, Hans/Böttcher, Sabine/Kulig, Wolfram/Markert, Thomas/Müller, Mathias (2007): Studie zur Entwicklung von Ganztagsschulen (StEG). Landesspezifische Auswertung für den Freistaat Sachsen. Jahresbericht 2007 (unveröffentlicht). Dresden: TU Dresden.

Gängler, Hans/Böttcher, Sabine/Markert, Thomas (2008): Studie zur Entwicklung von Ganztagsschulen (StEG). Landesspezifische Auswertungen der 2. Welle für den Freistaat Sachsen (Längsschnittanalysen). Dresden: TU Dresden.

Höhmann, Katrin (2007): Rhythm is it. Lernen eine gute Basis geben – die Organisation des Tages verändern. In: Ganztags Schule machen, Jg. 1., H. 1, S. 4–7.

Höhmann, Katrin/Kummer, Nicole (2007): Give me 5, give me 10, give me 15. 60 Minuten verändern die Schulkultur. In: Ganztags Schule machen, Jg. 1., H. 1, S. 14–15.

Holtappels, Heinz Günter (1994): Ganztagsschule und Schulöffnung. Perspektiven für die Schulentwicklung. Weinheim; München: Juventa.

Holtappels, Heinz Günter (2007): Schüler- und lerngerecht rhythmisieren. Begründungen und Gestaltungsansätze. In: Ganztags Schule machen, Jg. 1., H. 1, S. 8–11.

Holtappels, Heinz Günter/Klieme, Eckhard/Rauschenbach, Thomas/Stecher, Ludwig (Hrsg.) (2007): Ganztagsschule in Deutschland. Ergebnisse der Ausgangserhebung der „Studie zur Entwicklung von Ganztagsschulen" (StEG) Weinheim; München: Juventa.

Kamski, Ilse (2007): Aus Stundenplänen lernen!? In: Ganztags Schule machen, Jg. 1., H. 1, S. 16–20.

Kolbe, Fritz-Ulrich/Rabenstein, Kerstin/Reh, Sabine (2006): Expertise „Rhythmisierung". Hinweise für die Planung von Fortbildungsmodulen für Moderatoren. Berlin und Mainz. Verfügbar über: www.lernkultur-ganztagsschule.de/html/downloads (Zugriff: 16.09.2010).

Kolbe, Fritz-Ulrich/Reh, Sabine (2008a): Der Erfolg der Ganztagsschule – reformpädagogische Ideen, pädagogische Praktiken der Individualisierung und politische Konstellation. In: Widersprüche, Jg. 28, H. 110, S. 39–54.

Kolbe, Fritz-Ulrich/Reh, Sabine (2008b): Reformpädagogische Diskurse über die Ganztagsschule. In: Thomas Coelen/Hans-Uwe Otto (Hrsg.) (2008): Grundbegriffe Ganztagsbildung. Das Handbuch. Wiesbaden: VS, S. 665–673.

Pfeifer, Wolfgang (2005): Etymologisches Wörterbuch des Deutschen. München: dtv.

Quellenberg, Holger/Carstens, Ralph/Stecher, Ludwig (2007): Hintergrund, Design, Stichprobe. In: Heinz Günter Holtappels/Eckhard Klieme/Thomas Rauschenbach/Ludwig Stecher (Hrsg.) (2007): Ganztagsschule in Deutschland. Ergebnisse der Ausgangserhebung der „Studie zur Entwicklung von Ganztagsschulen" (StEG), S. 51–68.

Rabenstein, Kerstin (2008): Rhythmisierung. In: Thomas Coelen/Hans-Uwe Otto (Hrsg.) (2008): Grundbegriffe Ganztagsbildung. Das Handbuch. Wiesbaden: VS, S. 548–556.

Stephan Bloße

Rhythmisierung beobachten
Vorstellung eines explorativen Untersuchungsansatzes im Rahmen der Evaluationsforschung

Im vorangegangenen Aufsatz von Kulig und Müller zeigten sich die Beschränktheit quantitativer Erhebungen und die Notwendigkeit vertiefender Analysen, um zu dem, was unter dem Titel „Rhythmisierung" tatsächlich praktiziert wird, vordringen zu können. Ohne eine umfassende Diskussion zu Vor- und Nachteilen verschiedener methodischer Zugänge an dieser Stelle führen zu wollen, soll kurz auf die Motivation für eine qualitative Vertiefung und Annäherung eingegangen werden. Mithilfe der meisten standardisierten Erhebungsinstrumente, die sich dem Thema Rhythmisierung zu nähern versuchen, werden fast ausschließlich auf der Organisationsebene vorhandene Gestaltungsinstrumente (z.B. gleitender Unterrichtsbeginn, „Aufbrechen" des 45-Minuten-Unterrichts, Einführung von Blockstunden u.Ä.) hinsichtlich ihrer Quantität ermittelt (vgl. bspw. Dieckmann/Höhmann/Tillmann 2007, S. 164ff.). Die erfassten äußeren Strukturen enthalten allerdings keinen Hinweis auf die qualitative Beschaffenheit. Es ergeben sich keine ausreichenden Anhaltspunkte, die Aussagen bezüglich eines angemessenen Wechsels von An- und Entspannungsphasen ermöglichen. Per se die Blockstundenstruktur einer Schule als Indikator für einen rhythmisierten Schultag hinsichtlich aller relevanten Dimensionen heranzuziehen, wird den vielfältigen Bedingungsfaktoren und Ansprüchen nicht gerecht, die mit einer Rhythmisierung des Schultages im Rahmen der Ganztagsschulbewegung verbunden sind. Äußere Tagesstrukturen bieten Räume, die schulindividuell ausgestaltet werden. Erst die Art und Weise der Ausgestaltung liefert Hinweise darauf, inwieweit „etwas" auch tatsächlich rhythmisiert sein könnte.

Anhand des Evaluationsprojektes EFRL-GTA[1] wird im Folgenden ein qualitatives exploratives Untersuchungsvorgehen zur Rhythmisierungsthematik nachgezeichnet (vgl. Gängler u.a. 2010). Aufgrund der im Projekt angelegten Methodentriangulation standen für die Umsetzung und Gegenüberstellung verschiedener methodischer Zugänge achtzehn Schulen verschiedener Schularten zur Verfügung.

---

1 Zum Auftrag des Evaluationsprojektes s. Förster/Markert/Berge in diesem Band.

Im Folgenden wird zunächst die Hintergrundfolie zum Thema dargestellt. Diese resultiert aus einer begrifflich-diskursiven Analyse. Sie dient zugleich als Interpretationsgrundlage für das empirische Material und sensibilisiert die Beobachtenden durch die Herausarbeitung zentraler Kategorien auf relevante Aspekte. Im Anschluss daran wird das explorative Vorgehen beschrieben und beispielhaft anhand einer Schule dargestellt. Im abschließenden Fazit werden erste Erträge des Untersuchungsansatzes zusammengetragen.

Begriffsanalyse – Explikation und Präzisierung

Die Förderrichtlinie Ganztagsangebote beinhaltet Maßstäbe und Prinzipien, die an eine Förderung gebunden sind. Besonderes Gewicht erhält dabei das so genannte „Kernelement der Rhythmisierung" (SMK 2007). Darunter wird die „ausgewogene Gestaltung des gesamten Schultages und des Unterrichts, sowie Maßnahmen, Projekte und Arbeitsgemeinschaften" (ebenda) verstanden. Die entsprechende Handreichung ergänzt den Begriff wie folgt: „Er beinhaltet die Umstrukturierung [des gesamten Schultages; S. B.] in Hinblick auf den Wechsel von Anspannung und Entspannung, d.h. von intensiven Lernphasen und Erholungsphasen unter Berücksichtigung des Biorhythmus." (Lehmann 2007, S. 15)

Folgende Schwierigkeit wird hinsichtlich dieser ersten Umschreibung, worauf Rhythmisierung abzielt bzw. was darunter zu verstehen ist, offensichtlich: Eine adäquate Einschätzung, ob etwas angemessen bzw. ausgewogen gestaltet ist, gelingt nur mit Kenntnis zahlreicher Faktoren und Perspektiven sowie unter Einbezug mehrerer Analyseebenen. Die Beschreibung und der Vergleich von Stundentafeln bzw. Zeitstrukturen reichen dabei nicht aus, um den verschiedenen miteinander verschränkten Aspekten von Rhythmisierung gerecht zu werden. In diesem Zusammenhang sind neben den Stundentafeln vor allem die inneren Abläufe des Unterrichts auf Phasen der An- und Entspannung zu untersuchen.

Im Folgenden werden die analytischen Ebenen entsprechend den drei gängigen Begriffen äußere Rhythmisierung, Binnenrhythmisierung und innere Rhythmisierung expliziert, die zugleich als Interpretationsgrundlage dienen. Die Spezifizierungen der Begrifflichkeiten stellen einen Entwurf dar, der empirische Zugänge eröffnet und damit zugleich den Anspruch erhebt, der Komplexität von Rhythmisierung besser als aktuelle quantitativ ausgerichtete Studien gerecht zu werden.

Äußere Rhythmisierung (Fokus: Tagesstruktur bzw. Tagesrhythmus): Dieser Aspekt bezieht sich auf die Schule als Ganzes. Äußere Rhythmisierung lässt sich nach Höhmann (vgl. 2007, S. 5) bspw. an einem veränderten Umgang mit Fächerstrukturen, einer veränderten Taktung sowie der Einführung rhythmischer Strukturen in den Schultag beobachten. Bei Betrachtung verschiedener Stundentafeln lassen sich mögliche Phasen der Anspannung (Unterricht) und Entspannung (Pause) im jeweiligen Schultag grob erkennen. Ein rein äußerlich rhythmisierter Schultag beginnt mit offenen Strukturen, bspw. in Form eines gleitenden Unterrichtsbeginns. Genauso wichtig scheint in diesem Zusammenhang ein adäquater Abschluss. Ein zweiter wichtiger Aspekt ist die Länge der Unterrichtseinheiten, die anhand der Stundentafel rein äußerlich ermittelt werden kann. 45-minütige Unterrichtsstunden waren und sind zum Teil immernoch traditioneller Standard. Derart kurze Unterrichtseinheiten sind, so die Annahme der Befürworter eines Ganztags, ungeeignet einen methodisch abwechslungsreichen binnendifferenzierten und -rhythmisierten Unterricht zu gestalten. Stattdessen wird die Einführung so genannter Blockstunden empfohlen. Diese zeitlich verlängerten Unterrichtseinheiten bieten dabei zusätzliche Freiräume für den Wechsel zwischen „Lern- und Sozialformen, zwischen ungelenkten und gelenkten Lernphasen, zwischen Arbeits- und Spielzeiten" (Holtappels 2007, S. 10). Sie ermöglichen zudem die Verlängerung der Pausen. Längere Pausen eröffnen drittens neue Möglichkeiten zur Gestaltung von Entspannungsphasen einerseits und zur Entzerrung des Schultages andererseits. Mithilfe geblockter Stunden und größerer Pausen kann an Schule, wie Höhmann und Kummer (vgl. 2007, S. 14) argumentieren, deutlich Stress und Hektik sowie Rangeleien und Gewalt reduziert werden. Wenige Raumwechsel sind ebenfalls angebracht, um die Zeit effektiv für Unterricht und Pausen nutzen zu können: „Bis eine Unterrichtsstunde beginnt, kann viel Zeit vergehen: Ankommen, auspacken, aufmerksam werden" (ebenda).

Die Analyse von Stundentafeln ermöglicht in diesem Sinne einen ersten Einblick hinsichtlich der umgesetzten Strukturen einer äußeren Rhythmisierung. Es kann dabei geklärt werden, inwieweit der Schultag im Sinne einer stärkeren Ausgewogenheit von An- und Entspannungsphasen zeitliche Potenziale für den Unterricht und die Pausengestaltung bereithält (vgl. Kamski 2007, S. 16). Eine beobachtete Ausgeglichenheit bedeutet jedoch nicht zwangsläufig, dass diese auf tieferliegenden Ebenen qualitativ effektvoll umgesetzt wird.[2]

Binnenrhythmisierung (Fokus: Unterrichtseinheiten, Pausengestaltungen, Gestaltung der GTA): Unter Binnenrhythmisierung versteht Höhmann „die Rhythmisierung, die der Lehrer und die Lehrerin in ihrem Unterricht praktizieren oder das nicht unterrichtende pädagogische Personal in seinen Angeboten herstellt" (2007, S. 4). Diese Rhythmisierungsdimension bezieht sich somit auf die Ebene des Unterrichts und der zusätzlichen Angebote. Allerdings können ebenfalls Pausen verschiedenartig gestaltet sein und un-

---

2 „Der Stundenplan allein sagt noch nichts über die Lernkultur aus. Ob es differenzierte Arbeitsphasen mit Freiarbeit und Wochenplan, also mit offenem und selbstgesteuertem Lernen, frontale Wissensvermittlung oder innovative Lern-Arrangements gibt, lässt sich daraus nicht ableiten" (Kamski 2007, S.16).

terschiedliche Erholungs- und Entspannungsangebote bereithalten, so dass m. E. auch diese mit dem Fokus auf die Binnenrhythmisierung betrachtet und beschrieben werden können.

In Bezug auf die Unterrichts- bzw. Angebotsebene ist eine binnenrhythmisierte und damit binnendifferenzierte – idealerweise verlängerte – Unterrichtseinheit durch den Einsatz verschiedenster Methoden und Sozialformen gekennzeichnet. Empfehlungen bezüglich der einzusetzenden Methoden sind u.a.: die Umsetzung von Freiarbeit, Wochenplanarbeit, fächerübergreifender und -verbindender Unterricht (vgl. Lehmann 2005, 2007). Als Sozialformen wird der Wechsel zwischen Arbeit im Plenum, Paararbeit, Gruppen- und Einzelarbeit u.Ä. nahe gelegt. Binnenrhythmisierung und Unterrichtsentwicklung bedingen sich hierbei wechselseitig. Höhmann zählt zur Binnenrhythmisierung außerdem eine veränderte Haltung der Lehrenden gegenüber den Lernenden und dem Lernen, eine veränderte Aufbereitung von Themen sowie eine abgewandelte Feedback-, Bewertungs- und Benotungspraxis hinzu (vgl. Höhmann 2007, S. 5).

Innerhalb der Anfangsphase des Unterrichts ist es im Allgemeinen von Bedeutung die zeitliche und organisatorische Struktur offen zu legen, Übergänge zu vorherigen Inhalten herzustellen, Klarheit über Unterrichtsziele zu schaffen sowie Methoden und Arbeitsaufträge sinnvoll zu erläutern. Diese Phase sollte auch dazu dienen, die Motivation der Schüler/innen für die kommenden Themen aufzubauen und zu einer Phase der Konzentration hinzuführen. Rituale spielen in diesem Zusammenhang eine wichtige und strukturierende Rolle. Während des Stundenverlaufs ist es für den Lehrenden wichtig, angemessen zwischen Lehr- und Unterrichtsformen im Dienste der Wissensvermittlung und Wissensaneignung sowie des Kompetenzerwerbs zu wechseln (vgl. Meyer 2010, S. 161f.; Meyer 2004, S. 25ff.).

Ein angemessener Wechsel kann allerdings nicht pauschal definiert werden, sondern ist von zahlreichen situativen Bedingungskonstellationen abhängig. Ein nichtangemessener Wechsel hingegen führt einerseits zur Ineffizienz bei der Wissensvermittlung und andererseits zu Teilnahmslosigkeit, Langeweile und Unkonzentriertheit bei den Schüler/innen. Insbesondere letztgenanntes lässt sich annähernd beobachten.

Nicht nur der Lehrende hat einen großen Einfluss auf die Gestaltung des Unterricht bzw. der Angebote, sondern auch die räumlichen Bedingungen entscheiden über Chancen der Umsetzung eines binnendifferenzierten und -rhythmisierten Unterrichts. Fest verankerte Zweier-Bankreihen ermöglichen beispielsweise nur beschränkt die Umsetzung einer effektiven Gruppenarbeit.

Der Orientierung am individuellen Leistungsvermögen, an der Leistungsbereitschaft und an den Bedürfnissen nach Entspannung sowie an den Interessen der Lernenden kann durch eine stärkere Binnendifferenzierung des Unterrichts und durch ein flexibles methodenkompetentes Lehrerhandeln entsprochen werden. Durch Beobachtung der Lehrer- und Schülerinteraktionen können Hinweise auf die Angemessenheit der Methoden, Sozialformen und Unterrichtsmaterialien gewonnen und erste Einschätzungen hinsichtlich der Binnenrhythmisierung getroffen werden.

Innere Rhythmisierung (Fokus: Lernende): Diese Dimension umschreibt zum einen, inwiefern die Schule den Schüler/innen Freiräume zur Verfügung stellt, die sie entsprechend ihrem individuellen Lerntempo gestalten sowie entsprechend ihrem Bedürfnis nach Entspannung nutzen können und zum anderen, wie von der Schule bzw. dem Lehrpersonal mithilfe gezielter Fördermaßnahmen oder Binnendifferenzierungen im Unterricht Leistungsunterschiede der Schüler/innen berücksichtigt werden: „Schülergerechte Rhythmisierung bedeutet, den individuellen Lernrhythmus der Lernenden, ihre Lernvoraussetzungen und Lernzugänge in den Mittelpunkt zu stellen, zumindest aber zu berücksichtigen" (Holtappels 2007, S. 8f.).

Die Tempi der Schüler/innen sind äußerst heterogen, so dass diese nicht per se vom Lehrpersonal berücksichtigt werden können. Vielmehr geht es darum, inwieweit die Schule als Organisation der Heterogenität der Schüler/innen durch offene Unterrichtsformen, eine selbstständige Pausengestaltung und durch das Prinzip der freiwilligen Teilnahme an selbstgewählten zusätzlichen Angeboten gerecht wird. Die Schüler/innen sollten ihrem individuellen Lerntempo und ihren Bedürfnissen gemäß Gestaltungsräume in Schule erhalten, die sie für sich nutzen können. Die Raumgestaltung im Allgemeinen und das Vorhandensein von Rückzugsmöglichkeiten im Schulgebäude und auf dem Schulgelände im Speziellen können die innere Rhythmisierung unterstützen. Durch leistungsdifferenzierte Aufgabenstellungen im Unterricht oder separate Förderangebote für bestimmte Schülergruppen kann auf die Individualität der Schüler/innen sinnvoll eingegangen werden.

Methodisches Design der Studie

Wichtiger Bestandteil der explorativen Herangehensweise im Rahmen der Evaluationsforschung[3] ist die bereits vorangestellte Analyse der Begrifflichkeiten und die Herausarbeitung der Hintergrundfolie. Unter Einbindung von Literatur und in intensiven Diskussionen zu potentiell relevanten Aspekten wurde im Projektteam ein Beobachtungsfokus erarbeitet, mithilfe dessen das Feld thematisch erschlossen und erste Bewertungen vorgenommen werden sollten.

---

3 „Es handelt sich [bei Evaluation; S. B.] um eine besondere Form angewandter Sozialwissenschaft (nicht nur Sozial*forschung*). Es ist eine *methodisch kontrollierte, verwertungs- und bewertungsorientierte Form des Sammelns und Auswertens von Informationen*" (Kromrey 2001, S. 112; Herv. i. O.).

Im Rahmen der Studie wurden teilstrukturierte ganztägige Beobachtungen durchgeführt. „Ganztägig" bedeutet in diesem Zusammenhang, dass der Beobachtende von Schulbeginn bis zum Ende des Schultages die ausgewählte Klasse begleitete. Zum Schultag sächsischer Schulen mit Ganztagsangeboten gehören alle Unterrichts-, Betreuungs- und Angebotszeiten, die unter Verantwortung der Schulleitung stattfinden.[4] Mithilfe eines Beobachtungsbogens, der auf Basis der Hintergrundfolie entworfen wurde, und anhand von Stundentafelvergleichen, dem beobachteten und notierten Lehrerhandeln, den Schülerreaktionen sowie der räumlichen Bedingungen konnten erste Erkenntnisse zu den verschiedenen Aspekten von Rhythmisierung gewonnen werden.

Die Auswahl der Klassenstufe erfolgte auf Basis zweier Überlegungen: Die zu beobachtenden Klassen sollten zum einen weder Anfangs- noch Abschlussklassen sein, da diese sich, so die Annahme, aufgrund der Eingewöhnung oder Prüfungsorientierung bzw. des anstehenden Schulwechsels in möglicherweise besonderen Situationen befinden könnten. Zum anderen sollten Klassenstufen bzw. Klassen ausgewählt werden, die an Ganztagsangeboten teilnehmen (können). Daraus resultierend wurden folglich dritte Klassenstufen (Grundschulen) und sechste Klassenstufen (Mittelschulen und Gymnasien) ausgewählt. Die Schulleitung bzw. der Ganztagskoordinator wies die jeweilige Klasse zu.

Der Zugang zum Feld gestaltete sich unproblematisch und vertraut, da die Schulen bereits seit mehreren Jahren am Evaluationsprojekt teilnehmen. Eine Begründung, weshalb am gesamten Schultag im Rahmen der Studie teilgenommen wird, wurde weder von den meisten Schulen eingefordert noch vom Projektteam in inhaltlich präziser Form intendiert vorgenommen. Beabsichtigt wurde die Beobachtung eines regulären Schultages, der nicht durch explizites Vorwissen der Lehrkräfte verändert werden sollte.

Die Beobachtungen sollten in Zweier-Teams stattfinden, um die Vergleichbarkeit der Ergebnisse gewährleisten zu können. Aufgrund zeitlicher und personeller Ressourcen ließ sich jedoch nur die erste ganztägige Beobachtung zu zweit durchführen. Auf der Basis der dabei gesammelten Erfahrungen und im Hinblick darauf, dass jeweils nur ein/e Beobachter/in die Geschehnisse notierte, wurde der Beobachtungsbogen (s.u.) überarbeitet. Er forderte eine akribische Protokollierung ein. Die Protokolle wurden gemeinsam besprochen und erste verdichtete Beschreibungen hinsichtlich ihrer Interpretationsmöglichkeiten vor dem Hintergrund der Begriffsanalyse (s.o.) im Projektteam geprüft.

---

4 Im Falle der Grund- und Förderschulen wurden Betreuungs- und Beschäftigungszeiten des Hortes bzw. vergleichbarer Institutionen nicht beobachtet.

Beobachtungsbogen

Am Seitenanfang des Beobachtungsbogens sind formale Daten zu vermerken. Es schließt sich eine Tabelle an, in deren Kopf zunächst die Anfangszeit und die Dauer der Anfangsphase des Unterrichts notiert werden. Ebenso wird der Ablauf vermerkt und die Merkmale sowie Besonderheiten des Unterrichtsbeginns (z.B. Begrüßungsrituale) beschrieben. Notiert werden außerdem erste Einschätzungen. Im Anschluss daran, wird der Unterrichtsablauf kontinuierlich (Was geschieht wann?) in der fortgeführten ersten Spalte dokumentiert. Unterrichtsmethoden und Sozialformen werden dabei kodiert festgehalten.[5]

Parallel dazu wird das Verhalten der Schüler/innen beobachtet und dokumentiert. Kriterien dafür sind z.B. Konzentriertheit, Aufmerksamkeit, Vertrautheit, Aktivität und Motivation. In der letzten Spalte dieses Blocks werden dann mögliche Ursachen für das Schülerverhalten herausgefiltert und in fördernde und hemmende Bedingungen getrennt. Souveränität, Strukturiertheit, Offenheit usw. können bspw. im Verhalten der Lehrer/innen wahrgenommen und beschrieben werden. Dadurch sind Rückschlüsse auf qualitative Unterrichtsaspekte möglich.

Das Tabellenende ist analog des Kopfes strukturiert und wird mit Angaben zum zeitlichen Umfang, Ablauf, Besonderheiten etc. bezogen auf den Stundenabschluss gefüllt.

Auf einem zusammenfassenden Blatt können dann unter dem Stichwort „Sonstige Bemerkungen" Besonderheiten der Unterrichtsgestaltung eingetragen werden. In einem letzten Block werden die Pausenzeiten und -beobachtungen protokolliert.

Dieser Bogen wurde in gleicher Form in jeder Unterrichtsstunde eingesetzt sowie über den ganzen Tag hinweg verwendet.

Auswertung

Die Auswertung der Beobachtungsbögen (vgl. Gängler u.a. 2009) wurde entlang der folgenden Kategorien durchgeführt:

1. Äußere Rhythmisierung
Anhand der Stundentafel des beobachteten Schultages einer Schulklasse werden die Längen der Unterrichtseinheiten und Pausen sowie der Ganz-

---

5 Für die Unterrichtsmethoden stehen dem Beobachter folgende Optionen offen: Lehrervortrag, gelenktes Unterrichtsgespräch, Diskussion/Debatte, Stillarbeit, Freiarbeit, Wochenplanarbeit, Projektarbeit, Stationslernen, Schülervortrag, Kontrollieren und Vergleichen von Lösungswegen/Ergebnissen, Leistungsüberprüfungen, Kontrollieren der Hausaufgaben und Sonstiges (z.B. Entspannungseinheiten). Als Sozialformen wurden festgehalten: Einzelarbeit, Partnerarbeit, Gruppenarbeit, Plenum und Mischformen.

tagsangebote beschrieben und zueinander ins Verhältnis gesetzt. Ebenso werden die Verbindlichkeiten des Ganztags sowie die Verortung der einzelnen Ganztagsangebote im Schultag dargestellt. Anmerkungen zur räumlichen Gestaltung des Schulhauses ergänzen dieses erste Bild.

2. Binnenrhythmisierung der Unterrichtseinheiten
Entlang der Beobachtungsbögen werden Strukturen der Binnenrhythmisierung anhand des Wechsels von Sozial- und Unterrichtsformen sowie der Eingangs- und Ausgangsphase je Unterrichtseinheit beschrieben. Hinzu kommen die Darstellung der eingesetzten Unterrichtsmaterialien und die räumlichen Rahmenbedingungen. Der Beschreibung folgend wird mithilfe der notierten Schülerreaktionen und vor dem Hintergrund der Unterrichtsthematik die Angemessenheit der Unterrichtsgestaltung hinsichtlich der Binnenrhythmisierung erörtert. Ferner wird auf das Lehrerhandeln in analytischer Form eingegangen, um schließlich Bewertungen vornehmen und mögliche Potenziale ermitteln zu können.

3. Binnenrhythmisierung der Unterrichtseinheiten insgesamt – Fazit
Die dritte Dimension dient der Gesamtbetrachtung des Schultages mit dem Fokus auf alle Unterrichtseinheiten. Aus dieser Zusammenschau werden einzelschulische Bewertungen vorgenommen und Konsequenzen, Entwicklungspotenziale sowie dominierende Einflussfaktoren ermittelt. Ein Schwerpunkt dieser abschließenden Betrachtung ist die Ausgestaltung so genannter Blockstunden.

4. Pausengestaltung
Allein die Länge der Pausen ist nicht ausschlaggebend dafür, inwieweit diese tatsächlich der Erholung (z.B. individuelle Bedürfnisse nach Kommunikation, Bewegung, Ruhe etc.) und dadurch der Entspannung der Schüler/innen von den jeweils vorangegangenen Unterrichtseinheiten dienen und somit einem angemessenen Wechsel von An- und Entspannungsphasen im Verlauf eines Schultages annähernd entsprechen. Hierbei wird anhand der durchgeführten Beobachtungen auf die Pausengestaltung differenziert eingegangen. Rückschlüsse auf die äußere Rhythmisierung werden am Ende dieses Aspekts resümierend festgehalten.

5. Innere Rhythmisierung
Wie bereits theoretisch dargestellt, kann sowohl die Unterrichtsstunde als auch die Pause in unterschiedlichem Maße dem/der einzelnen Schüler/in gerecht werden. Insbesondere individuell gestaltbare Freiräume in Unterrichtseinheiten, Ganztagsangeboten und in Pausenzeiten verweisen auf eine unterschiedliche Qualität bzw. Berücksichtigung der inneren Rhythmisierung. Die fünfte Kategorie liegt demnach quer zu den vorangestellten und wird daher in die Darstellung der einzelnen Aspekte einfließen.

Zu Beginn der Studie war geplant, eine weitere Kategorie entsprechend der theoretischen Begriffsklärung zu beobachten und anschließend auszuwerten: die Binnenrhythmisierung der Ganztagsangebote. Folgende Situationen und Umstände im Feld machten allerdings aussagekräftige Aussagen unmöglich: 1) An vielen Schulen fanden zahlreiche Angebote zeitgleich statt, die nur im Querschnitt kurzzeitig beobachtet wurden; 2) Angebote fielen am Beobachtungstag aus oder es waren wider Erwarten keinerlei Angebote an diesem vorgesehen.

Rhythmisierungs-Porträt einer Grundschule

Die ganztägige Beobachtung fand in der dritten Klassenstufe (22 Schüler/innen) einer einzügigen Grundschule statt. Im modernen Schulgebäude befindet sich auch der Schulhort, den bis auf einige wenige Ausnahmen alle Schüler/innen ab ca. 14:00 Uhr besuchen. Die Teilnahme an Ganztagsangeboten ist für alle verbindlich.

Stundentafel – Äußere Rhythmisierung (siehe Abb. 1)

Der beobachtete Schultag (ohne Hort) hatte eine Gesamtlänge von 6 h 20 min. Diese Zeit verteilt sich auf insgesamt knapp 4 Zeitstunden (235 min) für Unterricht, 100 Minuten für Pausen und 45 Minuten für die integrierten verbindlichen Ganztagsangebote. Die Pausenzeit betrug – wenn man die Dauer für die angeleiteten Ganztagsangebote vernachlässigt – somit 43 % der reinen Unterrichtszeit. Die acht parallel stattfindenden Ganztagsangebote am Vormittag setzten sich aus unterrichtsergänzenden sowie Förder- und Freizeitangeboten zusammen. Um 14:05 Uhr wechselten die meisten Schüler/innen in die Räume des Hortes und nahmen an den Hortangeboten teil.

Die drei Unterrichtsfächer verteilten sich auf einen Unterrichtsblock zu 100 Minuten am Morgen, eine Doppelstunde zu 90 Minuten (eine 45-minütige Stunde vor und eine nach der Mittagspause) und eine weitere Unterrichtseinheit zu 45 Minuten. Die verbindlichen Ganztagsangebote umfassten ebenfalls je 45 Minuten. Die Stundentafel weist somit sowohl klassische Strukturen, die an einen Schultag mit 45-minütigen Unterrichtseinheiten erinnern, als auch Strukturen (Blockstunde, integrierte GTA) auf, die charakteristisch für einen Ganztag sind. Die Blockstunde am Vormittag deutet bereits auf die zeitliche Möglichkeit hin, offenere Unterrichtsmethoden einzusetzen.

Abb. 1 Stundentafel – Äußere Rhythmisierung

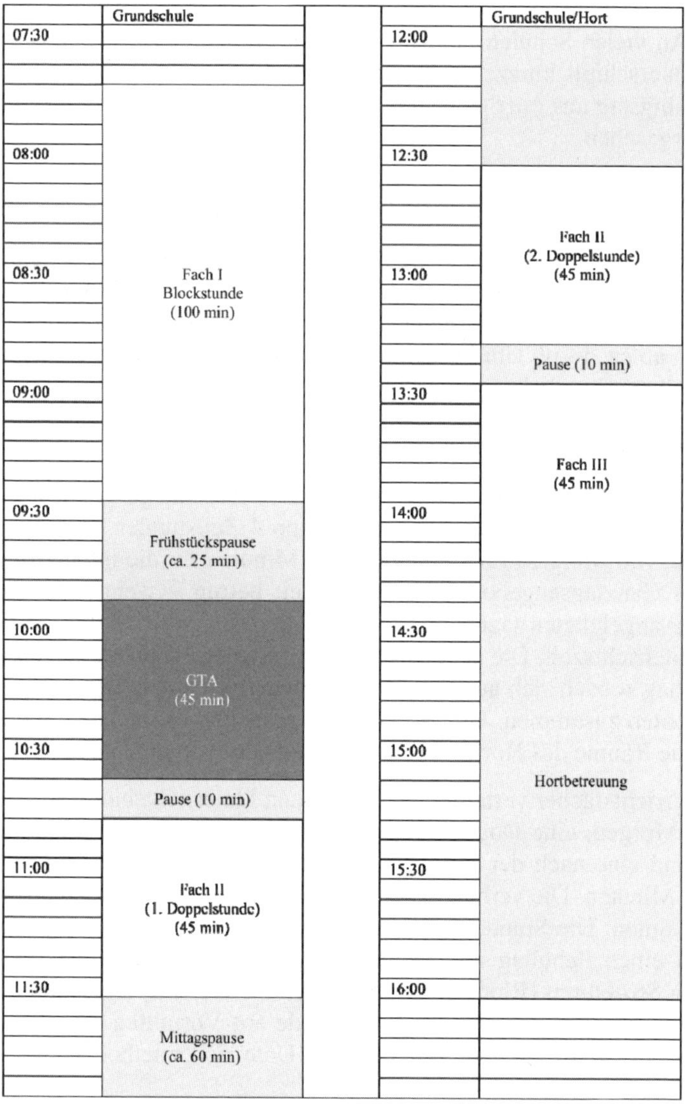

Grundschule		Grundschule/Hort	
07:30		12:00	
08:00		12:30	
08:30	Fach I Blockstunde (100 min)	13:00	Fach II (2. Doppelstunde) (45 min)
09:00		13:30	Pause (10 min)
09:30	Frühstückspause (ca. 25 min)	14:00	Fach III (45 min)
10:00	GTA (45 min)	14:30	
10:30	Pause (10 min)	15:00	Hortbetreuung
11:00	Fach II (1. Doppelstunde) (45 min)	15:30	
11:30	Mittagspause (ca. 60 min)	16:00	

Phasen der Entspannung sind anhand der Stundentafel zunächst über die Pausen ablesbar. Am Vormittag gab es an der Schule eine 25-minütige Frühstückspause. Zwei kurze Zehn-Minuten-Pausen, die vor allem dem Raumwechsel dienten, befanden sich nach den Ganztagsangeboten und vor der letzten Unterrichtsstunde. Aufgrund der geringen Gesamtschülerzahl und der geringen Zahl an Unterrichtsräumen scheinen solche Pausen, von außen betrachtet, deutlich weniger Stress und Hektik zu verursachen als die vielerorts üblichen kurzen Fünf-Minuten-Pausen. Die größte Pause war die Mittagspause von 11:30–12:25 Uhr, in der nicht nur die entspannte Einnahme einer Mittagsmahlzeit möglich war, sondern für die Grundschüler zusätzlich genügend Zeit blieb, umher zu toben.

Das moderne Schulgebäude bietet aufgrund seiner offenen hellen Gestaltung, der großen und breiten Flure, der Verbindungstüren zwischen den Klassenzimmern, der Sporthalle im Schulgebäude, der Bibliothek sowie des großen kreativ-anregend gestalteten Außengeländes sehr gute Möglichkeiten für eine binnenrhythmisierte und -differenzierte Unterrichtsgestaltung und für eine qualitativ sinnvolle Entzerrung des Schultages durch Erholungsphasen. Außerdem gibt es an dieser Schule nur vereinzelt Schulklingelgeräusche, die die großen Pausen einleiten und beenden. Durch den weitestgehenden Verzicht auf Stundenklingeln können Übergänge fließend gestaltet und Pausen flexibel den Unterrichtsthemen angepasst werden.

Binnenrhythmisierung (stundenweise)

Fach I (100 min) – *Mathematik*

Ablauf: Die Stunde ist als Blockstunde gestaltet gewesen und umfasste eine Zeitdauer von 100 Minuten. Der Unterricht begann mit einem Morgenkreis-Ritual, welches darin bestand, dass alle Schüler/innen nach vorn kommen und sich kreisförmig auf den Boden setzen sollten. Am Beobachtungstag diente der Morgenkreis allerdings nicht dazu, Erlebnisse des vergangenen Wochenendes zu schildern, sondern war vordergründig dafür gedacht, das Thema, den Sinn der folgenden Aufgaben und die Methode der Bearbeitung (Werkstatt) sowie die Art und Weise der selbstständig durchzuführenden Kontrolle zu besprechen sowie die Methode generell ins Gedächtnis zu rufen. Die Lehrerin[6] wies die Schüler/innen darauf hin, dass falsche Lösungen für die Lehrerin kenntlich gemacht werden sollten, damit diese Stärken und Schwächen der Schüler/innen bzw. den Leistungsstand feststellen könne. Die Aufgaben der Werkstatt sollten von den Schüler/innen paarweise erledigt werden, nur einige wenige Aufgaben waren explizit für die Einzelarbeit vorgesehen. Aus dem Gespräch mit der Lehrerin war zu erfahren, dass sich die Paare – von den Lehrer/innen der Schule motiviert – aus jeweils einem leistungsstarken und einem leistungsschwachen Schüler zusammensetzten. Die Werkstattarbeit dauerte insgesamt 87 Minuten und bot neben klassischen und kniffligen Aufgaben auch thematische Spiele sowie eine explizite Bewegungsmöglichkeit (Rollbrettfahren), die genutzt werden konnte, so die Lehrerin, wenn die Schüler/innen nicht mehr können und sich kurz erholen müssen. Die letzten fünf Minuten des Unterrichtsblocks

---

6 Die geschlechtsspezifischen Bezeichnungen entsprechen beim Rhythmisierungs-Porträt den tatsächlichen Gegebenheiten.

dienten dem Schüler- und Lehrerfeedback. Eine explizite Pause war in der Blockstunde nicht enthalten.

Räumlichkeiten: Die Räumlichkeiten der Schule unterstützten die Werkstattarbeit sehr gut. Einige Aufgaben lagen im Klassenzimmer aus, Spiele und Kniffliges sowie ein Hindernisparcours zum Rollbrettfahren befanden sich im geräumigen Schulhausflur vor dem Unterrichtszimmer und waren gut und vollständig vorbereitet. Weitere Hilfsmittel zur Erledigung der Aufgaben waren im Klassenzimmer gut sichtbar platziert. Außerdem konnten die Schüler/innen, wenn diese wollten, die Aufgaben auch in einem weiteren Unterrichtszimmer erledigen. Zur Selbstkontrolle mussten alle zur Tafel, die sich ebenfalls im Flur befand.

Schülerverhalten/-reaktionen: Während des Morgenkreises herrschte eine sehr entspannte und vertraute Atmosphäre zwischen der Lehrerin und den Schüler/innen. Obwohl nach einem kurzen „Guten Morgen und wie geht's" die Vorgehensweise und der anspruchsvolle Ablauf der Werkstattarbeit sehr umfangreich und detailliert noch einmal gemeinsam wiederholt wurden, ist schnell deutlich geworden, dass die Schüler/innen der Klasse bereits viele Erfahrungen mit dieser Unterrichtsmethode gesammelt hatten. Normalerweise hätte ein Gespräch über das Wochenende stattgefunden. Die Lehrerin verwies aber diesbezüglich, aufgrund des hohen zeitlichen Umfangs der Werkstatt, auf die Fachstunde II bei der Klassenlehrerin.

Die gesamte Werkstatt verlief verhältnismäßig ruhig und trotz der Selbstständigkeit der Paare und der vielen Bewegungen sehr konzentriert und diszipliniert. Die Schüler/innen arbeiteten intensiv und mit hohem Interesse an ihren Aufgaben. Es sind kaum Ermahnungen von Seiten der Lehrerin wahrzunehmen gewesen. Wenn Schüler/innen sich vom Thema abwendeten, dann nur für einen kurzen Moment. Die Auszeit „Rollbrettfahren" wurde von allen Schüler/innen mindestens einmal, insgesamt aber eher häufig begeistert genutzt. Diese bot den Schüler/innen eine sichtbar attraktive Möglichkeit, kurzzeitig von den Aufgaben abzuschalten und ihre Konzentration auf den Parcours und das Fahren zu lenken. Erst gegen Ende, als die meisten Schüler/innen schon die Aufgaben erledigt hatten und sich mit den bereitgestellten Spielen im Flur beschäftigten, wurde es etwas lauter. Nachdem sich die Schüler/innen – nach Aufforderung der Lehrerin – wieder im Klassenzimmer zusammengefunden, ihre Materialien zusammengeheftet und die ausgefüllten Arbeitsblätter abgegeben hatten, forderte die Lehrerin zur Rückmeldung auf. Auch in dieser Phase der Blockstunde blieben die Schüler/innen konzentriert und meldeten ihre Erfahrungen sowie Schwierigkeiten mit bestimmten Aufgaben zurück. Abschließend lobte die Lehrerin die Schüler/innen für die fleißige Mitarbeit und lud zur Frühstückspause ein.

Lehrerverhalten/-reaktionen: Die Aufgaben waren gut vorbereitet und sehr abwechslungsreich und leistungsdifferenziert gestaltet. Neben rein mathematischen Aufgaben und Spielen bot die Lehrerin den Schüler/innen auch

Möglichkeiten, sich auszuagieren („Rollbrettfahren", Balancespiele) und die Arbeitszeit individuell einzuteilen. Gegenüber den Schüler/innen trat die Lehrerin während der gesamten Blockstunde eher fürsorglich auf. Die wenigen Ermahnungen waren angemessen und wurden fast schon liebevoll mit Witz vorgenommen. Besonders erwähnenswert ist, dass leistungsschwache Schüler/innen (Integrationsschüler)[7] von der Lehrerin viel Aufmerksamkeit, Unterstützung und Zuwendung im Verlauf der Stunde erhielten. Durch vereinzelt persönliches Nachfragen nach der Gesundheit und Stimmung der Schüler/innen wurde die angenehme Atmosphäre zwischen Lehrerin und den Schüler/innen unterstrichen. Der Stundenanfang war themen- und zielorientiert gestaltet und hatte einen angemessenen Zeitumfang. Das Unterstützungsangebot am Stundenanfang „Ich bin während der ganzen Zeit ansprechbar" und die Feedbackrunde am Ende mit dem ausgesprochenen Lob zur Mitarbeit der Schüler/innen rahmten das positive Lehrer-Schülerverhältnis.

Fazit: Die Werkstattarbeit war durch den Einsatz herausfordernder, leistungsdifferenzierter Aufgaben und den Wechsel von Einzel- und Paararbeit sehr gut binnenrhythmisiert. Die Schüler/innen konnten auch ihrem eigenen Lerntempo gemäß Inhalte bearbeiten (→ innere Rhythmisierung). Durch die direkten („Rollbrettfahren", Balancespiele) und indirekten (von Aufgabe zu Aufgabe, Kontrollieren der Aufgaben an der Tafelrückseite im Flur) Bewegungsmöglichkeiten waren Pausen- und Entspannungsmomente für die Schüler/innen im Sinne kleiner Auszeiten nutzbar. Die vielseitige Aufgabengestaltung und die Kombination von Wahl- und Pflichtaufgaben trugen zu einer anregenden Unterrichtsgestaltung bei. Die Lehrerin unterstützte das selbstständige Arbeiten der Schüler/innen mithilfe ihrer Aufmerksamkeit, die sich auf die gesamte Klasse bezog, half situativ angemessen einzelnen Schüler/innen, motivierte mittels freundschaftlichen Gesprächsangeboten und den klar vorgegebenen Stundenstrukturen. Durch das routinierte Arbeiten der Schüler/innen und die klaren eindeutigen Verhaltensweisen der Lehrerin kann beiden Seiten eine hohe Methodenkompetenz zugeschrieben werden. Anhand der Schülerreaktionen, den Verhaltensweisen und vor dem Hintergrund der Unterrichtsthematik kann von einer angemessenen Unterrichtsgestaltung ausgegangen werden.

Fach II (90 min – unterbrochen von einer knapp 60-minütigen Mittagspause) – *Deutsch*

Ablauf: Der von der Klassenlehrerin geleitete Unterricht begann mit einer 2-minütigen Anfangsphase, die die Begrüßung und eine grobe Ankündi-

---

[7] Die Lehrerin teilte dem Beobachter unintendiert mit, um welche Schüler sie sich während der Werkstattarbeit – aufgrund ihres Förderbedarfes – besonders kümmern müsse. Die Erklärung sollte vermutlich dem Beobachter helfen, die Situation der Klasse und die Lehrerverhaltensweisen besser einordnen zu können.

gung des Themas der folgenden beiden Fachstunden beinhaltete.[8] Die Unterrichtsstunde begann mit einem gelenkten Unterrichtsgespräch im Sinne einer thematischen Einleitung sowie Hinführung auf die anschließende Gruppenarbeitsphase. Es sollte von je vier bis fünf Schüler/innen eine Spielszene anhand eines Beispiels im Unterrichtsbuch vorbereitet werden. Nach der 8-minütigen Gruppenarbeitsphase forderte die Lehrerin die Schüler/innen auf, Rückmeldung über die Gruppenarbeit zu geben („Wie hat es geklappt?"). Nach der kurzen Feedbackrunde wurden die Schülergruppen, die mochten, darum gebeten, das einstudierte Gespräch der Gruppe vor der Klasse vorzutragen. Letztlich wurden aber alle Gruppen dazu aufgefordert. Gut zehn Minuten vor Schluss wurden die Schüler/innen angewiesen, ihre Hefte aufzuschlagen und sowohl das Tafelbild abzuschreiben als auch – wenig später zum Teil auch parallel – sich an der gemeinsamen mündlichen Lösung einer weiteren Aufgabe zu beteiligen. Nachdem Wichtiges des abgeschriebenen Tafelbildes farblich markiert worden war, wurden die Schüler/innen aufgefordert, ihre Plätze aufzuräumen und in die Mittagspause zu gehen.

Nach der Mittagspause wurden die Schüler/innen im Rahmen der ersten neun Minuten, hinter den Bänken stehend, zu einer expliziten Anspannungs- und Entspannungsübung in Anlehnung an Yogatechniken eingeladen. Die Schüler/innen sollten dabei die Augen schließen und sich vorstellen, sie wären Bäume, die sich entsprechend dem aktuellen Wetter bzw. dem starken Wind hin und her bewegten. Danach folgte ein spielerisch gestaltetes aber dennoch gelenktes Unterrichtsgespräch, bei dem die Schüler/innen aufgefordert wurden, falsche Wörter aus einer Wortfolge zu erkennen. Zwölf Minuten später sollten die Schüler/innen ihre Hefter aufschlagen und eine Tabelle anlegen sowie bereits besprochene Wörter in die Tabelle eintragen. Als nächstes wurden die Schüler/innen beauftragt, mithilfe des Schülerdudens passende Wörter für die Tabelle herauszusuchen und einzutragen. Parallel zur eingeleiteten Stillarbeit fanden Unterrichtsgespräche mit der Lehrerin statt. Während einige Schüler/innen sich noch still mit der Aufgabe beschäftigten, bat die Lehrerin sieben Minuten nach Beginn der Stillarbeit einige Schüler/innen, die sich meldeten, an die Tafel, um ihre gefundenen Wörter an die entsprechende Stelle zu schreiben. Anhand eines Textes im Lehrbuch wurde anschließend noch einmal gemeinsam das Thema bearbeitet. Sechs Minuten vor Stundenschluss wechselte die Lehrerin zu einem neuen Thema. Der Unterrichtsschluss fiel sehr kurz aus und beinhaltete die Ansage der Hausaufgabe für einige Schüler/innen (die Schüler/innen, die in der Stunde noch nicht fertig geworden waren, sollten die Aufgabe zu Hause beenden), den Wunsch eine schöne (folgen-

---

8 Die von der Lehrerin des Faches I dieser Unterrichtseinheit zugeordnete Austauschrunde über Erlebnisse des Wochenendes fand nicht statt, ohne dass dies von den Akteuren angemerkt wurde.

de) weitere Stunde (Fach III) zu haben und eine organisatorische Ansage, die jedoch zeitlich nach der Verabschiedung stattfand.

Räumlichkeiten: Die Fachstunden fanden im Klassenzimmer der Klasse statt. Die Schüler/innen waren überwiegend auf drei Bankreihen mit Zweiertischen verteilt. Die letzte Reihe bestand aus vier aneinander geschobenen Bänken. Das Zimmer war – wie bereits dargestellt – freundlich und hell gestaltet. Ein Problem trat bereits in der ersten der beiden Deutschstunden auf: Eine halbe Stunde vor der Mittagspause war die Luft- bzw. der Sauerstoff – im Zimmer spürbar aufgebraucht. Auch in der zweiten Stunde wurde das Zimmer nicht gelüftet, was folglich sichtbare Müdigkeitserscheinungen bei den Schüler/innen begünstigt haben könnte. Des Weiteren war die Bankreihenanordnung nicht optimal für die Gruppenarbeitsphase. Die Nutzung weiterer Räume oder/und des Flures hätten ebenfalls dazu beitragen können, dass die Schüler/innen mit mehr Ruhe und mit höherer Konzentration ihre szenische Darstellung vorbereiten konnten.

Schülerverhalten/-reaktionen: Zu Unterrichtsbeginn (erste Stunde der Doppelstunde) waren die Schüler/innen sehr aufmerksam und konzentriert. Auch in der Gruppenarbeitsphase herrschte trotz vergleichsweise großer Lautstärke im Zimmer ein konzentriertes Arbeitsklima. Nichtsdestotrotz konnte beobachtet werden, dass die beiden Integrationsschüler (Schüler mit Migrationshintergrund; hörbehinderter Schüler) Schwierigkeiten hatten, sich in den Arbeitsprozess der jeweiligen Gruppe zu integrieren. Die Aufforderung zur Rückmeldung kam für viele Schüler/innen überraschend. In der Phase der fast identischen Gruppenvorträge waren die zuhörenden Schüler/innen weitaus weniger konzentriert, verhielten sich aber ruhig und störten nicht die Vortragenden. Da die Zuhörenden keinerlei Beschäftigungen nachgehen mussten bzw. auch keine Einschätzung zu den szenischen Darstellungen abzugeben hatten, war das unaufmerksame Schülerverhalten durchaus nachzuvollziehen. Nachdem alle Schüler/innen sich wieder hingesetzt hatten (11:08 Uhr), zeigten viele Schüler/innen deutliche Ermüdungserscheinungen, einige folgten ab da an sichtbar nicht mehr dem Thema bzw. dem Unterrichtsgeschehen. Möglicherweise beförderte auch die schlechte Luft im Klassenzimmer dieses Verhalten. Den Rest der Stunde war die Klasse, vermutlich aufgrund der theoretischen Bearbeitung des Themas und der Niederschrift in die Hefter sowie der Uhrzeit, zweigeteilt. Zum einen gab es Schüler/innen, die aufmerksam der Lehrerin und den Anweisungen folgen wollten und konnten, zum anderen gab es Schüler/innen, die vermutlich nur noch auf die Pause warteten.

Zu Beginn der zweiten Deutschstunde bei der Yogaübung waren alle Schüler/innen ruhig und konzentriert bei der Sache. Auch die spielerische Einleitung der Lehrerin kam bei den Schüler/innen sehr gut an. Sie beteiligten sich intensiv, was an den zahlreichen Meldungen der Schüler/innen abgelesen werden konnte. Erst nach 30 Minuten begannen vermehrt Schüler/innen

„abzuschalten", möglicherweise weil die Unterrichtsmethoden sich überschnitten und die Unterrichtsstruktur dadurch verloren ging. Einige wenige Schüler/innen waren von den Anweisungen der Lehrerin sichtbar irritiert.

Lehrerverhalten/-reaktionen: Die Art und Weise der Gruppenarbeit stellte sich als gute Möglichkeit in der Klasse dar, Themen zu behandeln. Die Ansagen und Anweisungen der Lehrerin waren ruhig und geduldig. Ihre stimmliche Variationsfähigkeit trug entscheidend dazu bei, die Aufmerksamkeit und die Konzentration der Schüler/innen zu Beginn auf den Unterricht und das Unterrichtsthema zu lenken. Durch individuelle Hilfestellungen bei einzelnen Gruppen hielt sie die Motivation und die Zielgerichtetheit der Schülerarbeiten aufrecht. Unklar blieben im Rahmen der Gruppenarbeit das Unterrichtsziel und auch die zeitliche Struktur der Unterrichtseinheit. Die Lehrerin unterstützte nicht eine kreative gruppenindividuelle Darstellung des recht einfach gegliederten Gespräches. Die Unterrichtsmethode trug an dieser Stelle vermutlich wenig zu einem besseren Verständnis des Themas bei. Auch zu Beginn der Gruppenvorträge hätte die Lehrerin das Ziel der szenischen Darstellungen transparenter machen müssen, um die Begeisterung der Schüler/innen für das Thema auch während der letzten Phase der Unterrichtsstunde aufrecht erhalten zu können. Durch den Übergang zur Arbeit mit dem Textbuch und dem Abschreiben des Tafelbildes sowie den parallel geführten Gesprächen über das Unterrichtsthema wurde die Struktur des Unterrichts zunehmend unklarer: Einige Schüler/innen lösten noch Aufgaben, andere Schüler/innen sprachen mit der Lehrerin über ihre Ergebnisse und Lösungswege. Wieder andere Schüler/innen waren noch mit dem Abschreiben des Tafelbildes beschäftigt. Diese Parallelität war vermutlich nicht von der Lehrerin motiviert, sondern resultierte aus den unterschiedlichen Arbeitstempi der Schüler/innen. Die Lehrerin ließ einzelnen Schüler/innen dadurch keine Zeit, Aufgaben ordentlich zu vollenden bzw. sich zunächst auf nur eine einzige Aufgabe zu konzentrieren.

Die nachfolgenden 45 Minuten wurden von der Lehrerin souverän mit einer Entspannungstechnik einleitet, die von allen Schüler/innen angenommen worden ist. Aus der langen Pause kommend, erreichte die Lehrerin mithilfe von Yogatechniken ein Zurückfinden zum Unterrichtsfach. Allerdings verlief die Stunde in ähnlicher Weise wie die vorangegangene: Die Lehrerin begann nach einer kurzen Anfangsphase mit einer offenen, lockeren Gestaltung des Stundenbeginns in Form eines gelenkten Unterrichtsgespräches, danach folgte mithilfe des Textbuches und eines Tafelbildes die systematische Bearbeitung des Themas. Bis zum jeweiligen Stundenende fand ein Mix aus Stillarbeit, gelenktem Unterrichtsgespräch sowie Schülervortrag statt. Nicht klar abgetrennte Arbeitsphasen könnten es auch in der zweiten Stunde für viele Schüler/innen schwierig gemacht haben, den kompletten Inhalt der Unterrichtsstunde aufzunehmen bzw. zu verarbeiten. Weshalb die Lehrerin fünf Minuten vor Schluss ein neues Thema, zudem noch sehr theoretisch, einleitete, blieb im Zuge der abnehmenden Aufmerksamkeit der Mehrheit der Schüler/innen ungeklärt.

Fazit: Beide Fachstunden bildeten im engeren Sinne keine geschlossen verlängerte Unterrichtseinheit im Sinne einer Blockstunde. Vielmehr waren beide Stunden als separate traditionelle 45-Minuten-Unterrichtseinheiten aufzufassen. Die erste Stunde beinhaltete zwar einen Sozialform- und mehrere Unterrichtsmethodenwechsel, es kann aber dennoch nicht von einer Angemessenheit in Bezug auf das Unterrichtsthema und die Rhythmisierung gesprochen werden. Der lockere Einstieg ins Unterrichtsthema und die Gruppenarbeit mündeten schließlich ab der Unterrichtshälfte in eine Phase höherer Anstrengung und Konzentration. Insbesondere parallele Unterrichtsmethoden gegen Ende der Stunde überforderten sichtlich einige Schüler/innen. Die zweite Stunde war diesbezüglich in ähnlicher Weise gestaltet. Die Entspannungsübung zu Beginn stellte eine gute Möglichkeit dar, die Schüler/innen nach der vergleichsweise langen Mittagspause wieder auf den Unterricht vorzubereiten. Durch die konzentrierte Vermittlung des Unterrichtsstoffes – erneut durch gleichzeitig stattfindende Unterrichtsmethoden – gegen Stundenende sowie den Themenwechsel kurz vor Schluss gab es wiederum Schüler/innen, die schon 20 Minuten vor Unterrichtsende nicht mehr dem Unterricht folgten. Die fehlende klare Struktur und die nicht voneinander abgegrenzten Unterrichtsmethoden standen einer angemessenen Binnenrhythmisierung – gerade um die Mittagszeit – im Wege. Darüber hinaus fehlten Zeitansagen für bestimmte Arbeitsphasen, die als Orientierungshilfen hätten dienen können.

Fach III (45 min) – Musik

Ablauf: Alle Schüler/innen sollten zunächst erst einmal auf die vor dem Musikzimmer befindliche Terrasse kommen und frische Luft schnappen. Danach forderte die Lehrerin die Schüler/innen auf, sich im Kreis aufzustellen, sich zu strecken, bewusst ein- und auszuatmen sowie Geräusche unter ihrer Anleitung im Sinne einer Vorbereitung auf das gemeinsame Singen zu machen. Nach dieser 7-minütigen Anfangsphase wurde ein bereits einstudiertes Lied – unterstützt von Bewegungsanteilen – erst zusammen, dann nach Geschlecht differenziert gesungen. Erst danach durften sich die Schüler/innen auf den Boden setzen und die Lehrerin leitete zum eigentlichen Unterrichtsthema über. Es wurde ein ca. 3-minütiges Musikstück gemeinsam gehört, wobei die Schüler/innen zunächst aufgefordert waren, die Augen zu schließen, um, so die Lehrerin, sich besser in das Werk hinein fühlen zu können. Nachdem die Empfindungen im Plenum ausgetauscht worden waren, fand ein kurzes gelenktes Unterrichtsgespräch zum Musikstück bzw. Unterrichtsthema statt. Nachdem der Inhalt des Stückes gemeinsam besprochen worden war, waren die Schüler/innen eingeladen, sich nach der Musik zu bewegen, d.h. umherzulaufen und bei einem bestimmten Geräusch kurz stehen zu bleiben. Danach wurde die Aufgabenstellung etwas erweitert (eine konkrete Bewegung kam hinzu) und die Schüler/innen bewegten sich erneut zur Musik. Zehn Minuten vor Schluss setzten sich die Schüler/innen in einen Halbkreis auf den Boden und führten gemeinsam, nach kurzer Erklärung der Lehrerin, eine Rhythmusübung anhand der an die Wand projizierten vereinfachten Notenschrift durch. Zum Schluss hörte die Klasse ein weiteres Lied per Recorder und tanzte dazu eine Choreographie.

Räumlichkeiten: Das Musikzimmer der Schule ist ein sehr geräumiger Raum, der mit zahlreichen Musikinstrumenten ausgestattet ist. Außerdem gibt es eine Spiegelwand, ähnlich einem Ballettsaal. Die Stühle, die im Verlauf der beobachteten Stunde nicht benutzt wurden, standen an den Zimmerwänden. Im Gegensatz zum Klassenzimmer war es vergleichsweise kalt. Durch die große Offenheit bietet der Raum zahlreiche Möglichkeiten, den Musikunterricht abwechslungsreich zu gestalten. Den hohen Bewegungsanteilen des beobachteten Unterrichts wurde die Räumlichkeit auf jeden Fall gerecht.

Schülerverhalten/-reaktionen: Da die Schüler/innen nach und nach zur Unterrichtsstunde kamen und alle auf Wunsch der Lehrerin, sobald sie im Musikzimmer erschienen, auf die Terrasse des Zimmers mussten, froren die zuerst gekommenen sichtbar. Zu Beginn der Unterrichtsstunde waren fast alle Schüler/innen aufmerksam und beteiligten sich aktiv an den verschiedenen Aufgaben, obwohl einige Schüler/innen anmerkten, dass bereits zu Anfang der vergangenen Unterrichtsstunde ähnliche Atemübungen durchgeführt worden sind. Die erste Bewegungseinheit zum Musikstück (20 Minuten nach Unterrichtsbeginn), welches im Zentrum der Stunde stand, schien für die Schüler/innen ebenfalls reizvoll gewesen zu sein. Allerdings ließen sich auch ein paar Schüler/innen ausmachen, die sichtbar bereits gegen Ende des ersten Durchgangs unkonzentriert waren und damit begonnen hatten, herum zu albern. Beim zweiten Durchgang waren die Schüler/innen insgesamt deutlich unruhiger und bewegten sich, ohne wirklich am Thema teilzuhaben. Erst mithilfe der Rhythmusübung konnten alle Schüler/innen zur aktiven Mitarbeit bewegt werden. Auch in der Schlussphase waren fast alle Schüler/innen begeistert beim Thema.

Lehrerverhalten/-reaktionen: Die Anfangsphase und die Schlussphase des Unterrichts waren ritualisiert und von der Lehrerin souverän gestaltet. Allerdings war das übermäßige Lüften wie auch das erzwungene Heraustreten auf die Terrasse für die Schüler/innen nicht unbedingt angemessen. Durch einen Wechsel aus Bewegungsanteilen und theoretischem Input gestaltete die Lehrerin die Stunde insgesamt abwechslungsreich. Inwieweit allerdings alle Bewegungsanteile zu einem vergleichsweise ruhigen und gediegenen Musikstück zum besseren Verständnis des Themas bei den Schüler/innen beigetragen haben, kann jedoch bezweifelt werden. Das gelenkte Unterrichtsgespräch war möglicherweise unbeabsichtigt ziemlich kurz, da bereits die Antworten zu den von der Lehrerin gestellten Fragen ungünstigerweise an der Tafel standen. Insbesondere mehr Transparenz beim Sinn und Zweck der Bewegungsanteile wären wahrscheinlich für die Aufmerksamkeit und Begeisterungsfähigkeit einiger Schüler/innen förderlich gewesen.

Fazit: Die Lehrerin hatte gute Ideen und ging souverän mit den verwendeten Methoden um. Die Stunde war insgesamt sehr gut strukturiert, obwohl der Unterrichtsbeginn sehr an die Anspannungs- und Entspannungsübung der zweiten Deutschstunde erinnerte und selbst die Schüler/innen sich in Bezug auf die Wiederholung verwundert zeigten. Durch den Wechsel aus Bewegungsanteilen und theoretischem Input wurde der Unterricht dem Anspruch der Binnenrhythmisierung gerecht. Bemängelt werden kann allerdings, dass die Bewegungsanteile vergleichsweise zu hoch und dem Unterrichtsinhalt und Themenverständnis nicht unbedingt angemessen waren. Anhand der Schülerreaktionen wurde deutlich, dass der Sinn der Bewegungen zur Musik teilweise nicht verstanden wurde. Vor allem die Sitzordnung und der offene Charakter des Musiksaales könnten im Vergleich zu vorangegangenen Stunden zu mehr Entspannung der Schüler/innen beigetragen haben.

Binnenrhythmisierung der Unterrichtseinheiten insgesamt – Fazit

Die beobachteten Unterrichtseinheiten waren sehr heterogen gestaltet. Zusammenfassend kann allerdings festgestellt werden, dass sowohl die „echte" Blockstunde mit ihrer Werkstattarbeit am Vormittag und die Musikstunde am frühen Nachmittag gut strukturiert und binnendifferenziert – auch aufgrund der verwendeten Unterrichtsmethoden – waren. Im Hinblick auf eine binnenrhythmisierte Unterrichtsgestaltung waren bei beiden Unterrichtseinheiten Phasen der An- und Entspannung zu beobachten. Unter Einbeziehung der Schülerreaktionen muss – aus Sicht des Beobachters – jedoch einschränkend angemerkt werden, dass die Musikstunde aufgrund ihrer hohen Bewegungsanteile nicht immer dem Unterrichtsziel angemessen gestaltet war. Die beiden Deutschstunden beinhalteten ebenso Ansätze zu einem adäquat binnendifferenzierten und -rhythmisierten Unterricht. Allerdings war die Aufteilung von entspannenderen Phasen zu Beginn und theoretisch konzentrativen Phasen am jeweiligen Unterrichtsende nicht optimal und führte dazu, dass einige Schüler/innen nicht mehr dem Unterricht folgten bzw. folgen konnten. Die vermutlich unbeabsichtigte Verschränkung von mehreren Methoden und die dadurch fehlende klare Struktur der Unterrichtsstunden hemmten eine ausgewogene und den Bedürfnissen der Schüler/innen angemessene Unterrichtsgestaltung.

Pausengestaltung

Frühstücks- und Hofpause (Dauer: 25 min; 9:25–9:50 Uhr)

Die Schüler/innen der dritten und vierten Klassen gingen mit ihrem mitgebrachten Frühstück in den Speisesaal und nahmen dort ihr Essen ein. Im Speisesaal der Schule war es ziemlich laut, aber die Schüler/innen blieben auf ihren Plätzen sitzen, bis sie fertig gegessen hatten. Die erste und zweite Klasse frühstückten an den Vierertischen im geräumigen Flur. Die Lehrerin aß ebenfalls ihr mitgebrachtes Frühstück. Nach dem Frühstück konnten die Schüler/innen auf den Hof, aufgrund des schlechten Wetters sollten aber nur die asphaltierten Wege genutzt werden. 9:45 Uhr klingelte es. Alle Schüler/innen gingen daraufhin wieder ins Schulgebäude und suchten ihre GTA auf.

Kurze Pause (Dauer: 10 min; 10:35–10:45 Uhr)

Die Schüler/innen kamen aus den GTA wieder zurück ins Klassenzimmer: Im Zimmer war sehr viel Bewegung. Die Schüler/innen wirkten insgesamt sehr „aufgedreht". Im Raum herrschte schlechte Luft.

Mittags- und Hofpause (Dauer: 55 min; 11:30–12:25 Uhr)

Das Mittagessen (Dauer: ca. 25 min) wird an der Schule gestaffelt eingenommen (erst die Klassenstufen eins und zwei, dann die dritte und vierte Klasse). Die Schule besitzt ein sehr attraktives Außengelände mit zahlreichen Spielmöglichkeiten und Rückzugsräumen. Es gibt zwei kleine Holzhütten mit zahlreichen Spielgeräten: z.B. Skateboards, Fahrrädern u.Ä. Außerdem gibt es eine Kletterwand und einen Bolzplatz (welcher aber aufgrund der Regenfälle an diesem Tag nicht genutzt werden konnte). Von außen betrachtet entstand der Eindruck, dass zwischen der Pausenaufsicht (Horterzieherinnen) und den Schüler/innen ein entspanntes Verhältnis herrschte. Die ca. 80 Schüler/innen der Schule verteilten sich während der Pause sowohl im als auch außerhalb des Schulgebäudes. Den Schüler/innen schien es frei gestellt zu sein, wo sie sich aufhielten. Darüber hinaus waren keine Ermahnungen zu hören, auch Rennen im Schulhaus wurde toleriert. Resümierend kann festgehalten werden, dass die Schüler/innen der Schule optimale Möglichkeiten haben, ihren individuellen Bedürfnissen nach Entspannung und Bewegung in den Pausen nachzukommen.

Kurze Pause (Dauer: 10 min; 13:05–13:15 Uhr)

Die Schüler/innen packten ihre Sachen zusammen und stellten die Stühle im Klassenzimmer auf die Tische. Danach wechselten sie gemeinsam in den Musikraum der Schule. Die Pause war zwar recht kurz, aber da es kein

Stundenklingeln für die Folgestunde gab, verlief der Wechsel ruhig. Die Schüler/innen „trudelten" nach und nach ein.

Insgesamt betrachtet, deuten die Pausenlängen und die innere Beschaffenheit der Pausen sowie die darin enthaltenen Möglichkeiten zur Entspannung und zum Ausagieren auf eine Struktur hin, die den Rhythmisierungsmaßstäben gerecht wird. Durch vergleichsweise wenige, dafür aber lange Pausen und die fließenden Übergänge in den Unterricht sind von der Schule Möglichkeiten geschaffen worden, die den Schultagsstress möglicherweise zu minimieren helfen. Die große Mittagspause und die Beaufsichtigung der Schüler/innen durch den Hort bieten auch für die Lehrerinnen eine Pause, die sie zum Entspannen bzw. Abschalten nutzen können.

Fazit

Die beschriebene Herangehensweise stellt ein qualitativ-exploratives Vorgehen und damit einen alternativen Entwurf zu bekannten quantitativen Befragungen zum Thema Rhythmisierung vor. Vollständigkeit beansprucht die Analyse nicht. Denn wie ansatzweise erörtert wurde, sind neben den Verhaltensweisen und Reaktionen der Akteure, den räumlichen Bedingungen sowie den Unterrichts- und Sozialformen zahlreiche weitere beeinflussende Faktoren denkbar. Trotz der Tatsache, dass nur eintägige Beobachtungen durchgeführt wurden, ist bereits der erweiterte Erkenntnisgewinn einer solchen Vorgehensweise im Rahmen der Evaluationsforschung offensichtlich.

Die folgenden drei exemplarischen Befunde der im Rahmen des Projekts durchgeführten ganztägigen Beobachtungen illustrieren und bekräftigen abschließend die Notwendigkeit eines Blicks nach innen:

a) Zwischen den beobachteten Blockstunden konnten große Differenzen an den Schulen mit Ganztagsangeboten feststellt werden. Zum einen ließen sich binnenrhythmisierte Stunden beobachten, in denen sich Konzentrations- und Entspannungsphasen vor dem Hintergrund der Schülerreaktionen und Verhaltensweisen adäquat abwechselten. Zum anderen konnten Stunden beobachtet werden, die mit einer rhythmisierten verlängerten Unterrichtseinheit nichts gemein zu haben schienen: An einer Schule waren zwar zeitliche Blöcke vorhanden, aber darin wurden zwei verschiedene Unterrichtsfächer zu je 45 Minuten von verschiedenen Lehrer/innen ohne für den Beobachter erkennbare wechselseitige Bezüge unterrichtet. An mehreren anderen herrschte innerhalb der Blockstunden ein ungebrochenes straffes Unterrichtstempo. Wenn der Unterrichtstag mit einer solchen temporeichen Blockstunde begann und dieses Tempo in den darauffolgenden Stunden beibehalten wurde, waren Aufmerksamkeits- und Konzentrationsdefizite unmittelbar bei den Schüler/innen beobachtbar.

b) Mithilfe der ganztägigen Beobachtung ließen sich an einer Schule nahezu identische Abläufe (gleiche Abfolge der Unterrichtsmethoden und Sozialformen sowie der eingesetzten Medien) in fast allen Unterrichtsstunden feststellen, die Ermüdungserscheinungen und Langeweile bei den Schülern sicherlich befördert haben könnten. Auch an der hier detailliert beschriebenen Schule konnte eine bestimmte Entspannungsübung in zwei aufeinander folgenden Unterrichtsstunden beobachtet werden. Beide Beispiele verweisen unter Umständen auf innerschulische Kooperationsbedarfe.

c) Der Binnenrhythmisierung wenig förderlich waren beobachtete (vermutlich unbeabsichtigte) Überschneidungen bzw. Gleichzeitigkeiten von Entspannungs- und Konzentrationsphasen.

Mithilfe der Beobachtungen konnten nicht nur Aspekte der äußeren Rhythmisierung eruiert werden, sondern auch jene der Binnenrhythmisierung und inneren Rhythmisierung sowie deren wechselseitige Bedingtheit. Äußere Strukturen können zwar innerschulische Veränderungen befördern, ein Garant dafür stellen diese allerdings nicht dar. Wenn man Aussagen zu Wirkungen und Folgen ganztägiger Schulen infolge einer veränderten Rhythmisierung machen möchte, kommt man nicht umhin, Forschungsstrategien zu entwerfen, die über die bloße Erhebung bzw. Abfrage äußerer Strukturen hinausgehen.

Literatur

Dieckmann, Katja/Höhmann, Katrin/Tillmann, Katja (2007): Schulorganisation, Organisationskultur und Schulklima an ganztägigen Schulen. In: Heinz Günter Holtappels/Eckhard Klieme/Thomas Rauschenbach/Ludwig Stecher (Hrsg.): Ganztagsschule in Deutschland. Ergebnisse der Ausgangserhebung der „Studie zur Entwicklung von Ganztagsschulen" (StEG). Weinheim; München: Juventa, S. 164–185.

Gängler, Hans/Bloße, Stephan/Lehmann, Tobias/Schönberger, Ina (2010): Wissenschaftliche Begleitung und Evaluation der Förderrichtlinie GTA. Zwischenbericht 2010 (unveröffentlicht). Dresden: TU Dresden.

Höhmann, Katrin (2007): Rhythm is it. Lernen eine gute Basis geben – die Organisation des Tages verändern. In: Ganztags Schule machen, Jg. 1, H. 1. S. 4–7.

Höhmann, Katrin/Nicole Kummer (2007): Give me 5, give me 10, give me 15. 60 Minuten verändern die Schulkultur. In: Ganztags Schule machen, Jg. 1, H. 1, S. 14.

Holtappels, Heinz Günter (2007): Schüler- und lerngerecht rhythmisieren. Begründungen und Gestaltungsansätze. In: Ganztags Schule machen, Jg. 1, H. 1, S. 8–11.

Kamski, Ilse (2007): Aus Stundenplänen lernen!? Schulbeispiele in den Blick genommen. In: Ganztags Schule machen, Jg. 1, H. 1, S. 16–20.

Kromrey, Helmut (2001): Evaluation – ein vielschichtiges Konzept. Begriff und Methodik von Evaluierung und Evaluationsforschung. Empfehlungen für die Praxis. In: Sozialwissenschaften und Berufspraxis, Jg. 24, H. 2, S. 105–131.

Lehmann, Ina (2005): Handreichung zur „Förderrichtlinie zum Ausbau von Ganztagsangeboten". Dresden: Sächsisches Staatsministerium für Kultus und Sport.

Lehmann, Ina (2007): Handreichung zur „Förderrichtlinie zum Ausbau von Ganztagsangeboten". Dresden: Sächsisches Staatsministerium für Kultus und Sport.
Meyer, Hilbert (2004): Was ist guter Unterricht. Berlin: Cornelsen.
Meyer, Hilbert (2010): Merkmale guten Unterrichts – Ein Kriterienmix. In: Eiko Jürgens/Jutta Standop (Hrsg.): Was ist „guter" Unterricht? Namhafte Expertinnen und Experten geben Antwort. Bad Heilbrunn: Klinkhardt, S. 159–174.
SMK (Sächsisches Staatsministerium für Kultus und Sport) (2007): Richtlinie des Sächsischen Staatsministeriums für Kultus zur Förderung des Ausbaus von Ganztagsangeboten (FRL GTA). Az.: 6503.10/117. Verfügbar über: www.revosax.sachsen.de/Text.link?stid=11012 (Zugriff: 12.10.2007).

Stephan Bloße, Sabine Böttcher, Antje Förster

Partnerschaften auf Augenhöhe?
Anspruch und Umsetzung von Kooperationen zwischen Schule und Externen

Die Zusammenarbeit zweier Partner wird in der Fachliteratur nur dann als gewinnbringend beschrieben, wenn sich diese wechselseitig bedingen und fördernd aufeinander wirken. Beide Partner sollten ähnliche Zielvorstellungen aufweisen, längerfristige Vereinbarungen treffen sowie weitere Übereinkünfte regeln. Im Idealfall entstehen aus dieser Zusammenarbeit Emergenzen – Ergebnisse, die weder der eine noch der andere Partner allein zu Stande gebracht hätte (vgl. Santen/Seckingen 2003, S. 9; Spieß 1998, S. 9). Eben diese implizite Definition von Kooperation scheint vielen bildungspolitischen Bestrebungen im Rahmen des Ganztags immanent zu sein. Die Kooperation als ein verzahntes Miteinander auf gleicher Augenhöhe, so wird suggeriert, sei angebracht und habe für Schule, Lehrer und Schüler den größten Nutzen (vgl. Maykus 2009, S. 307ff.). Dieser normative Fokus, so unsere These, steht nicht nur schulspezifischer Kreativität des Aufbaus und der Pflege von Kooperationen entgegen, sondern setzt auch Maßstäbe, die schwer einzulösen sein könnten.

Schulen mit Ganztagsangeboten werden bei der Umsetzung und Durchführung ihrer Angebote dazu angehalten, mit außerschulischen Partnern zusammenzuarbeiten.[1] Bildungspolitisch fokussiert wird eine Zusammenarbeit vor allem mit dem Ziel, eine zeitgemäße Bildung, d.h. eine Verknüpfung von formellen, nicht-formellen und informellen Bildungsprozessen in Schule zu ermöglichen. Dies soll dazu beitragen, dass Schüler neben formalem Wissen auch lebensnahe (Schlüssel-)Kompetenzen erwerben, die zur Bewältigung komplexer Anforderungen der Umwelt erforderlich sind (vgl. Pauli 2006, S. 97). Von Vorteil ist, dass durch den Einbezug außerschulischer Kooperationspartner „die Komplexität der Außenwelt [...] frühzeitig Eingang in den schulischen Raum" (Preiß 2005, S. 25) findet. Es sollen dabei sowohl außerschulische Angebote der Schule angegliedert als auch Lernen an anderen Orten ermöglicht werden (vgl. Spenn/Fischer 2005, S. 20f.; Maykus 2005, S. 6). Um Qualität in allen Facetten ganztägiger Schulen für

---
[1] Einen Überblick über die länderspezifischen Initiativen zur verstärkten Einbindung außerschulischer Kooperationspartner liefert die Broschüre „Partner machen Schule. Bildung gemeinsam gestalten" (2006) des Sozialpädagogischen Instituts (SPI) Nordrhein-Westfalens (NRW).

Schüler und Eltern zu gewährleisten, wird die Zusammenarbeit mit externen Partnern, die zusätzliche Kompetenzen einbringen, notwendig. Externe aus den Bereichen der Jugendhilfe, Freizeitpädagogik, öffentlichen Institutionen u. v. m. bieten sich dafür an. Sie verfügen über andere Fähigkeiten und Fertigkeiten, die der Triade aus Bildung, Erziehung und Betreuung gerecht werden. Für eine solche Zusammenarbeit wurde sachsenweit 2007 und 2008 durch zahlreiche regionale Informationsveranstaltungen und Tagungen u.a. mit folgenden Titeln geworben: „Schule und soziale Arbeit im Fokus ganztägigen Lernens", „Schule ist Partner – Ganztagsangebote und außerschulische Kooperationspartner", „Kooperationsmöglichkeiten zwischen Grundschule und Hort" sowie „Achtung Baustelle! Zur Kooperation von Grundschule und Hort mit Ganztagsangeboten".[2] Darüber hinaus informieren und unterstützen sachsenweit Koordinatoren der Sächsischen Bildungsagentur (SBA) Schulen beim Aufbau von Kooperationsbeziehungen. Auch die sächsische Kooperationsdatenbank der „Servicestelle Ganztagsangebote Sachsen" soll helfen, dass Schule und Partner zusammenfinden.[3]

Wie sich die Zusammenarbeit von Schulen und Partnern im Einzelnen gestaltet und inwiefern die gestellten Erwartungen in der Kooperationspraxis ganztägiger Schulen tatsächlich erfüllt werden, soll in diesem Artikel beispielhaft für Sachsen nachgezeichnet werden. Dabei ist es zentrales Anliegen der Darstellung, die bildungspolitischen Motive der Einbindung externer Partner den realen Tatbeständen gegenüberzustellen, um so eine Diskussion zu Möglichkeiten und Grenzen der Umsetzung partnerschaftlicher Zusammenarbeit im (ganztags-)schulischen Kontext anzuregen.

Basis der Darstellungen bilden die Daten aus Fragebogenstudien und leitfadengestützten Interviews des Forschungsprojektes EFRL-GTA sowie der StEG-Sachsen. Außerdem wird auf Befunde Bezug genommen, die im Rahmen der Studie MV GTA/GTS entstanden sind.[4]

Sollen Aussagen zur Gestaltung der Zusammenarbeit von Schulen und externen Partnern getroffen und diese vor dem Hintergrund bildungspolitischer Erwartungen bewertet werden, ist es notwendig, die Kooperationspraxis näher zu beschreiben. An dieser Stelle kann jedoch kein allumfassendes Bild der sächsischen Praxis skizziert werden: Ausgehend von einer Idee der „Zusammenarbeit auf Augenhöhe?" sollen im Nachfolgenden insbesondere Aspekte von Kooperation aufgegriffen werden, die – so unsere Erfahrungen – eine entscheidende Rolle dabei spielen, ob eine Zusammenarbeit von den Parteien als gewinnbringend betrachtet wird oder nicht.

---

2 Siehe für 2007: www.sachsen.ganztaegig-lernen.de/Sachsen/Materialien/Veranstaltungen%202007.aspx, für 2008: www.sachsen.ganztaegig-lernen.de/Sachsen/Materialien/Veranstaltungen %202008.aspx (Zugriff am 18.07.2010).
3 Siehe hierzu: www.sachsen.ganztaegig-lernen.de/Sachsen/Materialien/Kooperationsdatenbank.aspx (Zugriff am 20.07.2010).
4 S. Projektbeschreibung bei Förster/Markert/Berge in diesem Band.

Nach einem Überblick zu den Partnern, mit denen Schulen zusammenarbeiten, wird der Frage nachgegangen, von wem Kooperationen initiiert werden und aus welchen Gründen diese zustande kommen. Die Kooperationsmotive, die -initiative als auch die Strategien und Wege der Suche nach Partnern lassen einerseits Rückschlüsse auf die Ziele zu, welche die Parteien mit der Zusammenarbeit verbinden. Andererseits ergeben sich Hinweise dahingehend, wie die Kooperationen in der Praxis „gelebt" und die externen Kräfte in die Schule eingebunden werden. Wie zufrieden die Akteure selbst mit der Praxis der Zusammenarbeit an den Schulen sind und ob ihre Vorstellungen den bildungspolitischen Erwartungen entsprechen, wird daran anknüpfend analysiert.

Kooperationspartner

Fast alle ganztägig organisierten sächsischen Schulen arbeiten mit Partnern zusammen. Der hier verwendete Begriff Kooperationspartner[5] fasst verschiedenste Einrichtungen und Institutionen als auch Privatpersonen zusammen, die ganztägige Lernarrangements an Schulen (mit-)verantworten bzw. (mit-)gestalten. Zu dieser Gruppe zählen z.B. Musikschulen, Kultureinrichtungen, aber auch Wirtschaftsunternehmen oder einzelne Personen, etwa aus der Elternschaft oder dem Gemeinwesen. Personen, die zwar in Schulen arbeiten, aber bei anderen Trägern angestellt sind, werden ebenso zu Kooperationspartnern gezählt (vgl. Behr-Heintze 2005, S. 9).

Kooperationspartner lassen sich auf institutioneller Ebene unterscheiden in: öffentliche, frei-gemeinnützige und gewerbliche Anbieter. Quer dazu kann die Kinder- und Jugendhilfe als eine eigene Kategorie betrachtet werden, da sie im Kooperationsdiskurs einen hohen Stellenwert einnimmt und mit einer besonderen Fachlichkeit verbunden ist (vgl. Arnoldt 2007, S. 87ff.).

Auf Basis der durchgeführten Schulleiterbefragungen konnte festgestellt werden, dass bereits zahlreiche externe Partner in das schulische Geschehen eingebunden sind. Ein großer Teil der Schulen kooperiert mit Externen aus dem Freizeitbereich, insbesondere dem Sport, aber auch aus der Kultur, Musik und Kunst. Mehr als drei Viertel aller befragten Schulen gibt an, im Schuljahr 2007/08 mit mindestens einem Sportverein zusammen gearbeitet zu haben. Ca. 70 % der Schulen kooperierten mit selbstständigen bzw. freischaffenden Personen, knapp 60 % mit kulturellen Einrichtungen. Darüber hinaus konnten etwa die Hälfte aller befragten Schulen Musikschulen und öffentliche Einrichtungen für die Umsetzung ihres Ganztagskonzepts gewinnen. Mit Vertretern aus der Wirtschaft, Einrichtungen der Jugendhilfe und Einrichtungen des Gesundheitswesens kooperierten jeweils vier von zehn Schulen. Arbeitsamt/Berufsberatung, Kirchgemeinden sowie Jugend-

---

5 Die Termini Externe bzw. externe/außerschulische Partner werden im vorliegenden Text synonym für Kooperationspartner verwendet.

verbände hingegen sind seltener Partner der Schulen (vgl. Gängler u.a. 2008b, S. 47ff.; Gängler/Böttcher/Förster 2009, S. 36ff.).

Wichtige Kooperationspartner waren den Einschätzungen der Schulleiter zufolge im Schuljahr 2007/08 an Mittel- und Förderschulen vor allem die Schulsozialarbeiter: Knapp die Hälfte der Mittel- und Förderschulen arbeitete mit diesen bei der Umsetzung ihres Ganztagskonzeptes zusammen. Eine Kooperation mit mindestens einem Hort wiesen nahezu alle Grundschulen auf. Überdies kooperierten neun von zehn Grundschulen mit Kindertageseinrichtungen. Partner aus der Wirtschaft fand man vor allem an den Mittelschulen, Gymnasien und Förderschulen (ca. 60 %) (vgl. Gängler u.a. 2008b, S. 47ff.).

Je nach Einzelschule variiert die Anzahl der Kooperationspartner sehr stark und bewegt sich zwischen keinem bis hin zu 58 Kooperationspartnern – im Durchschnitt waren es etwa zehn Partner je Schule. Schulen im großstädtischen Raum verfügen durch das Vorhandensein vieler potentieller Partner über mehr Kooperationen, ebenso wie Schulen, die schon vor der EFRL-GTA Angebote ähnlich dem Ganztagsangebot durchgeführt haben. Die infrastrukturellen Gegebenheiten vor Ort können daher als eine wichtige Einflussgröße von Kooperation betrachtet werden (vgl. ebenda, S. 53f.).

Kooperationsinitiative

Kooperationen müssen veranlasst werden. Zur Frage von wem die Initiative ausging, im Rahmen des Ganztags zusammenzuarbeiten, sind die Ergebnisse aus den vorliegenden Studien nicht eindeutig zu interpretieren. So meinen die Externen, deren Positionen im Rahmen der StEG-Sachsen quantitativ über Fragebögen erfasst wurden, in über zwei Dritteln der Fälle, dass sie die Kooperation mit der Schule veranlasst haben. Nach Angaben der Kooperationspartner (EFRL-GTA) ging die Initiative zur Zusammenarbeit mit Partnern jedoch in den meisten Fällen (9 von 15) nicht von ihnen, sondern von der Schule selbst aus. In einigen Fällen war hier zudem eine eindeutige Zuordnung nicht möglich und von einer gemeinsamen Initiative die Rede (vgl. Gängler u.a. 2008a, S. 142).[6] Ob die Diskrepanz in den Ergebnissen z.B. in Zusammenhang mit der Befragungsmethode oder der Auswahl der Befragten steht, kann nicht abschließend geklärt werden.

Vergleicht man die Ergebnisse der StEG-Sachsen im Verlauf von 2005 zu 2007, lässt sich weiter ablesen, dass die Schule als Impulsgeber für Kooperation eine nachlassende Rolle zu spielen scheint. Dies könnte in der Konsequenz auf eine verstärkt anbieterorientierte[7] Kooperation hinweisen. Vor

---

6 Beide Erhebungen bezogen nur die Kooperationspartner ein, welche aus Schulleitersicht besonders wichtig für die Schule sind.
7 Innerhalb der StEG-Studie wird zwischen anbieter-, nutzer- und kooperationsorientierten Beweggründen unterschieden. Unter anbieterorientierten Beweggründen wer-

dem Hintergrund, dass 2007 an vielen Einrichtungen bereits ein relativ stabiles und erprobtes Ganztagsprogramm bestand, kann zudem von einem gewissen „Sättigungseffekt" der Schulen bei der Suche nach neuen Kooperationspartnern ausgegangen werden. Kritisch zu hinterfragen ist in diesem Zusammenhang, inwiefern Schulen die Suche nach Partnern als einen abgeschlossenen Prozess im Sinne „einmal im Programm – immer im Programm" betrachten und so eventuell dem Anspruch, den Bedürfnissen der Kinder und Jugendlichen flexibel nachzukommen, nicht mehr gerecht werden (vgl. Gängler/Böttcher/Förster 2009, S. 129f.).

Kooperationsmotive

Schulen kooperieren aus den unterschiedlichsten Motiven mit externen Partnern. Aus Sicht der Kooperationspartner (institutionelle Ebene), so die Ergebnisse der StEG-Sachsen, sind es vor allem nutzer- und kooperationsorientierte[8] und weniger anbieterorientierte Beweggründe, die Kooperationen entstehen lassen. So ist es externen Partnern wichtig, Kindern und Jugendlichen bessere Freizeitangebote zu ermöglichen, ihre individuellen Fähigkeiten stärker zu fördern und Kompetenzen zu vermitteln, die in der Schule sonst „zu kurz kommen". Ein Motiv, welches auf der Ebene der Organisation angesiedelt werden kann, war – neben bereits bestehenden guten Erfahrungen mit der Schule – vor allem auch der Wunsch, das eigene Angebotsspektrum zu erweitern und neue Zielgruppen zu erschließen (vgl. Gängler/Böttcher/Förster 2009, S. 129f.).

Auf Basis qualitativer Interviews mit den Kooperationsakteuren[9] ließen sich nachfolgend dargestellte Motive explorieren. Diese kamen allerdings in der dargestellten reinen Ausprägung nur in den seltensten Fällen vor (vgl. Gängler u.a. 2008a, S. 149ff.):

- Kooperationspartner wollen mit Schulen zusammenarbeiten, um sich erweiterte Zugänge zu ihrer Zielgruppe zu verschaffen. Darunter befinden sich vor allem Vereine der Jugendhilfe.
- Ein weiteres Motiv ist das Sammeln von Erfahrungen, das in der Arbeit mit Kindern und Jugendlichen im Bereich des Ganztags möglich ist. Dieses Motiv trifft vor allem auf Studenten und Ehrenamtliche zu.

---

den z.B. finanzielle Erwägungen, die bessere Auslastung der Mitarbeiter oder auch die Erschließung neuer Zielgruppen begriffen (vgl. Arnoldt 2007, S. 87ff.).
8 Zu den nutzerorientierten Motiven zählen z.B. bessere Freizeitangebote und bessere Förderung der Kinder und Jugendlichen sowie die Vermittlung von Kompetenzen die in Schulen sonst zu kurz kommen. Die Entwicklung gemeinsamer Handlungsansätze mit der Schule, die Veränderung der Schulkultur oder die Vernetzung in der Kommune sind den kooperationsorientierten Gründen zuzurechnen (vgl. Arnoldt 2007, S. 87ff.).
9 Die dargestellten Motivlagen entstammen Interviews mit 16 Kooperationspartnern (EFRL-GTA).

- Den Schülern erweitertes Spezialwissen zu vermitteln, damit Kenntnisse weiterzugeben und im Zuge dessen Interessen zu wecken bzw. zu entwickeln helfen, ist eine dritte Motivlage (z.b. Sanitätsdienst des Deutschen Roten Kreuzes, Jugendfeuerwehr).
- Ein vergleichsweise häufiges Motiv der Kooperationsakteure ist, eine Zusammenarbeit mit der Absicht zu beginnen, Schüler für die eigene Institution, den Verein o.Ä. zu gewinnen.
- Für Kooperationsakteure (z.B. Mitarbeiter eines gemeinnützig tätigen Vereins mit dem Schwerpunkt Prävention) kann die Zusammenarbeit mit Schule auch schlichtweg Bestandteil des Arbeitsauftrages sein.

Aus Interviews mit den schulischen Akteuren[10] konnten ebenfalls vielfältige Motive für die Zusammenarbeit mit externen Partnern herausgearbeitet werden (vgl. ebenda 2008a, S. 148f.):

- *Farbtupfer-Motiv*: Diese Schulen äußern vor allem, dass die Zusammenarbeit mit Kooperationspartnern dazu dienen solle, eine bessere Außenwirkung und damit höhere Schülerzahlen zu erreichen.
- *Traditionen-Motiv*: Schulen, die aus diesem Motiv heraus Kooperationspartner gewinnen wollen, sind vor allem jene, die durch Angebote der externen Partner ihr bereits vorhandenes Schulprofil ausbauen wollen.
- *Nützlichkeits-Motiv*: Diese Schulen wollen explizit Kooperationspartner gewinnen, um Ganztagsangebote überhaupt realisieren zu können.
- *Kompetenz-Motiv*: Diese Schulen haben sich die Zusammenarbeit mit Kooperationspartnern gewünscht, um den Schülern qualitativ hochwertige Angebote ermöglichen zu können. Sie wollen den Pool an Kompetenzen ihrer Schule durch Einbindung von Partnern vergrößern.

Sich widersprechende Motivationen von Schule und Kooperationspartnern können für Irritationen und Spannungen in der Zusammenarbeit sorgen. Beispielsweise könnte sich ein pädagogisch engagierter Kooperationspartner aus Sicht derjenigen Schulen als ungeeignet erweisen, die ausschließlich aus pragmatischen Erwägungen heraus mit externen Partnern zusammen arbeiten möchten. Projektpartner hingegen, die ausschließlich punktuelle eintägige Veranstaltungen anbieten, werden sich wahrscheinlich mit vielfältigen schulischen Motivlagen arrangieren können. Wichtig ist in diesem Zusammenhang der Austausch von Erwartungen.

Bei Betrachtung der Panelergebnisse[11] der StEG-Sachsen wird erkennbar, dass bei den Partnern insbesondere nutzerorientierte Beweggründe eine abnehmende Rolle für die Kooperation mit Schule spielen, während anbieter-

---

10 Die dargestellten Motivlagen entstammen Interviews mit 18 Schulleitern (EFRL-GTA).
11 D.h. des Vergleichs der Angaben von Kooperationspartnern, welche an mind. zwei aufeinander folgenden Befragungen teilnahmen.

orientierte Motive verstärkt an Relevanz gewinnen. Dieser Befund könnte dahingehend interpretiert werden, dass anfänglich hohe Erwartungen der Kooperationspartner hinsichtlich der Effekte der Zusammenarbeit mit Schulen infolge der Erfahrungen im Rahmen des Ganztags relativiert wurden bzw. die Kooperation mittlerweile zum „Alltagsgeschäft" gehört (vgl. Gängler/Böttcher/Förster 2009, S. 130).

In diesem Zusammenhang muss darüber nachgedacht werden, was diese Entwicklung für die Möglichkeit der Umsetzung von Kooperation in der Praxis bedeutet. D.h. einerseits, inwiefern nutzerorientierte Beweggründe durch anbieterorientierte Motive überformt werden und Externe kein Interesse an pädagogischer und konzeptioneller Mitgestaltung von Schule haben, andererseits eine finanzielle Abhängigkeit einer externen Einrichtung von Schule negativ auf eine gleichberechtigte partnerschaftliche Zusammenarbeit wirkt. Positiv kann dennoch stimmen, dass kooperationsorientierte Motive, wie die Entwicklung gemeinsamer Handlungsansätze mit Schule, die Veränderung der Schulkultur oder die Vernetzung in der Kommune, von gleich bleibender bis steigender Wichtigkeit beim Eingang von Kooperationen mit Schule sind. Darüber hinaus wird der Zusammenarbeit mit Partnern auch von den Schulen eine wichtige Stellung zugesprochen (vgl. ebenda).

Suche nach Kooperationspartnern: Wege und Strategien

Die Handlungsstrategien der Schulen beim Suchen, Finden und Eingehen von Kooperationen sind, zusammenfassend formuliert, daran gebunden, welche Erwartung die Schule an die Zusammenarbeit mit dem Partner hat bzw. welches Motiv der Kooperation zugrunde liegt. Ein Pol wird dabei von den Schulen markiert, die über die Kooperation eine konzeptionelle und inhaltliche Weiterentwicklung der gesamten Schule erhoffen. Entsprechend prüfend und von Beteiligung gekennzeichnet ist das Auswahlverfahren. Auf der Gegenseite finden sich die Standorte, die eher auf eingehende Angebote externer Kräfte warten, als selber auf die Suche nach geeigneten Partnern zu gehen. Die Ganztagsangebote bilden hier zumeist das „Anhängsel" des Unterrichtstages und der Kooperationspartner bleibt ein vom Schulleben ausgeklammerter externer Akteur (vgl. Gängler/Böttcher/Förster 2009, S. 131f.).

In den Interviewtexten zeichnet sich – korrespondierend mit den quantitativen Daten der StEG-Sachsen – weiter ab, dass der pädagogischen Qualifikation der externen Kräfte eine nicht unwesentliche Rolle bei der Entscheidung zukommt, ob deren Angebot in den Ganztagskatalog aufgenommen wird oder nicht. Diese wird dabei weniger anhand von Abschlüssen, als vielmehr anhand eines angenommenen „pädagogischen Geschicks" bewertet. D.h. Schulen verschaffen sich in der Regel über Gespräche oder auch „Schnupperveranstaltungen" ein Bild von dem Partner und entscheiden, inwieweit die Person ein Zusatzangebot unterbreiten kann. Die Interviewpartner erläuterten zugleich, dass solche, mitunter talentierte Laien durchaus in der Lage sind, Angebote für Fünft- und Sechstklässler zu unterbreiten. Schwierigkeiten entstehen oft ab der siebenten Klassenstufe, da hier die Schüler wesentlich deutlicher ihre Belange einfordern und entsprechend pädagogische als auch insbesondere methodische Kompetenzen bei der Leitung eines Angebots von Nöten sind (vgl. ebenda).

Insgesamt schätzt die Mehrheit der befragten Schulleiter[12] als auch der Ganztagskoordinatoren[13] ein, bisher allenfalls kleinere Schwierigkeiten bei der Suche nach externen Kräften gehabt zu haben. In welcher Art und Weise die Einrichtungen dieses Thema problematisieren, hängt sehr wahrscheinlich davon ab, welchen Anspruch die einzelne Schule an den Ganztag und die handelnden Akteure hat. Probleme treten vor allem dann auf, wenn Schulen an einem spezifischen Angebot interessiert sind. „Spezifisch" meint hier, dass es den Schulen um Lernarrangements geht, die von den Lehrkräften nicht selbst angeboten werden können, deren Durchführung bestimmter Fähigkeiten bedarf oder die vom „üblichen Angebot" abweichen. Diese Problemlage verstärkt sich an den ländlichen Standorten. Als eine weitere Schwierigkeit beschreiben die Interviewpartner, gut ausgebildete Fachleute für die Durchführung von Ganztagsangeboten zu begeistern und diese auch über einen längeren Zeitraum und nicht nur für ein Projekt an die Schule zu binden. Diese Problemlage zeigt sich besonders deutlich, wenn es darum geht, interessante und ansprechende Lernarrangements für ältere Schüler (ab 6./7. Klasse) zu finden. Hinzu kommt weiter, dass die Anbieter nicht nur Experten auf ihrem Gebiet sein sollen, sondern auch über die pädagogischen Fähigkeiten verfügen müssen, mit dieser Altersgruppe zu arbeiten. Dass sich externe Partner manchmal nur schwer auf schulische Realitäten einstellen können, stellt aus Sicht einiger Befragten ebenso eine Schwierigkeit dar. So könnten Partner z.B. nicht damit „umgehen", dass Schüler unmotiviert an den Angeboten teilnehmen. Probleme zeigen sich außerdem dahingehend, dass es Externen nicht immer „leicht fällt", sich auf die organisatorischen Strukturen der Schule einzulassen (z.B. lange Planung der Angebote im Voraus) (vgl. ebenda).

---

12 Die Ergebnisse basieren auf den quantitativen Fragebogenerhebungen der StEG-Sachsen in den Jahren 2005, 2007, 2009.
13 Die Ergebnisse basieren auf der qualitativen Interviewstudie der StEG-Sachsen in 2009.

Einbindung der Kooperationspartner und deren Angebote in Schule

Die Verbindung von Unterricht und Ganztagsangeboten[14] gilt als ein Anspruch von Rhythmisierung[15] und ein Aspekt der Einbindung von Kooperationspartnern ins System der Schule. Dazu wurden sowohl die Schulleiter als auch Kooperationspartner befragt (StEG-Sachsen). Hier meinen 2005, 2007 und 2009 ca. ein Drittel der befragten Schulleiter, dass es eher zutreffend sei, dass Unterricht und Angebote wenig miteinander verbunden sind (vgl. Gängler/Böttcher/Förster 2009, S. 56ff.).

Aus den Angaben der Kooperationspartner zur Verknüpfung schulischen Unterrichts und außerschulischer Angebote lassen sich folgende Aussagen treffen. So geben 2005, 2007 sowie 2009 nur etwa ein Drittel der Externen an, dass die Angebote Bestandteil des Regelunterrichts sind. 43 % meinen, dass die „Inhalte der Angebote thematisch mit dem Unterricht abgestimmt sind". Ein ebenso großer Anteil an Kooperationspartnern gibt zudem an, dass es „keinerlei Verknüpfung der Angebote mit dem Unterricht" gibt. Diese Ergebnisse zeigen somit Defizite bzw. Entwicklungspotentiale auf. Das Ergebnis, dass 2007 fast die Hälfte und 2009 keiner der befragten Kooperationspartner der Meinung ist, dass Angebote im Vergleich zum letzten Erhebungszeitpunkt „nun stärker auf Unterrichtsthemen abgestimmt" seien, weist zudem auf eine problematische Entwicklung, genauer gesagt auf einen Entwicklungsstillstand hin (vgl. ebenda, S. 134ff.).

Weitere Befunde verdeutlichen, dass zum einen insbesondere Schulen mit einer vergleichsweise hohen Schülerzahl sich am wenigsten mit ihren Kooperationspartnern austauschen und dass zum anderen Schulen in sozialen Brennpunkten deutlich häufiger mit Kooperationspartnern teamartig zusammenarbeiten (vgl. Gängler u.a. 2008a, S. 59).

Auf organisatorischer und koordinierender Ebene[16] des Ganztagsbereichs von Schule spielen die Kooperationspartner eine eher untergeordnete Rolle. Dies spiegeln sowohl die Angaben der Schulleiter als auch der Kooperationspartner wider (StEG-Sachsen). Die Mitbestimmung der Organisationen in Schule bewerten die meisten Kooperationspartner als „nicht relevant" und bei den Einrichtungen, die sich dazu äußerten, lagen die Bewertungen im gesamten Erhebungszeitraum zwischen „eher unzufrieden" bis „eher zu-

---

14 Die Angaben beziehen sich hier auf Ganztagsangebote, die von Externen aber auch Internen (Lehrer, päd. Personal) durchgeführt werden.
15 Ausführlich dazu siehe die thematischen Beiträge in diesem Band (Kulig/Müller; Bloße).
16 Hierzu zählt z.B. die Beteiligung an der konzeptionellen Arbeit oder der Schulprogrammentwicklung.

frieden".[17] Eine Veränderung hin zu größeren Mitbestimmungsmöglichkeiten nimmt die überwiegende Mehrheit der Kooperationspartner sowohl 2007 als auch 2009 „nicht" bzw. „eher nicht" wahr[18]. Die Kooperationspartner sehen sich zudem zunehmend in einer nachgeordneten Rolle zur Schule. Gaben 2005 noch 61 % der Externen an, sich als gleichberechtigter Partner von Schule zu verstehen, so sind dies 2007 noch 34 % und 2009 nur noch 30 %. Der Großteil, welcher sich in einer der Schule nachgeordneten Rolle sieht, findet dies allerdings auch so „in Ordnung" – nur etwa ein Fünftel davon wünscht sich mehr Verantwortung (vgl. Gängler/Böttcher/Förster 2009, S. 51ff.).

Die Ergebnisse deuten darauf hin, dass die externen Einrichtungen in der Regel weniger Partner als vielmehr Dienstleister des Systems Schule sind und sich nach den Konzepten, Regeln und Vorstellungen von Schule richten bzw. sich diesen unterordnen müssen. Eine kooperative Organisation und Koordination des Ganztagsbetriebs wird in der Praxis somit kaum in dem erwarteten Umfang umgesetzt. Zudem muss festgestellt werden, dass es in der Summe keine Hinweise darauf gibt, dass sich die Qualität der Zusammenarbeit verbessert – viel eher wird das erreichte Maß beibehalten bzw. verfestigt.

Bewertung der Zusammenarbeit

Die Zufriedenheit der Akteure mit Kooperation – insgesamt als auch in einzelnen Aspekten betrachtet – ist neben strukturellen und objektiv messbaren Kriterien ein Anhaltspunkt zur Einschätzung von „gelungener Kooperation". Daher sollen im Folgenden die Bewertungen aus schulischer und außerschulischer Perspektive dargestellt werden.

Perspektive der Schulleiter und Lehrer

Generell fällt die Bewertung der Zusammenarbeit mit Externen 2008 aus Sicht der Schulleiter im Allgemeinen durchweg positiv aus. Im Durchschnitt erhielten die Kooperationspartner durch den Schulleiter eine Note zwischen 1,3 = „sehr gut" und 2,5 = „gut/befriedigend"[19]. Insgesamt beka-

---

17 Skala: sehr unzufrieden (1), eher unzufrieden (2), eher zufrieden (3), sehr zufrieden (4); MW(2005)=2,6; MW(2007)=2,33; MW(2009)=2,63.
18 2007 meinten 13 der 16 und 2009 16 der 20 Kooperationspartner die Aussage, „Wir können bei schulischen Angelegenheiten mehr mitbestimmen" treffe „eher nicht zu" oder „nicht zu". Die Frage richtete sich ausschließlich an Kooperationspartner, die bereits an der letzten Erhebungswelle beteiligt waren.
19 Im Rahmen der Schulleiterbefragungen der EFRL-GTA 2006 und 2008 wurden die Befragten gebeten, anzugeben, mit welchen Kooperationspartnern ihre Schule kooperiert und außerdem mit welcher Schulnote sie die Zusammenarbeit zum Befragungszeitpunkt bewerten. Die folgenden Kategorien standen im Fragebogen zur Auswahl: Horte, Kindergärten, Schulsozialarbeiter, Einrichtungen der offenen Jugendarbeit, Jugendverbände, andere Partner aus der Jugendhilfe, Sportvereine, Mu-

men die Freischaffenden, die Sportvereine und die Partner aus der Wirtschaft die besten Einschätzungen. Im Vergleich zu 2006 gab es weniger häufig schlechte Bewertungen, insbesondere bei den Partnern der Jugendhilfe, die die vergleichsweise schlechtesten Bewertungen erhielten. Somit ist eine Steigerung in der Bewertung vom Schuljahr 2005/06 zu 2007/08 deutlich geworden. Die Schulsozialarbeit ist bei vielen Schulen ein wünschenswerter und begehrter Partner, an den höchstwahrscheinlich hohe Erwartungen herangetragen werden. Insbesondere in diesem viel diskutierten Kooperationsfeld sind möglicherweise berufskulturelle Unterschiede ursächlich für die schlechtere Bewertung der Zusammenarbeit (vgl. Gängler u.a. 2008b, S. 54f.).

Die Umfrageergebnisse von Lehrern ermöglichen ein differenziertes Bild: Lehrer sind den Kooperationspartnern insofern aufgeschlossen, da sie es sich gut vorstellen können, dass unterrichtsfernere Angebote – wie Projekte, AGs, Freizeitangebote, Förderung sozialer Kompetenzen – von Externen selbstständig durchgeführt oder mitgestaltet werden. Sehr stark unterrichts- und leistungsbezogene Angebote mit oder durch Kooperationspartner(n) hingegen können sich die meisten befragten Lehrer weniger häufig vorstellen. Beim Vergleich der Schularten ließ sich feststellen, dass Grund- und Förderschullehrer hinsichtlich der Einbindung Externer bei der Hausaufgabenbetreuung und im Rahmen von fächerbezogenen Fördermaßnahmen deutlich aufgeschlossener sind. Außerdem kann anhand des Längsschnittes festgehalten werden, dass Lehrer unabhängig von der Schulart tendenziell weniger zustimmen, dass sie mit Kooperationspartnern stärker inhaltlich zusammenarbeiten und sich intensiv sowie regelmäßig absprechen. Meldeten 2007 noch drei Viertel aller befragten Lehrer einen systematischen Austausch zurück, so sind es 2009 nur noch zwei Drittel aller Lehrer, die eine solche Zusammenarbeit registrieren. Vieles deutet darauf hin, dass Kooperationen an Schulen auf Basis der Lehrerangaben durch ein zunehmend geringeres Maß an Austausch und Kontaktdichte beider Partner charakterisiert werden können (vgl. Gängler u.a. 2009, S. 30).

Perspektive der Kooperationspartner

Auch aus Sicht der Kooperationspartner gestaltet sich die Zusammenarbeit mit Schule – global betrachtet – im Durchschnitt als „gut". Dabei zeichnet

---

sikschulen, kulturelle Einrichtungen (z.B. Museen/Theater/Bibliotheken), selbstständige bzw. freischaffende Personen (z.B. Künstler), Arbeitsamt/Berufsberatung, öffentliche Institutionen (z.B. Gericht/Polizei/Feuerwehr), Kirchengemeinden, Einrichtungen des Gesundheitswesens, Partner aus der Wirtschaft (Unternehmen), Sonstige. Die beste Bewertung wurde von den Förderschulen den „sonstigen" Kooperationspartnern gegeben, wobei nicht im Einzelnen geklärt werden kann, welche Akteure oder Institutionen aus Schulsicht darunter verstanden wurden. Die vergleichsweise schlechteste Bewertung wurde von den Schulleitern der Gymnasien an die „anderen Partner der Jugendhilfe" vergeben.

sich jedoch ein negativer Trend ab: Lag die Bewertung 2005 noch im Mittel bei 2,0 = „gut", liegt sie 2007 als auch 2009 nur noch bei 2,3 = „gut". Dabei sind die Kooperationspartner mit den Kommunikationsabläufen, der Verlässlichkeit der Absprachen, dem Verhältnis der Kooperationspartner zueinander als auch der Unterstützung der Kooperation durch die Schulleitung im Durchschnitt „eher zufrieden". Dies gilt ebenso für die personelle und materielle bzw. räumliche Ausstattung. Bei der finanziellen Ausstattung tendiert die Bewertung in Richtung „eher unzufrieden". Am schlechtesten bewerten die Externen die Mitbestimmungsmöglichkeiten in Angelegenheiten der Schule. Bei Betrachtung der Entwicklung dieser Aspekte von 2005 zu 2009 wird erkennbar, dass die Zufriedenheit insgesamt 2007 zunächst leicht ansteigt, dann aber 2009 wieder – teils sogar unter die Werte von 2005 – sinkt (vgl. Gängler/Böttcher/Förster 2009, S. 69ff.).

Fazit

Die dargestellten Ergebnisse verdeutlichen, dass die Zusammenarbeit mit externen Partnern im Rahmen des Ganztags mittlerweile als Normalität schulischer Praxis betrachtet werden kann. Auf den ersten Blick scheinen die Akteure des Ganztags mit der bestehenden Praxis zufrieden zu sein – die Kooperation wird von Schule und externen Kräften grundsätzlich positiv bewertet.

Auf den zweiten Blick zeigt sich jedoch, dass die Zusammenarbeit von Schule und Externen in der Regel eher als ein Dienstleistungsverhältnis zu bezeichnen ist und nicht als eine „Zusammenarbeit auf Augenhöhe" verstanden werden kann. Anhand der Beweggründe für den Eingang von Kooperationen wird deutlich, dass sowohl auf Seiten der Schule als auch der Externen anbieterorientierte und organisatorische Motive von zentraler und steigender Wichtigkeit sind. Als Ursachen dafür lassen sich geringe zeitliche Ressourcen der schulischen Akteure für Management-, Koordinations-, und Kommunikationsaufgaben anführen, die grundlegend für eine intensive Zusammenarbeit sind (vgl. Gängler/Wiere 2006, S. 94). Auf Seiten der außerschulischen Partner deutet sich an, dass insbesondere nutzerorientierte pädagogische Beweggründe zunehmend von den anbieterorientierten Motiven überformt werden. Die Externen, so lassen sich die Ergebnisse lesen, zeigen wenig Interesse an konzeptionellen Aufgaben und damit der Möglichkeit, sich an der Mitgestaltung des Ganztags zu beteiligen. Sie ordnen sich in der Regel den institutionellen Gegebenheiten unter. Dies kann jedoch nicht losgelöst von den rahmengebenden Strukturen und Abläufen der Schule betrachtet werden.

Anhand der dargestellten Forschungsbefunde lässt sich weiter zeigen, dass die Einbindung der externen Partner individuell sehr unterschiedlich ist und eine große Bandbreite verschiedener Qualitäten aufweist. Hinsichtlich der Art der Kooperationsbeziehung, der Symmetrie der Beziehung und dem

Grad der Einbindung sowie der Abspracheregelungen und inhaltlichen Verknüpfungen mit schulischen Angeboten sind verschiedene Variationen festzustellen. Demnach beeinflussen unterschiedlichste Faktoren die Qualität der Beziehung zwischen Schule und Externen. Beziehungsqualität wiederum beeinflusst in entscheidendem Maße die bildungspolitisch erhofften Synergieeffekte, die aus der Zusammenarbeit von Schule mit externen Partnern für die Schüler, aber auch für das System Schule gewonnen bzw. erreicht werden können. Symmetrische Verhältnisse der Akteure und ein beidseitig akzeptierbarer Kooperationsnutzen werden nur dann möglich sein, wenn Lehrer und Schulleitung offen dafür sind, sich selbst zu hinterfragen und etwas vom traditionellen schulischen Zuständigkeitsbereich an externe Akteure abzugeben und diese wiederum sich den neuen Anforderungen stellen wollen. Auch für die außerschulischen Partner gilt, dass „Klischees [...], Selbststilisierung, unkritische Rezeption eigener Leistungen und Ergebnisse sowie Missionierungselan und Abwertung des Gegenübers [...] keine geeigneten Wege [sind; S. B. u.a.], sich in neue Bündnisse zu begeben" (Thimm 2006, S. 77).

Vor diesem Hintergrund bleibt daher zu fragen, inwiefern die beschriebene Zufriedenheit mit Kooperation Anlass zum Zurücklehnen sein kann oder ob zentrale bildungspolitische Ansprüche, wie z.B. die stärkere Rhythmisierung des Schulalltags, erst durch eine Zusammenarbeit auf gleicher Augenhöhe sowie Mitbestimmung und Einbindung in inhaltliche und organisatorische Angelegenheiten der Schule erreicht werden können. Vernachlässigt werden darf an dieser Stelle nicht, dass der (pädagogischen) Qualifikation der außerschulischen Kräfte für den Aufbau gleichberechtigter Zusammenarbeit von Schule und Externen eine zentrale Rolle zukommt (s. hierzu auch die Befunde von Tillmann & Rollet 2009).

Es bleibt abzuwarten, wie sich Kooperationen zukünftig entwickeln. Ein einheitliches Rezept für gelungene Kooperation kann es aus unserer Sicht nicht geben – zu unterschiedlich sind dafür die Bedürfnisse der Schüler, die Möglichkeiten der Umsetzung ganztägiger Konzepte, die externen Anbieter selbst, aber auch die schulischen Akteure. Überlegt werden muss sicher auch, in welcher Weise ein gewachsenes System wie Schule, das sich bisher als äußerst veränderungsresistent erwiesen hat, für Neuerungen und Entwicklungen geöffnet werden kann, ohne dabei die Bedürfnisse und Voraussetzungen aller an (Ganztags-)Schule Beteiligten außer Acht zu lassen. Zudem sollte diskutiert werden, ob im Rahmen der Ganztagsschuldebatte die Verwendung des Begriffs „Kooperationspartner" nur mehr Ausdruck einer bildungspolitisch (und pädagogisch) motivierten Anforderung ist, denn der schulischen Realität entspricht. Aus unserer Sicht beschreibt der Terminus „Dienstleister" eher den Regelfall der Praxis. Vor diesem Hintergrund ist zu beachten, dass die überwiegend positiven Bewertungen der Kooperationsbeziehungen womöglich vielmehr eine Bewertung bestehender Dienstleistungsverhältnisse und der damit in Verbindung stehenden Erwartungen und Ansprüchen darstellen. Durchaus kritisch zu fragen bleibt, inwiefern anbieterorientierte und organisatorisch motivierte Formen der Zusammenarbeit im Rahmen des Ganztags angestrebte Veränderungen im System Schule, wie z.B. eine stärkere Rhythmisierung von Unterricht und Angeboten, hemmen oder diesen sogar entgegenstehen.

Literatur

Arnoldt, Bettina (2007): Öffnung von Ganztagsschule. In: Heinz-Günther Holtappels/Eckhard Klieme/Thomas Rauschenbach/Ludwig Stecher (Hrsg.): Ganztagsschule in Deutschland. Ergebnisse der Auswertung der Ausgangserhebung der „Studie zur Entwicklung von Ganztagsschulen" (StEG). Weinheim und München: Juventa, S. 86–10.

Behr-Heintze, Andrea/Lipski, Jens (2005): Schulkooperationen. Stand und Perspektiven der Zusammenarbeit zwischen Schulen und ihren Partnern. Ein Forschungsbericht des Deutschen Jugendinstituts. Schwalbach: Wochenschau Verlag.

Gängler, Hans/Bloße, Stephan/Lehmann, Tobias/Dittrich, Susanne (2008a): Wissenschaftliche Begleitung und Evaluation der Förderrichtlinie GTA. Jahresbericht 2007 (unveröffentlicht). Dresden: TU Dresden.

Gängler, Hans/Bloße, Stephan/Lehmann, Tobias/Dittrich, Susanne (2008b): Wissenschaftliche Begleitung und Evaluation der Förderrichtlinie GTA. Zwischenbericht 2008 (unveröffentlicht). Dresden: TU Dresden.

Gängler, Hans/Bloße, Stephan/Lehmann, Tobias/Dittrich, Susanne (2009): Wissenschaftliche Begleitung und Evaluation der Förderrichtlinie GTA. Zwischenbericht 2009 (unveröffentlicht). Dresden: TU Dresden.

Gängler, Hans/Bloße, Stephan/Lehmann, Tobias/Wagner, Ulrike (2006): Wissenschaftliche Begleitung und Evaluation der Förderrichtlinie GTA. Jahresbericht 2006 (unveröffentlicht). Dresden: TU Dresden.

Gängler, Hans/Bloße, Stephan/Lehmann, Tobias/Wagner, Ulrike (2007): Wissenschaftliche Begleitung und Evaluation der Förderrichtlinie GTA. Zwischenbericht 2007 (unveröffentlicht). Dresden: TU Dresden.

Gängler, Hans/Böttcher, Sabine/Förster, Antje, (2009): Studie zur Entwicklung von Ganztagsschulen (StEG). Analysen zur Kooperationspraxis an sächsischen Schulen mit Ganztagsangebot. Jahresbericht 2009 (unveröffentlicht). Dresden: TU Dresden.

Gängler, Hans/Böttcher, Sabine/Kuhlig, Wolfram/Markert, Thomas/Müller, Matthias (2007): Studie zur Entwicklung von Ganztagsschulen (StEG). Landesspezifische Auswertung für den Freistaat Sachsen. Jahresbericht 2007 (unveröffentlicht). Dresden: TU Dresden.

Gängler, Hans/Förster, Antje/Markert, Thomas/Dittrich, Susanne (2010): Studie zur Entwicklung von Ganztagsschulen (StEG). Sächsische Ganztagsschulen in der Entwicklung von 2005 bis 2009. Abschlussbericht 2010 (unveröffentlicht). Dresden: TU Dresden.

Gängler, Hans/Wiere, Andreas (2006): Modellversuch „Sächsische Schule mit Ganztagsangeboten/Ganztagsschule". 4. Bericht der wissenschaftlichen Begleitung (unveröffentlicht). Dresden: TU Dresden.

Klieme, Eckhard/Terhart, Ewald (2006): Kooperation im Lehrerberuf: Forschungsproblem und Gestaltungsaufgaben. Verfügbar über: www.studienseminare-bbs.bildung-rp.de/fileadmin/Seminare/Neuwied/Fundstuecke/Fs21.doc (Zugriff: 01.04.2008).

Maykus, Stephan (2005): Ganztagsschule und Jugendhilfe. Kooperation als Herausforderung und Chance für die Gestaltung von Bildungsbedingungen junger Menschen. In: Institut für soziale Arbeit e.V. in Münster und dem Landesinstitut für Schule Soest (Hrsg.): Die Offene Ganztagsschule in NRW – Beiträge zur Qualitätsentwicklung, Jg. 1, H. 1. Verfügbar über: http://www.ganztag.nrw.de/upload/pdf/material/OGG_Band_1.pdf (Zugriff: 12.02.2008).

Maykus, Stephan (2009): Kooperation: Mythos oder Mehrwert. Der Nutzen multiprofessioneller Kooperation der Akteure schulbezogener Jugendhilfe. In: Franz Prüß/Susanne Kortas/Matthias Schöpa: Die Ganztagsschule: Von der Theorie zur Praxis. Anforderungen und Perspektiven für Erziehungswissenschaft und Schulentwicklung. Weinheim, München: Juventa, S. 307–323.

Pauli, Bettina (2006): Kooperation von Jugendarbeit und Schule: Chancen und Risiken. Schwalbach/Ts.: Wochenschau.

Preiß, Christine (2005): Schule & Partner – Schulische Kooperationspraxis auf einen Klick. Ohne Partner geht es nicht ... In: Deutsches Jugendinstitut e.V. (2005): DJI Bulletin: Zwölfter Kinder- und Jugendbericht: Bildung, Betreuung und Erziehung vor und neben der Schule. Winter 2005, H. 73, S. 24–25.

Sozialpädagogisches Institut NRW (SPI NRW)/Fachhochschule Köln (2006): Partner machen Schule: Bildung gemeinsam gestalten. Verfügbar über: http://www.spi.nrw.de/home/izbb-brosch.pdf (Zugriff: 23.03.2008).

Thimm, Karlheinz (2006): Jugendarbeit und Ganztagsschule – Ein Kooperationsplädoyer für ein Risiko mit ungewissem Ausgang. In: Ulrich Deinet/Maria Icking (Hrsg.): Jugendhilfe und Schule. Analysen und Konzepte für die kommunale Kooperation. Opladen: Budrich, S. 67–87.

Tillmann, Katja/Rollett, Wolfram (im Druck): Die Bedeutung personeller Ressourcen für innerschulische Kooperation an Ganztagsschulen in Deutschland. In: B. Schwarz/Peter Nenniger/Reinhold S. Jäger (Hrsg.): Erziehungswissenschaftliche Forschung – Nachhaltige Bildung. Beiträge zur 5. DGfE-Sektionstagung „Empirische Bildungsforschung"/AEPF-KBBB im Frühjahr 2009. Landau: Verlag Empirische Pädagogik.

Susanne Dittrich

Partizipation als Anspruch ganztägiger Bildung

Befunde zur Umsetzung von Schüler- und Elternpartizipation

Die Partizipation von Schülern und Eltern an Fragen der schulischen Gestaltung und Entwicklung ist eines der Schlagwörter und Leitziele, die im Zuge des Ausbaus ganztägiger Bildung eine Konjunktur erleben. Als ein Anspruch an Schulen herangetragen, ist der Partizipationsgedanke normativ hoch besetzt, bleibt jedoch als „diffuse Anforderung" (Bettmer 2009, S. 171) formuliert.

Partizipation im Rahmen von Schule kann, fasst man die aktuellen Überlegungen zum Thema zusammen, im weitesten Sinne verstanden werden als die „Mitsprache, Mitbestimmung und Mitgestaltung aller Beteiligten an den für sie relevanten Fragen und Aufgaben in allen Bereichen des Lernens und Lebens in der Schule" (Eikel 2008, S. 61). Einem solchen Verständnis von Beteiligung nach, eröffnet sich ein breites Spektrum partizipatorischer Möglichkeiten, an die bildungspolitisch wie pädagogisch hohe Erwartungen geknüpft sind. Mit der Eröffnung von Beteiligungsmöglichkeiten für Schüler in Unterricht und Schulleben verbindet sich der Anspruch, sie dadurch zur Übernahme von Verantwortung zu befähigen und ihnen die Entwicklung sozialer und demokratischer Kompetenzen zu ermöglichen. Schülerpartizipation soll zur Identifikation mit der Schule, „zu anderen Lernergebnissen, einem neuen pädagogischen Klima, zu einer Veränderung des Miteinanders in den Schulen führen" (Mauthe/Pfeiffer 1996, S. 239). Die elterliche Beteiligung wird hingegen aus dem Blickwinkel der gemeinsamen Verantwortung für Bildung und Erziehung im Sinne einer „Erziehungspartnerschaft" betrachtet. Neben dieser Verpflichtung zur partnerschaftlichen Zusammenarbeit und dem formalen Recht der Eltern, ihre Interessen in Schule einzubringen, wird die Mitwirkung von Eltern sowie ihre Unterstützung schulischer Belange als förderlich für eine optimale Förderung der Schüler angesehen.

Der Vorteil ganztägig organisierter Schulen soll sich in diesem Zusammenhang aus den in Zeit und Struktur veränderten Schulkonzepten und erweiterten Lern- und Erfahrungsmöglichkeiten für Schüler ergeben. Ganztägige Angebote stellen einen Gestaltungsrahmen dar, in dem die Etablierung verschiedenster Partizipationsformen, auf der Unterrichts-, Klassen- und

Schulebene bis hin zur Einbeziehung außerschulischer Lernorte, gut realisierbar scheint (vgl. u.a. Holtappels 2004, S. 261). Die für die Verwirklichung partizipativer Formen im Schulalltag notwendige Kompetenz und Haltung auf Seiten des pädagogischen Personals werden in dieser Debatte im Übrigen weitaus seltener thematisiert.

Die im Rahmen ganztägiger Bildung angestrebte Öffnung der Schule für außerschulische Partner, die Ganztagsangebote durchführen, soll unter anderem ermöglichen, auch die Kompetenzen von Eltern zu nutzen: „Im Zentrum [von Elternbeteiligung in der Ganztagsschule; S. D.] steht das Interesse an speziellen Kompetenzen und Erfahrungen der Eltern, von denen viele Kinder und Jugendliche profitieren können" (Höhmann/Kamski/Schnetzer 2009).

Nicht zuletzt dient die Beteiligung von Schülern und Eltern, als den „Nutzern" von Schule, als ein Mittel zur Legitimation des ganztägigen Schulkonzepts. Das Ganztagskonzept einer Schule sollte sich, um bedarfsorientiert und akzeptiert zu sein, an den Interessen und Bedürfnissen von Schülern und Eltern orientieren. Dementsprechend sollten, so die Empfehlungen zur sächsischen Förderrichtlinie Ganztagsangebote[1], Lehrer, Schüler, Eltern und Kooperationspartner gemeinsam an allen schulischen Entwicklungsprozessen und konzeptionellen Entscheidungen für den Ganztagsbereich mitwirken und einbezogen werden (vgl. Lehmann 2007, S. 3ff.).

Diese Ansprüche an eine ausgebaute schulische Partizipationskultur bleiben indes unverbindlich. Formal festgelegt und gesetzlich im „Schulgesetz für den Freistaat Sachsen (SchulG)[2]„ verankert sind allein die Rechte zur Schüler- bzw. Elternmitwirkung sowie deren Ausübung in den repräsentativen Formen der Schüler- und Elternvertretung. Inwieweit Schulen allgemein bzw. mit der Einführung eines ganztägigen Angebots das Ziel verfolgen, Schülern vermehrt (Lern-)Möglichkeiten der Mitbestimmung und Mitgestaltung zu eröffnen sowie Eltern verstärkt in die Entscheidungen und Ausgestaltung der Schule einzubeziehen, bleibt in Verantwortung der Einzelschule. Der Ausbau von ganztägigen Angeboten bedeutet deshalb nicht zwangsläufig den Ausbau von Partizipation. Aktuell ist eher davon auszugehen, dass weder die Schüler- noch die Elternbeteiligung ein Ziel darstellt, an dem die sächsischen Schulen im Rahmen ihrer Ganztagskonzeption vordergründig arbeiten (vgl. Gängler u.a. 2008). Die Unbestimmtheit und Unverbindlichkeit des Partizipationsbegriffs trägt innerhalb der Schullandschaft zu einer großen Heterogenität in Bezug auf das Verständnis von Partizipation sowie den Stand der Integration von Partizipationsmöglichkeiten in die schulischen Konzepte und deren Realisierung im Schulalltag bei.

---

1 Genauer Wortlaut: Förderrichtlinie des Sächsischen Staatsministeriums für Kultus zum Ausbau von Ganztagsangeboten (FRL GTA).
2 Schulgesetz für den Freistaat Sachsen (SchulG) vom 16. Juli 2004, § 45ff. Mitwirkung der Eltern, § 51ff Mitwirkung der Schüler.

Vor diesem Hintergrund gewährt der folgende Beitrag, anhand ausgewählter Ergebnisse[3] aus standardisierten Befragungen von Schülern und Eltern, einen Einblick in den aktuellen Entwicklungsstand der Partizipationskultur an sächsischen Schulen mit Ganztagsangebot. Der Fokus richtet sich dabei auf die Perspektive von Schülern und Eltern, d.h. deren Wahrnehmung vorhandener Mitbestimmungsmöglichkeiten und Interessen bezüglich schulischer Beteiligung. Die Daten der standardisierten Elternbefragung werden durch Befunde einer vertiefenden qualitativen Untersuchung[4] von Elternbeteiligung an Schulen mit Ganztagsangebot ergänzt.

Befunde zur Schülerpartizipation

Im Rahmen einer schriftlichen Befragung wurden 857 Schüler der Klassenstufen drei bis sieben an sächsischen Schulen mit Ganztagsangebot zu ihren Mitbestimmungswünschen und -möglichkeiten sowie ihrer Meinung zu weiteren partizipationsrelevanten Aspekten ihrer Schule befragt. Zur Einschätzung der für Schüler vorhandenen Möglichkeiten mitzubestimmen, wurden einzelne Bereiche des Schullebens ausgewählt, innerhalb derer die Partizipation von Schülern realisiert werden kann (siehe Tab. 1). Im Vergleich dazu wurde abgefragt, ob in diesen Bereichen bei den Schülern der Wunsch nach Mitbestimmung besteht.

Die erhobenen Daten machen deutlich, dass die Beteiligungsmöglichkeiten für Schüler stark davon abhängen, welchen schulischen Bereich sie betreffen. So zeichnet sich die Auswahl von Ganztagsangeboten als der Bereich ab, in dem den Schülern im Vergleich die meiste Partizipation eingeräumt wird. Die Mitsprache bei der Angebotspalette des Ganztagsangebotes scheint für die Schulen praktikabel und umsetzbar zu sein und der beschriebenen Einsicht geschuldet, dass ein Ganztagsangebot, vor allem bei offenen Organisationsformen des Ganztags und bei Freizeitangeboten, nur sinnvoll ist, wenn die Interessen der Schüler damit bedient werden können. Die Abfrage der Schülerinteressen bedeutet dabei noch nicht, dass diese auch umgesetzt werden. Die 38,0 % der Schüler, die angeben, „eher nicht" bzw. „gar nicht" bei der Auswahl mitbestimmen zu können, wurden entweder nicht durch die Schule dazu befragt oder haben ihre Einschätzung dadurch gewonnen, dass abgefragte Wünsche ihrer Wahrnehmung nach nicht in die Planung und Ausgestaltung des Ganztagsangebotes einfließen.

---

3 Die Befunde stammen aus dem Projekt FRL GTA. Die verwendeten Daten basieren auf der im Jahr 2008 durchgeführten zweiten Befragungswelle von Schülern (16 Schulen; N=857; Rücklauf=53,3 %) und Eltern (17 Schulen; N=875; Rücklauf=52,6 %) an Schulen mit Ganztagsangeboten aller allgemein bildenden Schularten.
4 Die qualitative Untersuchung war Bestandteil der wissenschaftlichen Begleitforschung im Rahmen des oben genannten Projektes. Die Ergebnisse basieren auf der Auswertung von leitfadengestützten Gruppeninterviews mit Elternvertretern, die an 15 Schulen der qualitativen Begleitforschung geführt worden sind.

Tab. 1: Mitbestimmungsmöglichkeiten von Schülern in einzelnen schulischen Bereichen

Aussage (in Rangfolge)	Gesamt (MW)*	Trifft zu** %
Ich werde gefragt, welche Ganztagsangebote ich mir wünsche.	2,74	62,0
Ich kann mitbestimmen, wie unser Klassenzimmer aussieht.	2,66	60,7
Ich kann bei der Planung von Projekten mitbestimmen.	2,31	46,7
Ich kann mitbestimmen, wie wir im Unterricht arbeiten.	1,82	16,4

* Skala von 1=trifft gar nicht zu, 2=trifft eher nicht zu, 3=trifft eher zu und 4=trifft voll und ganz zu
** summiert aus den Angaben „trifft voll und ganz zu" und „trifft eher zu"
Quelle: FRL GTA 2008

Eine ähnlich hohe Zustimmung ist bei der Gestaltung des Klassenzimmers zu verzeichnen. Fast zwei Drittel der Schüler stimmten einer Beteiligung an dieser zu (23,2 % „voll und ganz", 37,5 % „eher"). Die Klassenzimmergestaltung ist ein häufig genutzter Bereich, um Schüler mitbestimmen zu lassen, da ihre Vorschläge dabei in akzeptablem Rahmen relativ mühelos umgesetzt werden können. Dies geschieht oft unter aktiver Mitgestaltung der Schüler selbst, was zum Wohlfühlen an Schule und zur Verantwortungsübernahme für den „eigenen" Raum beitragen kann.

Der Möglichkeit zur Mitbestimmung bei der Planung von Projekten stimmten etwas weniger als die Hälfte der Schüler zu (7,6 % „voll und ganz", 39,1 % „eher"). Projekte sind oft im Zusammenhang mit Unterricht angelegt, betreffen aber den Unterricht in seiner Gestaltung weniger. Bei der Mitbestimmung der Unterrichtsgestaltung reduzieren sich die eingeschätzten Möglichkeiten deutlich. Ob sie mitbestimmen können, wie im Unterricht gearbeitet wird, also bspw. welche Unterrichtsformen angewandt werden, verneinen die Schüler größtenteils (36,9 % „gar nicht", 46,7 % „eher nicht"). Nur ca. 16 % schätzten ein, darauf Einfluss nehmen zu können.

Gleichzeitig belegten weitere Befunde zum Bereich der Unterrichtsgestaltung, dass Schüler einen methodisch abwechslungsreichen Unterricht sowie offene und gemeinsame Unterrichtsformen wie Freiarbeit, Projektarbeit oder Gruppenarbeit favorisieren, diese jedoch von der Mehrheit der Schüler vergleichsweise seltener erlebt werden. Für einen schülerorientierten Unterricht könnten Schüler an dieser Stelle deutlich mehr Mitsprache bei der Wahl der Unterrichtsformen erhalten.

Zum Unterschied zwischen Grundschülern und Schülern der Sekundarstufe I ist Folgendes anzumerken: Obwohl in Grundschulen durchaus die Möglichkeit und – im Hinblick auf das Erlernen erforderlicher Kompetenzen –

auch die Notwendigkeit besteht, Mitbestimmungsmöglichkeiten zu schaffen, schätzen die befragten Grundschüler ihre Chancen im Vergleich zu den Mittelschülern und Gymnasiasten in den meisten Bereichen schlechter ein. Es scheint, dass den Schülern aufgrund ihres Alters grundsätzlich weniger Entscheidungsmacht zugetraut und übertragen wird bzw. die erforderlichen Methoden und Formen zur altersgerechten Umsetzung von Mitbestimmung fehlen. Zudem sind im Grundschulbereich grundsätzlich weniger formale Partizipationsformen etabliert (siehe SchulG § 51 (3); vgl. Wedekind/ Schmitz, S. 6).

In Bezug darauf, welche Themen im Unterricht behandelt werden, räumten insgesamt nur 9,0 % der befragten Schüler der Sekundarstufe I eine Mitbestimmungsmöglichkeit ein. Damit stellt der Unterricht den Bereich dar, für den Schüler die geringsten Einflussmöglichkeiten angeben. Dieses Ergebnis steht in Einklang mit weiteren Forschungsbefunden zur Schülerpartizipation, die nachweisen, dass Schülern eher in unterrichtsfernen Bereichen ein Mitspracherecht eingeräumt wird und sie im Kernbereich der Lehrertätigkeit kaum Mitbestimmungsmöglichkeiten haben (vgl. u.a. Fatke/Schneider 2005; Keuffer 1996; Schmidt 2001). Die Gründe der fehlenden Beteiligung von Schülern an Unterrichtsformen und -themen können unter anderem darin liegen, dass selbst Schulen, die sich die Entwicklung einer umfassenden Schülerpartizipation zum Ziel gesetzt haben, Partizipationsformen zumeist nicht zuerst im Unterricht umsetzen, weil dieser z.B. durch Lehrplanvorgaben und Leistungsbewertungen stark reglementiert ist und eine Mitbestimmung von Schülern schwer umsetzbar erscheint. Zudem ist mit der Partizipation im Unterricht eine Verantwortungsübergabe verbunden, die sich nicht mit einer Auffassung der Lehrerrolle vereinbaren lässt, in der Unterricht in alleiniger Verantwortung gesehen und der Mitgestaltung durch Schüler wenig Nutzen einräumt wird. Mit einer ernst gemeinten Schülerpartizipation im Unterricht ist die Bereitschaft zur Änderung einer solchen Haltung verbunden, was nur aus der Überzeugung und Erfahrung des Lehrers entstehen kann, dass die Mitgestaltung des Unterrichts auch positive Effekte auf die Lernmotivation und Kompetenzentwicklung der Schüler hat.

In den erhobenen Daten zu den Mitbestimmungswünschen spiegelt sich ein großes Interesse der Kinder und Jugendlichen wider, an Schule als einem bedeutenden Teil ihrer Lebenswelt partizipieren zu wollen (siehe Abb. 1). In allen abgefragten Bereichen überwiegt die Anzahl der Schüler, welche die Frage nach dem Wunsch nach Mitbestimmung mit „ja" beantworten. Die Verteilung auf die einzelnen Bereiche zeigte, dass die Gestaltung des Klassenzimmers (73,8 % Zustimmung) sowie die Mitbestimmung bei der Auswahl der Ganztagsangebote (73,2 %) vor den Wünschen zur Mitbestimmung bei der Pausengestaltung (60,4 %), Unterrichtsarbeit (58,5 %) und Projektplanung (53,1 %) bei den Schülern aller Schularten Priorität haben.

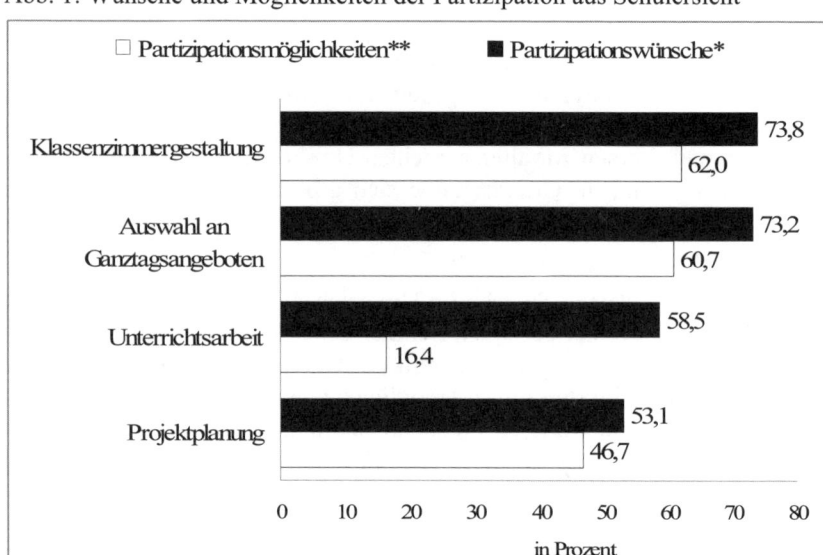

Abb. 1: Wünsche und Möglichkeiten der Partizipation aus Schülersicht

☐ Partizipationsmöglichkeiten** ■ Partizipationswünsche*

Bereich	Partizipationswünsche*	Partizipationsmöglichkeiten**
Klassenzimmergestaltung	73,8	62,0
Auswahl an Ganztagsangeboten	73,2	60,7
Unterrichtsarbeit	58,5	16,4
Projektplanung	53,1	46,7

in Prozent

* Zustimmung mit „Ja"
** summiert aus den Angaben „stimmt voll und ganz" und „stimmt eher"
Quelle: FRL GTA 2008

Die ähnliche Prioritätensetzung zu den oben beschriebenen Mitbestimmungsmöglichkeiten kann davon beeinflusst sein, dass die Schüler die Bereiche gewählt haben, in denen ihnen eine Einflussnahme möglich scheint, da sie nur in diesen Bereichen auch die Erfahrung von Mitbestimmung gemacht haben.

Im Vergleich der Mitbestimmungswünsche zur Einschätzung der vorhandenen Möglichkeiten wurde eine Diskrepanz deutlich. In allen abgefragten Bereichen überwiegt der Wille zur Mitbestimmung gegenüber den gegebenen Möglichkeiten. Besonders der Wunsch nach Mitbestimmung in der Unterrichtsarbeit steht mit 58,5 % Zustimmung in deutlichem Unterschied zur wahrgenommenen Möglichkeit. Obgleich ein geäußerter Beteiligungswunsch nicht unbedingt mit der tatsächlichen Mitwirkungsbereitschaft gleichgesetzt werden kann, lässt diese Diskrepanz doch auf ein Potential schließen, dass Schulen fördern können.

Das Ergebnis fehlender Mitbestimmungsmöglichkeiten deckt sich mit einer hohen Zustimmung der Schüler (84,1 %) zur Aussage, dass Lehrer ihnen mehr Mitbestimmungsmöglichkeiten gewähren sollten.

Tab. 2: Schüleraussagen zu Aspekten der partizipativen Schulkultur

Aussage (in Rangfolge)	Gesamt (MW)*	Trifft zu** %
Die Lehrer sollten uns Schüler mehr mitbestimmen lassen.	3,18	84,1
Die Arbeit der Schülervertretung halte ich für sehr wichtig.	2,81	68,8
In der Schule werde ich nach meiner Meinung gefragt.	2,74	65,8
Ich fühle mich für die Schule mitverantwortlich.	2,24	37,8

* Skala von 1=trifft gar nicht zu, 2=trifft eher nicht zu, 3=trifft eher zu und 4=trifft voll und ganz zu
** summiert aus den Angaben „trifft voll und ganz zu" und „trifft eher zu"
Quelle: FRL GTA 2008

Demgegenüber stehen jedoch gleichfalls zwei Drittel der Schüler, die einschätzen, in der Schule nach ihrer Meinung gefragt zu werden. Zu vermuten ist, dass an dieser Stelle der Unterschied zwischen verschiedenen Ebenen der Partizipation sichtbar wird. Die Abfrage von Meinungen, wie sie bspw. bei der Planung zur Auswahl der Ganztagsangebote häufig praktiziert wird, ist ein Teil von Partizipation, der vonnöten ist, um die Bedürfnisse, Interessen und Wünsche der Schüler zu erfragen, der aber in einem nächsten Schritt umgesetzt werden bzw. transparent Einfluss in den Entscheidungsprozess finden muss. Geschieht dies nicht, kann es dazu kommen, dass sich Schüler nicht als wirklich Einfluss gebend betrachten und bei ihnen das Gefühl entsteht, keine tatsächlichen Mitbestimmungsmöglichkeiten zu haben.

Dem Gremium der Schülervertretung messen die meisten Schüler einen hohen Stellenwert bei. Über zwei Drittel der Schüler stimmten der Aussage „Die Arbeit der Schülervertretung halte ich für wichtig" zu (47,2 % „eher", 21,6 % „voll und ganz"). Von der Zustimmung allein lässt sich noch nicht auf die tatsächliche Bedeutung und Ausgestaltung der Schülervertreterarbeit an der jeweiligen Schule schließen. Dennoch scheint im Bewusstsein der Mehrzahl der Schüler ein mindestens formales Mitspracherecht an Belangen der Schule von Bedeutung. Was jedoch die Identifikation mit der Schule im Sinne eines „Sichverantwortlichfühlens" angeht, so sind die Aussagen eher negativ zu bewerten. Diese Aussage erhielt die insgesamt geringste Zustimmung (32,2 % „eher", 5,6 % „voll und ganz"). Ein Fünftel der Schüler fühlt sich sogar überhaupt nicht für ihre Schule verantwortlich.

Befunde zur Elternpartizipation

Die Beteiligung von Eltern an Schule kann sowohl über Formen der Mitsprache stattfinden, durch welche sie die Möglichkeit erhalten, in relevanten Fragen Einfluss auf die Schulgestaltung zu nehmen, als auch über ihre direkte, aktive Mitwirkung an schulischen Aktivitäten. Bei den Befragungen der Eltern war speziell von Interesse, welche Möglichkeiten diese in Bezug auf ihre Einflussnahme auf Entscheidungen innerhalb der Schule wahrnehmen und inwieweit sie diese in Anspruch nehmen. Im Rahmen der Ganztagsangebote war von Bedeutung, wie sich die Beteiligung von Eltern bei der Erarbeitung und Durchführung solcher Angebote darstellt. Da der Grad elterlicher Mitbestimmung von persönlichen Einstellungen ebenso wie schulischen Bedingungen beeinflusst wird, wurde zudem nach Ambitionen der Eltern bezüglich ihrer Mitwirkung gefragt und wie sie diesbezügliche Möglichkeiten bzw. Restriktionen auf Seiten der Schule einschätzen.

Aus der qualitativen Befragung ist deutlich geworden, dass es im Hinblick auf die Mitsprache bei schulischen Entscheidungen den meisten Eltern genügt, Fragen, Kritik und Vorschläge äußern zu können, in relevanten Angelegenheiten informiert und gefragt zu werden sowie prinzipiell die Möglichkeit zur Einflussnahme zu haben. Inwieweit eine solche Einflussnahme möglich ist, wurde in der Fragebogenerhebung anhand ausgewählter Items abgefragt, die das Spektrum dafür relevanter schulischer Bereiche abdecken (siehe Abb. 2).

Wie die Abbildung zeigt, ist vor allem die Angebotspalette im Rahmen des Ganztags (Freizeit- und Förderangebote) der Bereich, auf welchen eine Einflussnahme den Eltern am häufigsten möglich scheint. Beim Umgang mit Hausaufgaben und der Raumgestaltung sehen ebenfalls noch mehr als die Hälfte der Eltern eine Möglichkeit zur Mitsprache. Doch schon Entscheidungen, die verstärkt die konzeptionelle und organisatorische Arbeit der Schule betreffen (Schultaggestaltung, Verteilung finanzieller Mittel, Schulkonzept), werden von den Eltern als weniger beeinflussbar angesehen. Nur knapp ein Viertel der Eltern gab an, Entscheidungen, welche die Planung und Gestaltung von Unterricht und die Leistungsbewertung betreffen, beeinflussen zu können.

Abb. 2: Mitsprachemöglichkeiten von Eltern in einzelnen schulischen Bereichen (Zustimmung mit „Ja" in %)

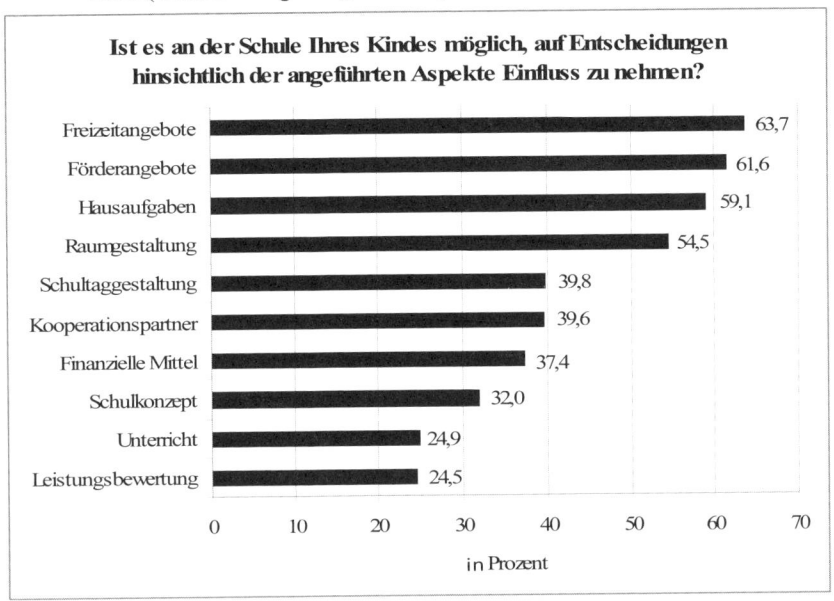

Ist es an der Schule Ihres Kindes möglich, auf Entscheidungen hinsichtlich der angeführten Aspekte Einfluss zu nehmen?

Bereich	Prozent
Freizeitangebote	63,7
Förderangebote	61,6
Hausaufgaben	59,1
Raumgestaltung	54,5
Schultaggestaltung	39,8
Kooperationspartner	39,6
Finanzielle Mittel	37,4
Schulkonzept	32,0
Unterricht	24,9
Leistungsbewertung	24,5

Quelle: FRL GTA 2008

Doch auch Eltern, die grundsätzlich Möglichkeiten wahrnehmen, nutzen diese nur zu einem geringen Teil. In allen abgefragten Bereichen war es weniger als die Hälfte der Eltern, die vorhandene Möglichkeiten zur Einflussnahme genutzt hat. Von den insgesamt 875 befragten Eltern gab demnach nicht einmal ein Drittel an, in einem der Bereiche überhaupt die Möglichkeit zur Mitsprache in Anspruch genommen zu haben. Allerdings kann aber auch formuliert werden, dass die Eltern, die eine Mitwirkungsmöglichkeit in einem der Bereiche sehen, diese, im Vergleich zu den Eltern, die keinerlei Einflussnahme einräumten, auch häufiger nutzten. Das gilt insbesondere für die Leistungsbewertung und die Mitsprache bei der Verteilung der finanziellen Mittel. Daraus lässt sich schließen, dass Schulen die Beteiligung von Eltern steigern können, wenn sie Wege finden, die Mitbestimmungsmöglichkeiten für Eltern wahrnehmbar und nutzbar zu machen.

Im Hinblick auf die Häufigkeit der Nutzung lässt sich feststellen, dass jeweils nur wenige Eltern die verschiedenen Mitsprachemöglichkeiten „oft" genutzt haben. Die Einflussnahme von Eltern auf Entscheidungen findet also wenn, dann nur sporadisch statt. Vorzug vor einer Beteiligung an schulischen Entscheidungen scheint hingegen die Beteiligung von Eltern durch eine aktive Mitwirkung an der Schulgestaltung zu haben. 83,1 % der Eltern gaben dazu an, dass Lehrer daran interessiert seien, sie aktiv in die Schulgestaltung einzubeziehen und über drei Viertel zeigen sich mit den dafür vorhandenen Möglichkeiten zufrieden. Gelegenheiten zur aktiven Mitwirkung bieten sich Eltern vor allem bei punktuellen Veranstaltungen der Schule wie z.B. Schulfesten oder Projekttagen. Beteiligungsmöglichkeiten dieser Form ermöglichen eine sporadische Mitwirkung, die, so auch die Ergebnisse der qualitativen Untersuchung, dem Wunsch der Eltern mehr entsprechen, als eine langfristige, zeitintensive Einbindung.

Grundsätzlich scheint der Anspruch der Verantwortungsübernahme und Partizipation am schulischen Geschehen im Bewusstsein der befragten Eltern verankert (siehe Tab. 3). Über drei Viertel von ihnen sehen die Aufgabe, Schule zu gestalten, nicht als alleinige Aufgabe des pädagogischen Personals an. Dennoch haben weniger als die Hälfte der Eltern ein großes Interesse, sich an der Mitgestaltung zu beteiligen.

Tab. 3: Einstellungen der Eltern zur Mitbestimmung

Aussage (in Rangfolge)	Gesamt (MW)*	Trifft zu** %
Die Zusammenarbeit der Eltern und der Schule funktioniert gut.	3,15	87,9
Zur Mitgestaltung in der Schule fehlt mir die Zeit.	3,04	78,0
Die Schule zu gestalten ist nicht allein die Aufgabe der Lehrer.	3,01	77,4
Ich habe großes Interesse daran, mich an der Mitgestaltung der Schule zu beteiligen.	2,48	47,8

* Skala von 1=trifft gar nicht zu, 2=trifft eher nicht zu, 3=trifft eher zu und 4=trifft voll und ganz zu
** summiert aus den Angaben „trifft voll und ganz zu" und „trifft eher zu"
Quelle: FRL GTA 2008

Gründe, die gegen ein solches Interesse sprechen, werden in den Angaben ebenfalls ansatzweise sichtbar. Fast 90 % der Eltern sind mit der bestehenden Zusammenarbeit zwischen Schule und Elternhaus zufrieden, wodurch sich aus Sicht der Eltern eine geringere Notwendigkeit zur Mitgestaltung ergeben kann. Darüber hinaus gaben über drei Viertel aller Eltern an, über nicht genügend Zeit für eine Mitgestaltung der Schule zu verfügen. Die Beschäftigungssituation hat dabei auf die zeitlichen Ressourcen wider Erwarten keinen Einfluss. Mit Ausnahme der Alleinerziehenden[5], äußerten sich Nichtbeschäftigte, Ein- wie Doppelverdienerhaushalte zu dieser Aussage in ähnlicher Weise, so dass zu hinterfragen gilt, inwieweit die Angabe fehlender Zeit auch als Rechtfertigung für ein geringes Interesse dient.

Für die Ambitionen von Eltern spielt es eine Rolle, welche Bedingungen seitens der Schule für eine Beteiligung geschaffen werden. Aus den Ergeb-

---

5 Von den befragten Eltern gaben insgesamt 20,5 % an, alleinerziehend zu sein.

nissen der qualitativen Untersuchung ist die Notwendigkeit ablesbar, Eltern direkt und sachbezogen auf ihre Mitwirkung anzusprechen. Die wenigsten Eltern zeigen hinsichtlich dessen ein eigenaktives Verhalten. Beispielsweise gaben nur 3,4 % der schriftlich befragten Eltern an, sich eigenständig in die Ausgestaltung der Ganztagsangebote (s.u., Abb. 3) eingebracht zu haben. Ein passives Verhalten gegenüber der Schule kann einerseits durch den persönlichen Hintergrund bedingt sein. Eltern mit niedrigerem Bildungshintergrund übertragen, den Aussagen nach, häufiger den Lehrern die alleinige Verantwortung in Sachen Schule und rechnen sich selbst weniger Bedeutung bei der Schule zu. Mangelndes Zutrauen in die eigenen Kompetenzen oder Einstellungen, die während der eigenen Schulzeit entstanden sind und einer Partizipation entgegenstehen, können zu einem solchen Rückzug der Eltern aus der Verantwortung für die schulischen Belange ihrer Kinder und einem geringen Beteiligungsinteresse führen.

Andererseits stellt auch die mangelnde Unterstützung elterlicher Beteiligung durch die Schulen eine Barriere da, welche die Ambitionen der Eltern sinken lässt. In der qualitativen Untersuchung zeigte sich, dass Eltern die Schule als hemmend für eine Beteiligung wahrnehmen, wenn kein Interesse und wenig Erwartungen gegenüber der Elternmitarbeit signalisiert werden. Ferner existiert ein Hemmnis, wenn an der Schule ein durch Schulleitung und Lehrer dominiertes Rollenverständnis vorherrscht, bei dem das pädagogische Personal die Schule als alleinigen Wirkungsbereich beansprucht und den Einbezug von Eltern steuert, indem durch mangelnde Informationen und Transparenz kein Einblick in mögliche Formen der Beteiligung gegeben wird. Insbesondere die Informationskultur zwischen Schule und Elternhaus beeinflusst das Verhältnis und somit die Ambition der Eltern, sich einzubringen. Es hat sich herausgestellt, dass zufriedenstellend informierte Eltern ein größeres Interesse an Mitbestimmung äußern und die Zusammenarbeit mit der Schule insgesamt positiver resümieren. Diese Eltern betrachten sich selbst als mitverantwortlich für die Schulgestaltung und registrieren eher positive Lehrereinstellungen gegenüber elterlicher Mitbestimmung.

Ob die Einführung ganztägiger Bildungsangebote zu einer Neuorientierung der Mitbestimmungspraxis und erhöhter Beteiligung von Eltern innerhalb der Schulen beiträgt, kann unter Anderem durch die Frage beleuchtet werden, inwieweit Eltern in die konzeptionelle Erarbeitung und praktische Durchführung von Ganztagsangeboten involviert sind. Zwar stimmten bei der Befragung von Lehrern[6] ca. 63 % der Aussage zu: „Die Eltern sollten stärker in die Gestaltung des Ganztagsangebotes einbezogen werden". Diese hohe Zustimmung spiegelt einerseits einen gewissen Unterstützungsbedarf hinsichtlich der Durchführung ganztägiger Angebote wider. Anderer-

---

6 Lehrerbefragung 2009, N=326, Lehrer der Schulen der qualitativen Begleitforschung (vgl. Gängler u.a. 2009).

seits wird deutlich, wie normativ-positiv besetzt eine elterliche Beteiligung und Verantwortungsübernahme auch von Lehrerseite eingeschätzt wird. Doch an den Beteiligungsquoten von 15,8 bzw. 11,8 % von Eltern, die in die Erarbeitung und Weiterentwicklung bzw. die Durchführung von Ganztagsangeboten einbezogen worden sind, wird die Diskrepanz zwischen dem formulierten Wunsch der Lehrer und dem tatsächlichen Einbezug, den Schulen bisher erreicht haben, mehr als deutlich (siehe Abb. 3).

Abb. 3: Elternbeteiligung am Ganztagsangebot

```
        ■ ja    □ nein    ■ Potential (Prozent von nein)

                                                        96,6
    84,2                    88,2
            34,5
                                    22,2                        19,0
   15,8                    11,8
                                            3,4

 Wurden Sie in die      Wurden Sie bei der    Haben Sie sich eigenständig
Erarbeitung/Weiterführung Durchführung von   in die Ausgestaltung der
 der Ganztagsangebote    Ganztagsangeboten        Ganztagsangebote
     einbezogen?           einbezogen?              eingebracht?
                              in Prozent
```

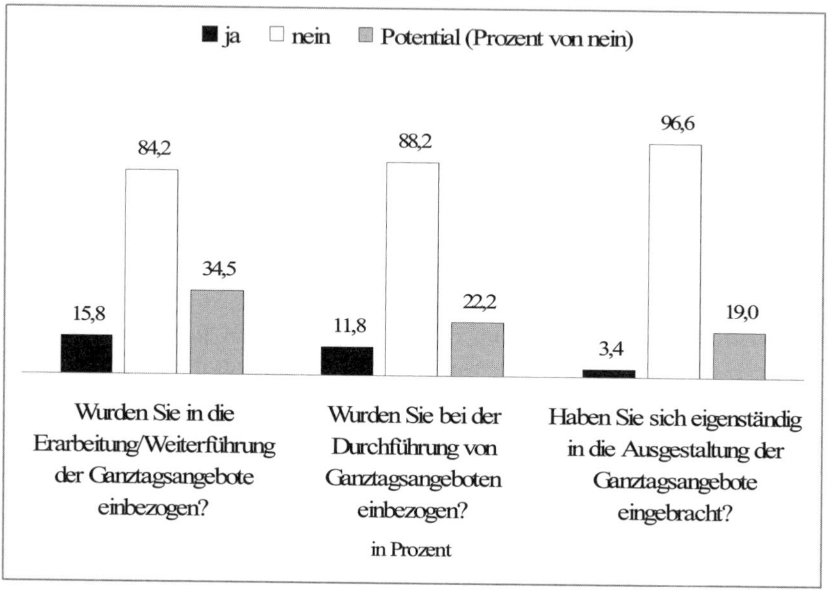

Quelle: FRL GTA 2008

Die Eltern, die eine Beteiligung am Ganztagsangebot verneinten, wurden weiterführend gefragt, ob sie in Bezug auf die drei Aspekte zukünftig von Seiten der Schule einbezogen werden wollen bzw. ob sie sich selbst einbringen möchten. Diesen Aussagen nach gibt es im Bereich der konzeptionellen Arbeit am Ganztagsangebot einen Anteil von 34,5 % von Eltern, die einbezogen werden möchten. In Bezug auf die praktische Umsetzung äußerten 22,2 % der Eltern ihre Bereitschaft zur Mitwirkung. Fast ein Fünftel der Eltern gab sogar an, sich selbst zukünftig aktiv in die Gestaltung der Ganztagsangebote einbringen zu wollen. Allerdings kann an dieser Stelle von einem gewissen Grad der sozialen Erwünschtheit in den Antworten ausgegangen werden, der die Angaben hinsichtlich einer möglichen realen Beteiligung noch einmal relativiert. Demnach lässt sich folgern: Es besteht zwar ein gewisses Potential an Eltern, welches sich von der Schule, vor allem für die planerische Mitarbeit, noch gewinnen ließe. Die große Mehrheit der Eltern signalisiert jedoch kein Interesse an einer Mitwirkung im Rahmen des Ganztagsangebotes.

Unterstützt wird diese Annahme durch die Ergebnisse der qualitativen Untersuchung. Diesen zufolge hat die Einführung von Ganztagsangeboten zu keiner Neuausrichtung der bestehenden Partizipationspraxis geführt. Die wenigsten Eltern assoziieren Mitbestimmung mit den Angeboten zur ganztägigen Bildung oder halten ihre Beteiligung daran für nötig. Mit der Beteiligung bei der Durchführung von Angeboten sieht sich die Mehrzahl der Eltern aufgrund fehlender Zeit, erforderlicher Kenntnisse und mangelnden pädagogischen Wissens überfordert. Wichtiger hingegen erscheint den Eltern, bei der Auswahl der Angebote mitentscheiden zu können sowie regelmäßig über diese informiert und befragt zu werden.

Fazit

Die dargestellten Befunde gewähren einen Einblick in den aktuellen Stand der Realisierung von Partizipation an sächsischen Schulen mit Ganztagsangebot und verdeutlichen den Kontrast zwischen den hohen Erwartungen an Partizipation als einem Schwerpunktthema des Ausbaus ganztägiger Bildung und den schulischen Realitäten. Die Einschätzungen von Mitbestimmungsmöglichkeiten und schulischer Partizipationskultur aus der Perspektive von Schülern und Eltern zeigen, dass die bildungspolitischen und pädagogischen Ansprüche, die mit der Weiterentwicklung von Partizipation im Rahmen des Ausbaus schulischer Ganztagsangebote verbunden werden, in der Schullandschaft keinesfalls weiträumig umgesetzt sind.

Die *Beteiligung von Schülern* variiert je nach Themenbereich stark und das auf insgesamt nur geringem Niveau. Insbesondere der Unterricht als Kernelement schulischen Lernens wird von den meisten Schülern in Bezug auf die Arbeitsformen und Themen als nicht gestaltbar erlebt. Die Schüleraussagen verdeutlichen zudem, dass zwar die Mehrheit der befragten Schüler in der Schule nach ihrer Meinung gefragt wird und das formale Gremium der Schülervertretung grundsätzlich für wichtig hält, dies jedoch nicht in die Wahrnehmung tatsächlicher Einflussmöglichkeiten zu münden scheint. Ein Hinweis darauf ist die ausgeprägte Forderung nach mehr Mitsprache und das geringe Empfinden von Mitverantwortung für die Schule.

Die Entwicklung einer ausgeprägten Schülerpartizipation erfordert neben der Bereitstellung von formalen Beteiligungsmöglichkeiten ebenso die Qualifizierung der Schüler, diese nutzen zu können. Dafür erforderliche Kompetenzen müssen sukzessive gefördert werden, indem sie im gesamten Schulleben, einschließlich des Unterrichts, angewandt und geübt werden. Dabei scheint vor allem wichtig, dass den Meinungsabfragen, gemeinsamen Vereinbarungen oder Vorstellungen der Schüler auch Konsequenzen folgen, denn ohne die erlebte Wirksamkeit von Partizipation werden Schüler ein nur geringes Interesse an einer Verantwortungsübernahme zeigen.

In Bezug auf die *Beteiligung von Eltern* wird in den Ergebnissen deutlich, dass Eltern eine Mitsprache, definiert als Möglichkeit zur Meinungsäußerung, Informiertheit und prinzipieller Einflussnahme, in für sie relevanten Angelegenheiten der aktiven Mitgestaltung des Schullebens vorziehen. Allerdings ist die bisher praktizierte Mitwirkung von Eltern an schulischen Entscheidungen, vor allem in Hinblick auf konzeptionelle und organisatorische Aspekte, als relativ gering zu bezeichnen.

Das Ganztagsangebot stellt aktuell kein schulisches Feld dar, in dem elterliche Partizipation in besonderem Maß etabliert ist. Die Eltern nehmen dieses nicht als Bereich wahr, in dem es zum einen notwendig, zum anderen für sie gut realisierbar erscheint, sich aktiv zu beteiligen. Die Erhöhung einer solchen Beteiligung setzt voraus, dass im Rahmen des Ganztagsangebotes Möglichkeiten existieren, die sowohl an den Kompetenzen von Eltern anknüpfen als auch deren Lebens- und Arbeitsbedingungen berücksichtigen.

Bisher findet nur in geringem Maß ein Einbezug der Eltern bei der Erarbeitung und Durchführung der Ganztagsangebote durch die Schule oder eine eigenaktive Teilnahme der Eltern daran statt. Gleichzeitig besteht ein gewisses Potential an bereitwilligen Eltern, welches durch eine entsprechende Förderung der Elternbeteiligung erschlossen werden könnte. Um die Ambitionen von Eltern zu erhöhen, müssen von Schulen Formen der Partizipation geschaffen werden, die von Eltern gewünscht und erfüllbar sind, so z.B. die Möglichkeit sporadischer Beteiligung. Wichtig erscheint eine ausgebaute Informations- und Kommunikationskultur zwischen Schule und Elternhaus, welche die mindeste Form und Voraussetzung elterlicher Partizipation darstellt. Eine durch Informationen geschaffene Transparenz signalisiert die erforderliche Offenheit der Schule für die Interessen und Meinungen der Eltern.

Die Förderung der elterlichen Beteiligung benötigt zudem die Überzeugung der Schule vom Sinn einer etablierten Mitbestimmung. Den schulischen Akteuren muss dafür bewusst sein, worin die Gründe und Vorteile einer Elternmitwirkung liegen. Voraussetzung ist weiterhin, die eigene Rolle und den bisherigen Umgang mit Eltern zu reflektieren und gegebenenfalls zu verändern. Dabei gilt jedoch zu bedenken, dass die elterliche Partizipation an Schule für Lehrer wie für Eltern ein relativ neues Aufgabengebiet darstellt. Das Praktizieren von Beteiligung ist an einen umfangreichen Lernprozess gebunden, der auch die beiderseitige Erfahrung benötigt, durch Partizipation das Schulgeschehen gewinnbringend gestalten zu können.

Ganztagsangebote bieten durchaus die Gelegenheit, Partizipation von Schülern und Eltern umzusetzen. Dies zeigen die vergleichsweise häufigen Mitbestimmungsmöglichkeiten der Schüler bei der Auswahl von Ganztagsangeboten ebenso wie die Zustimmungen der Eltern zur Einflussnahme auf die Freizeit- und Förderangebote. Die Verwirklichung von Partizipation in diesem Bereich kann als erster Schritt dienen, weitere Formen zu erproben bzw. Partizipation auch breitflächiger in der Schulkultur zu etablieren. Festzuhalten bleibt jedoch, dass allein der Ausbau ganztägiger Angebote noch keine hinreichende Bedingung für die Verwirklichung von Partizipation darstellt. Entwickeln Schulen nicht zudem ein spezifisches Konzept, in dem Beteiligung als „Prinzip, Methode und Ziel" (Hartnuß/Maykus 2006, S. 51) umgesetzt wird, wird Partizipation in der Praxis der Schulgestaltung weiterhin ein Randthema bleiben. Die Partizipation von Schülern und Eltern stellt in diesem Sinne eine Schulentwicklungsaufgabe dar, bei der Schulen, als Bestärkung der formulierten Ansprüche, eine noch intensivere bildungspolitische Begleitung dieses Prozesses in Form konkreter Unterstützungsangebote wie Fortbildungen oder Praxisberatungen benötigen.

Literatur

Bettmer, Franz (2009): Partizipation und Anerkennung. Voraussetzungen einer demokratischen Öffnung der Schule aus Sicht der Wissenschaft. In: Franz Prüß/Susanne Kortas/Matthias Schöpa (Hrsg.): Die Ganztagsschule: Von der Theorie zur Praxis. Anforderungen und Perspektiven für Erziehungswissenschaft und Schulentwicklung. Weinheim; München: Juventa, S. 171–182.

Eikel, Angelika (2008): Die Ganztagsschule demokratisch entwickeln – Das DemokratieAudit als Instrument partizipativer Qualitätsentwicklung in Schulen. In: Mitwirkung. Ganztagsschulentwicklung als partizipatives Projekt. Themenheft 10. Berlin: Deutsche Kinder- und Jugendstiftung.

Fatke, Reinhard/Schneider, Helmut (2005): Kinder- und Jugendpartizipation in Deutschland. Daten, Fakten, Perspektiven. Gütersloh: Bertelsmannstiftung.

Gänger, Hans/Bloße, Stephan/Lehmann, Tobias/Dittrich, Susanne (2008): Wissenschaftliche Begleitung und Evaluation der Förderrichtlinie GTA. Jahresbericht 2008 (unveröffentlicht). Dresden: TU Dresden.

Gänger, Hans/Bloße, Stephan/Lehmann, Tobias/Dittrich, Susanne (2009): Wissenschaftliche Begleitung und Evaluation der Förderrichtlinie GTA. Zwischenbericht 2009 (unveröffentlicht). Dresden: TU Dresden.

Hartnuß, Birger/Maykus, Stephan (2006): Mitbestimmen, mitmachen, mitgestalten. Entwurf einer bürgerschaftlichen und sozialpädagogischen Begründung von Chancen der Partizipations- und Engagementförderung in ganztägigen Lernarrangements. In: Wolfgang Edelstein/Peter Fauser (Hrsg.): Beiträge zur Demokratiepädagogik. Eine Schriftenreihe des BLK-Programms Demokratie lernen leben. Berlin. Verfügbar über: www.ganztaegig-lernen.org/media/Bedingungen %20Partizipation.pdf (Zugriff 10.03.2008).

Holtappels, Heinz Günter (2004): Beteiligung von Kindern in der Schule. In: Deutsches Kinderhilfswerk (Hrsg.):Kinderreport Deutschland. Daten, Fakten, Hintergründe. München: Kopaed, S. 259–274.

Höhmann, Katrin/Kamski, Ilse/Schnetzer, Thomas (2009): Zusammenarbeit mit Eltern. Verfügbar über: www.ganztaegig-lerne.org/www/web877.aspx (Zugriff 18.05.2009).

Keuffer, Josef (1996): Schülerpartizipation in Schule und Unterricht. In: Werner Helsper/Heinz-Hermann Krüger/Hartmut Wenzel (Hrsg.): Schule und Gesellschaft im Umbruch. Bd. 2, Weinheim: Beltz, S. 160–181.

Lehmann, Ina (2007): Handreichung zur „Förderrichtlinie zum Ausbau von Ganztagsangeboten" (FRL GTA) (Hrsg.: Sächsisches Staatsministerium für Kultus). Verfügbar über: www.sachsen-macht-schule.de/schule/download/download_smk/hr_gta.pdf (Zugriff: 22.09.2008).

Mauthe, Anne/Pfeiffer, Hermann (1996): Schülerinnen und Schüler gestalten mit – Entwicklungslinien schulischer Partizipation und Vorstellung eines Modellversuchs. In: Hans-Günther Rolff/Kurt Oswald Bauer/Klaus Klemm/Hermann Pfeiffer (Hrsg.): Jahrbuch der Schulentwicklung. Bd. 9. Daten, Beispiele und Perspektiven. Weinheim; München: Juventa, S. 221–259.

Schmidt, Ralf (2001): Partizipation in Schule und Unterricht. In: Aus Politik und Zeitgeschichte. Verfügbar über: www.bpb.de/publikationen/TLSTJM,0,0, Partizipation_in_Schule_und_Unterricht.html (Zugriff 09.02.2009).

Wedekind, Hartmut/Schmitz, Michael: Wenn das Schule macht. Partizipation in der Schule. www.kinderpolitik.de/beteiligungsbausteine/aktionsfelder.php?page_id=c2_1 (Zugriff 09.02.2009).

Tobias Lehmann

Individuelle Förderung
Möglichkeiten und Grenzen der Förderung in Ganztagsschulen

Förderung – kaum eine Schule wird bei diesem Stichwort nicht auf eine Vielzahl an verschiedenen Fördermaßnahmen, -kursen, -stunden etc. im Rahmen ihrer schulischen Angebote verweisen können. In der bildungspolitischen Diskussion erscheint Förderung inzwischen manchmal als pädagogisches „Allheilmittel" – besonders im Feld der Ganztagsdiskussion. Es gibt zahlreiche Argumente, welche die Notwendigkeit von Förderung begründen. Dennoch muss abgeklärt werden, welche Förderung die heutige (Ganztags-)Schule umsetzen bzw. leisten kann. Daran schließt sich die Frage an: Auf welche der vielfältigen Aspekte eines möglichen Förderbedarfs kann Schule die passende Antwort geben?

Was sollte und kann die Schule bei den Schülern fördern – und was sollte sie aber auch von ihnen fordern? Inwieweit verbindet die immer häufiger benutzte Formel des „Förderns und Forderns"[1] konträre pädagogische Positionen – zumeist geschieht dies vor dem Hintergrund des institutionellen Charakters von Schule – zu einem geeigneten Konzept? Oder muss der Fokus eindeutig auf die subjektorientierte Sicht mit folgender Fragestellung gelegt werden: Welche Rahmenbedingungen bestimmen das Sein der heutigen Kinder und wie können sie auf ihren Lernwegen unterstützt werden? Sind die Förderkonzepte der Schulen gemäß dem Motto „Es gibt nur individuelle Lösungen für individuelle Bedürfnisse" zu gestalten?

Im Folgenden sollen zunächst die aktuellen Begriffsnutzungen sowie Diskurslinien zur Formel „Fördern und Fordern" kurz nachgezeichnet werden, bevor verschiedene inhaltliche Aspekte individueller Förderung vor dem Hintergrund der sächsischen Ganztagschuldiskussion und -forschung betrachtet werden.

---

1 Diese Formel war 2005 das Leitthema einer Ausgabe der Zeitschrift „Lernende Schule". Weiterhin wurde eine gemeinsame Erklärung der Kultusministerkonferenz mit den Bildungs- und Lehrergewerkschaften 2006 mit dieser Formel überschrieben. Auch der Erziehungswissenschaftler Jürgen Oelkers setzte sich in verschiedenen Beiträgen mit dieser Formel auseinander und nicht zuletzt findet sie auch in der Förderrichtlinie zum Ausbau von Ganztagsangeboten des Freistaates Sachsen ihren Eingang.

Annäherung: Begriffe und Konzept einer individuellen Förderung

Die Benutzung von Dualismen hat auch in der Sprache der Sozialwissenschaften Konjunktur. Die Begriffe *Fördern* und *Fordern* wurden im Zuge der durch die Ergebnisse der PISA-Studien „an Fahrt gewonnenen" bildungspolitischen, aber auch erziehungswissenschaftlichen Diskussion immer häufiger benutzt. Dabei hatte dieses Begriffspaar mit der sich aufdrängenden Assoziation zu „Hartz IV" zunächst eine negative Konnotation, was die – vorerst noch unpräzise – Verwendung der Begriffe nicht zu begrenzen schien. Mit der Formel vom „Fördern und Fordern" scheint ein neuer Weg zur Erlangung von mehr Bildungsgerechtigkeit und Chancengleichheit gefunden. Durch das Wörtchen „und" zwischen dem Begriffspaar wurden aber zunächst zwei konträre Ansichten bzw. Lager miteinander verknüpft, welche Oelkers mit den zugespitzten Bezeichnungen „Kuschelpädagogik" (für das progressive Lager) und „Leistungsterror" (für das konservative Lager) (Oelkers 2008, S. 1) beschreibt. *Fordern* steht für das Durchsetzen eines gewünschten Leistungsniveaus in der Schule, während *Fördern* oft „nur" bedeutet, dass die leistungsstarken Schüler mehr Aufgaben lösen müssen als die leistungsschwachen Schüler. Dieses Fördern wäre somit eher als ein „Bestrafen" zu begreifen (vgl. Oelkers 2008, S. 2).

Auf die Rolle der Lehrer soll an späterer Stelle ausführlicher eingegangen werden, jedoch liegen auch hier große Unterschiede bei der Interpretation der Begriffe sowie deren Umsetzung in eine pädagogische Praxis vor. Die Vorgaben eines Schulgesetzes, eines Lehrplanes sowie die Verwendung gleicher Lehrmittel unterliegen der individuellen Beurteilung der Lehrkräfte. Die Rolle des Lehrers ist in der vordergründigen Bedeutung der Begriffe jeweils die aktive Rolle: Der Lehrer setzt die schulischen Leistungsnormen durch sowie „dirigiert" zusätzliche Förderangebote. Der Lehrer bringt nach vorn – der Lehrer verlangt. Seydel bezeichnet dies als naives Niveau einer „Stopfgans-Pädagogik" (Seydel 2005, S. 9), welche mit den reformpädagogischen Ansätzen, z.B. einer Maria Montessori – „Hilf mir es selbst zu tun" (vgl. Hedderich 2005, S. 37ff.) – wenig gemein hat.

Die Verwendung der Formel „Fördern und Fordern" wird in der erziehungswissenschaftlichen Diskussion der letzten Jahre verstärkt auf den Blickwinkel einer subjektorientierten individuellen Förderung gelenkt. Dafür lassen sich verschiedene Faktoren benennen.

Das Individualisierungstheorem

Der seit den 80er Jahren des 20. Jahrhunderts verstärkt stattfindende Diskurs über Individualisierungsprozesse[2] stellt unter anderem die Frage nach der Rolle des Individuums für die Entwicklung und Gestaltung der eigenen Biografie. „Die Individualisierung der Lebensverhältnisse hat eine zunehmende Biografisierung des Lebenslaufes mit sich gebracht" (Böhnisch 1997, S. 30). Die Kinder und Jugendlichen, verstanden als Produzenten ihrer eigenen Biografie, besitzen viele Möglichkeiten und Chancen – auch zur Gestaltung ihrer eigenen Bildungsbiografie. Allerdings ist auch die Gefahr des „Scheiterns" für den Einzelnen größer geworden; der Erhalt bestimmter schulischer Zertifikate garantiert längst nicht mehr für alle einen reibungslosen Übergang an der ersten oder zweiten Schwelle des Arbeitsmarktes.[3]

Der Heterogenitätsdiskurs

Für die Thematisierung der individuellen Förderung von Schülern ist der Heterogenitätsdiskurs in den Erziehungswissenschaften sehr maßgeblich (vgl. Kunze 2008, S. 16). Das deutsche Schulsystem bzw. die Einzelschule können strukturell als homogenitätsorientiert beschrieben werden. Heterogenität wird als Abweichung von der allgemeingültigen Norm verstanden und mit verschiedenen Regelungen (Differenzierung nach Schularten, Einrichtung von Jahrgangsklassen oder leistungsdifferenzierten Kurseinteilungen) versucht, zu reduzieren.[4] Mit dieser starken Homogenitätsorientierung erfolgt nicht nur die Unterscheidung der Lernenden nach vermeintlicher kognitiver Leistungsfähigkeit, sondern es entsteht dadurch auch eine hohe soziale Selektion.[5]

Diesem Verständnis von Heterogenität als Differenz zu einer (vermeintlichen) Normalität, bei der die Abweichung von der Norm eine Sonderbehandlung verlangt (und sei es der Weg des Schülers in die Förderschule), steht die Bedeutung von Heterogenität als Unterschiedlichkeit (mit der Be-

---

2 Vgl. dazu die teilweise kontroversen Ausführungen u.a. von Beck, Elias, Heitmeyer sowie in Fortführung dazu u.a. die Beiträge von Böhnisch und Lenz zur Individualisierung der Jugendbiografie.
3 Im Zusammenhang mit subjektorientierter individueller Förderung benutzt Schratz den, seiner Meinung nach über Individualisierung hinausgehenden, Begriff der Personalisierung (vgl. Schratz 2009).
4 Eine Auseinandersetzung mit dem Sonderschul- bzw. Förderschulbereich und eine Einordnung der Stellung dieser Schularten in das deutsche Schulsystem sowie deren Bedeutung für die individuelle Förderung einzelner Schüler können in diesem Beitrag nicht geleistet werden.
5 Vergleiche dazu aber auch den Diskurs um den Begriff der „egalitären Differenz" von Honneth, welcher die Anerkennung von Unterschied und Gleichheit ohne die Hierarchisierung bestimmter Bedürfnisse und Fähigkeiten von Kindern und Jugendlichen thematisiert (vgl. Honneth 1992).

tonung der Einzigartigkeit des Einzelnen) gegenüber. Demzufolge sind die existierenden Unterschiede nicht eine Abweichung, sondern die Normalität.

Welche Anknüpfungspunkte bieten sich aus dem bisher Angeführten für ein Konzept der individuellen Förderung? Förderung bedeutet somit erhöhte pädagogische Aufmerksamkeit für individuelle Situationen und deren Notwendigkeiten.[6] Die individuelle Entwicklung steht somit immer im Spannungsfeld zwischen den Ansprüchen der besuchten Institutionen sowie der persönlichen Differenz zwischen dem Stand der aktuellen Entwicklung und der Perspektive, welche der Schüler haben könnte, welches Winkler als „das Mehr an Entwicklungsmöglichkeiten" (Winkler 2008, S. 174) bezeichnet.

Ausgehend von dem Heterogenitätsdiskurs lassen sich viele verschiedene Bereiche benennen, welche im Zusammenhang mit individueller Förderung innerhalb des schulischen Kontextes betrachtet werden müssen (vgl. Baumert/Stanat/Watermann 2006, S. 11ff.). Das soziale wie kulturelle Kapital der Schüler (stark geprägt durch den sozioökonomischen Status der Eltern, das Bildungsniveau der Eltern sowie auch die ethnischen Herkunft der Eltern) ist sehr heterogen. Weiterhin wirken auch das Erziehungs- und Unterstützungsverhalten der Eltern, die schulischen Rahmenbedingungen (z.B. Klassenkontext) aber auch weitere äußere Einflüsse (z.B. Medienumwelt) auf die stattfindenden Unterrichtsprozesse und die Lern- und Leistungsergebnisse der Schüler ein.

Damit verbunden ist die Betrachtung der Heterogenität im vorschulischen Bereich. Schüler bringen natürlich Erfahrungen über Inklusions- und Exklusionsprozesse bspw. aus dem Kindergarten mit. Auch im in den letzten Jahren präsenter gewordenen, frühpädagogischen Bereich findet eine Auseinandersetzung mit dem Thema individuelle Förderung statt (vgl. Kron 2010).

Die Rolle der Hirnforschung für die Pädagogik

Zunehmend verstärkt wird der Zusammenhang von Erkenntnissen der Lehr- und Lernforschung sowie der neurowissenschaftlichem Forschung diskutiert[7]. Insbesondere die Ausführungen des Neurowissenschaftlers Manfred Spitzer haben dabei über den wissenschaftlichen Diskurs hinaus eine breite Öffentlichkeit erreicht. Dabei scheint einer Reihe von Pädagogen in der Praxis die Klarheit der wissenschaftlichen Ausführungen der Hirnforschung für die eigene (manchmal „im Nebel liegende") pädagogische Arbeit sehr

---

6 Diesbezüglich könnte überprüft werden, inwieweit die Erfahrungen der Umsetzung von diversitiy-management in Unternehmen auch für Schule übertragbar sind.
7 Den umfangreichen Versuch einer Verknüpfung neurophysiologischer Lernforschung mit den pädagogisch bzw. entwicklungspsychologisch geprägten Vorstellungen von Lernprozessen bietet eine Expertise des Bundesministeriums für Bildung und Forschung (vgl. BMBF 2007).

hilfreich, ohne dass jedoch die Übertragung dieser wissenschaftlichen Erkenntnisse für das eigene Lehrerhandeln kritisch hinterfragt wird.

Zusammenfassend wird letztendlich ein Konzept zur Förderung nicht an den Begrifflichkeiten, sondern an den Inhalten gemessen. Insofern scheint der Begriff *individuelle Förderung*, welcher sowohl den Perspektivwechsel hin zum Einzelnen als auch im Begriff der Förderung Intentionen der einzeln gedachten Begriffe *Fördern* und *Fordern* einschließt, für die weitere Betrachtung der Diskussion praktikabel. Eine mögliche Definition für diese individuelle Förderung liefern Kunze/Solzbacher:

„Unter individueller Förderung kann man alle Handlungen von Lehrerinnen und Lehrern und Schülerinnen und Schülern verstehen, die mit der Intention erfolgen bzw. die Wirkung haben, das Lernen der einzelnen Schülerin/des einzelnen Schülers unter Berücksichtigung ihrer/seiner spezifischen Lernvoraussetzungen, -bedürfnisse, -wege, -ziele und -möglichkeiten zu unterstützen" (Kunze/Solzbacher 2008, S. 309).

Individuelle Förderung und Bildungspolitik

In einer gemeinsamen Erklärung der Kultusministerkonferenz und der Bildungs- und Lehrergewerkschaften aus dem Jahr 2006 sehen diese „in der konsequenten Verwirklichung des Prinzips ,Fördern und Fordern' in Schule und Unterricht" (KMK 2006, S. 1) eine zentrale Herausforderung für die Weiterentwicklung der Schullandschaft. Zentrales Anliegen ist, durch eine neue Lehr- und Lernkultur „den Anteil an erfolgreichen und höherwertigen Schul- und Ausbildungsabschlüssen – ohne Qualitätsverlust – zu steigern und den Anteil der im Bildungssystem Scheiternden deutlich zu senken" (ebenda, S. 2). Dabei scheint eine erfolgreiche individuelle Förderung zunächst mehr eine Maßzahl für ein erfolgreiches Schulsystem zu sein.

Höhmann schlägt in ihrer Aussage zur Bedeutung individueller Forderung in der Ganztagsschule den Bogen von der Gesellschaft bis zum Individuum: „Die Gesellschaft kann es sich nicht mehr leisten, dass Bildungsressourcen nicht optimal ausgeschöpft und Schülerinnen und Schüler nicht bestmöglich gefördert werden. Es geht dabei vor allem um die Zukunftschancen von Kindern und Jugendlichen" (Höhmann 2006, S. 20).

Anlehnend an die obigen Ausführungen zum Begriffspaar *Fördern* und *Fordern*, insbesondere in Bezug auf die bildungspolitische Zielrichtung der homogenen Lerngruppen, soll auch die kritische Argumentation Winklers angeführt werden, der auf die Loslösung des Pädagogischen von dieser Formel zugunsten sozialpolitischer Interessen verweist (vgl. Winkler 2008, S. 173ff.). Durch Förderung sollen Voraussetzungen für das leistungsfähige Funktionieren von Schule geschaffen werden, welche eher von einer kontrollpolitisch interessierten Sozialpolitik als von pädagogischen Überlegungen geprägt sind. Diesbezüglich sieht er auch in dem Begriffspaar Fordern/Fördern im Kontext Schule Parallelen zur Verwendung im Bereich der Sozialgesetzgebung (vgl. Winkler 2008, S. 174).

An dieser Stelle muss, auch aufgrund der durchaus bildungspolitischen Relevanz, auf die Thematik der Nachhilfe – als eine Form der individuellen Förderung – eingegangen werden. Dabei soll weniger auf die Gestaltung des Nachhilfeunterrichts in der Schule als auf das kommerzielle Pendant eingegangen werden. Schätzungen zufolge nimmt jeder dritte bis vierte Schüler in seiner Schullaufbahn in Deutschland Nachhilfe in einem der mehreren tausend Instituten deutschlandweit. Die Ausgaben der Eltern gehen dabei in den Milliardenbereich.[8] Eine Studie der Universität Bielefeld, welche die Wirksamkeit und Nachhaltigkeit von Nachhilfeunterricht am Beispiel des Studienkreises untersuchte, kam zu dem Ergebnis, dass professioneller kommerzieller Nachhilfeunterricht mehr als eine kurzfristig auf das Nachhilfefach beschränkte Soforthilfe ist.[9] Vielmehr werden den Kindern und Jugendlichen längerfristig und fächerübergreifend Lernkompetenzen vermittelt. Dabei wurden den Nachhilfelehrkräften von den Schülern und Eltern teilweise mehr Kompetenzen als den Fachlehrern zugeschrieben (vgl. Jürgens/Diekmann 2007). Eine im Auftrag des Bundesministeriums für Bildung und Forschung durchgeführte Studie resümiert, dass die Forschungslage zu den Wirkungen der Nachhilfe insgesamt noch unbefriedigend ist, auch weil (wie bei der Studie von Jürgens/Diekmann) oftmals nur ein Anbieter (im eigenen Auftrag) betrachtet wurde (vgl. FIBS 2008).

Für eine bestimmte Schülerklientel kann der kommerzielle Nachhilfeunterricht somit eine wichtige Institution für Chancengleichheit sein. Dies gilt natürlich nicht für die, aufgrund ihres sozialen und kulturellen Kapitals, von vornherein benachteiligten Schüler. Für diese Schüler ist zu hoffen, dass entsprechende Förderangebote im schulischen Kontext im Rahmen der Ganztagsangebote vorgehalten werden. Insgesamt ist jedoch nicht zu erkennen, dass die Nachhilfeinstitutionen durch die Einführung von Ganztagsschulen mit der Schwerpunktsetzung „individuelle Förderung" um ihre Existenz fürchten müssen.

---

8 In einer Studie des Forschungsinstitutes für Bildung- und Sozialforschung wird als realistische Summe von ca. 0,95 bis 1,2 Milliarden jährlicher Ausgaben gesprochen. Andere Schätzungen sprechen von bis zu drei Milliarden Euro, allerdings ist unklar, auf welcher Basis diese Zahlen zustande gekommen sind (vgl. FIBS 2008).
9 Zu einem ähnlichen Ergebnis kamen Erziehungswissenschaftler der Universität Bayreuth (vgl. Haag 2007).

Ganztagsschule – Mehr Zeit für individuelle Förderung?

Inwieweit bedingen bzw. beeinflussen die Aktualität der Thematik der individuellen Förderung sowie die derzeitige bildungspolitische Sympathie für die Ganztagsschule/Schule mit Ganztagsangeboten einander?

Bereits in den Empfehlungen des Deutschen Bildungsrates von 1969 zur Einrichtung von Schulversuchen mit Ganztagsschulen lag eine zentrale Argumentationslinie auf dem Aspekt der Förderung, speziell auf der Förderung von Chancengleichheit (vgl. Holtappels/Rollet 2008, S. 291).

Die bildungspolitischen Weichenstellungen im ersten Jahrzehnt des neuen Jahrtausends sind erneut mit dem Ausbau von Ganztagsschulen/Schulen mit Ganztagsangeboten verbunden. Dabei wird aller Orten in Verbindung mit den Begründungslinien für diese Entwicklung der Fokus besonders auf die individuelle Förderung gelegt.[10] Bereits im Zusammenhang mit dem monetär sehr schwergewichtigen Investitionsprogramm „Zukunft Bildung und Betreuung" (IZBB) des Bundes wurde die einfache Formel „gute Bildung braucht mehr Zeit, insbesondere mehr Zeit für individuelle Förderung" als wichtigstes Ziel des Investitionsprogramms deklariert (vgl. BMBF 2003, S. 2).

Edelstein verbindet mit der Einrichtung der Ganztagsschule einen weiteren „Schritt auf einem evolutionären Pfad zu einem allgemeinen System der Förderung aller Kinder" (Edelstein 2006, S. 4) in einem veralteten Schulsystem. Auch Holtappels und Rollett verbinden mit den schulischen Strukturveränderungen diese Aussicht: „Mit der Einführung ganztägiger schulischer Angebote verbindet sich die Hoffnung, den Bedarf an individueller Förderung besser erfüllen zu können, als dies unter den Rahmenbedingungen einer normalen Halbtagsschule in der Regel möglich ist" (Holtappels/Rollett 2008, S. 294).

An dieser Stelle muss noch einmal deutlich auf die Heterogenität der deutschen Schullandschaft hingewiesen werden. Die Ausprägungen der Ganztagsschullandschaften variieren von Bundesland zu Bundesland sehr deutlich. Aber ebenso innerhalb eines Bundeslandes können sehr verschiedene Konzepte und Organisationsformen des Ganztags nebeneinander existieren, wie das Beispiel Sachsen deutlich zeigt. Insofern sind die Möglichkeiten der erfolgreichen Umsetzung individueller Förderung im Zusammenhang mit der Einrichtung eines Ganztagsbetriebes unterschiedlich. Es ist demzufolge kaum anzunehmen, dass individuelle Förderung an diesen Schulen qualitativ wie quantitativ vergleichbar ist.

---

10 Vgl. zu den Begründungslinien der aktuellen Ganztagsschulentwicklung den Beitrag von Wiere am Anfang dieses Bandes.

Wege der Umsetzung individueller Förderung

Begreift man Förderung als pädagogisches Handeln, so ließen sich von einem Schultag beliebig viele und verschiedene Situation von Förderung festhalten. Winkler fasst hierzu sechs Handlungstypen zusammen und spannt den Bogen vom entdeckenden Fördern über initiierendes, stützendes, übendes, erweiterndes bis hin zu restituierendem Handeln (vgl. Winkler 2008, S. 177).

Im Zusammenhang mit der aktuellen deutschlandweiten Popularität des Ansatzes entstehen zahlreiche Publikationen und Beschreibungen zu individueller Förderung. Besonders gern werden in diesem Zusammenhang auch die Gelingensbedingungen (z.b. aufgrund analysierter best-practice Beispiele) der erfolgreichen Umsetzung von Förderkonzepten vorgestellt. Die angeführten Punkte – wie z.B. der Perspektivenwechsel von den Lerninhalten eines Faches auf den Schüler mit seinen entsprechenden Kompetenzen, eine entsprechenden Diagnostik (von Unterricht sowie Schülern), ein systematisches Vorgehen sowie die Entwicklung eines integrierenden Förderkonzeptes – tauchen in der Aufzählung wenig überraschend auf, sollten diese doch normalerweise integraler Bestandteil der Schul- bzw. Unterrichtsentwicklung jeder Schule sein.

Holtappels und Rollet beschreiben Förderung in der Ganztagsschule hingegen schwerpunktmäßig mit Blick auf Schwierigkeiten von Schülern im schulischen Bereich: „Die Defizite im Lernbereich erfordern für die ganztägige Beschulung zum einen zusätzliche Förderzeiten mit Übung, Wiederholung und Vertiefung, wobei die Hausaufgaben integriert oder in alternativen Lernzeiten überflüssig werden. Förderung und Aufgabenstunden müssen an Fachunterricht angekoppelt und vom Fachpersonal unterstützt sein, was eine intensive Begleitung der Lernentwicklung (möglichst mit Diagnosen und Förderplänen) ermöglicht" (Holtappels/Rollett 2008, S. 295). Neben dem Hinweis auf die Rolle der Hausaufgaben erfolgt eine Andeutung auf ein Modell der Organisation von Förderung – den Förderkreislauf. Aufgrund einer Diagnose werden Ziele ausgehandelt und vereinbart, welche mit entsprechenden Maßnahmen umgesetzt und nachfolgend evaluiert werden. Dem schließt sich erneut eine pädagogische Diagnose mit einer neuen Zielaushandlung an.[11]

Bei den Publikationen zur individuellen Förderung von Schülern gibt es kaum einen Beitrag, in dem nicht auf die Notwendigkeit einer entsprechenden Diagnostik hingewiesen wird. Der Begriff der Diagnostik ist den Beschäftigten im pädagogischen Bereich jedoch eher fremd bzw. mit wenigen Sympathien verbunden. Oftmals wird darunter ein medizinisch bis natur-

---

11 Vergleiche dazu die Darstellungen und Ausführungen zu individueller Förderung auf dem Sächsischen Bildungsserver (SBS). Verfügbar über: www.sn.schule.de/~ifoerder/index.php?auswahl=instrumente (Zugriff 25.10.2010).

wissenschaftlich geprägter Begriff verstanden, der im Zusammenhang mit der Anwendung von diagnostischen Verfahren einerseits eine Vorabstigmatisierung im Hinblick auf mögliche (pathologische) Probleme seitens der Schüler, welche therapiert werden müssen, erwirkt und andererseits in einer linearen Logik vielfältige Bedingungsfaktoren zumeist ausschließt. Die Zielstellung von Diagnostik in den vergangenen Jahrzehnten war eng verknüpft mit dem Aufdecken von Defiziten bei einer bestimmten Schülerklientel, um diese mit entsprechenden Maßnahmen (Sonderschul- bzw. Förderschulüberweisung) vom „Normalbetrieb" fernzuhalten, um diesen nicht zu stören – zumal es fraglich ist, inwieweit in pädagogischen Zusammenhängen zuverlässige Prognosen über zukünftige Lernleistungen getroffen werden können (vgl. Knauer 2005). Knauer spricht für pädagogische Zusammenhänge statt von Diagnostik von einer fördernden Pädagnostik. „Pädagnostik ist eine pädagogische Grundhaltung, die den Standpunkt verändert: vom vermeintlichen Wissen, Beurteilen und Festschreiben zum Fragen (‚Was ist?'), Ergründen (‚Warum?') und Suchen (‚Was geht?')" (Knauer 2005, S. 11).

Wichtig in diesem Zusammenhang ist, dass die förderorientierte Pädagogik auch Erkenntnisse der Motivations- und Lernpsychologie nutzt und sich ein umfassendes Bild der individuellen Lernausgangslage verschafft – über die „harten" Fakten der bisherigen Schullaufbahn hinaus (vgl. Knauer 2005, S. 7ff.).

„Pädagogische Diagnostik bzw. Förderdiagnostik ist Situationsdiagnostik und zugleich auch immer Lernprozessdiagnostik. Eine so verstandene (sonderpädagogische) Diagnostik hat nicht mehr den einmaligen Charakter einer Querschnittserhebung, einer normorientierten Statusdiagnose, sondern beinhaltet eine historische Dimension, einen Entwicklungsaspekt und geht generell von den Fähigkeiten und dem Lernwillen bei Schülern aus" (Eberwein/Knauer 2003, S. 9f.).

Die dafür benötigten Kenntnisse und Kompetenzen werden den Lehrern in ihrer Ausbildung zumeist nur ungenügend vermittelt, da es vermeintlich zu wenig mit dem „Kerngeschäft" zu tun hat. Neben verschiedenen standardisierten Tests ist die reflektierte Beobachtung eines der zentralen Elemente zur pädagogischen Diagnostik sowie zur Selbstevaluation über die Qualität des Unterrichts. In diesem Zusammenhang ist auf die wachsende Bedeutung der Lernportfolios als Möglichkeit einer individualisierten Diagnostik sowie die Verwendung von Individuellen Entwicklungsplänen zu verweisen (vgl. Eggert/Reichenbach/Lücking 2007).

In den entsprechenden Lehrwerken lassen sich umfangreiche Maßnahmen der individuellen Förderung finden. Die einzelnen Bereiche mit ihren Methoden können im Rahmen dieses Beitrages nur exemplarisch aufgezählt werden. Neben verschiedenen Maßnahmen der äußeren Differenzierung (Lerngruppen, Drehtürmodell etc.) steht die innere Differenzierung und die

Öffnung des Unterrichts[12] stärker im Blickfeld. Offener Unterricht steht für einen Sammelbegriff „unterschiedliche[r] Reformansätze in vielfältigen Formen inhaltlicher, methodischer und organisatorischer Öffnung mit dem Ziel eines veränderten Umgangs mit dem Kind auf der Grundlage eines veränderten Lernbegriffs" (Wallrabenstein 1994, S. 54). Methodische Kennzeichen dafür sind entdeckendes, problemlösendes und handlungsorientiertes sowie selbstverantwortliches Lernen (z.B. in der Frei-, Wochenplan-, oder Projektarbeit).[13]

Der sächsische Weg

Im Weiteren soll es um die sächsische Variante der Verknüpfung von individueller Förderung und Ganztagsschule/Schule mit Ganztagsangeboten gehen. Schaut man in das Schulgesetz für den Freistaat Sachsen, so ist der Anspruch einer individuellen Förderung jedes Schülers im § 1 Absatz 1[14] und 2[15] sowie im § 35a Absatz 1 eindeutig festgeschrieben. Da heißt es: „Die Ausgestaltung des Unterrichts und anderer schulischer Veranstaltungen orientiert sich an den individuellen Lern- und Entwicklungsvoraussetzungen der Schüler" (SMK 2004, S. 20f.).

Der Ausbau von Ganztagsangeboten an den sächsischen Schulen ist in den letzten Jahren natürlich am stärksten von der gleichlautenden „Förderrichtlinie zum Ausbau von Ganztagsangeboten" beeinflusst worden.[16] In der dazugehörenden Handreichung wird bereits im Vorwort betont: „Die Förderung von Ganztagsangeboten im Rahmen des Landesprogramms legt nach wie vor den Schwerpunkt auf leistungsdifferenzierendes Fördern und Fordern von Schülern" (Lehmann 2007, S. 3), welches im Sinne der obigen Ausführungen die Zielstellung einer individuellen Förderung der Schüler

---

12 Nach Brügelmann hat die Öffnung von Unterricht (als Möglichkeit der individuellen Förderung) drei Dimensionen. Zunächst gibt es die methodisch-organisatorische Dimension, bei der die Schüler mehr Freiräume z.B. bei der Reihenfolge von Arbeitsaufgaben oder der gewählten Sozialform erhalten (Binnendifferenzierung entsprechend der individuellen Bedürfnisse der Schüler). Die zweite Dimension der Öffnung ist die didaktisch-inhaltliche Dimension, wobei es hier um die Erprobung verschiedener Lösungswege geht. Als dritte Dimension beschreibt er die pädagogisch-politische Ebene: Kinder haben auch Einfluss auf Inhalte und Ziele des Unterrichts (dies kann insbesondere für Hochbegabte motivationsfördernd sein) (vgl. Brügelmann 1999).

13 Die Beschäftigung mit binnendifferenzierenden Maßnahmen ist nicht erst im Zuge der beschriebenen aktuellen Diskurse entstanden. Vgl. dazu Bönsch 1970 sowie Klafki/Stöcker 1976.

14 §1 (1) „Der Erziehungs- und Bildungsauftrag der Schule wird bestimmt durch das Recht eines jeden jungen Menschen auf eine seinen Fähigkeiten und Neigungen entsprechende Erziehung und Bildung […]." (SMK 2004, S. 4)

15 §1 (2) „Bei der Gestaltung der Lernprozesse werden die unterschiedliche Lern- und Leistungsfähigkeit der Schüler inhaltlich und didaktisch-methodisch berücksichtigt" (ebenda).

16 Detailliert hierzu s. Lehmann im ersten Teil dieses Bandes.

anstrebt. In der Förderrichtlinie findet das seine Entsprechung in dem so genannten Basismodul, dem Modul 1 „Angebote zur leistungsdifferenzierten Förderung und Forderung" (vgl. SMK 2007). Diese Schwerpunktsetzung fußt mit den Schlagworten „Leistungsorientierung" und „Chancengerechtigkeit" auf den Grundprinzipien sächsischer Bildungspolitik (vgl. Lehmann 2007, S. 5). Dabei soll im Rahmen der Ganztagsangebote, im Hinblick auf Schulentwicklungsprozesse, besonders auch Unterrichtsentwicklung stattfinden. Für die Verbesserung der Lernvoraussetzungen der Schüler ist daher eine Förderung und Forderung von leistungsschwachen und leistungsstarken Schülern notwendig (ebenda). Inwieweit diese Förderrichtlinie in ihrer Anlage ein geeignetes Instrument für Schul- bzw. Unterrichtsentwicklung darstellt, muss an anderer Stelle diskutiert werden.

Die Formulierung im Text der Förderrichtlinie zum Modul 1 erscheint wie eine Beschreibung eines angemessen differenzierten Unterrichts:

„Vielfältige zusätzliche Lernangebote richten sich an leistungsschwache und leistungsstarke Schüler. Sie werden sowohl inhaltlich als auch didaktisch-methodisch entsprechend der unterschiedlichen Lern- und Leistungsfähigkeit der Schüler gestaltet. Die Angebote bauen Defizite ab und zeigen Möglichkeiten und Potentiale für weitere Entwicklungswege auf. Die Unterstützung beruht auf diagnostischer Grundlage und ist individuell, partnerorientiert, gruppenbezogen oder themenorientiert ausgerichtet." (SMK 2007, S. 1)

In der Handreichung ist dies sogar folgendermaßen formuliert: „Diesem Modul kommt eine besondere Bedeutung zu, es stellt das Kerngeschäft von Schule dar: leistungsdifferenziert und schülerorientiert Lerninhalte zu vermitteln" (Lehmann 2007, S. 18). Einerseits erscheint es, ob der grundsätzlichen Freiwilligkeit sowie der vielfältigen Gestaltungsmöglichkeiten des Ganztagsbetriebs, fraglich, mit einer für das Kerngeschäft Unterricht (mit all seinen Bedingungsfaktoren und Zwängen) doch überschaubaren Förderung Entwicklungen vorantreiben zu können. Andererseits zeigt der Fokus auf die Vermittlung von Lerninhalten eine bestimmte Form der Verwendung des Förderbegriffs, welche sicherlich konzeptionell (als auch oftmals in der praktischen Umsetzung) von der Institution Schule mit ihren normativen Ausrichtungen geprägt wird und bei einer Rezeption der Schulen in diesem Sinne bei der Planung von vielen Förderangeboten im Hintergrund steht.

Dabei sind die Möglichkeiten der Umsetzung in der Praxis an den Schulen im Bereich dieses Moduls 1 zum Fördern und Fordern sehr vielfältig. In der Handreichung ist hierzu beispielhaft eine Liste von möglichen Ganztagsangeboten angeführt. Die Möglichkeiten reichen von der Schulung von Methoden und Arbeitstechniken über Förderkurse in Kernfächern, der differenzierten Hausaufgabenbetreuung sowie Begabtenförderung bis hin zu Sport-, Musik- oder Theatergruppen. Gerade die zuletzt angeführten Angebotsformen zeigen sich in der Realität als „Manövriermasse" zwischen Förder- und freizeitpädagogischen Angeboten, welche entsprechend den Rahmenbedingungen der finanziellen Förderung von den Schulen fördersummenmaximierend zugeordnet werden.

Forschungsbefunde aus Sachsen

Bevor auf einige Forschungsbefunde aus Sachsen[17] eingegangen wird, soll nochmals auf die grundsätzlichen Schwierigkeiten von Wirkungsforschung hingewiesen werden. Kunze/Solzbacher versuchten in einer empirischen Untersuchung wissenschaftliche Erkenntnisse zur Wirksamkeit individueller Förderung und differenzierten Unterricht zu gewinnen[18]. Sie bescheinigen der naheliegenden Vermutung, dass Förderung „etwas bringen muss", eine nur schwer untersetzbare empirische Nachweisbarkeit. Am ehesten ist dies noch auf der Ebene der Einzelschulen sowie bei spezifischen Teilbereichen wie z.B. Begabungsförderung, Integrationsförderung möglich. Einigkeit besteht hinsichtlich der Feststellung, dass insgesamt zu wenig Binnendifferenzierung an den Schulen stattfindet (vgl. Kunze 2008, S. 20ff.).

Diese Schwierigkeiten bei der Wirkungsbetrachtung bestehen auch bei der Beschäftigung mit den sächsischen Forschungsergebnissen. Es ist weiterhin oft auf den ersten – und meistens auch auf den zweiten – Blick nur schwer erkennbar, was regulär (z.B. über die Stundentafel) abgedeckte Förderstunden und was zusätzliche Maßnahmen individueller Förderung sind, welche durch die Ganztagskonzeption nach dem Grundsatz: „mehr Zeit bedeutet mehr mögliche individuelle Förderung" begründet und realisiert werden. Aus Schülerperspektive könnte diese Unterscheidung prinzipiell zunächst irrelevant sein, es sei denn, die Zuordnung ist direkt mit einem günstigen oder ungünstigen bzw. als solchen empfundenen Platz im Tagesverlauf verbunden oder es ist damit aus Schülersicht eine Stigmatisierung verbunden.

Insofern konzentriert sich die Darstellung der sächsischen Befunde zunächst auf die Aspekte der Existenz von Förderangeboten sowie deren Nutzung durch die Schüler. Weiterhin werden Einstellungen der Lehrer sowie Lehrerhandeln im Kontext von Unterricht und stattfindenden Förderangeboten vorgestellt. Dabei werden insbesondere die obigen Ausführungen zu den Themenbereichen Differenzierung im Unterricht (Binnendifferenzierung) sowie Diagnostik/Verwendung von diagnostischem Material aufgegriffen.

---

17 Nachfolgend werden Forschungsbefunde aus allen bei Förster/Markert/Berge in diesem Band beschriebenen Projekten referiert, der Schwerpunkt liegt jedoch bei den Befunden vom Projekt EFRL-GTA.
18 Dabei handelt es sich um die Studie „Positionen von Lehrerinnen und Lehrern zu individueller Förderung in der Sekundarstufe I" (Kunze/Solzbacher 2008).

Vorhandensein von Angeboten

Der überwiegende Teil der sächsischen Schulen mit Ganztagsangeboten bietet im Rahmen des Ganztagsbetriebs Angebote zur individuellen Förderung (nach eigener Definition) der Schüler an. Knapp 90 % aller befragten Schulen halten besondere Förderangebote für leistungsschwache Schüler vor. An den Grund-, Mittel- und Förderschulen ist dies die am häufigsten auftretende Variante. Die meisten Grundschulen und Gymnasien (ca. 90 %) bieten weiterhin Förderangebote für leistungsstarke Schüler, bei den Mittelschulen sind dies ca. 60 %. Bei allen Schularten lassen sich im Vergleich der Befunde von 2006 und 2008 Ausbautendenzen im Bereich der Förderangebote erkennen (vgl. Gängler u. a 2008). Der zahlenmäßige Ausbau allein gibt natürlich noch keine Auskunft über die Qualität der Förderangebote.

Nutzung der Angebote

Im Vergleich verschiedener Angebotsbereiche wird deutlich, dass, z.B. im Gegensatz zu Arbeitsgemeinschaften oder Kursen (Teilnahmequote ca. 75 %) mit den Lern- und Fördergruppen (Teilnahmequote ca. 25 %) nur ein gewisser Teil der Schülerschaft erreicht wird. Dies wird natürlich maßgeblich von der Organisation der Angebote, so z.B. von der Verbindlichkeit, beeinflusst.[19] Aber auch das Alter der Schüler hat dahingehend einen Einfluss, dass die Teilnahme an den Förderangeboten (z.B. bei der Hausaufgabenhilfe oder den Fördergruppen) mit steigendem Alter abnimmt (vgl. Gängler u.a. 2010b, S. 57).

Diagnostik

Die Rolle einer entsprechenden Diagnostik für die Umsetzung individueller Förderung sowie der damit im pädagogischen Bereich verbundene ambivalente Umgang wurden bereits beschrieben. Im Zuge einer Lehrerbefragung des Projektes EFRL-GTA wurden alle Lehrer, welche an der Durchführung von Förderangeboten beteiligt waren, gefragt, inwieweit sie diagnostisches Material zur Ermittlung des Leistungsstandes der Schüler benutzt haben (vgl. Gängler u.a. 2007, S. 20f.). Aufgrund der deutlichen Schulartunterschiede sollen die Befunde gleich differenziert dargestellt werden. Von den entsprechenden Grund- und Förderschullehrern gaben etwas mehr als die Hälfte der Befragten an, diagnostisches Material eingesetzt zu haben. Von den Gymnasiallehrern benutzten es ca. 42 %, an den Mittelschulen waren es hingegen nur ca. 30 %.

---

19 Auch in diesem Zusammenhang muss auf die Schwierigkeiten bei der Einordnung der Angebote der Schulen in ein Begriffs- bzw. Strukturraster hingewiesen werden (Wann ist ein Förderangebot ein Förderangebot?). Dies scheint sowohl die befragten Schüler und Eltern als auch die Forscher gleichermaßen zu betreffen.

Die Unterschiede zwischen den Schularten werden hinsichtlich der Nutzung verschiedener Instrumente noch deutlicher. Alle Grundschullehrer sowie ca. 81 % der Förderschullehrer verwendeten in ihrer Förderpraxis Erfassungs- und Beobachtungsbögen. Bei den Mittelschulen und Gymnasien gaben dies hingegen nur ca. 20 % der Lehrer an. Auch die Benutzung individueller Förderpläne fand an den Grundschulen (100 %) bzw. Förderschulen (92,9 %) deutlich häufiger Anwendung als bei den Mittelschulen (29,4 %) oder den Gymnasien (35,7 %) (vgl. Gängler u.a. 2007, S. 20f.). Unabhängig von der qualitativen Verwendung der Instrumente scheint der Mehrheit der Lehrer an den weiterführenden Schulen die Verwendung diagnostischen Materials fremd zu sein. Anscheinend passt die starke Leistungsorientierung sowie Lehrplanfixierung besonders an den Gymnasien nicht mit strukturierter individueller Förderung an den Schulen zusammen.

Bei der intensiven Zusammenarbeit mit den Schülern und deren Eltern im Rahmen der Förderangebote liegen ebenfalls die Grundschulen „vorn". 100 % der Grundschullehrer gaben an, Bildungsvereinbarungen[20] mit Eltern und Schülern abzuschließen. 60 % der Förderschullehrer nutzten für ihre Arbeit Bildungsvereinbarungen, bei den Mittelschulen (44,7 %) und Gymnasien (47,1 %) sind es knapp die Hälfte der Lehrer (vgl. ebenda). Diese Befunde geben jedoch noch keinen Aufschluss darüber, wie häufig und in welcher Qualität diese Methoden benutzt werden. Dennoch kann festgehalten werden, dass eher im Alltag der Grund- und Förderschulen eine systematisch und methodisch kontrollierte individuelle Förderung feststellbar ist.

Förderangebote – ein Einsatzgebiet für Lehrer?

Im Folgenden soll den Fragen nachgegangen werden, wie viele Lehrer an der Durchführung von Förderangeboten beteiligt sind und welche Bereiche sich als Haupteinsatzgebiete herauskristallisieren.[21] Lag die durchschnittliche Einsatzquote der Lehrer, welche in die Umsetzung des Ganztagsprogramms involviert waren, bei den Förderangeboten im Jahr 2007 noch bei 83,5 %, gaben bei der zweiten Befragung nur noch 42,4 % der Lehrer an, im Bereich der Förderangebote engagiert zu sein.[22] Allerdings wurde 2009

---

20 In den Bildungsvereinbarungen, welche explizit im Sächsischen Schulgesetz im § 35 Absatz 2 benannt werden (SMK 2004, S. 21), werden zwischen der Schule, dem Schüler und den Eltern/Erziehungsberechtigten die (Bildungs-)Ziele für einen vereinbarten Zeitraum festgehalten. Dabei benennen alle beteiligten Parteien ihre geplanten Handlungsansätze und Zielkriterien. (Vgl. dazu auch die Ausführungen auf dem Sächsischen Bildungsserver. Verfügbar unter: www.sn.schule.de/~ifoerder/ index.php?auswahl=instrumente&m=30 (Zugriff: 30.10.2010).

21 Damit sind die Bereiche gemeint, welche von der Schule im Rahmen des Ganztagsprogramms auch als solche bezeichnet wurden.

22 Die Einsatzquote und deren Entwicklung sind nach Schulart sehr verschieden. Folgende Befunde wurden ermittelt: Grundschule von 85,7 % (2007) zu 56,7 % (2009), Mittelschule von 86,7 % (2007) zu 35,2 % (2009), Gymnasium von 90,5 % (2007)

die Hausaufgabenbetreuung separat abgefragt, sodass der tatsächliche Wert für 2009 etwas höher liegen wird (vgl. Gängler u.a. 2007 und Gängler u.a. 2009).

Während an den Grund- und Förderschulen die Durchführung von Angeboten für Schüler mit niedrigen Fachleistungen (und mit Abstrichen auch bei den Mittelschulen) zunächst im Vordergrund steht, liegt der Fokus der Gymnasiallehrer eher bei der Förderung von Talenten und Begabungen. Bei den Lehrern der Sekundarstufe I bzw. II ist weiterhin der Bereich der Prüfungsvorbereitung von zentraler Bedeutung. Aus Tab. 1 geht ebenfalls deutlich hervor, dass die Hausaufgabenhilfe/-betreuung bei allen Schularten ein wichtiges Einsatzgebiet für die Lehrer ist.[23]

Tab. 1: Schulartspezifische Beteiligungsquoten der Lehrer an Förderangeboten im Bereich GTA (vgl. Gängler u.a. 2007, S. 19)

	Grundschule	Mittelschule	Gymnasium	Förderschule
1	FU für Schüler mit niedrigen Fachleistungen (75 %)	Prüfungsvorbereitung (51,9 %)	Talentförderung (70,4 %)	FU für Schüler mit niedrigen Fachleistungen (76,9 %)
2	Hausaufgabenhilfe/-betreuung (64,3 %)	Hausaufgabenhilfe/-betreuung (51,8 %)	Prüfungsvorbereitung (41,2 %)	Hausaufgabenhilfe/-betreuung (55,2 %)
3	FU für Schüler mit hohen Fachleistungen (60 %)	FU für Schüler mit niedrigen Fachleistungen (41,8 %)	Hausaufgabenhilfe/-betreuung (38,9 %)	Berufsvorbereitende Angebote (36,4 %)

Mehrfachantworten möglich
Quelle: EFRL-GTA

Auf die Frage nach der zukünftigen Beteiligung der Lehrkräfte an der Durchführung des Ganztagsprogramms an ihren Schulen im Rahmen der EFRL-GTA gab nur ein geringer Teil der Lehrer (4,8 %) an, sich in Zukunft an keinem der im Fragebogen vorgegebenen Bereiche im Ganztagsbetrieb aktiv beteiligen zu wollen. Über 60 % vermerkten dagegen, zukünftig an der Gestaltung von Förderangeboten aktiv mitwirken zu wollen, womit dieser Bereich deutlich häufiger als z.B. die Freizeitangebote genannt wurde. In Tabelle 2 sind die von den Lehrkräften angegeben Bereiche akti-

---

zu 51,5 % (2009), Förderschule von 69,6 % (2007) zu 25,0 % (2009) (vgl. Gängler u.a. 2009, S. 11f.).
23 Auf die Rolle der Hausaufgaben bzw. der Hausaufgabenbetreuung, z.B. auch als Möglichkeit der individuellen Förderung, wird im Beitrag von Markert („Hausaufgabenbetreuung") eingegangen.

ver zukünftiger Beteiligung nochmals nach Schulart differenziert dargestellt (vgl. Gängler u.a. 2009, S. 36).

Tab. 2: Bereiche zukünftiger Beteiligung (vgl. Gängler u.a. 2009, S. 35)

aktive zukünftige Beteiligung ...	Grundschule	Mittelschule	Gymnasium	Förderschule
	Angaben in Prozent*			
an keinem Angebot	6,2	5,0	5,6	0,0
bei Freizeitangeboten	43,8	51,7	36,5	75,0
bei Förderangeboten	75,0	61,7	59,5	68,8
bei der Hausaufgabenbetreuung	43,8	39,2	28,6	18,8
bei unterrichtsergänzenden Angeboten	15,6	20,0	30,2	31,2
bei der Mittagsbetreuung	6,2	21,7	2,4	9,4

*Mehrfachnennungen möglich
Quelle: EFRL-GTA.

Der Anteil der Lehrer, welche sich zukünftig bei Förderangeboten einbringen wollen, liegt je nach Schulart zwischen 60 und 75 %.[24] Einen deutlichen Einfluss auf die Auswahl des Bereiches, bei welchem sich die Lehrer aktiv einbringen wollen, haben die Bereiche, in welchen die Lehrer bereits aktiv sind. So gaben beispielsweise fast 90 % der Lehrer, welche derzeit im Bereich der Förderangebote aktiv sind, an, wieder bei den Förderangeboten sich einbringen zu wollen.

In sehr engem Zusammenhang mit den Beteiligungsquoten in den verschiedenen Bereichen stehen die Einschätzungen der befragten Lehrer zur grundsätzlichen Relevanz verschiedener Formen der individuellen Förderung. Während die Lehrer der Grund-, Mittel- und Förderschulen die Förderangebote für Schüler mit niedrigen Fachleistungen als wichtigsten Bereich einschätzten, setzten die Gymnasiallehrer eher bei den Förderangeboten für Schüler mit hohen Fachleistungen bzw. der Talentförderung die Prioritäten (vgl. Gängler 2009, S. 16f.).[25]

---

[24] Dabei muss jedoch auf die spezifische sächsische Situation hingewiesen werden. Ein Großteil der Lehrer erhält für die persönliche Durchführung eines Ganztagsangebots ein Honorar. Inwieweit sich die Einstellungen der Lehrer durch die Rückkehr zur Vollbeschäftigung bzw. die Änderung der Rahmenbedingungen der entsprechenden Förderrichtlinie (insbesondere bei Lehrkräften der weiterführenden Schulen) ändern, bleibt abzuwarten.
[25] Für das Item „Förderangebote für Schüler mit niedrigen Fachleistungen" lagen die Einschätzungen der Lehrer differenziert nach Schulart wie folgt:
GS: W=5,66; MS: MW=5,57; FÖS: MW=5,50; GYM: MW=5,12.

Zu einem ähnlichen Befund kommt StEG-Sachsen. Von dreizehn für den Ganztag relevanten Bereichen sehen die Lehrer zu allen drei Erhebungszeitpunkten im Durchschnitt den Bereich der „individuellen Förderung" am bedeutendsten (vgl. Gängler u.a. 2010a, S. 48f.).

Im Rahmen des Modellversuchs „Sächsische Schule mit Ganztagsangeboten/Ganztagsschule" wurde der an den Schulen (regulär) stattfindende Förderunterricht untersucht. Prinzipiell halten fast alle Lehrer den Förderunterricht zunächst für eine sinnvolle Ergänzung. 91 % der Lehrer und 79 % der Schüler sahen darin eine Möglichkeit, den Unterrichtsstoff besser zu verstehen. Ca. die Hälfte der Schüler sah auch einen Zusammenhang zur Verbesserung ihrer Schulleistungen in den betreffenden Fächern. Bei den befragten Lehrern sahen ca. 64 % diesbezüglich einen Zusammenhang (vgl. Gängler/Wiere/Lorenz 2008, S. 166).

Individuelle Förderung im Unterricht

Neben den zusätzlichen im Rahmen des Ganztagsangebots der Schule stattfindenden Förderangeboten stellt sich ebenso die Frage nach den Potentialen und Möglichkeiten von Maßnahmen der individuellen Förderung sowie deren Umsetzung im regulären Unterricht. In diesem Zusammenhang spielen natürlich eine Reihe von Faktoren eine Rolle, welche zunächst außerhalb des Einflussbereichs eines zum regulären Unterricht organisierten Ganztagsbetriebs liegen. Wie bereits beschrieben, ist in der Richtlinie zum Ausbau von Ganztagsangeboten an sächsischen Schulen der Aspekt der Unterrichtsentwicklung (Binnenrhythmisierung) formuliert, ohne jedoch den Schulen konkrete Vorgaben zu machen.[26] Individuelle Förderung bzw. Differenzierung im Unterricht ist ein wichtiger Bereich von Unterrichtsentwicklung. Im Rahmen des Projektes EFRL-GTA wurden die Lehrer gefragt, inwieweit sie in ihrem Unterricht Methoden verwenden, welche die individuellen Leistungsfähigkeiten der Schüler berücksichtigen, indem sie beispielsweise die Aufgabenschwierigkeit und ihren Unterrichtsstil der jeweiligen Situation anpassen. Die Mehrheit der befragten Lehrer gab an, die vorgegebenen Fördersituationen teilweise bis häufig durchzuführen. Im Vergleich der beiden Erhebungszeitpunkte hat keine eindeutige positive

---

Bei dem Item „Förderangebote für Schüler mit hohen Fachleistungen" ergab sich hingegen folgendes Bild: GS: MW=5,17; MS: MW=5,07; FÖS: MW=5,23; GYM: MW=5,48.
Der Mittelwert berechnet sich auf der Basis einer 6er Skala mit den folgenden Ausprägungen: 1=überhaupt nicht wichtig, 2=nicht wichtig, 3=eher nicht wichtig, 4=eher wichtig, 5=wichtig, 6=sehr wichtig. Der berechnete Mittelwert variiert von 1 bis 6. Je größer der Mittelwert, desto wichtiger die Bedeutung der erfragten individuellen Förderung.
26 Auf die Logik der Verknüpfung von freiwilligem (zumeist stark additiv geprägtem) Ganztagsangebot und der Entwicklung des Kernbereichs von Schule, dem Unterricht, kann an dieser Stelle nicht weiter eingegangen werden. Es sind diesbezüglich jedoch gewisse Zweifel angebracht.

Entwicklung stattgefunden. Bei einigen Aussagen ist sogar eine leichte Verschlechterung zu registrieren (siehe Tab. 3).

Tab. 3: Individuelle Förderung und Unterricht (vgl. Gängler u.a. 2009, S. 18)

	2007	2009
	MW*	
Ich gebe schwachen Schülern zusätzliche Unterstützung im Unterricht.	4,01	3,98
Ich achte darauf, dass alle Schüler den Unterrichtsstoff verstanden haben, bevor ich ein neues Thema beginne.	4,01	4,00
In meiner Unterrichtsgestaltung orientiere ich mich am Leistungsdurchschnitt.	3,59	3,64
Ich lasse schnellere Schüler schon zum Nächsten übergehen, wenn ich mit den langsameren Schülern noch übe oder wiederhole.	3,40	3,43
Ich lasse die Schüler in Gruppen oder allein an unterschiedlich schwierigen Aufgaben arbeiten.	3,39	3,23
Leistungsstarken Schülern gebe ich Extra-Aufgaben, durch die sie wirklich gefordert werden.	3,37	3,31
Wenn Schüler etwas nicht verstanden haben, vergebe ich gezielte Zusatzaufgaben.	3,27	3,12
Bei der Stillarbeit variiere ich die Aufgabenstellungen, um Schülern unterschiedlicher Leistungsstärke gerecht zu werden.	3,24	3,15
Bei Gruppenarbeit unterscheide ich verschiedene Leistungsgruppen, die jeweils gesondert Aufgaben erhalten.	3,04	3,02
Ich gebe Schülern je nach Leistung unterschiedlich schwere Hausaufgaben.	2,69	2,69

*1=nie, 2=selten, 3=teilweise, 4=häufig, 5=immer
Quelle: EFRL-GTA

Setzt man die Befunde in Beziehung zu den Ansprüchen der Förderrichtlinie, so scheinen sie ein Hinweis darauf zu sein, dass gerade in diesem Bereich an den sächsischen Schulen mit Ganztagsangeboten nach wie vor ein starker Handlungsbedarf besteht. Dies muss besonders für die Mittelschulen und Gymnasien betont werden, da bei der schulartspezifischen Differenzierung die Grund- und Förderschulen in den meisten Aussagen deutlich höhere Mittelwerte aufweisen (vgl. Gängler u.a. 2009, S. 17ff.).

Im Vergleich dazu sollen auch die Befunde von StEG-Sachsen herangezogen werden. Die Angaben zu den verschiedenen Aspekten der individuellen Förderung liegen im Mittel zwischen den Skalenwerten „trifft eher nicht zu" und „trifft eher zu" (vgl. Gängler u.a. 2010a, S. 49f.). Nur ca. ein Drittel der Lehrer arbeitet mit individuellen Förderplänen. Im Vergleich der Erhebungszeitpunkte lässt sich jedoch durchgängig eine leicht positive Entwicklungstendenz ablesen (siehe Tab. 4).

Tab. 4: Aussagen zur Tätigkeit der Lehrer im Bereich individueller Förderung (vgl. Gängler u.a. 2010a, S. 49)

	2007	2009
	MW*	
arbeite mit individuellen Förderplänen.	1,94	2,22
Förderkontakte mit Eltern	2,51	2,65
bilde Gruppen von Schülern mit unterschiedlichen Fähigkeiten	2,74	2,82
bilde Gruppen von Schülern mit ähnlichen Fähigkeiten	2,49	2,62
einzelnen Schülern gebe ich unterschiedliche Aufgabenstellungen	2,48	2,52
Schüler erhalten je nach Lernstand, unterschiedliches Material	2,13	2,26

* 1=trifft nicht zu, 2=trifft eher nicht zu, 3=trifft eher zu, 4=trifft voll zu
Quelle: StEG-Sachsen

Einbindung von Kooperationspartnern bei individueller Förderung

Unabhängig von der persönlichen Einbindung in das Ganztagsprogramm bzw. der Gestaltung der Förderangebote ist die Einstellung der Lehrkräfte gegenüber ihren potentiellen Zuständigkeiten für verschiedene schulische Bereiche eindeutig. Die zum Kerngeschäft der Schule zählenden Aufgaben (z.B. fächerbezogene Fördermaßnahmen oder Hausaufgabenbetreuung) sollen – so ein Befund aus EFRL-GTA – nach Meinung der meisten Lehrer auch in ihrer Verantwortung liegen[27] (vgl. Gängler u.a. 2009, S. 26f.). Eine Mehrheit der Lehrkräfte (durchschnittlich über 90 %) kann sich hingegen eine Einbindung von Kooperationspartnern bei – auf den ersten Blick – unterrichtsferneren Bereichen wie z.B. der Förderung motorischer oder sozialer Kompetenzen vorstellen[28]. Zum Aspekt des „Team-Teachings" im Unterricht ergeben die Antworten der Lehrer kein einheitliches Bild. Ein Teil der Lehrer kann sich eine Zusammenarbeit mit externen Partnern (sicherlich auch im Sinne der zielgerichteten Förderung von Schülern) gut vorstellen, ein anderer Teil hingegen nicht. Bezüglich der Differenzierung nach Schularten besteht insbesondere für die unterrichtsnahen Bereiche eine signifikante höhere Bereitschaft von den Lehrern der Grund- und Förderschulen, sich auf außerschulische Partner einzulassen (vgl. Gängler 2009, S. 25ff.). Aber auch hier muss der Hinweis auf die spezifische Situation der

---

27 35,8 % der Lehrer können sich bei der Hausaufgabenbetreuung den Einbezug von Kooperationspartnern vorstellen. Bei dem Bereich der fächerbezogenen Fördermaßnahmen für leistungsschwächere Schüler sind dies nur 28,6 %.
28 Darunter sind u.a. Angebote im Bereich der Erlebnispädagogik zu verstehen, aber auch der Bereich der Freizeitangebote und Arbeitsgemeinschaften.

Einzelschulen angefügt werden. Innerhalb einer Schulart können sehr unterschiedliche Einstellungen in den Lehrerkollegien vorherrschen.

StEG-Sachsen konstatiert in diesem Zusammenhang ebenfalls, dass der Großteil der Angebote zur individuellen Förderung weiterhin von Lehrkräften bestritten wird, besonders dann wenn ein direkter Unterrichtsbezug besteht (vgl. Gängler u.a. 2010a, S. 55f.).

Fortbildungsbedarf

Befragt nach Bereichen und Themen, hinsichtlich derer die Lehrer für sich einen Weiter- bzw. Fortbildungsbedarf sehen, ergab sich im Rahmen der Forschung der EFRL-GTA folgendes Bild: Die Nennungen bezogen sich schwerpunktmäßig auf schüler- sowie unterrichtsbezogene Themen. An erster Stelle standen bei den schülerbezogenen Themen „das Lernen" bzw. Lernschwierigkeiten (LRS, Dyskalkulie, ADHS, Konzentrationsprobleme etc.). Die zweithäufigsten Nennungen erhielt der Bereich der „Differenzierten Förderung" (Förderung leistungsstarker und -schwacher Schüler; Begabungs- und Talentförderung etc.). Bei den unterrichtsbezogenen Themen lagen Fragen zur allgemeinen Unterrichtsgestaltung (Team-Teaching, erweiterte Lehr- und Lernformen, individuelle Förderung etc.) vor dem Bereich des Fachunterrichts (neue Lehrpläne etc.) (vgl. Gängler u.a. 2009, S. 80ff.).

Insofern scheinen die weiter oben angesprochenen Themen und Defizite einem Teil der Lehrer durchaus bewusst zu sein. Daran anschließend ist es für die qualitative Entwicklung von Unterricht respektive individueller Förderung von enormer Bedeutung, die entsprechenden Möglichkeiten der Aus- und Weiterbildung für die Lehrer anzubieten.

Fazit

Die Förderrichtlinie zum Ausbau von Ganztagsangeboten in Sachsen verlangt von den antragstellenden Schulen eine Schwerpunktsetzung im Bereich der individuellen Förderung. Die Rahmenbedingungen dafür sind jedoch so weit gefasst, dass an den Schulen sehr unterschiedliche Förderkonzepte – sowohl in der Ausrichtung als auch im Umfang – entstanden sind. Förderangebote für leistungsschwache Schüler werden von der absoluten Mehrheit der Schulen angeboten, Förderangebote für leistungsstarke Schüler gehören hingegen schon weniger zum „Förderkanon" aller Schulen. Die Teilnahme der Schüler an den Förderangeboten ist mehrheitlich – wie generell die Teilnahme am Ganztagsbetrieb – freiwillig und besonders in der Sekundarstufe I klassenstufenabhängig.

Die Mehrheit der an den Schulen stattfindenden Ganztagsangebote wird von den Lehrern dieser Schulen durchgeführt. Dies trifft in besonderem Maße für die Förderangebote zu. Besonders in unterrichtsnahen Bereichen der Förderung (Unterstützung für leistungsschwache Schüler oder Hausaufgabenbetreuung) kann sich eine Mehrheit der Lehrer den Einbezug von außerschulischen Kooperationspartnern nicht vorstellen.

Die erfolgreiche Umsetzung von Förderangeboten bedingt eine vorangegangene (pädagogische) Diagnostik. Insbesondere die Lehrer an den weiterführenden Schulen in Sachsen (Mittelschulen und Gymnasien) greifen im Rahmen ihrer Förderangebote oftmals nur ungenügend auf diagnostisches Material zurück. Ungeklärt bleibt zunächst, ob es an fehlendem (Methoden-)Wissen seitens der Lehrkräfte liegt oder ob sie an dem Sinn bzw. der Notwendigkeit dieser Maßnahmen zweifeln. Für die individuelle Förderung im Unterricht (Binnendifferenzierung) wurde in Bezug auf die Lehrkräfte ebenfalls noch ein hohes Entwicklungspotenzial festgestellt.[29]

Fehlende Konzepte für die Gestaltung der (individuellen) Förderangebote erschweren deren zielführende Umsetzung. Wenn am Nachmittag im Ganztagsangebot der gleiche Unterricht vom Vormittag wiederholt wird, an dem der Schüler zu diesem Zeitpunkt bereits scheiterte, kann schwerlich Förderung im Sinne einer positiven Weiterentwicklung stattfinden.

Bei der Betrachtung von individueller Förderung im schulischen Kontext verdichten sich viele Aspekte dieser Thematik, wie es auch die angeführten Forschungsbefunde verdeutlichen, in der Person des Lehrers. Bestimmte Fehlentwicklungen bzw. fehlende Entwicklungen im Bereich der individuellen Förderung nur an Lehrern festzumachen, greift jedoch zu kurz, da auch im Bereich der Unterrichtsentwicklung und -qualität lehrpersonunabhängige Rahmenbedingungen einwirken. Die Personalsituation der Schule und die damit einhergehende Arbeitsbelastung für die Lehrer lassen sich in diesem Zusammenhang ebenso wie die Einstellung der Schulleitung zu einer schulischen Förderkultur anführen.

Lehrer bleiben dennoch die entscheidende Größe für den Bereich der individuellen Förderung. Zieht man nochmals die erwähnten Befunde heran, so scheinen insbesondere die Lehrer an den weiterführenden Schulen sowohl mit dem Einsatz diagnostischen Materials auch im Hinblick auf die Binnendifferenzierung des Unterrichts Berührungsängste oder sogar Schwierigkeiten zu haben. Dabei spielt sicherlich im Vergleich zur Grundschule auch die erwartete „homogenere" Lerngruppe, für welche man ausgebildet wurde, eine Rolle. Gleichzeitig geben Lehrer im Rahmen der TIMS-Studie an, dass in der Leistungsheterogenität der Schüler ihr größtes Berufserschwernis liege (vgl. BMBF 2001, S. 85).

Weiterhin stellte das Deutsche PISA-Konsortium fest: „Eine zentrale Voraussetzung für eine optimale Förderung ist eine ausreichende diagnostische Kompetenz der Lehrkräfte" (Baumert 2001, S. 132). Es muss somit in der

---

29 Diese Feststellung aus der quantitativen Forschung der EFRL-GTA konnte qualitativ im Rahmen von Unterrichtsbeobachtungen bestätigt werden (vgl. Gängler 2010b).

Lehrerausbildung zunächst sichergestellt werden, dass die angehenden Lehrer die notwendigen Fach- und Methodenkenntnisse erhalten. Diese beinhalten sowohl eine auf den Aspekt individueller Förderung ausgerichtete und ausgebaute Lehrerbildung sowie die generelle Weiterentwicklung der Fachdidaktiken (vgl. Kunze/Solzbacher 2008, S. 311ff.). Neben dem fachlichen und didaktischen Wissen benötigen Lehrer ebenso umfangreiche Kenntnisse über Entwicklungsverläufe ihrer Schüler, so z.B. hinsichtlich sozialer und personaler Faktoren.[30] Seydel fasst dies in einer einfachen Formel zusammen: „Vor der Förderung und Forderung der Schüler und Schülerinnen muss die Forderung und Förderung der Lehrer und Lehrerinnen stehen" (Seydel 2005, S. 11).[31]

Es gelingt den Lehrern nur zögerlich, Lernkulturen einer individuellen Förderung zu entwickeln. Dies liegt auch an den strukturellen Rahmenbedingungen von Förderung (vgl. dazu auch Solzbacher 2008). Weiterhin scheint der geforderte Perspektivwechsel vom Auftrag der Selektion hin zu zumindest einer Vorstellung von Inklusion schwer zu fallen.

Die Implementierung eines erweiterten Förderverständnisses seitens der Lehrkräfte lässt sich nicht mit der Veröffentlichung einer Förderrichtlinie bzw. einer klassischen „top-down-Strategie" erreichen. Schulen benötigen dafür ein gewachsenes Förderverständnis im Lehrerkollegium, welches von kompetenten Schulleitungen in einem entsprechenden Konzept strukturiert und weiterentwickelt wird.

Literatur

Baumert, Jürgen/Artelt, Cordula/Klieme, Eckhard/Neubrand, Michael/Prenzel, Manfred/Schiefele, Ulrich/Schneider, Wolfgang/Tillmann, Klaus-Jürgen/Weiß, Manfred (2001): PISA 2000. Basiskompetenzen von Schülerinnen und Schülern im internationalen Vergleich. Opladen: Leske + Budrich.

Baumert, Jürgen/Stanat, Petra/Watermann, Rainer (2006): Herkunftsbedingte Disparitäten im Bildungswesen – differenzielle Bildungsprozesse und Probleme der Verteilungsgerechtigkeit; vertiefende Analysen im Rahmen von PISA 2000. Wiesbaden: VS.

BMBF (2001): TIMSS – Impulse für Schule und Unterricht. Forschungsbefunde, Reforminitiativen, Praxisberichte und Video-Dokumente. Berlin: BMBF PUBLIK.

BMBF (2003): Verwaltungsvereinbarung zum Investitionsprogramm „Zukunft Bildung und Betreuung" (IZBB). Verfügbar über: http://www.bmbf.de/pub/ 20030512_verwaltungsvereinbarung_zukunft_bildung_und_betreuung.pdf (Zugriff: 28.10.2010).

---

30 In diesem Zusammenhang muss auch der Diskurs zur informellen Bildung („Bildung ist mehr als Schule") und die Diskussion über Kompetenzentwicklung bei Kindern und Jugendlichen in die Debatte zur Ganztagsschule eingebunden werden.
31 Vgl. dazu auch die Ausführungen von Oelkers über die Leistungsanforderungen an Lehrkräfte (Oelkers 2006).

BMBF (Hrsg.) (2007): Bildungsforschung, Band 13: Lehr-Lern-Forschung und Neurowissenschaften – Erwartungen, Befunde, Forschungsperspektiven. Bonn; Berlin.

Böhnisch, Lothar (1997): Sozialpädagogik der Lebensalter. Eine Einführung. Weinheim; München: Juventa.

Bönsch, Manfred (1970): Methodische Aspekte der Differenzierung im Unterricht. München: Ehrenwirt.

Brügelmann, Hans (1999): Die Öffnung des Unterrichts muß radikaler gedacht, aber auch klarer strukturiert werden. Verfügbar über: www.uni-koblenz.de/~proedler/bruegelmann.htm#fnB1 (Zugriff: 05.11.2010).

Eberwein, Hans/Knauer, Sabine (2003): Lernprozesse verstehen. Wege einer neuen (sonder-)pädagogischen Diagnostik. Ein Handbuch. Weinheim; Basel; Berlin: Beltz.

Edelstein, Wolfgang (2006): Zur Förderung der individuellen und sozialen Entwicklung in Ganztagsschulen. In: Recht der Jugend und des Bildungswesens, 54. Jg., H. 1, S. 3–10.

Eggert, Dietrich/Reichenbach, Christina/Lücking, Christina (2007): Von den Stärken ausgehen ... Individuelle Entwicklungspläne (IEP) in der Lernförderungsdiagnostik. Dortmund: Borgmann.

FIBS (Forschungsinstitut für Bildungs- und Sozialökonomie) (2008): Was wissen wir über Nachhilfe? – Sachstand und Auswertung der Forschungsliteratur zu Angebot, Nachfrage und Wirkungen. Verfügbar über: http://www.bmbf.de/pub/sachstand_nachhilfe.pdf (Zugriff: 28.10.2010).

Gängler, Hans/Bloße, Stephan/Lehmann, Tobias/Dittrich, Susanne (2008): Wissenschaftliche Begleitung und Evaluation der Förderrichtlinie GTA. Zwischenbericht 2008 (unveröffentlicht). Dresden: TU Dresden.

Gängler, Hans/Bloße, Stephan/Lehmann, Tobias/Dittrich, Susanne (2009): Wissenschaftliche Begleitung und Evaluation der Förderrichtlinie GTA. Zwischenbericht 2009 (unveröffentlicht), Dresden: TU Dresden.

Gängler, Hans/Bloße, Stephan/Lehmann, Tobias/Dittrich, Susanne (2010b): Wissenschaftliche Begleitung und Evaluation der Förderrichtlinie GTA. Jahresbericht 2009 (unveröffentlicht). Dresden: TU Dresden.

Gängler, Hans/Bloße, Stephan/Lehmann, Tobias/Wagner, Ulrike (2007): Wissenschaftliche Begleitung und Evaluation der Förderrichtlinie GTA. Zwischenbericht 2007 (unveröffentlicht). Dresden: TU Dresden.

Gängler, Hans/Förster, Antje/Markert, Thomas/Dittrich, Susanne (2010a): Studie zur Entwicklung von Ganztagsschulen (StEG). Sächsische Ganztagsschulen in der Entwicklung von 2005 bis 2009. Abschlussbericht 2010 (unveröffentlicht). Dresden: TU Dresden.

Gängler, Hans/Wiere, Andreas/Lorenz, Annekatrin (2008): Modellversuch „Sächsische Schule mit Ganztagsangeboten/Ganztagsschule". Abschlussbericht (unveröffentlicht). Dresden: TU Dresden.

Haag, Ludwig (2007): Wirksamkeit von Nachhilfeunterricht. Eine Längsschnittstudie. Verfügbar über: http://nachhilfe.schuelerhilfe.de/fileadmin/user_upload/Endkunden/Downloads/Nachhilfe_Wirksamkeit_Studie.pdf (Zugriff: 25.10.2010).

Hedderich, Ingeborg (2005): Einführung in die Montessori-Pädagogik. Theoretische Grundlagen und praktische Anwendung. München; Basel: Ernst Reinhardt Verlag.

Höhmann, Katrin (2006): Lernverträge und Förderpläne – Instrumente für die Individualisierung von Förderprozessen. In: Pädagogik 1/06, S. 20–25.

Holtappels, Heinz Günter/Rollet, Wolfram (2008): Individuelle Förderung an Ganztagsschulen. In: Ingrid Kunze/Claudia Solzbacher (Hrsg.): Individuelle Förderung in der Sekundarstufe I und II. Hohengehren: Schneider Verlag.

Honneth, Alex (1992): Kampf um Anerkennung – zur moralischen Grammatik moralischer Konflikte. Frankfurt a. M.: Suhrkamp.

Jürgens, Eiko/Diekmann, Marius (2007): Wirksamkeit und Nachhaltigkeit von Nachhilfeunterricht. Dargestellt am Beispiel des Studienkreises. Frankfurt a. M.: Peter Lang GmbH Internationaler Verlag der Wissenschaften.

Klafki, Wolfgang/Stöcker, Hermann (1976): Innere Differenzierung des Unterrichts. In: Zeitschrift für Pädagogik 22, H. 4, S. 497–523.

KMK (2006): Fördern und Fordern – eine Herausforderung für Bildungspolitik, Eltern, Schule und Lehrkräfte. Gemeinsame Erklärung der Bildungs- und Lehrergewerkschaften und der Kultusministerkonferenz. Verfügbar über: www.kmk.org/fileadmin/pdf/PresseUndAktuelles/2006/061019foerdern.pdf (Zugriff: 25.10.2010).

Knauer, Sabine (2005): Verstehen und Fördern: Von der Diagnostik zum pädagogischen Handeln. Verfügbar über: www.ganztaegig-lernen.org/media/web/ download/themenmaterial_50.pdf (Zugriff: 22.10.2010).

Kron, Maria (2010): Ausgangspunkt: Heterogenität. Weg und Ziel: Inklusion? Reflexionen zur Situation im Elementarbereich. Verfügbar über: www.inklusion-online.net/index.php/inklusion/article/viewArticle/65/68 (Zugriff: 22.10.2010).

Kunze, Ingrid (2008): Begründungen und Problembereiche individueller Förderung in der Schule – Vorüberlegungen zu einer empirischen Untersuchung. In: Ingrid Kunze/Claudia Solzbacher (Hrsg.): Individuelle Förderung in der Sekundarstufe I und II. Hohengehren: Schneider Verlag.

Kunze, Ingrid/Solzbacher, Claudia (Hrsg.) (2008): Individuelle Förderung in der Sekundarstufe I und II. Hohengehren: Schneider Verlag.

Lehmann, Ina (2007): Handreichung zur „Förderrichtlinie zum Ausbau von Ganztagsangeboten" im Freistaat Sachsen. Verfügbar über: www.sachsen-macht-schule.de/schule/download/download_smk/gta_handreichung_ 25_01_10.pdf (Zugriff: 02.08.2010).

Ministerium für Schule und Weiterbildung des Landes Nordrhein-Westfalen (2009): Gütesiegel Individuelle Förderung. Leitfaden für Schulen. Verfügbar über: www.chancen-nrw.de/test/cms/dbfs.php?file=dbfs:/210809_Leitfaden_ fr_schulen_August_2009.pdf (Zugriff: 02.08.2010).

Oelkers, Jürgen (2006): Fördern und Fordern? Leistungsanforderungen an Lehrkräfte. Verfügbar über: www.hss.de/fileadmin/migration/downloads/ oelkers.pdf (Zugriff: 28.10.2010).

Oelkers, Jürgen (2008): Was bedeuten die Begriffe „Fördern" und „Fordern" in Deutschland? Verfügbar über: www.ife.uzh.ch/user_downloads/298/312_BerlinFoerdern.pdf (Zugriff: 02.08.2010).

Ratzki, Anne (2005): Fordern und Fördern in den Zeiten von PISA und Standards. In: Lernende Schule, H. 29, S. 4–8.

Schratz, Michael (2009): „Lernen ist das Persönlichste auf der Welt ..." – Personorientierung im Unterricht erfordert Haltung. In: Dorit Bosse/Peter Posch (Hrsg.): Schule 2020 aus Expertensicht. Zur Zukunft von Schule, Unterricht und Lehrerbildung. Wiesbaden: VS Verlag für Sozialwissenschaften.

SMK (2004): Schulgesetz für den Freistaat Sachsen (SchulG). Verfügbar über: www.revosax.sachsen.de/GetPDF.do?sid=4241111732213 (Zugriff: 3.08.2010).

SMK (2007): Richtlinie des Sächsischen Staatsministeriums für Kultus zur Förderung des Ausbaus von Ganztagsangeboten (FRL GTA). Verfügbar über: www.revosax.sachsen.de/Text.link?stid=11012 (Zugriff: 02.08.2010).

Seydel, Otto (2005): Die „Förder-Forder-Formel". In: Lernende Schule, H. 29, S. 9–11.

Wallrabenstein, Wulf (1994): Offene Schule – offener Unterricht. Ratgeber für Eltern und Lehrer. Reinbeck: Rowohlt.

Winkler, Michael (2008): Förderung. In: Thomas Coelen/Hans-Uwe Otto (Hrsg.): Grundbegriffe der Ganztagsbildung. Das Handbuch. Wiesbaden: VS Verlag für Sozialwissenschaften, S. 173–181.

Thomas Markert

Hausaufgabenbetreuung

Erwartungen, Teilnahme und elterliche Entlastung

Bevor an dieser Stelle die eigentlichen Befunde zum Umgang mit Hausaufgaben an Ganztagsschulen diskutiert werden, ist zu klären, was hier unter „Hausaufgaben" verstanden werden soll. Damit sind solche Tätigkeiten gemeint, mit denen Kinder und Jugendliche von der Schule beauftragt werden, diese außerhalb der Unterrichtszeit umzusetzen. Dazu gehören zum einen die schriftlichen Ausarbeitungen vom Lösen einer Mathematikaufgabe bis hin zum Verfassen eines Aufsatzes. Hinzu kommen zum anderen die mündlichen Aufgaben wie das Lernen eines Gedichtes, das Verinnerlichen neuer Vokabeln oder auch die Vorbereitung auf einen Leistungstest. Außerdem gelten langfristige Projekte, die Recherche, Dokumentation und Bericht beinhalten, ebenfalls als eine besondere Form von Hausaufgaben. Von diesen schulischen Aufträgen stehen zu allererst die schriftlichen Übungsaufgaben im Fokus der Kritik, wenn es um die Veränderung der Hausaufgabenpraxis geht: Welchen Sinn macht es, dass leistungsstarke Schüler/innen Verstandenes zu Hause wiederholen und leistungsschwächere Schüler/innen am Nachmittag unter elterlicher Aufsicht an Themen scheitern, die sie im Unterricht noch nicht verstanden haben?

Historisch betrachtet, gerät in Zeiten, in denen Elemente der Schule reformiert werden, der schulische Umgang mit Lernzeit in den Blickpunkt der Debatte. Gängler und Markert zeigen, dass damit verbunden die Hausaufgabenpraxis nicht nur auf der Fachebene, sondern zumeist auch in der breiten Öffentlichkeit „heiß" diskutiert wird (Gängler/Markert 2010a, S. 78f.; Gängler/Markert 2010b, S. 14). Entsprechend wenig überraschend ist, dass im Zusammenhang mit der Verlängerung der täglichen Schulzeit im Rahmen des Ausbaus der Ganztagsschule der Umgang mit Hausaufgaben kritisiert und als stark reformbedürftig gekennzeichnet wird.

Grundsätzlich anzunehmen ist, dass ganztägig organisierte Schulen Veränderungen hinsichtlich der Hausaufgaben eng daran gebunden vornehmen, welche Organisationsform sie gewählt haben. So erscheint der Gedanke abwegig, dass Schülerinnen und Schüler einer voll gebundenen Ganztagsschule nach Schulschluss noch Aufgaben in traditioneller Form und gleichem Umfang zu Hause erledigen müssen. Dies würde auch den von außen an die Schule herangetragenen Erwartungen widersprechen, die weit mehr als nur die Zeitebene in den Blick nehmen: Laut Kohler müsse der Gedanke

„Hausaufgaben *oder* Ganztagsschule" (Kohler 2007, S. 9; Herv. i. O.) gelten,

„um darauf hinzuweisen, dass eines der vielen pädagogischen Argumente für die Ganztagsschule eben gerade der Verzicht auf Hausaufgaben oder zumindest deren erhebliche Reduktion war und ist. Mit einer Hereinnahme ehemals häuslicher Arbeitszeiten in den Schultag sollte der Verzicht auf herkömmliche Hausaufgaben und damit unter anderem eine Entlastung der Eltern, eine Entschulung der Eltern-Kind-Beziehung, ein konfliktärmeres Familienleben und auch ein Mehr an Chancengerechtigkeit für Kinder unterschiedlicher kultureller oder sozialer Herkunft [möglich werden]." (ebenda, S. 9; Umstellung T. M.)

Die nachfolgend zusammengestellten Forschungsbefunde behandeln nun weniger die Abschaffung der Hausaufgaben. Stattdessen wird empirisch beschrieben, ob und welche Veränderung es an den sächsischen Schulen beim Umgang mit Hausaufgaben gegeben hat bzw. gibt. Dass traditionelle Hausaufgaben dabei an den Schulen mit Ganztagsangebot weiterhin eine Rolle spielen, begründet sich auch darin, dass die Mehrzahl der sächsischen Schulen sich für ein Organisationsmodell mit geringerem Verbindlichkeitsgrad entschieden hat.[1] So nimmt eben ein Teil der Schüler/innen ihre Aufgaben nach dem Unterricht mit nach Hause, während ihre Mitschüler/innen unter Umständen an Trainingsstunden oder ähnlichen Zusatzangeboten teilnehmen bzw. zumindest die Hausaufgabenbetreuung nutzen.

Zunächst soll im Folgenden die angeführte Anforderung, dass Ganztagsschule die Erledigung außerunterrichtlicher Aufgaben in den Tagesablauf weitgehend integriert, mit den Erwartungen der Eltern verglichen werden. Daneben gestellt werden Befunde, ob und wie diese Integration bewerkstelligt wird und in welchem Umfang derartige Angebote von den Schüler/innen wahrgenommen werden. Im zweiten Schritt wird die Hausaufgabenbelastung der Kinder und Jugendlichen an den Ganztagsschulen analysiert. Der dritte Abschnitt geht der Frage nach, welche Auswirkungen der Ganztagsbesuch auf die von Eltern zu leistende Unterstützung hat: Entlastet die Teilnahme am Ganztagsangebot die Eltern?

---

[1] So weist die KMK-Statistik für das Schuljahr 2008 folgende Werte für offene Ganztagsschulen aus: Grundschulen 78 %, Schulen mit mehreren Bildungsgängen (= Mittelschulen) 67 %, Gymnasien 65 % (Sekretariat der Kultusministerkonferenz 2010, S. 4*-9*; Prozentangaben: eigene Berechnung (100% = Ganztagsschulen der Schulart insgesamt)). Die Berechnungen beziehen sich präzise gesprochen auf Verwaltungseinheiten, die unter Umständen mehrere Schulen beinhalten können.

Erwartungen, Angebotsformen und Teilnahme

Laut der Analysen von StEG-Sachsen sehen etwa drei Viertel der Eltern von Ganztagsschüler/innen[2] die Hausaufgabenhilfe als eher wichtigen bzw. sehr wichtigen Grund an, weshalb sie ihr Kind für das Ganztagsangebot angemeldet haben.[3] Mit zunehmender Selbständigkeit der Kinder verliert dieses Argument jedoch an Bedeutung, sodass die Eltern der Neuntklässler die Hausaufgabenbetreuung nur noch in 60 % der Fälle wichtig bzw. sehr wichtig finden. In der Klassenstufe fünf sind es dagegen noch 83 % der Eltern (Gängler/Böttcher/Markert 2008, S. 39).

Die Untersuchungen von EFRL-GTA ergaben des Weiteren, dass mehr als die Hälfte der Eltern (58 %) die vollständige Erledigung aller Hausaufgaben in der Schule erwartet (Gängler u.a. 2008, S. 63). Dabei konnte das Forscherteam einen starken Unterschied zwischen den Eltern, deren Kinder das Gymnasium besuchen, und Eltern von Mittelschüler/innen feststellen: 53 % der Eltern am Gymnasium gegenüber 85 % der Eltern von Mittelschüler/innen gehen davon aus, dass durch das Ganztagsangebot alle Hausaufgaben in der Schule erledigt werden (ebenda, S. 64). Da es sich insgesamt um Aussagen von Eltern handelt, deren Kinder die fünfte bzw. sechste Klassenstufe besuchen, scheint hier weniger die Selbstständigkeit der Kinder ein entscheidender Faktor für die Erwartung zu sein. Vielmehr kann dies als Hinweis darauf interpretiert werden, dass für die Eltern der Mittelschule die häusliche Betreuung ihrer Kinder bei schulischen Aufgaben eine stärkere Anforderung darstellt, bei der sie sich mehr Unterstützung von der Schule erwarten.[4]

Entsprechend der dargestellten Elternerwartungen ist laut der StEG-Daten aus 2007 die innerschulische Hausaufgabenbetreuung an nahezu allen Schulen mit Ganztagsangebot eingerichtet (94 % (Gängler/Böttcher/Markert 2008, S. 86)). Auch aus der Sicht von Lehrkräften ist die Hausaufgabenbetreuung ein bedeutsames Ganztagsangebot. Laut der Analysen von StEG-Sachsen empfinden 92 % der Lehrkräfte die Hausaufgabenhilfe/-betreuung als „eher wichtig" bzw. „sehr wichtig" (Gängler u.a. 2007, S. 80) und 2007 gibt jede zweite Lehrkraft an, selbst ein solches Angebot zu leiten (Gängler/Böttcher/Markert 2008, S. 86). Dass die klassische betreute Hausaufgabenzeit dabei aber nur eine Möglichkeit des Umgangs mit (Haus-)Aufgaben ist, wurde im MV GTA/GTS deutlich:

---

2 Wenn in diesem Text von Ganztagsschüler/innen die Rede ist, so sind diejenigen Kinder und Jugendlichen gemeint, die angeben, am Ganztagsangebot teilzunehmen. Halbtagsschüler/innen geben entsprechend keine Teilnahme an.
3 2005: 77 % (Gängler u.a. 2007, S. 91); 2007: 74 % (Gängler/Böttcher/Markert 2008, S. 39).
4 Zudem muss davon ausgegangen werden, dass die Familien von Mittelschüler/innen finanziell weniger leistungsfähig sind und so die Einbeziehung von kommerziellen Anbietern der Schülerhilfe seltener möglich ist.

„Überall werden mehrmals wöchentlich so genannte Hausaufgabenstunden angeboten, in denen die Schüler Zeiten, Räume und Personal der Schule nutzen können, um ihre Hausaufgaben zu erledigen. Die Ganztagsschüler werden hierzu oftmals in Gruppen von 7 bis 8 Schülern aufgeteilt. Jeder sitzt dann für sich an den gleichen Hausaufgaben. Der betreuende Lehrer hat den Part, insbesondere bei Aufgaben seines Faches, individuelle Unterstützung zu geben. Es besteht aber auch die Möglichkeit, sich untereinander zu verständigen oder sich gegenseitig zu helfen. [...] An zwei Schulen geht der Umgang mit Hausaufgaben über diese Art der Hausaufgabenbetreuung hinaus. Das traditionelle Verständnis von Hausaufgaben wird überwunden und geht bis zu einem Verzicht auf Hausaufgaben herkömmlicher Art. In einer Schule finden intensive Trainingsstunden in den Hauptfächern statt und ersetzen die Hausaufgaben: [...] [A]n drei Tagen zeitgleich am Morgen [...] [werden; T. M.] die Klassenstufen 5, 6 und 7 [...] hierzu in vier Gruppen aufgeteilt; in der einen Gruppe sind die leistungsstärkeren Schüler beisammen, in zwei Gruppen die Schüler, die eigentlich keine schulischen Probleme haben, und in einer vierten Gruppe sind die leistungsschwächeren Schüler versammelt. [...] In einer anderen Schule werden die Hausaufgaben durch Freiarbeitsstunden und Wochenpläne ersetzt: Die von Montag bis Donnerstag stattfindenden Freiarbeitsstunden dienen dazu, bestimmte Aufgaben verschiedener Fächer innerhalb einer Woche zu erledigen." (Gängler/Wiere 2004, S. 144)

Bei der reinen Hausaufgabenbetreuung wird die Erledigung von außerunterrichtlichen Aufgaben in die Schule und unter die Aufsicht der Lehrkräfte verlagert, sodass Hausaufgaben zumindest anteilig zu Schulaufgaben werden. „Trainingsstunden"[5] sowie „Freiarbeitsstunden und Wochenpläne" zeigen dagegen, wie die sonst über Hausaufgaben vollzogenen Lern- und Überprüfungsschritte in den Schultag integriert und individuell an Schüler/innen angepasst werden können. Dabei werden Lehrkräfte zu Begleiter/innen bei der selbständigen Aufgabenerledigung und die individuelle Förderung rückt stärker in den Vordergrund.

Und zugleich muss festgestellt werden, dass laut der sächsischen StEG-Daten aus 2007 lediglich 39 % Ganztagsschüler/innen ein Angebot zur Hausaufgabenunterstützung wahrnehmen (Gängler/Böttcher/Markert 2008, S. 72). Dabei geht – ähnlich der Erwartungshaltung der Eltern – die Teilnahmequote mit zunehmendem Alter von 57 % in Klasse 5 über 32 % in Klasse 7 auf 13 % in Klasse 9 zurück.[6]

---

5 Die „Trainingsstunde" wird ausführlich innerhalb des im Internet veröffentlichten Ergebnisberichtes des MV GTA/GTS beschrieben (Gängler/Wiere/Lorenz 2008).
6 Bei der Interpretation dieser Zahlen muss jedoch bedacht werden, dass diese nicht einzig als ein Ergebnis einer Teilnahmeentscheidung zu werten sind. Inwieweit eine

An wie vielen Tagen die Schüler/innen dann letztendlich die Hausaufgabenbetreuung nutzen, wenn sie an diesem Angebot teilnehmen, wurde im MV GTA/GTS untersucht. Gängler und Wiere stellen für Schüler/innen der Klassenstufen fünf bis acht fest, dass mit 47 % etwa die Hälfte von ihnen ein- bis zweimal wöchentlich teilnimmt. Ca. 46 % von ihnen geht dreimal wöchentlich in die Hausaufgabenbetreuung. An vier Tagen wird sie nur von etwas mehr als 7 % besucht (Gängler/Wiere 2007, S. 42).

Hausaufgabenbelastung von Ganztagsschüler/innen

In einem ersten Schritt interessiert nun, inwiefern sich der Umfang der Hausaufgaben bei Schüler/innen, die die ganztägigen Angebote grundsätzlich wahrnehmen, von dem der Halbtagsschüler/innen unterscheidet. Gelingt es den Schulen, die Ganztagsschüler/innen gar „hausaufgabenfrei" nach Hause zu schicken?

In den sächsischen Untersuchungen werden an den offenen bzw. teilweise gebundenen Ganztagsschulen auch Schüler/innen befragt, die nur halbtags die Schule besuchen. So kann die Hausaufgabenbelastung von Ganz- und Halbtagsschüler/innen verglichen werden. Die Analysen des MV GTA/GTS zeigen beispielsweise für das Schuljahr 2005/06 (s. Abb. 1), dass Ganztagsschüler/innen seltener mit schriftlichen Hausaufgaben nach Hause gehen. Für ein Fünftel von ihnen ist der außerschulische Nachmittag zugleich frei von schriftlichen Aufgaben. Etwa die Hälfte der Ganztagsschüler/innen ist ein- bis zweimal wöchentlich zu Hause mit schriftlichen Aufgaben beschäftigt. Dies trifft nur für 31 % der Halbtagsschüler/innen zu. Entsprechend müssen etwa zwei Drittel der Halbtagsschüler/innen an drei bis vier Tagen oder gar täglich solche Aufgaben machen. Von den Ganztagsschüler/innen sind es nur 30 % (Gängler/Wiere 2007, S. 41).

Nun wurde bereits am Anfang des Artikels auf eine Beziehung zwischen der häuslichen Belastung mit schulischen Aufgaben und dem Grad der Verbindlichkeit der Ganztagsschule verwiesen. Schulen mit hohem Verbindlichkeitsgrad würden eher auf Hausaufgaben verzichten können, da sie die entsprechenden Arbeits- und Lernschritte – wie Wiederholen, Vertiefen, Auswendig-Lernen, Anwenden, Erarbeiten, Entwickeln, Fertigstellen, Recherchieren und Sammeln – in den Schultag integrieren können. Dass dies zutrifft, zeigt der die schriftlichen Aufgaben betreffende Befund des MV GTA/GTS: Während nur 14 % der Ganztagsschüler/innen an Schulen mit hohem Verbindlichkeitsgrad an mehr als zwei Schultagen in der Woche schriftliche Hausaufgaben erledigen müssen, sind dies an den Schulen mit mittlerem Verbindlichkeitsgrad 30 % und an offenen Ganztagsschulen gar 69 % (Gängler/Wiere 2007, S. 42).

Hausaufgabenbetreuung für alle Altersklassen überhaupt angeboten wird, ist fraglich und anhand der vorliegenden Daten nicht feststellbar.

Abb. 1: Hausaufgabenbelastung bei Halb- und Ganztagsschüler/innen (vgl. Gängler/Wiere 2007, S. 41)

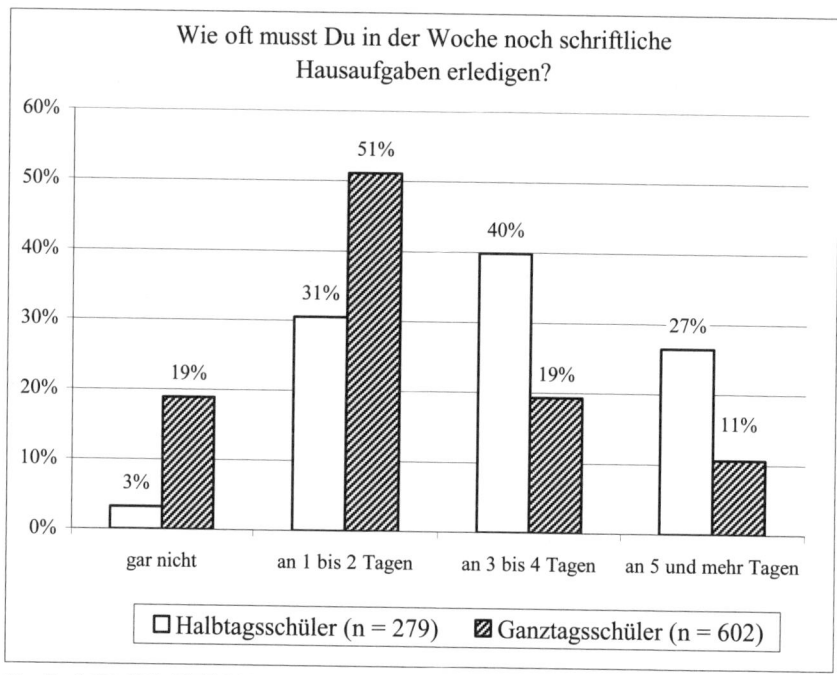

Wie oft musst Du in der Woche noch schriftliche Hausaufgaben erledigen?

	gar nicht	an 1 bis 2 Tagen	an 3 bis 4 Tagen	an 5 und mehr Tagen
Halbtagsschüler (n = 279)	3%	31%	40%	27%
Ganztagsschüler (n = 602)	19%	51%	19%	11%

Quelle: MV GTA/GTS 2006

Während bisher der Frage nachgegangen wurde, wie der generelle Besuch des Ganztagsangebots den Umfang der Hausaufgaben verändert, soll dieser Sachverhalt nun konkreter hinterfragt werden: Wie verändert der Besuch *der Hausaufgabenbetreuung* den Umfang der häuslich zu leistenden Schulaufgaben?

Bezogen auf die schriftlichen Hausaufgaben zeigt sich anhand der Daten von EFRL-GTA der in der Abb. 2 abgedruckte Befund: Durch den Besuch der Hausaufgabenbetreuung wird die Häufigkeit, in der zu Hause schriftliche Aufgaben erfüllt werden müssen, erwartungsgemäß geringer. Während nur etwa ein Drittel der Schüler/innen mit Hausaufgabenbetreuung noch an mindestens drei Tagen in der Woche zu Hause schriftliche Aufgaben erledigen muss, sind es 62 % der Schüler/innen ohne Hausaufgabenbetreuung (Gängler u.a. 2009b, S. 136).

Die Tatsache, dass die Kinder/Jugendlichen das hausaufgabenunterstützende Angebot besuchen, führt allgemein nur zu einer Abnahme der schriftlichen Hausaufgaben, aber nicht dazu, dass der häusliche Raum frei von derartigen Aufgaben bleibt. Dies ist auch nicht zu erwarten gewesen, da, wie weiter oben bereits gezeigt wurde, etwa die Hälfte der Schüler/innen die

Hausaufgabenbetreuung lediglich an max. zwei Tagen besucht. Die Idee, dass an den anderen Tagen keine schriftlichen Schulaufgaben erteilt werden, oder der Gedanke, dass in der Hausaufgabenzeit immer alle Aufgaben vollständig und richtig bearbeitet werden können, geht an der schulischen Realität vorbei.[7] Laut StEG-Sachsen verbringen durchschnittlich die Ganztagsschüler/innen pro Woche (lediglich) zweieinhalb Stunden länger in der Schule als Halbtagsschüler/innen (Gängler/Böttcher/Markert 2008, S. 47f.). Das ist wohl zumeist weniger Zeit, als die Kinder und Jugendlichen zur Bearbeitung der Hausaufgaben brauchen.

Abb. 2: Tage mit schriftlichen Hausaufgaben nach Besuch der Hausaufgabenbetreuung (HAB) der Schule (Montag bis Freitag; vgl. Gängler u.a. 2009b, S. 136)

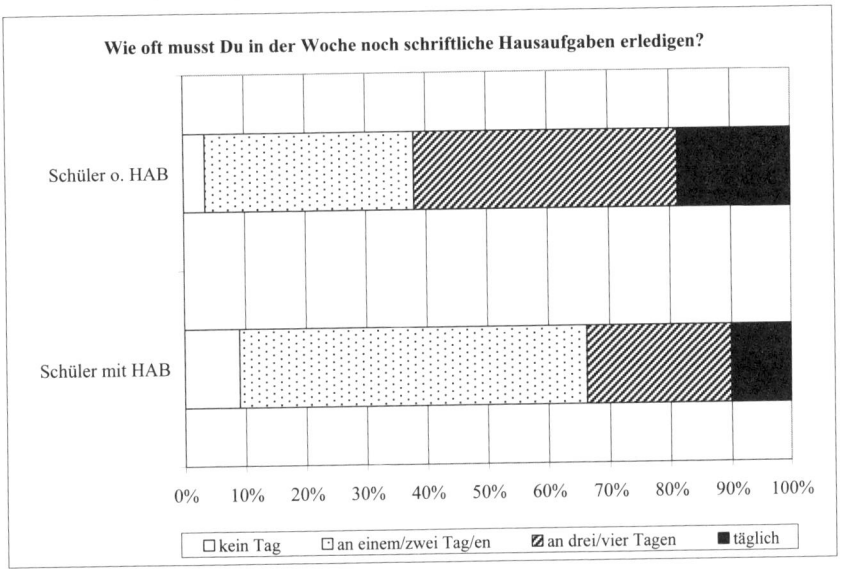

Wie oft musst Du in der Woche noch schriftliche Hausaufgaben erledigen?

[Balkendiagramm: Schüler o. HAB und Schüler mit HAB; Kategorien: kein Tag, an einem/zwei Tag/en, an drei/vier Tagen, täglich]

Quelle: EFRL-GTA 2007

Die bisher gezeigten Befunde sind zunächst ein Hinweis darauf, dass es abhängig vom Verbindlichkeitsgrad des Ganztagsangebots gelingt, Hausaufgaben zu reduzieren bzw. deren Erledigung innerhalb der Schulzeit zu ermöglichen. Damit scheint der Gedanke naheliegend, dass das Ganztagsangebot nicht nur die verbleibende Freizeit der Schüler/innen von schulischen Aufgaben befreit, sondern zudem zu einer Entlastung der Familie beiträgt.

---

7 Leider wurde in keiner der hier zugrunde liegenden Studien der direkte Zusammenhang zwischen dem tageweisen Besuch der Hausaufgabenbetreuung und nachfolgend noch zu Hause zu erledigender Schulaufgaben erfragt.

Entlastet das Ganztagsangebot die Eltern bei der Betreuung der schulischen Aufgaben?

Anhand der sächsischen StEG-Daten kann jetzt gezeigt werden, wie häufig Eltern, in Abhängigkeit vom Besuch des Ganztagsangebots und detailliert im Zusammenhang mit der Teilnahme an der Hausaufgabenbetreuung, ihren Kindern bei der häuslichen Erledigung von Schulaufgaben helfen müssen (Abb. 3). Ausgehend von den bisher referierten Befunden, die auf Angaben der Schüler/innen basierten, liegt die Annahme nahe, dass allein mit dem Besuch des Ganztagsangebots die Häufigkeit, in der Eltern ihren Kindern helfen müssen, zurückgeht, da an weniger Tagen Aufgaben mit nach Hause gebracht werden.

Abb. 3: Elternunterstützung bei den Hausaufgaben: gruppierte Häufigkeiten für „häufiger" und „sehr oft" in Prozent, differenziert nach Klassenstufe, Hausaufgabenbetreuungs-Teilnahme (HAB) der 5. Kl. (vgl. Gängler/ Böttcher/Markert 2008, S. 89ff.)

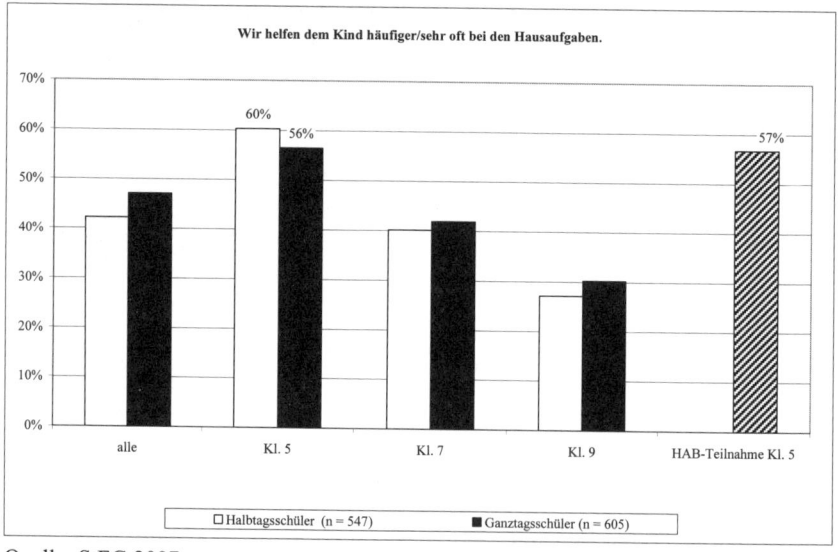

Wir helfen dem Kind häufiger/sehr oft bei den Hausaufgaben.

[Balkendiagramm: alle: ~42%/47%; Kl. 5: 60%/56%; Kl. 7: ~40%/41%; Kl. 9: ~26%/29%; HAB-Teilnahme Kl. 5: 57%]

☐ Halbtagsschüler (n = 547)   ■ Ganztagsschüler (n = 605)

Quelle: StEG 2007

Die Abb. 3 zeigt jedoch, dass dies nicht der Fall ist; mehr noch, die Eltern der Ganztagsschüler/innen unterstützen ihre Kinder sogar leicht häufiger, als diejenigen, deren Kinder nur halbtags zur Schule gehen. Dies gilt sowohl für das Gymnasium wie die Mittelschule (o. Abb.). Lediglich für die Klasse 5 ergibt sich eine leichte Entlastung im Sinne einer etwas geringeren elterlichen Unterstützungshäufigkeit. Die Idee, dass diese etwas positivere Situation damit begründet werden kann, dass die jüngeren Schüler/innen häufiger die Hausaufgabenbetreuung nutzen, schlägt sich in den Daten nicht nieder: Eltern müssen ihren Kindern in der fünften Klassenstufe nahezu identisch häufig helfen, egal ob sie „nur" Ganztagsschüler/in sind oder als Ganztagsschüler/in die Hausaufgabenbetreuung besuchen.

Die eben gezeigten Befunde werfen diverse Fragen auf: Bedeutet dies nun, dass der Besuch des Ganztagsangebots (inkl. der Hausaufgabenbetreuung) keinerlei Entlastung der Eltern bringt? Welcher Aussagegehalt verbirgt sich eigentlich hinter der Unterstützungshäufigkeit? Müssen Eltern von Ganztagsschüler/innen vielleicht ähnlich oft, aber weniger intensiv helfen? Sind Hausaufgaben von Ganztagsschüler/innen vielleicht methodisch anders gestaltet und fordern die Eltern öfter zur Mithilfe auf? Beschreibt die Unterstützungshäufigkeit der „Ganztags-Eltern" vielleicht weniger das Handeln der Schule, als vielmehr das stärkere Interesse der Eltern?

Diese Fragen weisen darauf hin, dass die Erforschung der Hausaufgabenproblematik im Kontext des ganztägigen Ausbaus von Schulen eines ausdifferenzierten Untersuchungsdesigns bedarf, das in den hier vorliegenden generellen Ganztags-Untersuchungen nicht enthalten war. Dennoch sollen an dieser Stelle aus dem sächsischen Datenmaterial der StEG noch zwei weitere Befunde zur Elternperspektive berichtet werden, die aufgrund ihrer Widersprüchlichkeit eine gewisse Irritation auslösen können.

Die Eltern wurden danach gefragt, wie häufig sich aus ihrer Sicht ihre Kinder in der Schule mit Hausaufgaben und der Unterrichtsvorbereitung beschäftigen. Betrachtet man hier die Eltern, die angeben, dass dies ihre Kinder „häufiger" bzw. „sehr oft" tun, so können folgende, den Erwartungen entsprechende Aussagen formuliert werden: Die Nutzung des Ganztagsangebotes führt generell dazu, „dass die Eltern öfter, und zwar mit mehr als doppelt so hoher Häufigkeit wahrnehmen, dass ihre Kinder in der Schule Hausaufgaben machen bzw. sich auf die folgenden Unterrichtseinheiten/ Leistungskontrollen vorbereiten" (Gängler/Böttcher/Markert 2008, S. 92).[8] Wenig überraschend ist zudem, dass Eltern von Kindern, die die Hausaufgabenbetreuung aufsuchen, in drei von vier Fällen angeben, dass sich ihre Kinder in der Schule mit Hausaufgaben etc. „häufiger" bzw. „sehr oft" beschäftigen (vgl. ebenda).

Es entsteht nun das Bild, dass aus Elternsicht sich die Teilnahme ihrer Kinder am Ganztagsbetrieb in der Weise positiv auswirkt, dass die Kinder sich in der Schule vermehrt mit Aufgaben beschäftigen, die beim Halbtagsbesuch mit nach Hause gebracht würden. Dies führt aber – wie vorher gezeigt – nicht dazu, dass sie ihre Kinder seltener bei der häuslichen Aufgabenbearbeitung unterstützen müssen.

Empfinden Eltern nun die Ganztagsteilnahme ihrer Kinder dennoch entlastend hinsichtlich der häuslichen Aufgabenbetreuung? Als Antwort auf diese

---

8 Werte: Eltern von Halbtagsschüler/innen 21,2 %, Eltern von Ganztagsschüler/innen 51,4 %.

Frage bietet sich folgender Befund aus StEG-Sachsen an (Tab. 1). Mit 52 % stellt die Mehrheit der befragten Elternteile von Ganztagsschüler/innen fest, dass sie sich durch die Ganztagsteilnahme bei der Unterstützung der Hausaufgaben entlastet fühlen. Nimmt das Kind an der Hausaufgabenbetreuung teil, erhöht sich der Anteil deutlich auf 79 % (Gängler/Böttcher/Markert 2008, S. 93f.).

Tab. 1: Elternangaben zur Entlastung bei der Unterstützung der Hausaufgaben durch die Teilnahme der Kinder am Ganztagsangebot, Antworthäufigkeiten Antworten insgesamt sowie für die Elterngruppe, deren Kinder in der 5. Kl. die Hausaufgabenbetreuung (HAB) besuchen (vgl. Gängler/Böttcher/Markert 2008, S. 93f.)

Veränderungen durch Ganztagsbetrieb: Entlastung bei Unterstützung der Hausaufgaben	nein	ja
antwortendes Elternteil insgesamt (n=599)	48,2 %	51,8 %
antwortendes Elternteil, dessen Kind in der 5. Kl. an der HAB teilnimmt (n=146)	21,2 %	78,8 %

Quelle: StEG 2007

Festzustellen ist also, dass die meisten Ganztagsschüler/innen weiterhin Schulaufgaben mit nach Hause bringen und ihre Eltern zur Unterstützung brauchen. Durch die Ganztagsteilnahme verringert sich nicht die Unterstützungshäufigkeit, dennoch aber die Belastung der Eltern. Dies hängt vermutlich damit zusammen, dass Ganztagsschüler/innen sich in der Schule vermehrt mit Hausaufgaben und Unterrichtsvorbereitungen auseinandersetzen und diese nicht mehr in vollem Umfang und unbearbeitet mit nach Hause bringen. Zudem wird deutlich, dass die Teilnahme an der Hausaufgabenbetreuung die beiden letztgenannten Effekte verstärkt.

Diese positive Bedeutung der Angebote zur Hausaufgabenunterstützung wird auch von den Ganztagsschüler/innen, die diese nutzen, angemerkt: Sie stimmen laut StEG-Sachsen mit einem Anteil von 69 % der Aussage „eher" bzw. „genau" zu, dass ihnen die Hausaufgabenbetreuung „sehr hilft". Und zugleich wird im Längsschnitt sichtbar, dass Schüler/innen, die die Hausaufgabenbetreuung abgewählt haben, lediglich in 13 % der Fälle meinen, dass das Angebot hilfreich sei (Gängler/Markert 2010b, S. 16f.). Dies kann genau wie die oben dargestellte geringe Akzeptanz der Hausaufgabenbetreuung insgesamt unter den Ganztagsschüler/innen als Hinweis auf eine ungenügende Qualität des Angebots gelesen werden. In diese Richtung weisen die Befunde der EFRL-GTA aus der Lehrerbefragung 2009: Die Gymnasiallehrkräfte stimmten zu 37 % und die Mittelschulehrkräfte zu 43 % der Aussage zu, dass die Qualität der Hausaufgabenbetreuung verbessert werden muss (Gängler u.a. 2009a, S. 22f.).

Zusammenfassung

An den sächsischen Schulen mit Ganztagsangebot sind Hausaufgabenstunden, in denen die Erledigung der Aufgaben „nur" betreut wird, ebenso anzutreffen wie Trainingsstunden oder Wochenpläne. Deutlich wird, dass die Schulen damit verschieden weitreichende Schritte in Richtung eines anderen Umgangs mit den bekannten Hausaufgaben gehen. An einigen Schulen haben sich mit der Einführung eines ganztägigen Konzepts der Sinn sowie die Art und Weise der Hausaufgaben nicht verändert – Hausaufgaben sind lediglich anteilig zu Schulaufgaben geworden. Zugleich konnte im MV GTA/GTS eine Schule die Hausaufgaben in den Hauptfächern abschaffen. Voll gebundenen Ganztagsschulen gelingt es dabei bedeutend besser, der Erwartung zu entsprechen, dass Kinder, die mehr Zeit in der Schule zubringen, die weniger werdende Freizeit zu Hause „schulfrei(er)" gestalten können.

Die Analysen zeigen weiterhin, dass an den Ganztagsschulen verschiedene Konzepte umgesetzt werden, die die Verlagerung von Lern- und Überprüfungsschritten in die Familien reduzieren können. Zwar geben die Eltern an, durch die Ganztagsteilnahme ihrer Kinder bei der Unterstützung der Hausaufgaben entlastet zu werden, jedoch bleibt es dabei, dass sie ihren Kindern häufig bei den Hausaufgaben helfen müssen. In den vorliegenden Daten konnte also kein eindeutiger Hinweis darauf gefunden werden, dass die bisher vollzogene Umstellung auf den Ganztagsbetrieb die Schule in der Weise verändert, dass der Einfluss der elterlichen Unterstützungsleistungen bei den Hausaufgaben minimal oder marginal ist. Wenn nun – wie Höhmann und Schaper anmerken – die Hausaufgaben ein zentraler Faktor dafür sein können, „wieso in Deutschland soziale Herkunft und Schulerfolg so fatal aneinander gekoppelt sind" (2008, S. 578), so macht sich Skepsis hinsichtlich der Gegenwirkung der Ganztagsschule breit. Der Umgang mit Hausaufgaben bietet hinsichtlich der chancengerechteren Gestaltung der Schule „nach wie vor große Entwicklungspotenziale" (ebenda, S. 582).

Zukünftige Analysen werden zeigen, welche Wirkungen eine veränderte Hausaufgabenkultur, letztlich eine andere Schulkultur nach sich zieht. Allerdings wurde in diesem Artikel deutlich, dass es dazu eigener (Haus-)Aufgabenstudien bedarf, denn die allgemeine Ganztagsschulforschung kann nicht alle themenspezifischen Fragen aufnehmen, die es zu klären gilt.

Literatur

Gängler, Hans/Bloße, Stephan/Lehmann, Tobias/Dittrich, Susanne (2008): Wissenschaftliche Begleitung und Evaluation der Förderrichtlinie GTA. Jahresbericht 2007 (unveröffentlicht). Dresden: TU Dresden.

Gängler, Hans/Bloße, Stephan/Lehmann, Tobias/Dittrich, Susanne (2009a): Wissenschaftliche Begleitung und Evaluation der „Richtlinie des Sächsischen

Staatsministeriums für Kultus zur Förderung des Ausbaus von Ganztagsangeboten" (FRL GTA). Zwischenbericht 2009 (unveröffentlicht). Dresden: TU Dresden.

Gängler, Hans/Bloße, Stephan/Lehmann, Tobias/Dittrich, Susanne (2009b): Wissenschaftliche Begleitung und Evaluation der Förderrichtlinie GTA. Jahresbericht 2008 (unveröffentlicht). Dresden: TU Dresden.

Gängler, Hans/Böttcher, Sabine/Kulig, Wolfram/Markert, Thomas/Müller, Mathias (2007): Studie zur Entwicklung von Ganztagsschulen (StEG). Landesspezifische Auswertung für den Freistaat Sachsen (Jahresbericht 2007) (unveröffentlicht). Dresden: TU Dresden.

Gängler, Hans/Böttcher, Sabine/Markert, Thomas (2008): Studie zur Entwicklung von Ganztagsschulen (StEG). Landesspezifische Auswertung der 2. Welle für den Freistaat Sachsen (Längsschnittanalysen) (unveröffentlicht). Dresden: TU Dresden.

Gängler, Hans/Markert, Thomas (2010a): Ganztagsschule ohne Hausaufgaben?! Empirische Pädagogik. Jg. 24, H. 1, S. 78–92.

Gängler, Hans/Markert, Thomas (2010b): Hausaufgaben. Ein Auslaufmodell im Zeitalter der Ganztagsschulen? Schulmanagement. H. 3, S. 14–17.

Gängler, Hans/Wiere, Andreas (2004): Modellversuch „Sächsische Schule mit Ganztagsangeboten/Ganztagsschule". 2. Tätigkeitsbericht der wissenschaftlichen Begleitung (unveröffentlicht). Dresden: TU Dresden.

Gängler, Hans/Wiere, Andreas (2007): Modellversuch „Sächsische Schule mit Ganztagsangeboten/Ganztagsschule". Auswertung der schriftlichen Befragung. 5. Bericht der wissenschaftlichen Begleitung (unveröffentlicht). Dresden: TU Dresden.

Gängler, Hans/Wiere, Andreas/Lorenz, Annekatrin (2008): Der Modellversuch Sächsische Schule mit Ganztagsangeboten/Ganztagsschule. Ergebnisse der wissenschaftlichen Begleitung. Verfügbar über: www.sachsen-macht-schule.de/schule/download/download_smk/gta_wiss_begleit.pdf (Zugriff: 08.07.2010).

Höhmann, Katrin/Schaper, Saskia (2008): Hausaufgaben. In: Thomas Coelen/Hans-Uwe Otto: Grundbegriffe Ganztagsbildung. Das Handbuch. Wiesbaden: VS, S. 276–284.

Kohler, Britta (2007): Hausaufgaben und Ganztagsschule. Katrin Höhmann/Britta Kohler/Ziva Mergenthaler/Claudia Wego: Hausaufgaben an der Ganztagsschule. Schwalbach/Ts: Wochenschau, S. 9–36.

Sekretariat der Kultusministerkonferenz (2010): Allgemein bildende Schulen in Ganztagsform in den Ländern in der Bundesrepublik Deutschland – Statistik 2002 bis 2008. Verfügbar über: http://www.kmk.org/fileadmin/pdf/Statistik/GTS_2008.pdf (Zugriff: 25.06.2010).

Thomas Markert

Das hatten wir doch alles schon!?
Die sächsische „Schule mit Ganztagsangebot" vor dem Horizont der ostdeutschen Bildungsgeschichte

Angelpunkt dieses Kapitels ist der Gedanke, dass die Ganztagsschulentwicklung in den ostdeutschen Bundesländern maßgeblich von Erfahrungen und Gegebenheiten beeinflusst wird, die auf die „ganztagsschulischen Bemühungen" in der DDR zurückgehen.[1] Diese Ansicht wird im Folgenden sowohl auf struktureller Ebene wie auch anhand individueller Reflexionen von professionellen Akteuren der Schule entwickelt, entsprechend mit ersten empirischen Befunden hinterlegt und so in den Diskurs eingeführt.

Generell taucht dieses Thema in der Debatte wohl so selten auf, da erstens die Überlegung, dass die heutige Schule Einflüssen unterliegt, die zeitlich an eine Diktatur gekoppelt sind, bildungspolitisch höchst unpopulär ist. Kommen aktuell Verantwortliche nicht an der Tatsache vorbei, z.B. die flächendeckende Verbreitung des Hortes in Sachsen als günstige Voraussetzung für eine ganztagsschulische Entwicklung benennen zu müssen, dann wird verklausuliert von „langjährigen Traditionen" (Lehmann 2006, S. 116) gesprochen. Die Hort-„Tradition" im Sinne eines strukturellen Vorteils ist aber keine sächsische, denn für die auch aktuell weiterhin bestehende Kooperation zwischen Hort und Schule war entscheidend, dass die Hort-Struktur nach der politischen Wende nicht erst geschaffen wurde, sondern dass der Hort in der DDR eine allem Anschein nach hinsichtlich der Kapazität bedarfsgerecht[2] entwickelte Einrichtung war. Nach der politischen Wende bestand dieser Bedarf weiterhin, da ostdeutsche Eltern nicht plötzlich auf die gewohnte ganztägige Betreuung ihrer Kinder verzichten wollten. Aber nicht nur im Hinblick auf die Betreuung der Kinder der Primarstufe kann das Gebiet der ehemaligen DDR eine strukturelle Tradition vorweisen. Dies gilt auch bezüglich der Mittagessensversorgung, des nachmit-

---

1 Der Aufsatz gründet sich auf erste Überlegungen, Forschungsschritte und -befunde, die im Rahmen des vom ESF und dem Freistaat Sachsen geförderten Forschungsprojekts „Das Ganztagsangebot von Grundschule und Hort zwischen Bildungsprogrammatik und akteursgebundenen Entwürfen" (Projektnr. 080949328) erarbeitet wurden (Verfügbar über: http://tu-dresden.de/die_tu_dresden/fakultaeten/erzw/erzwibf/sp/forschung/ganztagsschule; Zugriff: 26.07.2010).
2 Es lassen sich keine Hinweise dafür finden, dass es auch nur in Ausnahmefällen an Hortplätzen gemangelt hätte.

täglichen Unterrichts und der Freizeitangebote. Nur selten wird dies erwähnt und in die Analyse der aktuellen Entwicklungen einbezogen.

Zweitens ist die hier angeführte und im Verlauf noch zu begründende Annahme keine Hypothese, die sich aus der Ganztagsschul-Statistik der Kultusministerkonferenz (KMK) zwangsläufig ergibt. Betrachtet man die fünf östlichen Bundesländer, so ragen Sachsen und Thüringen als Regionen heraus, die seit 2002, also seit Beginn der „neuen Ganztagsschulbewegung" überdurchschnittlich viele Ganztagsschulen[3] besitzen. Ganz anders Sachsen-Anhalt: Hier bleiben die an die KMK gemeldeten Verteilungsquoten über alle Jahre hinweg unter dem bundesdeutschen Durchschnitt (vgl. Sekretariat der Kultusministerkonferenz 2008, S. 1*; 2010, S. 1*). Sucht man nach alternativen statistischen Fundorten und umgeht den Umstand, dass die Grundschule-Hort-Kombination in den einzelnen Bundesländern unterschiedlich als Ganztagsschule gewertet wird, findet man bspw. in der Hortstatistik deutlichere Hinweise: Die Hortbetreuung ist in allen ostdeutschen Ländern wesentlich stärker verbreitet als im Rest der Republik. Betrachtet man die Flächenländer zu den Zeitpunkten 1994, 1998 und 2002, so wurden im Osten zehn Mal so viele Plätze bereit gestellt (vgl. Deutsches Jugendinstitut 2005, S. 52).[4] An dieser Stelle wird die ostdeutsche, strukturell auf die DDR zurückgehende Tradition des ganztägigen Angebots für Schulkinder der Primarstufe augenfällig.

Unbestritten ist dabei drittens, dass der von der KMK bezifferte Bestand an Ganztagsschulen kritisch hinterfragt werden muss. Auffällig ist eine „wundersame Vermehrung" (Appel/Rutz 2002): Bspw. in Sachsen wurde vor „der Einrichtung der KMK-Statistik zur Ganztagsschule und der damit verbundenen Kodifizierung und Definition verschiedener Organisationsformen ganztägiger Angebote […] weder von Ganztagsschulen noch von Ganztagsklassen gesprochen" (Quellenberg 2007, S. 33). In diesem Zusammenhang ist die Frage nach der neuen Qualität der entstandenen Ganztagsschulen berechtigt. Und zugleich werden Kommentare zu den statistischen Angaben, wie bspw. der des Ganztagsschulverbandes (GGT), in dem geäußert wird, dass die offenen sächsischen Ganztagsschulen im Wesentlichen „Grundschulen mit angegliedertem Hort aus alten Zeiten" (GGT 2004) seien, dem Gegenstand nicht gerecht. Auch wenn in Sachsen die Grundschulen mit Hortangebot entlang der KMK-Definition zu Ganztagsschulen „umgewidmet" (Augsburg 2004) worden sind[5], ist es nicht schlüssig, warum

---

3 Die Zahlen beziehen sich präzise gesprochen auf Verwaltungseinheiten, die unter Umständen mehrere Schulen beinhalten können.
4 So besuchten bspw. 2002 in Sachsen 78,6 % der 6- bis 10-Jährigen solche Einrichtungen (andere östliche Bundesländer: Brandenburg 72,0 %, Mecklenburg-Vorpommern 63,3 %, Sachsen-Anhalt 61,8 %, Thüringen 52,6 %; westdeutsche Flächenländer: 6,0 %) (Deutsches Jugendinstitut 2005, S. 52).
5 Kritische Anmerkungen zur Einordnung der sächsischen Grundschule mit Hort als offene Ganztagsschule finden sich bei Markert in Abschnitt I dieses Bandes.

das, was vom GGT als Praxis aus „alten Zeiten" gekennzeichnet wird, generell überholungs- oder gar veränderungsbedürftig sein muss. Hier existiert eher ein großes Untersuchungsfeld denn ein abschließender Befund.

Ohne Anspruch auf Vollständigkeit skizzieren die drei hier angeführten Gründe die zu überwindenden Hindernisse, will man der Frage nach der Beziehung zwischen der heutigen Ganztagsschule und der Schule der DDR forschend nachgehen. Im Folgenden wird das Forschungsfeld in zwei Schritten eröffnet: Zunächst wird der notwendige Versuch eines nüchternen Rückblicks auf die ganztägigen Anstrengungen der Schule in der DDR unternommen. Dabei gilt: Das Schulsystem der DDR übernahm, wie es eine generelle Aufgabe der Bildungsinstitutionen unabhängig von der Gesellschaftsform ist, neben der Qualifikationsaufgabe auch die Funktionen der Integration und Reproduktion. Als Schule innerhalb einer Diktatur waren die Bildungsinhalte untrennbar verknüpft mit einer ideologischen Ausbildung, die der Stabilisierung des Machtsystems der DDR dienen sollte. Die zugestandene Freiheit war an Systemtreue gebunden. Eigensinn und Demokratisierungsbestrebungen wurden staatlich sanktioniert. Dies sei hiermit klar und deutlich benannt und rahmt sämtliche weiteren Ausführungen.

Im zweiten Schritt werden neben diesen Rückblick die Perspektiven derjenigen gestellt, die in der DDR als Lehrkräfte tätig waren und heute an sächsischen Schulen mit Ganztagsangebot[6] in leitender Position beschäftigt sind. Anhand von Interviewmaterial wird den Parallelen und Differenzen zwischen dem gegenwärtigen und dem vergangenen Schulbetrieb nachgegangen. Welche Innovationen wiederholen sich? Was ist bekannt und was ist tatsächlich neu? Im Rahmen des Schlusskapitels werden die differenten Sichtweisen aus den Interviews vergleichend zusammengeführt und in Verbindung mit den Ausführungen zu ganztägigen Aspekten der Schule in der DDR diskutiert.

Die Schule in der DDR – eine Ganztagsschule?

Der Blick von den heutigen Bemühungen um eine ganztägig organisierte Schule zurück in die DDR ist ebenso eine verkürzte Perspektive, wie die aktuelle Ganztagschulentwicklung in Deutschland einzig mit den zeitlich davorliegenden Entwicklungen in Westdeutschland in Verbindung zu bringen ist. Auch das DDR-Schulsystem knüpfte an nationale Konzepte, aber auch solche anderer Länder (bspw. Sowjetunion) an, die hier allerdings nicht referiert werden sollen.[7]

---

6 Zu dem in Sachsen verwendeten Terminus „Ganztagsangebote" bzw. „Schule mit Ganztagsangeboten" vgl. den Beitrag von Lehmann in Abschnitt I dieses Bandes.
7 Hierzu sei auf die Arbeiten von Gert Geißler verwiesen, in denen die Bezüge der ganztägigen Schule in der DDR ausführlich zusammengetragen werden (bspw. Geißler 2005, S. 88–91).

Vor der Erläuterung der Polytechnischen Oberschule[8] und deren ganztägiger Ausrichtung, wie sie sich Ende der 1980er Jahre darstellte, lohnt sich zuerst ein Blick zurück auf Anfang der 1960er Jahre. Gemeint sind die „Tagesschulexperimente" (Berge/Sielski 2005, S. 73) der DDR und die parallele Umsteuerung auf „Tageserziehung" (Kanzlei des Staatsrates der DDR 1969, S. 581).[9]

Die „Tagesschule als Schule der Zukunft" und deren Ablösung durch die „Tageserziehung"

Problematisch an der Betrachtung ist nicht die Quellenlage an sich, sondern die Einordnung der Quellen und entsprechende Interpretation.[10] Zum einen sind kritische Stimmen oder die Nachbetrachtung staatlicher Irrwege nicht

---

8   Weitere Schularten waren die Sonderschulen und die Erweitere Oberschule, die mit den Klassenstufen 11 und 12 zum Abitur führte.

9   Die ersten Schulen wurden präzise als „Tagesheimschulen" bezeichnet. Werner Lindner, damals Leiter der wissenschaftlichen Begleitung, mutmaßt, dass dieser Begriff dem der Ganztagschule vorgezogen wurde, da so die Zielgruppe besser zum Ausdruck kam: Leitgedanke bei der Errichtung war die „vorrangige Aufnahme der Kinder berufstätiger Mütter sowie solcher Schüler, deren Familie – aus welchen Gründen auch immer – keine vollwertige Erziehung zu geben vermochte" (Lindner 1968, S. 155). Relativ schnell wurde eine Umorientierung vollzogen: Für die entstehenden „Tagesschulen" (erste offizielle Erwähnung innerhalb der DDR vermutlich 19.01.1960 (Ulbricht 1960)) wurden keine ausgewählten Schülerschaften im Sinne der o. g. Bedürftigkeit zusammengezogen, sondern das Angebot richtete sich an die bereits bestehende Schülerschaft. Diese begriffliche Veränderung ist vor dem Hintergrund der ungenügenden bzw. gar fehlenden Akzeptanz einer verpflichtenden ganztägigen Schule in der Bevölkerung bei zugleich offener innerdeutscher Grenze zu lesen (vgl. Drewelow 1962, S. 44). Entsprechend setzte sich der offenere Begriff „Tagesschule" durch (Lindner 1968, S. 164) und wird auch hier als Bezeichnung genutzt. Eine ähnliche Wandlung gab es bei der Bezeichnung der angestrebten Erziehungsform: Während am Anfang im Zusammenhang mit der Tagesheimschule der Begriff der „Ganztagserziehung" (Janke 1960; Drewelow 1962) genutzt wurde, findet man in den späteren Werken der wissenschaftlichen Begleitung nur noch „Tageserziehung", die ab 1965 im Bildungsgesetz (§ 17, Kanzlei des Staatsrates der DDR 1969, S. 581) festgeschrieben wurde. Bevorzugt wurden so im Verlauf Begriffe gewählt, die weniger allumfassend und geschlossen wirkten und so wohl auch auf die von der Bevölkerung rückgemeldete Angst der Bevormundung und Vereinnahmung reagierten.

10 Einerseits lassen sich Texte finden, die aus der wissenschaftlichen Begleitung des Schulversuchs stammen (bspw. Drewelow 1962; Deutsches Pädagogisches Zentralinstitut 1964, Lindner 1964, 1966, 1968) und/oder als Ratgeber für die Praxis dienen sollten (Schmidt 1963). Daneben stehen aktuelle Beiträge zur Verfügung, in denen der Schulversuch mittels akribischer Archivarbeit rekonstruiert wird. Hierzu zählen vor allem die Arbeiten von Geißler (2004, 2005), sowie Gebhardt 1993, Hagemann/Mattes 2008 und Mattes 2009, die zusammen eine wichtige Grundlage für die nachfolgenden Ausführungen bilden. Ein nicht so einfach zuordenbarer und zugleich nicht ganz unproblematischer Text ist der Beitrag von Berge und Sielski 2005. Sie betrachten als in der damaligen wissenschaftlichen Begleitung Involvierte rückblickend die pädagogischen Erfolge der Tagesschule.

als direkter Text innerhalb der staatlich gelenkten Publikationen zu erwarten. Erst aus dem Vergleich der Texte unterschiedlicher Zeiten wird deutlich, wie Positionen ohne Bezug oder gar Erläuterung im Vergleich zu ehemaligen Standpunkten verändert wurden. Neben diesem so also methodisch lösbaren Problem bedarf es zum anderen einer Analysehaltung, die den bildungspolitischen Verlauf vor dem Hintergrund des Systems der DDR recherchiert und interpretiert. Der Versuch, die Entscheidungen und Entwicklungen in der DDR aus unserer Zeit heraus zu interpretieren, läuft Gefahr, zu früh zu stoppen. Daher wird hier zum einem dem Schulversuch „Tagesschule" in der DDR Raum gegeben und nachfolgend der Frage nachgespürt, wie die Umorientierung auf „Tageserziehung" begründet und praktisch umgesetzt wurde. Dies ist wichtig, da am Ende der DDR keine regulären Tagesschulen existierten, aber Elemente der Tageserziehung deutlich sichtbar waren.

Recherchiert man zu ganztagsschulischen Bemühungen in der DDR, so rückt im Sinne eines Schlagwortes sehr schnell der Aufbau der Tagesschulen, der teilweise ein wissenschaftlich begleiteter Schulversuch war, in den Blickpunkt. Die erste Schule wurde im Schuljahr 1957/58 eröffnet (vgl. Drewelow 1962, S. 27) und sehr schnell wurde diese Schulform zur „Schule der Zukunft" (Ministerium für Volksbildung der DDR 1961, S. 158) erklärt. Aber beginnend 1964/65, wohl aber spätestens 1970[11] war sie schon „überwunden" (Behrends 1988, S. 209).

Anfangs sollten die Potenziale und Gestaltungsmöglichkeiten dieses Schultyps in einem Schulversuch ausgelotet werden. Sehr bald wurde dann Anfang 1960 von der Staatsführung die Absicht proklamiert, für alle Kinder eine ganztägige Bildung und Erziehung im Sinne einer Tagesschule anzubieten. Die völlige Umformung der zehnklassigen allgemeinbildenden polytechnischen Oberschule zur Tagesschule sollte bis 1966 umgesetzt sein (vgl. Gebhardt 1993, S. 998). Laut Gebhardt belegen die archivierten Dokumente, dass „die Tagesschule 1960 ein zentrales, wenn nicht sogar *das* zentrale Thema der DDR-Schulpolitik" (ebenda, S. 991; Herv. i. O.) war. Daraus ergeben sich folgende Fragen: Welche Ziele wurden mit der Einführung der Tagesschule verfolgt? Was verstand man unter einer Tagesschule? Und: Wie verlief der Schulversuch?

Wie die Tagesschule als „Schule der Zukunft" (Drewelow 1962) vom damaligen Staatsoberhaupt der DDR, Walter Ulbricht, gegenüber der Bevölkerung kommuniziert wurde, ist aus dem folgenden Artikel des „Neuen Deutschland" vom 19.01.1960 entnehmbar:

---

11 Zum Schuljahreswechsel 1970 wurde die seit 1963 erscheinende Zeitschrift „Ganztägige Bildung und Erziehung" (Verlag Volk und Wissen Berlin, 28 Jahrgänge, Einstellung 1990) inhaltlich zur Hortzeitung umstrukturiert. Die sonst üblichen Abschnitte, die Themen der Sekundarstufe behandelten, entfielen.

„Der Weg besteht meines Erachtens darin: Die Kinder der arbeitenden Eltern kommen früh um 7 Uhr in die Schule, haben Unterricht – sagen wir – bis 14 Uhr. Die Mütter können sie dann nicht abholen, sondern sie bleiben bis 17 oder 17.30 dort. Die Horträume werden also in eine Tagesschule verwandelt, in der die Kinder auch Essen erhalten. Nachmittags müssen Pädagogen für die weitere Erziehung der Kinder dasein, ihnen bei den Schularbeiten helfen und mit ihnen Sport und Spiel treiben. [...] Bei den gegenwärtigen Aufgaben, die die Schule zu erfüllen hat, ist es nicht möglich, den Kindern den Unterrichtsstoff nur im regulären Vormittagsunterricht beizubringen. Es müssen Pädagogen dasein, die den Kindern bei den Schularbeiten helfen und, wenn man so sagen darf, in nicht offizieller Form bestimmte Fragen durcharbeiten. Die Kinder sollen das Recht haben, zu sagen: Das und das habe ich nicht verstanden, bitte erklären Sie mir das. Der Stellenplan in den Schulen muß also erhöht werden und die vollausgebildeten Pädagogen müssen die Nachmittagsschicht übernehmen. [...] Wenn wir das so machen, wird es auch bald keine Sitzenbleiber mehr geben [...]." (Ulbricht 1960)

Im Sinne eines beschäftigungspolitischen Effekts sollten Frauen für den Aufbau der sozialistischen Gesellschaft zur Verfügung stehen und nicht als „betreuende Mütter" verloren gehen.[12] Aus der vom Staat befürworteten Berufstätigkeit der Frau ergab sich damit eine „zusätzlich erwachsende Erziehungspflicht" (Drewelow 1962, S. 15) des Staates, für die – so Drewelow damals – „die traditionelle Form der Schulerziehung, die Halbtagsschule, nicht aus[reicht]. Die gesellschaftliche Entwicklung verlangt immer dringlicher nach *einheitlichen Einrichtungen zur ganztägigen Erziehung* der Schüler aller Altersstufen!" (ebenda; Herv. i. O., Umstellung T. M.).

Dieses Verlangen wurde allerdings nicht als ein von unten gemeldeter Bedarf deutlich, sondern dieser Wunsch war die paternalistische Vorwegnahme einer vom Staat erkannten Notwendigkeit: Deutlich erkennbar ist das Ringen nach einem stärkeren staatlichen Erziehungseinfluss und die Suche nach dafür geeigneten Strukturen.[13] Zum einen sollten ‚negative Einflüsse', wie „bürgerliche und kleinbürgerliche Anschauungen" (Drewelow 1962, S. 11), die in den Familien vermutet wurden, zurückgedrängt werden. Zum anderen verbrachten „[v]iele Kinder und Jugendliche [...] einen Teil des Tages auf der Straße, so daß auch die Eltern oft die Einflüsse, denen ihre

---

12 Zugleich galt damals in der DDR eine hohe Beschäftigungsquote unter den Frauen als Indikator einer weit fortgeschrittenen Gleichberechtigung von Mann und Frau (vgl. Drewelow 1962, S. 14f.).
13 Vgl. hierzu den Aufsatz von Birgit Gebhardt 1993, die rekonstruiert, wie sich die Ziele, die mit den Schulhorten verfolgt wurden, änderten. Stand am Anfang die „Gewinnung weiblicher Arbeitskräfte" im Mittelpunkt (Gebhardt 1993, S. 993), kamen ab Mitte der 1950er Jahre schulergänzende Funktionen hinzu: Unterstützung beim Lernen und die weitere Umsetzung der „weltanschaulich-erzieherische[n] Interessen" (ebenda, S. 994).

Kinder unterliegen, nicht kontrollieren" (ebenda) konnten. Außerdem versprachen sich die Verantwortlichen von der ganztägigen Schule eine „Senkung der beängstigend hohen Sitzenbleiberquoten und die Bewältigung des [...] hohen Lernpensums" (Geißler 2005, S. 91; Herv. gelöscht T. M.).

Für die angesprochenen Ziele wurde in der DDR die ganztägige Schulform als Lösung, als „Schule der Zukunft" interpretiert und glorifiziert. Im Schuljahr 1957/58 wurde – wie oben bereits erwähnt – ein „großangelegter Schulversuch mit Tagesheimschulen" (Drewelow 1962, S. 27) gestartet. Jeder Bezirk[14] sollte zunächst eine solche Schule gründen. Neben den „politisch-pädagogischen Hauptaufgaben" (ebenda, S. 28), die für alle Schulen identisch waren, bestand Gestaltungsfreiraum, womit sich laut Drewelow „günstige Voraussetzungen für die Erprobung mannigfaltiger Formen und Methoden der ganztägigen Erziehung boten" (ebenda, S. 28). So entstand bspw. in Bautzen eine „,reine' Tagesheimschule" (ebenda, S. 33), in der 650 Schüler/innen in 23 Klassen von 36 Lehrkräften und 32 Erzieher/innen unterrichtet und betreut wurden. An anderen Schulen existierten „Tagesheimschulklassen" (ebenda, S. 34) neben Halbtagsklassen. Eine Berliner Schule verfolgte eher ein offenes Modell, bei dem Ganztags- und Halbtagsschüler/innen in einer Klasse unterrichtet wurden. Allerdings galten die beiden zuletzt genannten Typen als Übergangslösung und die „reine Tagesheimschule" als Ziel (vgl. ebenda, S. 33–42).

Interessant ist ein Einblick in die wissenschaftliche Begleitung des Schulversuchs: 1962 wurde eine „Forschungsgemeinschaft Tagesschule" gegründet, die zum einen aus Wissenschaftlergruppen dreier Universitäten sowie des Pädagogischen Zentralinstituts bestand (vgl. Goetze 1963). Dazu kamen noch Lehrkräfte, Erzieher/innen, Direktor/innen der Schulen sowie weitere „Mitarbeiter der Volksbildungsorgane" (Berge/Sielski 2005, S. 64). Berge und Sielski beschreiben den damaligen Forschungsgegenstand Tagesschule wie folgt:

„Tagesschule – das war schon damals klar – konnte nicht Schule mit erweitertem Nachmittagsangebot sein. Vom Wesen der Sache her ging es vielmehr darum, zu einer *neuartigen Strukturierung des gesamten pädagogischen Prozesses* zu gelangen, in dem die Einzelmaßnahmen sinnvoll aufeinander und miteinander abgestimmt wurden und als organisches Ganzes wirken sollten [...]. Kernstück war dabei der Unterricht, das intensive Lernen der Schülerinnen und Schüler, seine Verbindung bzw. Fortsetzung unter anderen Bedingungen, Mitteln, Inhalten und Formen der außerunterrichtlichen Tätigkeit. [...] Die Frage war, worin die Potenzen der Tagesschule als Stätte intensiven Lernens, eines regen geistigen

---

14 Die DDR war territorial nicht in Bundesländer, sondern in 14 Bezirke und die Hauptstadt Ost-Berlin gegliedert.

Lebens und zugleich als Ort eines abwechslungsreichen frohen Gemeinschaftslebens der Kinder liegen." (Berge/Sielski 2005, S. 63; Herv. i. O.) Laut Berge und Sielski konzentrierte sich die Forschung u.a. auf die „Veränderung der Unterrichtsgestaltung durch Nutzen von Vorteilen der Tageserziehung" (ebenda, S. 66).[15] So wird bspw. beschrieben, wie im Rahmen der Unterrichtsentwicklung Ideen entwickelt und ausprobiert wurden, die die „Einschmelzung der Hausaufgaben" (ebenda) verfolgten. Daneben wird ausgeführt, wie Methoden zur differenzierten Förderung von leistungsstarken und leistungsschwachen Schüler/innen getestet wurden. Neben der wissenschaftlichen Begleitforschung steht auch die Zeitschrift „Ganztägige Bildung und Erziehung"[16], die seit 1963 herausgegeben wurde, für die Anstrengungen in Richtung eines ganztägigen Schulsystems.

Interessant – besonders im Hinblick auf die heutige Begründung der Ganztagsschule – sind die Vorteile, die innerhalb der pädagogischen Schriften Anfang der 1960er im Zusammenhang mit der Tagesschule benannt werden:

„1. Der Tages- und Wochenablauf kann den pädagogischen psychologischen und hygienischen Forderungen weitgehend angepaßt werden. Besonders bedeutsam für das intensive Lernen und die Entwicklung der Schüler ist der Wechsel von Unterricht und produktiver Arbeit[17].
2. Die Hausaufgaben werden unter pädagogischer Anleitung und Kontrolle erledigt.
3. Das direkte Lernen wird an der Tagesschule durch vielfältige Formen indirekten Lernens ergänzt.
4. Die Tagesschule schafft besonders günstige Voraussetzungen dafür, die individuellen Eigenarten jedes Kindes zu erkennen, dem Zurückbleiben einzelner Schüler rechtzeitig entgegenzuwirken und hervortretende Begabungen und Talente systematisch zu fördern.
5. Durch die Erweiterung des erzieherischen Einflusses der Schule bestehen günstige Möglichkeiten, auf die Lerneinstellung der Schüler positiv einzuwirken."[18] (Stolz/Herrmann 1966, S. 98; Fußnote T. M.)

---

15 Das zweite Thema war das „Erproben von lernstimulierenden Wettbewerben und Leistungsforschung" (vgl. Ringlau/Berge 1964; Berge/Sielski 2005).
16 Siehe Fußnote 11.
17 Unter „produktiver Arbeit" wurde zum einen der Werkunterricht in der Primarstufe verstanden. Die Einbindung in die Prozesse landwirtschaftlicher und industrieller Produktion steigerte sich dann im Rahmen des Unterrichtsfaches „Produktive Arbeit" bis zur 10. Klasse, in der die Schüler/innen in den Betrieben „direkt der Produktion zugeteilt" (Stolz/Herrmann 1966, S. 103f.) wurden.
18 Da die fünf Punkte unter der Überschrift einer „effektiven Unterrichtsgestaltung" (Stolz/Herrmann 1966, S. 98) notiert sind, enthalten sie keine Einlassungen zu Vorteilen hinsichtlich der ideologischen Erziehung, die in der Quelle später behandelt werden.

Heute würde man von sogenannter „Rhythmisierung"[19], Methodenvielfalt, Entlastung der Familien durch Hausaufgabenbetreuung und damit einhergehender Verbesserung der Chancengleichheit, individueller Förderung im Sinne des Ausgleichs von Defiziten und der Förderung von Begabungen sprechen.

Entsprechend des Ausbauprogrammes wurde zunächst der Schulversuch schrittweise ausgeweitet: Im Dezember 1963 stehen 113 Tagesschulen „5608 Schulen mit 4608 Tagesklassen und 12 874 Tagesgruppen (Hort)" (Lindner 1964, S. 10) gegenüber. Damit nahmen „390 721 Schüler an der sozialistischen Tageserziehung teil, davon 34 204 in Tagesschulen" (ebenda).[20] Lindner nimmt jedoch deutlich wahr, dass der Ausbau von Tagesschulen nicht in diesem Tempo fortschreiten wird und prognostiziert entsprechend, dass „Neubildungen [...] in den nächsten Jahren nicht die Regel, sondern die Ausnahme" (ebenda, S. 11) sein werden.

„Weitere Tagesschulen werden in wirklich zwingenden Fällen nur dort entstehen können, wo sich im Zusammenhang mit der vorrangigen Entwicklung der führenden Zweige der Volkswirtschaft besondere Forderungen auch an die Volksbildung ergeben (zum Beispiel Einrichtung von Spezialschulen) und wo alle Voraussetzungen für ein solch wichtiges und aufwendiges Vorhaben gegeben sind." (ebenda)

Entsprechend gering fällt die Steigerung bei der letzten bekannten Erhebung zur Tagesschule im Jahr 1965 aus: In einem Schuljahr sind noch einmal 13 Schulen hinzugekommen (vgl. Lindner 1966, Anhang o. S.). Von dem eigentlichen Ziel der landesweiten Umsetzung war man unerreichbar weit entfernt. Ein Grund war, dass es trotz aller Bemühungen nur ungenügend gelang, eine ausreichende Akzeptanz in der Bevölkerung für die Zusatzangebote der Tagesschule zu erzeugen und ausreichende Teilnahmezahlen zu erzielen.[21] Zeugnis für dieses Problem sind die Aussagen von Lindner (Leiter der wissenschaftlichen Begleitung des Schulversuchs) über die Konfiguration der Versuchsschulen:

„Da sie [die entstandenen Tagesschulen; T. M.] mit einem gegebenen Schülerbestand zu arbeiten hatten und selbstverständlich an das strikte Gebot der Freiwilligkeit gebunden waren, mußten sie, um die Rentabilität und Publizität der jungen Einrichtungen zu sichern, von vornherein

---

19 Eine kritische Betrachtung des Rhythmisierungsbegriffs findet sich in diesem Band bei Kulig/Müller.
20 Bei einer Schülerschaft von 2,2 Millionen besuchte etwa jedes sechste Schulkind (= 17,7 %) ganztägig organisierte Einrichtungen. Etwa 6 % der Schulklassen wurden als Tagesklassen geführt, deren Schüler vollständig an der Tageserziehung teilnahmen (vgl. Günther/Uhlig 1969, S. 118).
21 „In Berlin-Köpenick und im Arbeiterbezirk Leipzig-Südwest waren die Teilnehmerzahlen bald rückläufig und die ursprünglichen Richtzahlen für die Aufnahme hier ohnehin nicht erreicht worden." (Geißler 2005, S. 95)

auf die Werbekraft ihrer Maßnahmen besonders bedacht sein. Hierfür war ein vielfältiges und interessantes außerunterrichtliches Geschehen unabdingbare Voraussetzung. [...] Um die Tagesschule überhaupt erst einmal zu etablieren und als neuartigen Organismus in Erscheinung treten zu lassen, war es notwendig, zunächst jene Bereiche des pädagogischen Tuns zu erschließen und zum ‚Klingen' zu bringen, die über das an der herkömmlichen Schule Vorhandene hinausgehen und eben für diesen Organismus konstitutiv sind. Dabei stand mitunter die organisatorische Betrachtungsweise über Gebühr im Vordergrund, und die Abstimmung des Ganzen auf die Belange des Unterrichts wurde vernachlässigt." (Lindner 1968, S. 170)

Das Ringen um die Akzeptanz der Tagesschule führte dazu, dass die Verknüpfung verschiedener Angebotsformen mit dem Unterricht als Konzept zur Steigerung der Lernergebnisse nur marginal angegangen wurde. Entsprechend gering bzw. statistisch nur wenig tragfähig müssen wohl die Befunde zu messbaren Vorteilen der Tagesschule ausgefallen sein, falls sie denn erhoben wurden.[22] Damit konnte die wissenschaftliche Begleitung[23] auch keine überzeugenden Ergebnisse liefern, die die schrittweise Umsetzung des Projektes trotz eines enormen finanziellen Aufwandes gerechtfertigt hätten.[24] Entsprechend gilt heute als Hauptgrund für die Einstellung der Tagesschulversuche, dass schlichtweg die Geldmittel fehlten: Das Projekt hätte bei einer landesweiten Einführung einen Mehrbedarf von 13.240 Pädagog/innen und 25.725 weiteren Arbeitskräften zur Sicherstellung der Tageserziehung nach sich gezogen. Deren Aus- und Weiterbildung hätte 1,6 Mrd. Mark gekostet (vgl. Gebhardt 1993, S. 998). Laut Gebhardts Analysen

---

22 Solcherlei Untersuchungsergebnisse findet man als Veröffentlichung (wohl lediglich) im Sammelband der Abteilung „Ganztägige Bildung und Erziehung" des Deutschen Pädagogischen Zentralinstituts von 1964. Darin stellen Ringlau und Berge bspw. die Notenveränderung innerhalb eines Schulhalbjahres in den Fächern Mathematik, Deutsch und Russisch bei 61 Schüler/innen dar, die an außerunterrichtlichen Wettbewerben zur Hausaufgabenanfertigung teilnahmen. Die ermittelten „positiven Befunde" interpretieren sie dann so: „Wir sind nicht so vermessen, anzunehmen, daß die besseren Leistungen allein auf den Wettbewerb zurückzuführen sind. Es ist jedoch wahrscheinlich, daß er dazu beigetragen hat." (Ringlau/Berge 1964, S. 268f.).
23 Betrachtet man die Struktur des Deutschen Pädagogischen Zentralinstituts, so wird eine Abwicklung des Forschungsbereiches Tagesschule/Tageserziehung deutlich. Seit spätestens August 1962 existierte die „Abteilung Tagesschule". Sie hieß seit Frühjahr 1964 dann „Ganztägige Bildung und Erziehung". In der Organisationsübersicht zum Jahr 1966 fehlt dann jeglicher Hinweis auf eine gezielte Beschäftigung mit dem Thema der Tageserziehung (vgl. Zabel 2009, S. 416–420).
24 Denn die Maßgabe, dass nur das umgesetzt wurde, was langfristig bezahlbar war, galt in der DDR nicht. Im Sozial- und Bildungsbereich gab es viele „hoch subventionierte Selbstverständlichkeiten [...] [, die; T. M.] durch ihre Kostenintensität langfristig zu den wachsenden wirtschaftlichen Problemen" (Mattes 2009, S. 243) und letztlich mit zum Untergang des Staates DDR führten.

„[gefährdete] die immer katastrophaler werdende Lage [Ende 1961]" (ebenda, S. 1003; Umstellung T. M.) die Umsetzung der 10-klassigen POS.

Markant ist, dass die DDR-Staatsführung aber eine Ausbau-Bewegung nicht als Reaktion auf einen Bedarf, sondern als „falschverstandenen Wettbewerb" (Lindner 1968, S. 165) „einige[r] Verwaltungsorgane" (ebenda) angeschoben hatte, die zumindest 1960 eine Eigendynamik entfaltete, die anscheinend außer Kontrolle zu geraten drohte. So teilt die Staatsführung in einem Brief zum „Tag des Lehrers" den Lehrkräften und Schulleitungen mit, dass der Ausbau der Tagesschulen nicht „von subjektiven Wünschen" (Zentralkomitee der SED 1969, S. 364) abhänge, sondern vielmehr „eine intensive und gewissenhafte politisch-ideologische Aufklärung und eine gründliche Vorbereitung in pädagogischer, organisatorischer und materieller Hinsicht" (ebenda) erforderlich sei. Die letzten beiden Punkte werden dann in Beziehung zum Siebenjahresplan gesetzt und erklärt, dass, „[w]enn aus subjektiven Einstellungen die planmäßige proportionale Entwicklung der Volkswirtschaft nicht beachtet wird" (ebenda), der Aufbau der DDR und damit der Aufbau der „sozialistischen Schule" (ebenda) gehemmt werde. „Aus allen diesen Gründen kann die Tageschule nur allmählich und schrittweise im Verlauf der kommenden Jahre eingeführt werden." (ebenda). Entsprechend, so der Brief weiter, gilt es zunächst die

„Arbeit in den Schulhorten, Hausaufgabenzimmern und außerschulischen Arbeitsgemeinschaften zu verbessern. Gemeinsam mit den Eltern, den Patenbrigaden, und Ausschüssen der Nationalen Front, den Volksvertretungen und den Massenorganisationen können örtliche Reserven zum schrittweisen Übergang zur Ganztagserziehung ausgenutzt werden. Daher wird es wichtig sein, die vorliegenden Beispiele, die aus eigenen Mitteln der Bezirke und Kreise geschaffen werden, noch besser auszuwerten, um Anfangsschwierigkeiten leichter zu überwinden und Fehler zu vermeiden." (ebenda)

In diesem Brief wird also nicht nur zur Zurückhaltung hinsichtlich des Ausbaus der Tagesschule gemahnt, sondern zugleich darauf hingewiesen, dass der schrittweise Übergang zur Tageserziehung nicht primär aus zentralen Mitteln, sondern aus regionalen Ressourcen zu bewerkstelligen ist. Einerseits muss dies als deutlicher Hinweis für eine regional doch sehr verschiedene, an die jeweils vorliegenden Bedingungen gekoppelte Schulentwicklung gelesen werden. Dies ist vor dem Hintergrund wichtig, dass auf den ersten Blick die Gestaltung der Schule in der DDR immer als zentral von der Staatsführung geleitete erscheint. Andererseits nimmt dieser Brief die Umorientierung zur Tageserziehung vorweg, die 1964/65 auf Gesetzesebene als verbindliche Regelung festgesetzt wird.

Bei der Lektüre und dem gedanklichen Nachvollzug der Veränderung von der „Tagesschule als Schule der Zukunft" hin zur Tageserziehung drängt sich folgende Frage auf: War der Verweis auf die ökonomische Situation der DDR für die Partei, die Akteure an den Schulen, die Wissenschaftler und die Bevölkerung überzeugend genug, um zu akzeptieren, dass die „Schule der Zukunft", die doch dem Sozialismus zum Sieg verhelfen sollte, nicht mehr in ernstzunehmendem Maße Ziel der Schulentwicklung sein sollte? Welche Begründungsebenen wurden dafür angewandt?

Zunächst zum „Gesetz über das einheitliche sozialistische Schulsystem" (Kanzlei des Staatsrates der DDR 1969) vom 25. Februar 1965 und dessen Regelungen zum Thema Tageserziehung/Tagesschule: Innerhalb der Grundsätze vom 16.04.1964 (Staatliche Kommission zur Gestaltung des Bildungssystems 1969), die das eigentliche Gesetz im Sinne eines Regelwerkes rechtlich umsetzen sollte, wurde die Tagesschule weiterhin als „Schule der Zukunft" (ebenda, S. 542) bezeichnet. Jedoch änderte sich das Konzept, nach welchem diese Schulentwicklung „gestemmt" werden sollte. Ganz deutlich wurde benannt, dass eine solche Veränderung nur „in Abhängigkeit von den ökonomischen Möglichkeiten" (ebenda) umgesetzt werden kann. Daher wurden bestehende Einrichtungen und Angebote fokussiert und zur „Verbesserung der pädagogischen Arbeit" (ebenda) darin aufgerufen. Benannt wurden neben „Tagesgruppen und Tagesklassen" auch die „vielfältigen Einrichtungen und Formen der außerunterrichtlichen und außerschulischen Erziehung, wie Arbeits- und Interessengemeinschaften, Kultur- und Sportgruppen, Klubs und Zirkel, aber auch Kinder- und Jugendtheater, Jugendkonzerte und Museen" (ebenda). Außerdem sollen die „sozialistischen Betriebe [...] ihre Verantwortung für die Entwicklung und Erziehung der jungen Generation auf allen Stufen des einheitlichen Bildungswesens wahrnehmen und die Bildung und Erziehung inhaltlich und auch hinsichtlich der erforderlichen materiellen Voraussetzungen tatkräftig unterstützen" (ebenda, S. 542f.).

Der § 17 des zehn Monate später verabschiedeten Bildungsgesetzes widmet sich dem Thema Tageserziehung. In dem sechs Absätze umfassenden Paragraphen wird, wenn man den Textaufbau und die Ausführlichkeit der Regelungen als Hinweis interpretiert, der Tagesschule nur noch eine beiläufige Rolle zugewiesen (vgl. Geißler 2005, S. 94). Der sechste und zugleich letzte, lediglich einen Satz umfassende Absatz heißt: „Tagesschulen sind entsprechend den ökonomischen Möglichkeiten schrittweise aufzubauen." (Kanzlei des Staatsrates der DDR 1969, S. 581). Die Tagesschule wird nicht mehr als „Schule der Zukunft" geführt, sondern sie ist nur ein „vage[s] Versprechen" (Mattes 2009, S. 239), das lediglich bei ausreichender Finanzierung umgesetzt wird.[25]

Bedeutsam an diesem bis zum Ende der DDR geltenden Bildungsgesetz ist, wie hier die Tageserziehung zur gesellschaftlichen Aufgabe erklärt und ent-

---

25 Mit der Kopplung des Ausbautempos an die ökonomische Leistungsfähigkeit des Staates wird die Schule in Abhängigkeit mit „etwas" gesetzt, zu dessen Verbesserung sie als das leistungsfähigste Instrument geführt wurde.

sprechend von der Schule auch in andere Bereiche der Gesellschaft verlagert wird.[26] Generell galt, dass „[s]chulische und außerschulische Bildung und Erziehung [...] eng miteinander zu verbinden" (Kanzlei des Staatsrates der DDR 1969, S. 581) sind. Diese Maßnahmen und Angebote sollten dabei den „höheren Anforderungen an die Bildung und Erziehung" und „dem Bedürfnis unserer Jugend nach sinnvoller Freizeitgestaltung und nach schöpferischer Selbstbetätigung" (ebenda) entsprechen. Neben einer Aufzählung von Interessens- und Beschäftigungsgebieten – von Mathematik über Sport bis Touristik – wird auch der strukturelle Rahmen, in dem die Taseserziehung erfolgen kann, benannt: „Tagesgruppen und -klassen, [...] Arbeits-, Sport- und Interessengemeinschaften und durch die Teilnahme an Olympiaden, Leistungsvergleichen und Wettbewerben" (ebenda). Neben dieser wenig überraschend wirkenden Einbindung einer vorhandenen Angebotsbreite in ein Gebilde der Tageserziehung, sticht die Anforderung an die Betriebe hervor:

„Die sozialistischen Betriebe und wissenschaftlichen Institutionen sind verpflichtet, die Tageserziehung und die Feriengestaltung zu fördern, Fachkräfte für die Leitung der Arbeits- und Interessengemeinschaften zu gewinnen und kulturelle, sportliche und andere geeignete Einrichtungen der Schuljugend zur Verfügung zu stellen." Dabei „sollen den Arbeitsgemeinschaften gesellschaftlich-nützliche, interessante Aufgaben übertragen" (ebenda) werden.

Zwei Gedanken zwingen sich hier auf: Erstens ist dies ein Teil der praktischen Umsetzung des im Schulwesen der DDR verfolgten staatstheoretisch geleiteten Grundkonzepts, Bildung und produktive Arbeit als polytechnische Bildung, aber auch als „staatsbürgerliche Erziehung" zur „Liebe zur Arbeit und zur Arbeiterklasse" zu verwirklichen (Staatliche Kommission zur Gestaltung des Bildungssystems 1969, S. 538). Der zweite Gedanke wirkt jedoch stärker: Indem Betriebe ihre Einrichtungen und ihre Beschäftigten zur Beteiligung an der Tageserziehung bereitstellen und – realitätsnah formuliert – delegieren müssen, wird die regionale Leistungsfähigkeit als ein Faktor bei der Gestaltung der Tageserziehung sichtbar.[27] Wie weit

---

26 Indem Lindner rückblickend erklärt, die Schule in der DDR wäre „nie eine Halbtagsschule im eigentlichen Sinne des Wortes" (Lindner 1968, S. 149) gewesen, übersieht er, dass die zentrale, leitende Rolle der Schule bei der Konzeptualisierung und Realisierung des Tagesprogramms erst 1965 mit dem neuen Bildungsgesetz formuliert wurde.

27 In der Realität sah das wie folgt aus: „Gemeinsam mit den Schüler, den Eltern, den Vertretern des Patenbetriebes und der Öffentlichkeit wird festgelegt, [...] ob die Kraft ausreicht, um [...] mit dem Aufbau einzelner Klubs beziehungsweise des Schulklubs zu beginnen; ob die personellen und materiellen Voraussetzungen gegeben sind zur Entwicklung von Arbeits-, Interessen- und Sportgemeinschaften; ob man sich unter Berücksichtigung der Bedingungen auf dem technischen, künstlerischen oder sportlichen Bereich konzentriert, der den Schulen ein bestimmtes Profil gibt" (Lange 1966, S. 10). Aus heutiger Sicht würde man diese starke Einbeziehung

die Einbindung der Betriebe in die sozialen und schulischen Aufgaben reicht, zeigt auch, dass als Teil der Tageserziehung die Feriengestaltung benannt wird (§17 (3) des Bildungsgesetzes). Ein Betrieb war entsprechend des Arbeitsgesetzbuches dazu „verpflichtet, unter Ausnutzung aller Möglichkeiten, den Kindern seiner Werktätigen eine erholsame Feriengestaltung in Betriebsferienlagern oder durch andere Formen der Kinderferienerholung zu sichern." (Stelter 1984, S. 59).

Bedeutsam ist, dass die gesamte Koordination der Tageserziehung in die Hand der Schule gelegt wird: „Die Lehrer und Erzieher haben die Tageserziehung als festen Bestandteil des einheitlichen Bildungs- und Erziehungsprozesses an der Schule zu leiten" (Kanzlei des Staatsrates der DDR 1969, S. 581). Aus einem Interview eines Schulrates zu Schuljahresbeginn 1965 wird jedoch deutlich, dass damit nicht gemeint ist, dass Lehrkräfte und Erzieherinnen die Tageserziehung gestalten. Vielmehr setzen sie die zentral gesetzten und an das neue Bildungsgesetz gebundenen Vorgaben um:

„Als wir [die Abteilung Volksbildung; T. M.] zu Beginn des Schuljahres vor den Leitern der Tageserziehung mit unserer Konzeption zur weiteren Entwicklung der ganztägigen Bildung und Erziehung auftraten, gab es eine heftige Diskussion über das Problem der zeitweiligen Auflösung der Gruppen. ‚Jetzt, wo wir unsere Gruppenkollektive endlich gefestigt haben, sollen wir wieder den umgekehrten Weg gehen?' war nicht nur die Frage einer Kollegin. Mit unseren theoretischen Argumenten allein kamen wir nicht sehr weit." (Gericke 1965, S. 1f.)

Offen ist, wer die Leitung der Tageserziehung ist. Vermutlich steht ein Vertreter aus der Schulleitung schulintern über dem pädagogischen Personal.[28] Außerhalb dessen zeigt sich sehr deutlich, wie die zentrale Steuerung auf den Rückbau des gruppenpädagogischen Ansatzes der Tagesschule einwirkt und die Tagesschule zum Auslaufmodell erklärt. Die Orientierung hin zu einzelnen, freiwillig wählbaren außerunterrichtlichen Elementen als Ausdruck der Tageserziehung ist unübersehbar.

Dass die schulische und außerschulische Tageserziehung der DDR unmittelbar vor dem Niedergang dieses Staates eine „allmähliche Erschöpfung" (Geißler 2005) zeigte, bezieht Geißler zu Recht auf die pädagogische Wirkung. Rein strukturell hatte sich ein stabiles Gebilde von Angeboten entwickelt. Wie diese sich um die Polytechnische Oberschule gruppierten, wird nachfolgend erörtert.

---

    der Betriebe als eine Umverteilung der Kostenlast interpretieren. Doch kann dieses Konzept wohl nur äußerst begrenzt auf einen Staat angewendet werden, der mit Zentralhaushalt und „Volkseigentum" arbeitete.

28 Darauf weisen zumindest Erfahrungsberichte, die anleitenden Charakter hatten, hin, die aber aus der Zeit vor dem neuen Bildungsgesetz stammen (vgl. Ellmann 1964; Hünecke/Nelte 1964).

Polytechnische Oberschule (POS) – eine ganztägig offene Regelschule

Ein wichtiger Teil der POS, wie sie am Ende der DDR existierte, war der Hort. Über ihn wurde die verlässliche Betreuung der Primarstufe abgesichert:

> „Organisatorischer Bestandteil des Bildungs- und Erziehungsprozesses für Schüler der Klassen 1 bis 4 ist die pädagogische Arbeit im Schulhort. Jedes Kind, dessen Eltern es wünschen, kann den Schulhort besuchen. [...] Der Hort erfüllt in der unterrichtsfreien Zeit – morgens und insbesondere nachmittags – bedeutsame pädagogische Aufgaben und hat zugleich eine wichtige sozialpolitische Funktion." (Lost/Günther 1989, S. 64; Herv. gelöscht T. M.)

Während 1970 erst 47 % der Kinder den Hort besuchten, waren es 1985 bereits 84 % (vgl. ebenda, S. 52). Die Hortbetreuung wurde als kostenloses Angebot flächendeckend eingeführt.[29]

Um die nachmittäglichen Angebote wie Hort oder ab der siebenten Klasse die zweite Fremdsprache umsetzen zu können, musste eine Mittagsversorgung bereit stehen. Am Ende der 1980er Jahre nahmen ca. 80 % der Schüler/innen an der Schulspeisung teil.[30] Für die Sekundarstufe I war die Belegung der Nachmittagszeit mit Unterricht notwendig, da ab der Klasse fünf die Stundentafel insgesamt zwischen 30 und 37 Stunden obligatorischen und fakultativen Unterrichts enthielt. Obwohl sonnabends drei bis max. vier Stunden unterrichtet wurde, musste in der Woche auch der Nachmittag genutzt werden.

Darüber hinaus unterbreitete die Schule ein „weitgefächertes Angebot an außerunterrichtlichen Nachmittags- und Freizeitangeboten" (Geißler 2004, S. 166):

> „Für die Schüler der Klassen 5 bis 10 bestehen viele Möglichkeiten, sich in ihrer Freizeit aktiv und schöpferisch zu betätigen. In Arbeitsgemeinschaften, Zirkeln, Klubs, Schülerakademien und -gesellschaften, Spezialistenlagern und durch die Teilnahme am Schülerwettstreit [...] können sie ihren Neigungen und Interessen auf den verschiedenen Gebieten der Wissenschaft und Technik, der Kunst, Literatur und des Sports nachgehen." (Lost/Günther 1989, S. 65; Herv. gelöscht T. M.)

---

29 Dies entsprach dem 1976 getroffenen Beschluss, bis 1980 die „Anzahl der Plätze in den Schulhorten [...] so zu erhöhen, daß alle Kinder der Klassen 1–4 Aufnahme finden können, deren Eltern es wünschen" (Sozialistische Einheitspartei Deutschlands 1976, S. 106).
30 Pro Portion entrichteten die Eltern 55 Pfennig, wobei die tatsächlichen Kosten bei 1,60 bis 1,90 Mark lagen. Der Staat zahlte jährlich einen Zuschuss von mehr als 900 Millionen Mark (vgl. Lost/Günther 1989, S. 52).

Laut Lost und Günther wurden ca. 80 % der Schülerinnen und Schüler der Klassen 5 bis 10 von diesen Formen schulisch angeleiteter Freizeit erreicht (vgl. ebenda).

Die Frage, ob die hier kurz umrissene POS laut der durch die KMK vorgegebenen formal-organisatorischen Kriterien eine Ganztagsschule war (vgl. Sekretariat der Kultusministerkonferenz 2010), kann in Anlehnung an Geißler (2004) mit einem klaren „Ja" beantwortet werden: Da die 10-klassige Polytechnische Oberschule die Grundstufe, also die Klassen 1 bis 4 beinhaltete und für diese generell ein Hortangebot unter der Leitung der Schule existierte, sind alle drei Maßgaben erfüllt: Nicht nur an drei Tagen, sondern montags bis freitags gab es Angebote, die mindestens sieben Zeitstunden umfassten. Zweitens stand die Schulspeisung allen offen. Und drittens wurden die nachmittäglichen Angebote unter Aufsicht und Verantwortung der Schulleitung durchgeführt.

Geißler präzisiert die hier getroffene Einordnung in folgender Form:

Die Schule trug „während der gesamten Unterrichtswoche – ausgenommen der Sonnabend – und teils über den späten Nachmittag hinaus nahezu alle *Merkmale* einer *offenen*, nach dem Vormittagsunterricht nicht verpflichtenden *Ganztagsschule*: Hausaufgabenbetreuung, gebundene und ungebundene Freizeitangebote, Fördermaßnahmen, thematisch gefächerte Arbeitsgemeinschaften und Kursveranstaltungen, Arbeit an Projekten, Neigungs- und Hobbykurse, fakultativer Unterricht, Werkstatt- und Produktionsunterricht sowie Zusammenarbeit mit außerschulischen Jugendeinrichtungen, dazu ein warmes Mittagessen" (Geißler 2004, S. 167; Herv. i. O.).

Und zugleich gibt es inhaltlich eine klare Differenz zur heutigen Ganztagsschule, denn die POS war – wie Geißler als rahmenden Gedanken seiner Einschätzung voranstellt – „[d]urchgängig unter vereinnahmende Zwecke weltanschaulich-politischer, ‚klassenmäßiger' Erziehung gestellt" (ebenda).

Inwieweit die POS erfolgreich war, kann nur begrenzt gesagt werden, denn es gibt keine Abschlussbilanz. Die – zum Glück – fehlgeschlagene Integrationsleistung im Sinne der Stabilisierung der Diktatur ist augenfällig. D.h. es gelang nicht, sogenannte „negative Einflüsse" von der Jugend und der Gesellschaft fernzuhalten. Dies lag wohl auch an den eigensinnigen Interessen der Jugendlichen. Für die älteren Schüler/innen ließ sich empirisch Ende der 1980er feststellen, dass sie den „größten Teil der Freizeit [...] individuell bzw. in unterschiedlichen Gemeinschaften außerhalb der Schule [gestalten]. [...] Die hauptsächlichen Freizeitorte sind die häusliche Wohnung, an zweiter Stelle das Wohngebiet und danach die Schule" (Hoffmann/Döbert/Geißler 1999, S. 81; Umstellung T. M.). Dieser in der DDR erarbeitete Befund muss betont werden, denn er widerspricht heute mancherorts aufzufindenden Annahmen und Vorstellungen, nach denen in der

DDR der „Nachmittag [...] egal ob innerhalb oder außerhalb der Schule für einen Großteil der Jugendlichen durch sozialistische Indoktrination geprägt" (Lepping 2003, S. 10) gewesen sei. Nein, auch die Schule der DDR schaffte es nicht, die eigensinnigen Interessen der Jugendlichen vollständig aufzunehmen, zu stoppen bzw. zu manipulieren und durch eigene Inhalte zu ersetzen. Jugend fand auch in der DDR zu einem großen Teil außerhalb staatlicher Einrichtungen statt bzw. wurden diese dafür von den Jugendlichen auch umgenutzt. „Die Schule konnte weder die familiäre, noch die Straßensozialisation, noch die Sozialisation durch jugendliche Subkulturen oder kirchliche Freiräume verhindern; sie blendete sie lediglich aus." (Gruner/Kluchert 2001, S. 865)

Bezüglich der Verbesserung der Schulleistungen war die DDR-Schule wenig erfolgreich. Entgegen der oben zitierten Erwartung von Walter Ulbricht gab es auch in der letzen Phase der DDR noch „Sitzenbleiber": „Rund 14 % der Schüler verließen die Schule unaufhaltsam vor Erreichen des Abschlusses der 10. Klasse." (Geißler 2004, S. 168) Dabei lag der Anteil derjenigen, die die Schule mit dem Abschluss der achten Klasse verließen, ab 1975 bei etwa 10 % (vgl. Köhler 2001, S. 852).

Dagegen war die beschäftigungspolitische Funktion erfüllt: Das Hortangebot wurde umfangreich genutzt. Die Horte haben, wie weiter oben bereits ausgeführt, als wichtiges Betreuungsangebot bis zum heutigen Tag Bestand. Neben den Horten hat ebenso die Schülerspeisung „überlebt", wobei die Nutzerrate wesentlich geringer geworden ist.[31]

Bei der Betrachtung des hier nur in Auszügen aufgerufenen Materials drängt sich die Frage auf, weshalb die ganztägigen Traditionen der ostdeutschen Schullandschaft – unabhängig davon, ob sie ‚erfolgreich' waren – im erziehungswissenschaftlichen Diskurs so wenig Beachtung finden. So wiederholen sich heute Diskussionen, die zu DDR-Zeiten ebenfalls stattfanden. Inwieweit für diese fehlende Debatte eine unzureichende Quellenlage, eine generelle Skepsis gegenüber Schriften aus Zeiten der Diktatur oder ein Desinteresse verantwortlich ist, kann hier nicht abschließend beantwortet werden. Für die aktuellen Lehrkräfte in Ostdeutschland, die 20 oder mehr Dienstjahre vorweisen können, ist dieser Vergleich aber naheliegend, da sie in zwei unterschiedlichen Gesellschaftssystemen mit unterschiedlichen Schulen unterrichtet haben. Wie diese Pädagog/innen die aktuellen Veränderungen im Kontext ihrer Erfahrungen interpretieren, wird nachfolgend betrachtet.

---

31 Laut Gängler u.a. nutzten 2008 nur 29 % der befragten sächsischen Schüler/innen der Sekundarstufe I die mittägliche Schülerspeisung (Gängler u.a. 2009, S. 137).

Von „ähnlich" bis „unvergleichbar" – Reflexionen von Pädagog/innen

An dieser Stelle geht es um einen ersten Einblick in die biografisch geprägte Perspektive der Pädagog/innen auf ganztägige Aspekte von Schule in zwei verschiedenen zeitlichen und politischen Kontexten. Daher ist die Betrachtung auf Material aus drei Interviews begrenzt.[32] Es kommen Personen zu Wort, die in der DDR Lehrkräfte an der POS waren und heute Ganztagsschulen leiten.

Am Anfang der nachfolgenden Interpretationen stehen jeweils Aussagen zur konkreten Schule, an denen die Befragten arbeiten. Es wird für jeden der drei Fälle zunächst aufgeklärt, aus welchem Standpunkt heraus die Interviewten den Vergleich mit der Schule in der DDR ziehen. So wird sichtbar, welches Konzept ganztägig organisierter Schule – offen, teilweise gebunden, voll gebunden und deren Varianten – sie im Interview mit der POS vergleichen. Die drei Falldarstellungen enden jeweils mit einem Fazit, in dem die Perspektive der befragten Person kurz umrissen wird. Die Zusammenfassung der Sichtweisen erfolgt dann im Abschlusskapitel.

Herr A: Ähnlich, aber völlig ideologiefrei.

Herr A leitet eine Mittelschule[33] mit offenem Ganztagsangebot, deren Nachmittagsprogramm von drei thematischen „Grundsäulen"[34] geprägt ist: An einem Wochentag wird aus einer bereits in der DDR entwickelten „Tradition heraus" in Zusammenarbeit mit den örtlichen Sportvereinen ein reichhaltiges Sportangebot unterbreitet. An einem zweiten Wochentag steht die „kreative Tätigkeit von Schülern" im Mittelpunkt der Angebote (Theater, Musik und Töpfern). Die dritte Säule ist aus Sicht von Herrn A – „auch aus der Tradition heraus" – die „Umwelterziehung"[35]. Im Gespräch fragt der Interviewer daraufhin Herrn A, ob die Angebote in den Bereichen Sport, Kreativität und Umwelterziehung als „Arbeitsgemeinschaften" angeboten würden.

> Ja, also vor der Wende hätten wir Arbeitsgemeinschaften gesagt. Nun ist es natürlich modern das anders- und umzubenennen. Ich habe damit überhaupt kein Problem, Arbeitsgemeinschaft zu sagen. Wir nennen es offene

---

32 Die Gespräche wurden als problemzentrierte Interviews Ende 2007 (vgl. Witzel 2000) geführt und in Anlehnung an die dokumentarische Methode (vgl. Bohnsack/Nentwig-Gesemann/Nohl 2001) analysiert. In den abgedruckten Transkriptauszügen wurden die Angaben zu Personen, Orten und zur Schule anonymisiert. Die eingefügten Anonymisierungen sind in eckige Klammern gesetzt.
33 In der Mittelschule sind in Sachsen Haupt- und Realschulbildungsgang vereint.
34 Bei allen mit An- und Ausführungszeichen gekennzeichneten Interviewzitaten wird auf die Angabe der Zeilennummer des Transkriptes verzichtet.
35 Dazu gehören „Wasseruntersuchungen", „touristische Dinge", „ein kleine[r] Schulgarten, ein kleines Gewächshaus", ein Biotop.

Angebote. Der Tag ist im Wesentlichen also so strukturiert, dass wir am Vormittag ganz normal Unterricht machen, dass die Schüler dann zu den Hausaufgaben gehen, eine Stunde, eine Unterrichtsstunde lang Hausaufgaben machen. Danach haben die Schüler etwa eine halbe Stunde eine sogenannte offene Freizeit, wo die also von Schlafen bis Toben alles können. Die werden dort von Kollegen beaufsichtigt. Die können sich also hinlegen, die können schlafen, die können spielen, die können auf dem Hof draußen sein, was auch immer. Wie sich eben jeder erholen möchte. Und so gegen halb drei geht es dann fließend über, dass wir am [Wochentag A] und am [Wochentag B] jeweils zehn verschiedene dieser offenen Angebote haben. [...] und wie gesagt am [Wochentag-C-Nachmittag] sind sie dann bei dem [Sport-; T. M.]Verein.

Innerhalb der Passage[36] entsteht durch die vom Interviewer eingebrachte Frage, inwieweit „offene Angebote" mit „Arbeitsgemeinschaften" gleichzusetzen sind, ein erster Vergleich zur POS. Herr A ist hier der Meinung, dass es sich dabei um zwei Titel für ein und dieselbe Sache handelt, wobei die Bezeichnung „offene Angebote" die zeitgemäßere sei. Bezüglich der Nachmittagsangebote spricht er sich hier zunächst für eine Vergleichbarkeit der Angebote in Vergangenheit und Gegenwart aus. Zudem verweisen seine Äußerungen auf inhaltliche „Traditionen" und Kooperationen, die trotz der politischen Veränderung und ungeachtet der Umgestaltung der Schule zur Ganztagsschule Bestand haben und weitergeführt werden.

Im weiteren Gespräch steht dann konkret der Rückblick auf die POS im Zentrum. Für Herrn A ist die heutige Ganztagsschule keine „neue Erfindung":

Also, ich will schon mal sagen, dass ich dem [sächsischen Ministerpräsident] da schon recht gebe, wenn er sagt: „Es ist ja, eigentlich ist Ganztagsschule keine neue Erfindung." Ich, ich ganz persönlich sage: Jawohl, es hat zumindest in dem Bereich der damaligen Unterstufe einige Ganztagsangebote in Form von Hort gegeben. [...] Und da, denke ich, war das schon eine Form ganztägiger oder, sagen wir von Ganztagsschulen, die natürlich, auch später dann für die Größeren, sehr ideologisch schon geprägt war.

Herr A spricht den Schulhort als Ganztagsangebot in der DDR an und wertet ihn als Hinweis darauf, dass es „eine Form [...] von Ganztagsschulen" war. Zugleich differenziert er den Angebotscharakter an der POS dahingehend, dass für die Schüler/innen der Sekundarstufe I („die Größeren") die

---

36 Das Mittagessen wird von Herrn A nicht erwähnt. Dies ist, wie im Gespräch deutlich wird, nicht etwa der Tatsache geschuldet, dass die Essensteilnahme selbstverständlich ist, sondern ein Hinweis darauf, dass nur wenige Schüler/innen daran teilnehmen. Im Unterschied zur POS, wo laut Herrn A „die Beteiligung am Essen mindestens neunzig Prozent" war, wagt er für „heute [...] eigentlich gar keine Prozentzahl zu sagen".

außerunterrichtlichen Angebote „sehr ideologisch [...] geprägt" waren. Er erläutert im weiteren Gespräch diese Position:

> Anfang meiner Tätigkeit 197[X] bis 80, denke ich, so die ersten [X] Jahre, hatten wir eher auch noch unsere Ruhe und haben in den Pioniernachmittagen, FDJ-Veranstaltungen, oder wie man das auch immer nannte, eher Bildung betrieben. Also, Bildung wie wir das heute verstehen. Ideologiefreie Bildung. Das wurde uns dann so ein bisschen aus der Hand genommen. Also, es wurde dann schon in den achtziger Jahren schon mal drauf geguckt, dass man also ja das FDJ-Lehrjahr und was es da alles gab, [...] wonach man dann eben abgerechnet wurde, auch als Klassenleiter. Das hat dann verstärkt zugenommen und ja, war dann, war dann eigentlich nicht mehr so, dass man also, da würde ich nun nicht mehr von Ganztagsschule sprechen, aber bis zu den achtziger Jahren, wo die Bildung im Vordergrund stand, wo wir eben Förderunterricht gemacht haben, wo wir Arbeitsgemeinschaft Physik gemacht haben mit meinem Physiklehrer, wo wir uns in Mathe, wo wir uns mit Geschichte beschäftigt haben, wo wir in Deutsch auch Theater gespielt haben mit den Deutschlehrern und diese Sachen, da würde ich schon denken: Das war schon so in gleicher Weise wie heute.

Für Herrn A wurden die außerunterrichtlichen Angebote ab Anfang der 1980er Jahre vonseiten der Regierung verstärkt als Zeit für politische Erziehung bestimmt. Davor – so die Erinnerung von Herrn A – seien die Angebote ähnlich den heutigen Ganztagsangeboten gewesen. Er präzisiert auf der Zielebene, dass in dieser Zeit „Bildung betrieben" wurde, „wie wir das heute verstehen". D.h. Herr A erkennt in der von ihm gekennzeichneten Zeit der 1970er Jahre auf der Ebene der Angebotsstruktur und der pädagogischen Zielrichtung große Ähnlichkeiten zwischen der POS und seiner heutigen Schule. Zu den bereits debattierten offenen Angeboten fügt hier Herr A noch den Förderunterricht hinzu, den er später als „Nachhilfeunterricht für Schüler" präzisiert, der „im Rahmen von auch Pioniernachmittagen, Gruppennachmittagen" organisiert war.

Neben den von Herrn A gekennzeichneten Ähnlichkeiten der Schulen hebt er aber auch in seinen weiteren Ausführungen hervor, dass die Ideologisierung in der POS einen Vergleich erschwert und einen massiven Kontrast zur heutigen Schule bildet. In weiteren, hier nicht abgedruckten Passagen der Gegenüberstellung erscheint Herr A als hin und her gerissen und äußert sich entsprechend ambivalent. Neben seinen Erfahrungen als Lehrkraft schwingen Eindrücke mit, die er selbst als Schüler gesammelt hat. Die verschiedenen biografischen Betrachtungsperspektiven (Schüler, Lehrer) sowie die Differenzierung zwischen Inhalten und Strukturen sowie zugleich der Eindruck unterschiedlicher Zeitepochen (1970er/1980er) machen ihm eine generelle Beurteilung der Schule unmöglich. So auch seine Äußerungen in der letzten Passage, die im Anschluss an die provokative Frage des Interviewers entsteht, inwieweit er der Aussage „Das hatten wir doch alles schon" zustimmen würde.

> Also, da will ich schon sagen, der Satz stört mich eher. Also, das ist, das ist einfach falsch. Erstmal ist es falsch, dass wir, dass wir sagen: „Wir hatten das schon.", denn es gab diese Sache, zumindest wenn man das Ende der DDR sich ansieht, nur von der ersten bis zur vierten Klasse. Wir machen es jetzt als Mittelschule, wie gesagt, im Moment für ein paar Schüler der Neun, aber auf alle Fälle bis zur Acht. Für mich der zweite Unterschied ist natürlich, dass es voll, dass es völlig ideologiefrei ist und dass der Schüler am Ende schon entscheidet, was er macht. Den Eindruck hatte ich in der Vergangenheit also nicht. Es mussten, es musste da vieles gemacht werden, was von außen verordnet war. Die Wahlmöglichkeit, aus zehn verschiedenen Dingen auszuwählen, die hatte ich so im Wesentlichen nicht. Also ich denke schon, dass es einen gewissen Unterschied gibt, wenn man sagt, der Ansatz dieser Ideen, dass man am Nachmittag Schüler betreuen, beaufsichtigen vielleicht auch bilden will, nee, vielleicht ist falsch, auch bilden will. Dann würde ich sagen ja, aber hinsichtlich der Organisationsform, denke ich, ist es eine andere gewesen. Bis hin zu der Tatsache, dass also der Besuch von Pioniernachmittagen, Gruppennachmittagen, FDJ- Veranstaltungen einfach eine Pflicht gewesen ist und zumindest hier an der Schule der Schüler selbstständig entscheidet, ob ich zum Ganztagsangebot gehe oder nicht. Das ist für mich schon, schon ein wesentlicher Unterschied.

Herr A ist der Meinung, dass es falsch wäre zu sagen, dass die aktuelle offene Ganztagsschule in der DDR bereits existiert hätte. Er argumentiert zuerst, dass die heutige Schule ein weitergehendes Angebot hinsichtlich „betreuen, beaufsichtigen, […] bilden" vorhält, in dem auch ältere Schüler angesprochen werden. Indem er hier eine Differenz auf der Adressatenebene hervorhebt, beschreibt er zugleich die Ähnlichkeit auf der Zielebene. Im Weiteren sieht er die Unterschiede nicht in der Angebotsstruktur, sondern auf der inhaltlichen Ebene: Heute gibt es keine Pflichtideologie, keinen Zwang zur Teilnahme am Ganztagsangebot, sondern Wahlfreiheit innerhalb der Angebotspalette. Dies bildet für Herrn A den zentralen Wert der offenen Ganztagsschule im Vergleich zur POS. Dabei können thematische und methodische Traditionen, die die Schule seit Schülergenerationen kennzeichnen und so deren Profil bilden, weitergeführt werden.

Frau B: Auf der Organisationsebene vergleichbar, aber heute Partizipation statt Druck!

Im Gegensatz zum eben vorgestellten Herrn A ist Frau B noch nicht immer an dieser Mittelschule beschäftigt. Als Schulleiterin wechselte sie an ihre heutige Schule etwa zu der Zeit, als die „neue Ganztagsschulbewegung" startete.

Im ganztägigen Konzept der Schule stehen zum einen die nachmittäglichen Angebote im Mittelpunkt. Die Kinder und Jugendlichen können aus einer „Vielfalt der Angebote" – es sind mehr als 30 – wählen. Neben Sportangeboten und handwerklichen Kursen werden AGs veranstaltet, in denen an künstlerischen Themen oder am PC gearbeitet wird. Ebenso spielen eine Streitschlichterausbildung genauso wie eine „perfekt arbeitende Schülerfirma" eine Rolle. Es handelt sich um zusätzliche Betreuungs- und Lernangebote, die neben dem Fachunterricht stehen. Ähnlich der Schule von Herrn A leitet Frau B damit eine offene Ganztagsschule mit additivem Angebot.

Zum anderen wurde mit dem Ganztagsangebot auch ein als „Schülertreff" bezeichnetes Angebot initiiert, der bereits am zeitigen Morgen vor dem Unterricht öffnet:

> Ja, dann haben wir einen Schülertreff, wo uns eben externe Leute von Vereinen auch helfen, das gesamte Früh-vor-dem-Unterricht-Angebot abzufangen, wie gesagt, das erste Frühstück anzubieten, die Kinder hier halb sieben aufzunehmen, die mit den Bussen kommen oder auch so kommen, im Nachmittag das selbe. [...] Das ist der Verein [XY] mit denen haben wir Kooperationen, die [Mitarbeiterinnen des Vereins; T. M.] machen früh eben so zwischen halb und dreiviertel sieben auf, wie sie kommen, bringen die ersten Schüler schon mit rein. Die können sich dort drinnen hinsetzen, noch einmal ein bisschen abruhen, die anderen können schon toben, da haben wir zwei Räume. [...] Mal ein bissel toben, da ist schon die Luft raus, bevor sie dann in der ersten Stunde erstmal anfangen müssen sich was zu erzählen, zu hampeln.

Für Frau B hat der „Schülertreff" die Funktion, etwas „abzufangen", was den eigentlichen Unterrichtsalltag erschwert. Hungrige, müde oder körperlich unausgelastete Schulkinder finden Gelegenheiten, ihre Bedürfnisse vor dem Unterricht zu befriedigen. Mit dem Frühstücksangebot rückt zudem eine Dienstleistung in den Mittelpunkt, deren Begründung an dieser Stelle noch offen ist, jedoch zugleich auf die Beziehung zwischen Schule und Elternhaus verweist.

Die familiäre Situation als ein auf das schulische Lehren und Lernen wirkender Faktor ist auch in den ersten Anmerkungen Frau B's von Bedeutung, in denen sie die POS und ihre ganztägig organisierte Mittelschule vergleicht:

> Und es gab [damals in der DDR; T. M.] auch keinen, der da gesagt hätte, von den Eltern her: Mir ist das Wurst, was mein Kind hier macht. Das Kind wurde früh anständig abgegeben an der Schule. Egal, ob es alleine gekommen ist oder gebracht wurde. Aber die Eltern haben da auch noch Wert darauf gelegt, wirklich richtigen Wert. Und dann haben sie schon ange-..., äh, gesehen, wie das anfing zu bröckeln, ne, wenn der Vati eben nicht so gut drauf war oder man hat es mehr gespürt, dass irgendetwas

nicht mehr in Ordnung ist. Tja, und von der ganzen Nachmittagsgestaltung, die vielen AGs, die es gab, die hießen natürlich Pionierzirkel, aber trotzdem gab es genau so AGs, als Beispiel mal [...] die [XY]-AG, die AG [XYZ], die AG-Sport, die hat es schon immer gegeben, da hat es Handball, Volleyball, Tischtennis gegeben, immer schon. Und muss auch wirklich sagen, auch von den Menschen, die es geleitet haben unter dem Ziel: Wir wollen was Gutes für diese Kinder tun.

Die „Nachmittagsgestaltung" in Form von Arbeitsgemeinschaften hat bis heute Bestand, auch wenn sie früher „Pionierzirkel" genannt wurden. Frau B spricht hier wohl eher die terminologische Unterscheidung als eine ideologische Dimension der nachmittäglichen Angebote an. Auch schon in der DDR stand im Mittelpunkt der AGs, etwas „Gutes für diese Kinder tun" zu wollen. Heute ist das „Gute", was die Schule den Kindern anbietet aber mehr als eine oft als „sinnvoll" charakterisierte Freizeitbeschäftigung. Heute muss – so die Erfahrungen von Frau B – die Schule auch massiv auf veränderte familiäre Situationen reagieren. Während sich laut Frau B in der DDR die Eltern umfassend darum gekümmert hätten, dass die Kinder „anständig" den Schultag beginnen konnten, muss dies jetzt von einem schulischen Angebot geleistet werden. Welche Probleme Frau B heute konkret sieht, führt sie später im Interview aus:

Ja, sodass sie eben so ein ganz, ganz schwer zusammengewürfeltes Völkchen, auch an Kindern und Jugendlichen haben, mit den unterschiedlichsten Bedürfnissen und Bedingungen. Und das müssen sie ja irgendwie berücksichtigen. Und das war der Hintergrund, weshalb ich gesagt habe: wir müssen dringendst an der Geschichte GTA[37] hier auch arbeiten. Nicht bloß damit wir viel Geld herkriegen, sondern dass die Kinder halt hier drunter davon was haben. Und da ich jeden Morgen, wenn ich es mir erlauben kann, im Eingang stehe, um meine Schüler mir anzugucken und „Guten Morgen" zu sagen und gesagt zu bekommen. Das erste Mal und einzige Mal manchmal am Tag, guck ich mir auch die Kinder an, ob sie eben gefrühstückt haben. Da kennt man dann seine Pappenheimer: „Hast du heute schon was getrunken? Was gab es denn heute zu Hause?", so im Spaß mal gefragt, weil man eben schon bemerkt hatte, dass Kinder, die einem früh in die Arme fallen, denen es nicht gut geht, die Eltern halt entweder schlafen oder nie da sind und das Kind alleine sich kümmern muss. Ja und das ist so zum Beispiel ein Grund, weshalb man versuchen muss den berufstätigen Eltern entgegenzukommen.

Die konzeptionelle Gestaltung des Ganztagsangebots und dessen generelle Notwendigkeit erscheint hier als reagierende Dienstleistung auf vielfältigste „Bedürfnisse und Bedingungen". Dazu gehört, dass die Schule den „berufs-

---

37 GTA: Ganztagsangebot(e).

tätigen Eltern" bspw. die Zubereitung des Frühstücks oder die Gestaltung des Nachmittags abnimmt. Die Integration der Eltern in ein Arbeitsleben, das dazu führt, dass sie früh „schlafen oder nie da sind", stellt für Frau B einen Wert dar, den es nach Kräften zu unterstützen gilt. Es geht ihr nicht um eine Kritik an den Eltern und deren Sorge für ihre Kinder, sondern um eine Anpassung der über das Unterrichten hinausgehenden schulischen Dienstleistungen. Den Kindern etwas „Gutes" zu tun bedeutet damit, punktuell die Familie bzw. das Zuhause zu ergänzen. Markant ist, dass Frau B den Bedarf aus den Bedürfnissen der Kinder und nicht aus konkreten Rückmeldungen der Eltern ableitet.

Neben den berufstätigen Eltern beschreibt Frau B in der folgenden Passage eine zweite Zielgruppe der ganztägigen Angebote:

Und auch um die Aufbewahrung und Unterbringung, die sinnvolle Aufbewahrung und Unterbringung und Gestaltung von Freizeiten der Schüler, deren Eltern zu Hause sind und aus welchem Grund auch, das steht mir nicht an jetzt überall nur die Gründe zu suchen, mit ihren Kindern nichts unternehmen.

Im Gegensatz zur erstgenannten Familiengruppe fokussiert Frau B hier nun die Eltern, die nicht berufstätig sind. Sie konzipiert das Ganztagsangebot der Schule als „sinnvolle" Alternative zum Aufenthalt in diesen Familien, die in der Einlassung als passiv und lethargisch erscheinen. Die Ganztagsangebote sind quasi eine Leistung, die die Kinder vor einem unnötig langen Aufenthalt in nicht-„sinnvoller" Familienumgebung bewahren. Hier steht aber nicht nur die Freizeitgestaltung im Mittelpunkt, sondern bereits die „Aufbewahrung und Unterbringung" in der Schule erscheint im Vergleich zum Aufenthalt der Kinder in der Familie als „sinnvoll".[38] Es entsteht der Eindruck, dass bezogen auf diese Klientel die Schule mit dem Ganztagsangebot mehr als eine familienergänzende, nämlich eher eine familienersetzende Funktion übernehmen möchte.[39]

Mit diesem Fokus auf die Situation der Familien rückt das Ganztagsangebot in die Nähe des Hortes als familienentlastender Dienst, wie er heute (und in der DDR) in der Primarstufe üblich ist (und war). Der mit dem Ganztagsangebot verbundene Anspruch des Familienersatzes geht aber weit darüber hinaus.

Beim weiteren Vergleich zwischen der POS und der heutigen offenen Ganztagsschule sieht Frau B auch strukturelle Ähnlichkeiten. So führt sie zunächst aus, dass sie für die Absicherung der breiten Angebotspalette ex-

---

38 Inwieweit mit der Charakterisierung einer „sinnvollen" Umgebung zugleich eine produktive Lernumgebung gemeint ist oder zunächst eine nicht-schädliche Umgebung fokussiert wird, muss offen bleiben.
39 Vgl. hierzu die Forschung von Kolbe u.a., die den Legitimationsdiskurs an Ganztagsschulen analysiert haben (Kolbe u.a. 2009).

terne Kräfte, „Partner", wie „Eltern, Kollegen, Ehegatten" finden musste. Ähnliches war für die Organisation der Nachmittagsangebote an der POS notwendig:

> GTA ist [...] von der Nachmittagsgestaltung, wenn ich das Modul nehme, wo es nur an den Nachmittag angedockt ist, ne, dann ist es nicht anders, als es früher die AG-Tätigkeit war. Und es waren auch genügend externe Kräfte da, die als Beispiel am Vormittag in der Schule nichts zu suchen hatten. Wenn sie gut waren, haben sie aus ihrer Patenbrigade einen guten Onkel gehabt, einen guten Mitarbeiter dieser Patenbrigade, der kam am Nachmittag und hat den Kinder was vorgelesen, was erzählt, war ja auch ein Arbeiter, ein Vater vielleicht eines anderen Kindes.

Auf der organisatorischen Ebene kann die offene Ganztagsschule für Frau B an Modellen anknüpfen, die auch vor der Wende Praxis waren. Die an den schulischen Vormittag „andockenden" Nachmittagsangebote erweisen sich als eine geeignete Veranstaltungsform, die von Nicht-Lehrkräften gestaltet werden kann. Auch wenn Frau B hier die Vergangenheit im Blick hat, betont sie doch die Ähnlichkeit zu heute: Damals wie heute wurden in den Nachmittagsangeboten Nicht-Pädagog/innen beschäftigt, die am „Vormittag in der Schule nichts zu suchen hatten". Statt etwaiger professioneller Qualifikation rückt stattdessen deren Rolle im Kontext einer familienergänzenden/-ersetzenden Funktion in den Vordergrund: „gute Mitarbeiter" waren zugleich „gute Onkel" oder eben „V[ä]ter".

Bereits oben wurde das Thema der Ideologisierung in der DDR-Schule kurz angerissen. Frau B sieht bezogen auf das ganztägige Angebot auf organisatorischer Ebene starke Ähnlichkeiten zwischen der heutigen und der vergangenen Schule, jedoch waren in der DDR die Kinder einem von politischen Erwartungen geprägten pädagogischen Handeln, einem „Druck", ausgesetzt:

> Da wurde das Kind, wenn es nicht gegessen hat, in die Ecke gestellt oder das Kind wurde, wenn es nicht schlafen wollte in den dunklen [...] Aufbewahrungsraum gestellt. Es würde heute ihnen jeder Vater, jede Mutter, egal wie sie es zu Hause behandeln, würden ihnen auf die Barrikaden steigen. Das war eben der Druck, der da war. [...] Aber das war so Gang und Gäbe, das: Ich kann das dem Kind halt antun, ne, nur damit es in diese Richtung auch so funktioniert.

Frau B beschreibt skandalisierend einige schulische Praktiken, die sie als Lehrkraft oder vielleicht auch als Kind in der DDR an Schulen erlebt hat. Damit markiert sie auch den Kontrast zur Gegenwart. Heute sei es nicht mehr die Aufgabe der Schule, die Kinder mit „Druck" im Gleichschritt als Kollektiv in eine bestimmte ideologische „Richtung" zu führen bzw. zu drängen, so dass diese „funktionier[en]". Im Gegensatz zur Vergangenheit wird aus Frau B's Sicht in ihrer Schule das einzelne Kind mit seinen Bedürfnissen und Wünschen wesentlich stärker anerkannt. Dies erläutert sie am Beispiel der Partizipationsmöglichkeiten für Kinder und Jugendliche.

Von der Organisation her kann man das schon vergleichen, aber eben nicht von einer äh dahinter stehenden Ideologie. Hier gehen sie, wenn sie das GTA so auffassen, wie es ja eigentlich gedacht ist, dann äh machen sie das dem Kind zu liebe, dass das Kind, so wie auch der Lehrplan besagt, seinen Neigungen und seinen Interessen nachgehen kann. Und gerade gestern hatten wir eine Dienstberatung, wo wir auch unsere Kollegen gefragt haben: Fragt doch einfach mal nach, was sich Kinder noch vorstellen könnten, was man hier anbieten sollte. Und ich arbeite mindestens aller 14 Tage mit meinen Schülersprechern, Klassensprechern, den GTA-verantwortlichen Schülern und auch den kooperationsverantwortlichen Schülern zusammen. Und die können mir zu jeder Zeit ihre Wünsche bringen und wenn wir sie einigermaßen einbauen können, versuchen wir es zusammen zu realisieren. Und von Kindern kommt ganz viel an tollen Vorschlägen, an tollen Hinweisen. Äh von welchem Kind wäre früher eine Idee weiter verbreitet worden oder als Grundlage für irgendeine Neuerung genommen worden? Von keinem. Es wäre auch kein Kind auf die Idee zu äh gekommen äh zu seinem Schulleiter zu gehen: Herr So-und-so, ich hab mal eine Idee. Und das äh den Kindern zu vermitteln ... Diejenigen, die wirklich aktiv sind, bewusst sind, die wissen, warum sie in die Schule gehen, äh, die das verstanden haben, die merken sich das für ihr ganzes Leben, dass sie Demokratie, im wahrsten Sinne des Wortes, mitgestalten und mitverwenden konnten für sich, für sich alleine, für ihr Fortkommen.

Frau B stellt bei der Konzeption des Ganztagsangebotes die Orientierung am Kind in den Mittelpunkt: Es geht um dessen „Neigungen und […] Interessen". Ihre Vorstellung von der inhaltlichen Ausgestaltung des Ganztagsangebots ist es, dass Schüler/innen bei der Auswahl der Themen beteiligt werden und als methodisches Ziel Partizipationserfahrung sammeln. Angehört zu werden und mitgestalten zu können im Sinne von Demokratieerfahrung, sind – so Frau B – wichtige Lernmomente für das weitere Leben. Dieser Ansatz als Kennzeichen der Schul- und Lernkultur unterscheidet sich deutlich von den Verhältnissen in der DDR.[40]

Für Frau B gibt es beim Vergleich zwischen ihrer heutigen Mittelschule mit additivem ganztägigen Angebot und der POS große Ähnlichkeiten auf der Struktur- und Organisationsebene. AGs bestehen weiter und werden unter der Einbeziehung von Externen bestritten. Zudem erfüllt die „Nachmittagsgestaltung" arbeitsmarktpolitische Ziele, die mit dem Hort verglichen wer-

---

[40] Dass dieses Prinzip kein methodischer Selbstläufer an der Schule ist und traditionelle Herangehensweisen erst durchbrochen und überwunden werden müssen, wird daran deutlich, dass die Frage der Schülerbeteiligung auch zwei Jahre nach dem Start des Ganztagsangebots Thema der Lehrerberatung ist.

den können, da sie eine verlässliche Betreuung für Kinder von berufstätigen Eltern anbietet. Im Unterschied zur DDR sieht Frau B aber zudem die Notwendigkeit, dass diese Betreuungsdienstleistung sich zum einen auf den Morgen erstreckt und zum anderen auch für Schüler/innen der Sekundarstufe I angeboten werden muss. Die Frühbetreuung hat dabei die Funktion, den konventionellen Unterrichtsvormittag zu entstören und hierbei teilweise Familienaufgaben zu übernehmen. Des Weiteren will die Schule mittels der Ganztagsangebote einzelnen Kindern, deren Familien aus Sicht der Schule kein ausreichend anregendes Umfeld bieten, einen längeren Aufenthalt in einer „unschädlichen" bis förderlichen Umgebung ermöglichen.

Für Frau B sind die Ganztagsangebote zudem eine sehr gute Chance, um Kindern Partizipationserfahrung zu ermöglichen. Hierin sieht sie auch den zentralen Unterschied zur POS. Heute stellt die Orientierung am Kind und dessen individuellen Bedürfnissen einen Wert dar, während früher das Funktionieren der Heranwachsenden im Sinne der sozialistischen Gemeinschaft im Mittelpunkt stand. Es geht nicht um „Druck", sondern um Entfaltung.

Frau C: Nicht mehr dieses „Gegängele"!

Frau C ist Schulleiterin einer einzügigen Grundschule, die neu errichtet wurde. Frau C formuliert, dass die Grundschule als ganztägige Organisationsform ein „geschlossene[s] Modell" gewählt hat:

> Unsere Angebote laufen während des Unterrichts am Vormittag. Wir wollen also eine Rhythmisierung des Unterrichtsablaufs. Und das ist für uns ganz wichtig und das tut den Kindern auch gut. Wir fangen also täglich, nach einer Frühhortbetreuung von 6.00 – 7.00 Uhr, die ganz wenig Kinder hier in Anspruch nehmen, beginnt ab 7.00 Uhr gleitender Unterrichtsbeginn. Und da ist auch schon ein Lehrer mit da, sprich ich. Ich übernehme also jeden Früh hier die Aufsicht mit einer Erzieherin [...] und das funktioniert wunderbar. Ab 7.00 Uhr kommen die Kinder und halten sich im ganzen Haus auf, je nach Interesse, und es wird sehr rege angenommen. [...] Also, die meisten kommen so zwischen 7.15 Uhr und 7.30 Uhr und wollen hier noch irgendwas mit ihren Freunden unternehmen und noch was machen. Also, das ist erst mal das Positive, was sehr schön ist. Und da ist es ruhig, das geht dann so sachte über und die Kinder sind dann schon äh ausgeruht und haben ausgepackt – geht, klappt also wunderbar. Und dann versuchen wir in den ersten beiden Stunden Blockunterricht durchzuführen, das heißt bei einem Lehrer zwei Stunden hintereinander, sodass der Lehrer sich ein bisschen eine größere Sache vornehmen kann, selbst entscheidet, wann die Pause stattfindet – es klingelt nicht. Ja, und äh wenn ich also merke: Jetzt bin ich hier an einer Stelle, jetzt passt eine Pause, dann mache ich die. Stört auch die anderen nicht, weil das hier so schön schallgedämpft ist. [...] Und dann ist eine

halbe Stunde Frühstückspause. Ja, dann nehmen also die Kinder ihr Schnittchen und ihr Trinken und gehen rüber in den Speiseraum. [...] Ja, dort essen sie in aller Ruhe, müssen mindestens zehn Minuten essen, weil da gibt's doch Kinder, die sind da in zwei Minuten fertig und wollen dann nur noch raus. [...] Ja, und dann gehen die raus und können sich hier im ganzen Gelände aufhalten, ne. Haben sie also wirklich genug zu tun und bei schlechtem Wetter im Gebäude. Dann kommt noch einmal zwei Stunden Blockunterricht, wenn möglich. Und dann kommt eine einstündige Mittagspause. Und in den zwei Stunden, also praktisch in der dritten und vierten Unterrichtsstunde, da ist dann zwischendurch immer Mal ein Angebot. [...] Und da haben wir nun die verschiedensten Sachen äh, wo sich die Kinder entscheiden können und möglichst ein halbes Jahr dabei bleiben sollen, wenn natürlich einer absolut für irgendetwas dann merkt: Ich habe kein Interesse, da gibt es immer eine Möglichkeit das zu ändern, also gezwungen wird niemand, ne. Ja, und das findet hier statt.

Frau C beschreibt ein weitgehend von der traditionellen Schule abweichendes Schulkonzept: Offener Beginn, Blockunterricht, lange Frühstückspause, zusätzliche Angebote auch am Vormittag und keine Pausenklingel sind nur einige Merkmale, die die Schulen von Herrn A oder Frau B nicht aufweisen. Zu bedenken ist aber, dass die Unterrichtskultur an Grundschulen von der an Mittelschulen – auch unabhängig von der ganztägigen Organisation – generell abweicht. Jedoch ist die von Frau C als „Rhythmisierung des Unterrichtsablaufs" bezeichnete Neuorganisation des Schultags sehr stark an die gebundene Form der Ganztagsschule geknüpft. Dass zusätzliche Angebote am Vormittag stattfinden können, bedarf der Tatsache, dass alle Schüler/innen über einen verlässlichen Zeitraum bis nach dem Mittag in der Schule sind: „Bei uns müssen ja alle daran teilnehmen, weil es gar nicht anders geht".

Die flexible Gestaltung von Lern- und Entspannungseinheiten ist aus Frau C's Sicht eng mit den von ihr sehr positiv empfundenen räumlichen Bedingungen verbunden. Das Lernen in der einzelnen Klasse muss nicht in einen ‚Schulrhythmus' gezwängt werden, damit andere Klassen ungestört arbeiten können. Zugleich stellt Frau C die Schule als Ort der Erziehung und Begegnung vor. Die Schüler/innen kommen nicht nur wegen des Unterrichts, sondern treffen am Morgen eher in der Schule ein, um Freundinnen und Freunden zu begegnen. Parallel sorgt die Schule mit klaren Regeln dafür, dass bspw. das Frühstück in Ruhe eingenommen wird.

Die zusätzlichen Angebote schildert Frau C im weiteren Verlauf genauer. Neben Angeboten zum Thema Musik und einem geschlechtsspezifischen Angebot für Jungen von jeweils externen Anbietern sind auch die Erzieherinnen des im Schulgebäude integrierten Hortes in die Vormittagsgestaltung eingebunden. Frau C sagt „meine Horterzieher", wenn sie darüber spricht, wie die Erzieherinnen jeweils weitgehend interessen- und begabungsgeleitet vormittags Angebote zu den Themen Natur, Experimentieren, Musik & Tanz oder Computer leiten. Insgesamt beschreibt Frau C eine sehr enge Zusammenarbeit zwischen dem Personal des Hortes und der Schule. Indem sie von „ihren Horterzieherinnen" spricht, versteht sie sich auch als deren pädagogische Leitung. Die Erzieherinnen leisten jetzt mehr als die morgendliche und nachmittägliche Betreuung: Jetzt sind sie am Vormittag für die inhaltliche Ausgestaltung der unterrichtsergänzenden Angebote zuständig. Die Förderangebote liegen dagegen anscheinend in der Hand der Lehrkräfte:

> So und dann natürlich unser Förderunterricht, der läuft da auch mit zu diesen Angeboten. Das sind natürlich die Kinder, die wir so bisschen lenken. Na, ich meine, ich weiß ja, wen brauch' ich im Förderunterricht […] Förderunterricht ist ja nicht mehr wie früher, als hier das Schulsystem begann, da haben wir im Förderunterricht den Unterrichtsstoff nachgeholt. Jetzt gucken wir: Woran liegt es denn? Konzentration, Motorik, solche Sachen finden wir jetzt heraus und da arbeiten wir dran. Ja, und das nennen wir nicht Förderunterricht, wir sagen dann zu den Kindern meinetwegen „Lernspiele" oder äh so was, dass die nicht sagen: „Oahr, ich muss schon wieder in den Förderunterricht." Ja, und das ist auch jetzt nicht mehr so, wie gesagt, keine Wiederholung des Unterrichtsstoffes – das tut ihnen gut.

Die Schule versucht hier einen neuen Weg zu gehen: Der Förderunterricht wird zum „Lernspiel" umbenannt, um die Defizitzuschreibung durch die Betitelung zu umgehen. Zugleich beschreibt sie ein individuell an den Bedürfnissen der Kinder ausgerichtetes Angebot. Zur Teilnahme an diesen Angeboten scheinen die Lehrkräfte die Kinder gezielt aufzufordern („lenken"), wenn sie entsprechende Defizite erkennen. Auch hinsichtlich der Hausaufgabenerledigung wird die enge Zusammenarbeit mit dem Hort und der Ansatz individueller Förderung sichtbar. Anders als im Unterricht ist hier auch Zeit für ein Gespräch, bei dem die Situation des Kindes – in Bezug auf Leistungsstand oder auch darüber hinausgehende Bedingungen – erfragt und diagnostiziert werden kann.

Im weiteren Verlauf vergleicht Frau C den Hort der DDR mit dem jetzigen und stellt starke Unterschiede fest:

> Die Aufbewahrung, die Aufbewahrung aber äh das wurde eben auch so ideologisch durchdrungen. Ja, da gab es eben dann auch solche Themen […] was weiß ich, Pioniergeburtstag war, da wurde das eben dann auch im Hort gefeiert. […] Ja, aber mehr oder weniger eine Aufbewahrung, Erledigung der Hausaufgaben und spielen, und gebastelt haben die auch, aber nicht so wie wir das jetzt machen, […] bei uns ist ja, ist ja dann ehm nach der Ganztagsschule, ist ja auch weiterhin Hortbetreuung möglich. Ja bloß die Kinder sind ja bei uns den ganzen Tag so beschäftigt, dass die dann eigentlich nur noch spielen wollen, und das versteht man.

Insgesamt sieht Frau C den Hort an ihrer Schule als ein an den Interessen der Kinder ausgerichtetes Angebot. Nach einem langen Schultag wollen die Kinder „eigentlich nur noch spielen [...] und das versteht man". Zwar wird und wurde damals wie heute nachmittags gebastelt und gespielt. Die Differenz liegt – so die Interpretation – in der Art der Angebotsunterbreitung. Nicht eine zentrale Programmatik steht im Mittelpunkt und ist Quelle der Angebote, sondern die Bedürfnisse der Kinder bilden das Zentrum.

An dieser Stelle klingt das von Frau C beim historischen Vergleich immer wieder hervorgehobene zentrale Unterscheidungsmerkmal an: Die gegenwärtige Freiheit zur Gestaltung im Gegensatz zum „Gegängele" (s.u.) in der DDR. Auf die Interviewerfrage zum Vergleich der heutigen Schule mit der POS äußert Frau C, dass die POS „ganztägig organisiert" war:

> Also, es war ja am Vormittag der Unterricht dann war die Hortbetreuung, dort mussten allerdings nicht alle teilnehmen. Und dann hatten wir ja diese Pioniernachmittage und die Arbeitsgemeinschaften. Ja, die haben ja dann auch die Lehrer gehalten. Und aber es war eben ein Gegängele [...] und das ist unangenehm, wenn ein Mensch gegängelt wird, wenn einem vorgeschrieben wird, was ich machen soll. Und sie haben ja gehört wie äh, als ich das vorhin gesagt habe: Jeder nach seinen Bedürfnissen, was kann ich, das mach ich. Und das gab es ja damals nicht. Da wurden also Themen vorgegeben, was weiß ich, politische Themen, hier: Ernst Thälmann hat Geburtstag. Und dazu haben wir dann einen Pioniernachmittag gestaltet. Wie wir das gemacht haben, das war wieder eine andere Frage. Das hat auch jeder Lehrer anders gemacht, das kann man ganz nett machen. Und bei dem Thema „Ernst-Thälmann-Geburtstag" feiern wir eben mal Geburtstag. So! Also, so habe ich das gemacht. Ich konnte das nicht, absolut nicht jetzt vereinbaren mit mir und mit den kleinen Kindern, das so politisch hoch zu ziehen wie das manche gemacht haben.

Auf der Strukturebene versteht Frau C die POS als „ganztägig organisiert". Sie zieht aber im Unterschied zu Frau B und Herrn C keine Parallele zu ihrer Schule und präzisiert später im Interview, dass die POS vor allem der heutigen offenen Ganztagsschule ähnele.

Auf der Inhaltsebene erinnert sich Frau C ambivalent an die Vorgaben, die sie als Lehrerin in der DDR erfüllen musste. Zum einen fühlte sie sich „gegängelt". Auf der anderen Seite sorgten die externen Anweisungen dafür, dass Frau C Nischen und Auswege suchen und finden konnte, um ihre Auffassung einer ideologiefreien Bildung und Erziehung umzusetzen. Sie beschreibt Momente, in denen sie unter problematischen Bedingungen Möglichkeiten fand, ihre Auffassung des Lehrer-Seins zu entfalten.

Markant ist, dass beim Vergleich zwischen heute und gestern zunächst die Freiheit der Lehrkraft im Mittelpunkt steht. Nicht die Kinder, die Ziel der

Ideologisierung waren, sind vordergründig die Leidtragenden, sondern die Lehrkräfte, die nicht ihren Entwurf umsetzen konnten, sondern durch Vorgaben „gegängelt" wurden. Später erläutert sie, dass auch heute aufgrund externer Zwänge bestimmte „Sachen […] gemacht werden" müssen, „aber inhaltlich entscheide ich jetzt selber, was ich tue und das ist der große Unterschied zu damals". Im Unterschied zur DDR sind aus Frau C's Sicht heute die Pädagog/innen Gestalter/innen von Schule innerhalb festgelegter Grenzen. Die Regeln bieten einen Rahmen mit Pflichten, aber auch mit Spielräumen, die von den Lehrkräften entsprechend ihrer Entwürfe inhaltlich gefüllt werden.

Frau C hat sowohl durch die Wende wie hinzukommend durch die „neue Ganztagsschulbewegung" Möglichkeiten erhalten, sich als Pädagogin freier zu entfalten. Mit der neuen Freiheit entstehen Gelegenheiten, durch innovative Konzepte den Schultag derart umzugestalten, dass ein Vergleich mit der Schule der DDR schon fast abwegig erscheint. Nicht nur die Unterrichtskultur weicht ab, sondern auch die Rolle des Hortes als Kooperationspartner unterscheidet sich von der Situation in der DDR. Aus der Nutzung der pädagogischen Spielräume haben Frau C und ihr Kollegium ein Schulkonzept entwickelt, dass einen hohen Verbindlichkeits- und Verpflichtungsgrad aufweist. Dieser Gestaltungsfreiraum ist für Frau C ein großer Wert und zugleich die Differenz zur DDR. Aus Frau C's Sicht können die Kinder nur dann in dem von ihr beschriebenen Maß gefördert werden, wenn sie sich für eine umfangreiche Teilnahme entscheiden. Für Frau C ist der so entstehende Zwang die Vorrausetzung dafür, dass Kinder eine auf die Einzelpersonen konzentrierte Förderung erhalten und aus einer Vielzahl von Angeboten wählen können.

Fazit

Hinsichtlich der Begründung des Umbaus der Halb- zur Ganztagsschule lassen sich Parallelen zwischen den 1960ern in der DDR und der heutigen Ganztagsschulbewegung[41] finden: Das beschäftigungspolitische Argument im Sinne einer verlässlichen Betreuung und der Wunsch nach optimierten Bedingungen für die Vermittlung von Bildungsinhalten wiederholen sich. Um die Zahl der Sitzenbleiber und der abschlusslosen Schulabgänger zu verringern, müssen Schulleistungen verbessert werden – ebenso ein zentrales Argument damals wie heute. Auch gegenwärtig sollen – selbstverständlich mit einer differenten Zielrichtung zur DDR – durch die Ganztagsschule erzieherische Defizite in Familien ausgeglichen werden. Die Themen Betreuung, Bildung und Erziehung wiederholen sich als Zielüberschriften bei der Einführung von ganztägigen Schulen, unabhängig von der Gesellschaftsform.

---

41 Vergleiche dazu den Beitrag von Wiere am Anfang dieses Bandes.

Beim weiteren Vergleich fällt darüber hinaus grundsätzlich auf: Der Ausbau der ganztägig organisierten Schule geschieht als bildungspolitische Initiative, deren Wirksamkeit erst begleitend empirisch hergestellt werden soll. Wird dieser Ausbau, wie in Sachsen gegenwärtig Praxis, an die Schulen als empfohlenes Ziel und (finanziell unterfütterte) Erwartung herangetragen und zugleich mit einem großen Gestaltungsspielraum versehen, so entstehen zumeist offene Ganztagsschulen mit überwiegend additivem Freizeitangebot: Im Jahr 2008 trifft dies für ca. 70 % der sächsischen Ganztagsschulen zu (vgl. Sekretariat der Kultusministerkonferenz 2010), während es 1965 in der gesamten DDR 55 % der Tagesschulen waren (vgl. Lindner 1966, S. 278). Die vormittägliche Platzierung der Unterrichtsstunden erweist sich als äußerst stabil. Die konzeptionell gewollte Verknüpfung des Unterrichts mit den zusätzlichen nachmittäglichen Angeboten bleibt zeitunabhängig ein Entwicklungsfeld.[42]

Die bis zum Ende der DDR existierende POS war von einzelnen Elementen der Tageserziehung gerahmt, die als Alternative zur Tagesschule seit 1965 konzipiert und praktiziert wurden. Der Hort, der über die politische Wende hinaus eine flächendeckende Realität in den ostdeutschen Bundesländern war und ist, gilt als eine solche Einrichtung. Kurz gesagt ist der Hort für die Primarstufe ein strukturelles Element eines ganztägigen Bildungs-, Erziehungs- und Betreuungsprogramms, das ungeachtet der politischen und schulischen Veränderungen bis heute Bestand hat und seine Funktion erfüllt. Indem sich Sachsen im Rahmen der Ganztagsangebote auf die Tradition des Hortes beruft, besteht die Gefahr, die miteinander verquickten, unterschiedlichen Traditionsebenen unzureichend zu differenzieren. Natürlich gleicht der heutige Hort als Teil einer sozialen Infrastruktur sowie beschäftigungspolitisches Instrument im Sinne eines verlässlichen Betreuungsangebots dem der DDR. Aber inhaltlich versteht sich der Hort seit den 1990ern als Einrichtung der Jugendhilfe, die einem eigenen Bildungsprogramm folgt (vgl. Sächsischer Bildungsplan (SMS 2007)). Schon lange untersteht der Hort nicht mehr der Schule, sondern ist deren Kooperationspartner.[43] Das Fallbeispiel der voll gebundenen Ganztagsgrundschule hat gezeigt, welche Verzahnungen zwischen Schule und Hort möglich sind.[44] Es ist zumindest undifferenziert, wenn den Grundschule-Hort-Standorten pauschal zugewiesen wird, eine ganztägige Tradition aus „alten Zeiten" weiterzuführen (s.o., vgl. GGT 2004).

---

42 Weitere hier nicht im Einzelnen dargelegte Problemfelder damals wie heute sind der Umgang mit den Hausaufgaben (vgl. Drewelow 1964) und die Einbeziehung älterer Jahrgänge in das Angebot (vgl. Lindner 1968, S. 173).
43 Anders war es in der DDR, wo POS und Hort – wie auch alle anderen Stellen der Jugendhilfe – zur Abteilung Volksbildungswesen gehörten (vgl. Günther u.a. 1989).
44 Zu den Chancen und Risiken der Grundschule-Hort-Konstellation im Rahmen eines Ganztagsangebots vgl. den Beitrag von Markert in Abschnitt I dieses Bandes.

In der Fallstudie benennen die Interviewten der als offene Ganztagsschulen betriebenen Mittelschulen die Betreuung („Aufbewahrung") der Schulkinder ebenfalls als wichtige Funktion ihres Ganztagsangebots. Sie verstehen es als Innovation, dass sie auch für Sekundarschüler/innen eine Betreuung anbieten können. Die betreuenden und versorgenden Elemente werden dabei um einen weitgehend unveränderten Unterrichtsvormittag gruppiert.

In der DDR wurden mittels der POS die Ansprüche einer umfassenden – und damit auch politischen – Bildung in der Struktur einer offenen, ganztägig organisierten Schule mit Nachmittagsangeboten umgesetzt. Nach dem Mittagessen besuchten die Schüler/innen der Sekundarstufe I noch den obligatorischen Unterricht, zudem fakultative Kurse, Veranstaltungen der Jugendorganisationen und als „Arbeitsgemeinschaften" bezeichnete Freizeitangebote. Die so skizzierte Struktur der POS – vormittags Unterricht und nachmittags freiwillige Angebote – liegt aus Sicht der befragten Schulleiter/innen sehr nah an dem Ablauf, wie er heute an den offenen Ganztagsschulen mit additivem Nachmittagsangebot praktiziert wird. D.h. die Struktur ist tatsächlich aus „alten Zeiten" bekannt. Es lassen sich auch vergleichbare Details, wie gleiche Inhalte oder die Einbindung des Schulumfelds in die Angebotsgestaltung, finden. Schon bei der Betrachtung der Primarstufe im Sinne der Grundschule-Hort-Standorte, aber auch hinsichtlich der Angebotsformen der offenen Ganztagsschulen wird so deutlich, dass der Vergleich von Strukturen und Organisationsmodellen sehr schnell dazu führt, Ähnlichkeiten zu entdecken. Es ist folglich nicht verwunderlich, dass die Frage „Hatten wir das alles schon?" nicht mit einem klaren Nein beantwortet werden kann.

Erwartbar ist, dass die Pädagog/innen, die sowohl die vergangene wie die heutige Schule mitgestaltet haben, im Rahmen des Vergleichs zunächst die Abkehr von der ideologisch durchdrungenen Schule einer Diktatur als großen Wert ausführen. Kongruent zu dem Thema „Freiheit", das im Mittelpunkt der Bürgerbewegung der DDR stand, stellen die Befragten auch heute die gewonnene Autonomie auf verschiedenen Ebenen in den Mittelpunkt der Betrachtung ihrer heutigen Schulen. Dabei existieren starke Differenzen.

Im Fall von Herrn A wird die Tatsache, dass die Kinder und Familien sich zu einem Angebot entscheiden können und dabei aus einer Vielzahl von Inhalten auswählen können, als Vorzug der heutigen offenen Ganztagsschule genannt.

Im Fall von Frau B wird die Freiheit zudem daran sichtbar, dass die Schüler/innen bei der Entwicklung der Angebote als Gestaltungspartner/innen anerkannt sind. Hier wird die Erfahrung, mitbestimmen zu können, als wichtiges Bildungsangebot betrachtet, um auf ein Leben in der heutigen, von Auswahl, Entscheidungsaufgaben und Gestaltungsmöglichkeiten geprägten Gesellschaft vorzubereiten.

In Bezug auf das Thema Freiheit geht die vollgebundene Ganztagsgrundschule von Frau C einen völlig anderen Weg: Freiheit bedeutet hier nicht eine grundsätzliche Offenheit im Sinne einer Dienstleistung, bei der Eltern und Kinder auswählen, quasi „konsumieren" können. Stattdessen ist der hohe Verbindlichkeitsgrad und der damit verbundene Zwang ein Ergebnis der Überlegungen, welche Voraussetzungen notwendig sind, um die pädagogischen Möglichkeiten an der Schule weitreichend für die Bereitstellung individueller Bildungsangebote nutzen zu können. Der verpflichtende Rahmen gibt den Pädagog/innen die Freiheit, schulische Abläufe und Inhalte entlang der Bedürfnisse der Kinder zu gestalten. D.h. wenn der Aspekt der Freiheit weniger vordergründig als Wahlmöglichkeit von Schüler/innen und Eltern, sondern als pädagogischer Gestaltungsfreiraum bei der Konzipierung angemessener Bildungssettings betrachtet wird, erweisen sich auch verpflichtende Schulkonzepte als begründ- und durchsetzbar.

Resümierend kann also festgestellt werden, dass die Freiheiten bei der Gestaltung der ganztägig organisierten Schule in Sachsen auf verschiedenen Ebenen in verschiedener Weise interpretiert und genutzt werden. Während die offene Ganztagsschule mit additivem Nachmittagsprogramm an der Struktur, den ideologiefreien Bildungsinhalten und den Kooperationsformen der POS anknüpft, existiert für die vollgebundene Ganztagsschule kein (noch erinnerter) Bezugspunkt im DDR-Schulsystem[45], der außerhalb von Spezialschulen (bspw. Sportschulen) liegt. Entgegen aller Traditionen soll hier die Teilnahmepflicht nicht der Kollektivierung, sondern der individuellen Förderung und Entfaltung dienen. Es ist leicht vorstellbar, dass ein solches verbindliches Konzept erst ausführlich erläutert und beworben werden muss und entsprechend schwerer Akzeptanz bei Lehrkräften, Eltern und Administrationen findet. Nicht nur der geringere Veränderungsbedarf/die einfachere, bekannte Struktur, sondern auch diese gedankliche Hürde könnten ein Grund dafür sein, warum an den meisten sächsischen Standorten die offene Organisationsform der Ganztagsschule die erste Wahl ist.

Literatur

Appel, Stefan/Rutz, Georg (2002): Die wundersame Vermehrung von Ganztagsschulen. Die Ganztagsschule, H. 4. Verfügbar über: www.ganztagsschulverband.de/gsv/page/files/zeitschrift/TagungsrueckblickAppel.pdf (Zugriff: 19.07.2010).
Augsburg, Ralf (2004): Offene Schule in der Mitte der Gesellschaft. Verfügbar über: www.ganztagsschulen.org/1875.php (Zugriff: 19.07.2010).
Behrends, Irene (1988): 25 Jahre „Ganztägige Bildung und Erziehung". Ganztägige Bildung und Erziehung. 26. Jg., H. 8/9, S. 209–211.
Berge, Marianne/Sielski, Gebhard (2005): Die Tagesschulversuche in den 60er Jahren in Berlin und Leipzig. In: Dieter Kirchhöfer/Hans Merkens: Vergessene Ex-

---

45 Zur (kurzfristigen) Existenz solcher Schulen s. Kapitel 1 in diesem Beitrag.

perimente. Schulversuche in der DDR. Baltmannsweiler: Schneider Verlag Hohengehren, S. 62–73.

Bohnsack, Ralf/Nentwig-Gesemann, Iris/Nohl, Arnd-Michael (2001): Die dokumentarische Methode und ihre Forschungspraxis. Opladen: Leske + Budrich.

Deutsches Jugendinstitut (2005): Zahlenspiegel 2005. Kindertagesbetreuung im Spiegel der Statistik. München: DJI.

Deutsches Pädagogisches Zentralinstitut (1964): Beiträge zur ganztägigen Bildung und Erziehung. Berlin: Volk u. Wissen.

Drewelow, Horst (1962): Die Schule der Zukunft. Berlin: Volk u. Wissen.

Drewelow, Horst (1964): Schulaufgaben in der ganztägigen Bildung und Erziehung. In: Deutsches Pädagogisches Zentralinstitut. Abteilung Ganztägige Bildung und Erziehung: Beiträge zur ganztägigen Bildung und Erziehung. Berlin: Volk u. Wissen, S. 126–142.

Ellmann, Heinz (1964): Auf die Leitung kommt es an. Ganztägige Bildung und Erziehung. 2. Jg., H. 4, S. 4–8.

Gängler, Hans/Bloße, Stephan/Lehmann, Tobias/Dittrich, Susanne (2009): Wissenschaftliche Begleitung und Evaluation der Förderrichtlinie GTA. Jahresbericht 2008 (unveröffentlicht). Dresden: TU Dresden.

Gebhardt, Birgit (1993): Die Tagesschule der DDR. Betrachtungen zum sozialistischen Konzept der Ganztagserziehung. Zeitschrift für Pädagogik. 39. Jg., H. 6, S. 991–1006.

Geißler, Gert (2004): Ganztagsschule in der DDR. In: Stefan Appel/Harald Ludwig/Ullrich Rother/Georg Rutz: Jahrbuch Ganztagsschule 2005. Schwalbach/Ts.: Wochenschau, S. 160–170.

Geißler, Gert (2005): Ganztagsschule in der DDR. Großer Sprung, kleine Schritte und allmähliche Erschöpfung. In: Falk Radisch/Eckhard Klieme: Ganztagsangebote in der Schule. Internationale Erfahrungen und empirische Forschungen. Bonn; Berlin: BMBF, S. 81–100.

Gericke, Fritz (1965): Wir sprachen mit Studienrat Fritz Gericke. Ganztägige Bildung und Erziehung. 3. Jg., H. 9, S. 1–2.

GGT (2004): Aktuelles Sachsen. Verfügbar über: www.ganztagsschulverband.de/gsv/page/landesverbande/ggt-in-sachsen/aktuelles-aus-sachsen (Zugriff: 19.07.2010).

Goetze, Werner (1963): Beratung der Forschungsgemeinschaft Tagesschule. Pädagogik. 18. Jg., H. 2, S. 218–220.

Gruner, Petra/Kluchert, Gerhard (2001): Erziehungsabsichten und Sozialisationseffekte. Die Schule der SBZ und frühen DDR zwischen politischer Instrumentalisierung und institutioneller Eigenlogik. Zeitschrift für Pädagogik. Jg. 47, H. 6, S. 859–868.

Günther, Karl-Heinz/Uhlig, Gottfried (1969): Geschichte der Schule in der Deutschen Demokratischen Republik 1945 bis 1968. Berlin: Volk u. Wissen.

Hagemann, Karen/Mattes, Monika (2008): Ganztagserziehung im deutsch-deutschen Vergleich. Aus Politik und Zeitgeschichte. H. 23, S. 7–14.

Hoffmann, Dietrich/Döbert, Hans/Geißler, Gert (1999): Die „unterdrückte" Bilanz. Weinheim: Deutscher Studienverlag.

Hünecke, H./Nelte, Horst (1964): Erfahrungen aus der Leitungstätigkeit an einer Tagesschule. In: Deutsches Pädagogisches Zentralinstitut. Abteilung Ganztägige Bildung und Erziehung: Beiträge zur ganztägigen Bildung und Erziehung. Berlin: Volk u. Wissen, S. 382–394.

Janke, Paul (1960): Vom Mehrstufenunterricht zur Ganztagserziehung. Pädagogik. 15. Jg., H. 6, S. 562–568.

Kanzlei des Staatsrates der DDR (1969): Gesetz über das einheitliche sozialistische Schulsystem. Vom 25. Februar 1965. In: Karl-Heinz Günther/Christine Lost: Dokumente zur Geschichte des Schulwesens in der Deutschen Demokratischen Republik. Teil 2: 1956–1967/68, 2. Halbband. Berlin: Volk u. Wissen, S. 569–604.

Köhler, Helmut (2001): Zensur, Leistung und Schulerfolg in den Schulen der DDR. Zeitschrift für Pädagogik. 47. Jg. H. 6, S. 847–857.

Kolbe, Fritz-Ulrich/Reh, Sabine/Fritzsche, Bettina/Idel, Till-Sebastian/Rabenstein, Kerstin (2009): Ganztagsschule als symbolische Konstruktion. Fallanalysen zu Legitimationsdiskursen in schultheoretischer Perspektive. Wiesbaden: VS.

Lange, Siegfried (1966): Tageserziehung auch in Schulen ohne Hort. Ganztägige Bildung und Erziehung. 4. Jg., H. 8, S. 7–11.

Lehmann, Ina (2006): Ganztagsangebote in Sachsen. In: Stefan Appel/Harald Ludwig/Ullrich Rother/Georg Rutz: Jahrbuch Ganztagsschule 2007. Schwalbach/Ts.: Wochenschau, S. 116–123.

Lepping, Dirk (2003): Ganztagsschule – vom Tabuthema zum Modethema? Die Debatte und die Begründung der Ganztagsschule in Deutschland seit Beginn der neunziger Jahre. Examensarbeit an der Westfälischen Wilhelms-Universität Münster (2003 erschienen im GRIN Verlag).

Lindner, Werner (1964): Einleitung. In: Deutsches Pädagogisches Zentralinstitut. Abteilung Ganztägige Bildung und Erziehung: Beiträge zur ganztägigen Bildung und Erziehung. Berlin: Volk u. Wissen, S. 5–16.

Lindner, Werner (1966): Untersuchungen zum Problem der Tagesschule. Habilitationsschrift. Berlin: Humboldt-Universität Berlin.

Lindner, Werner (1968): Zur geschichtlichen Entwicklung der Tagesschule in der Deutschen Demokratischen Republik. In: Deutsches Pädagogisches Zentralinstitut: Pädagogische Wissenschaft und Schule: Jahrbuch. Berlin: Volk u. Wissen, S. 149–189.

Lost, Christine/Günther, Karl-Heinz (1989): Die allgemeinbildenden Schulen. In: Karl-Heinz Günther/Helmut Klein/Heinz Lindner/Gerhart Neuner/Heinz Roßner/ Wolfgang Rudolph/Hans-Jürgen Schmidt/Rudi Schulz: Das Bildungswesen der Deutschen Demokratischen Republik. Berlin: Volk u. Wissen, S. 47–91.

Mattes, Monika (2009): Ganztagserziehung in der DDR. Zeitschrift für Pädagogik. 55. Jg., 54. Beiheft, S. 230–246.

Ministerium für Volksbildung der DDR (1961): Für die Verbesserung des Lernens und der sozialistischen Erziehung an den Oberschulen. Protokoll des VI. Pädagogischen Kongresses vom 3. bis 5. Juni 1961. Teil 1. Berlin: Volk u. Wissen.

Quellenberg, Holger (2007): Ganztagsschule im Spiegel der Statistik. In: Heinz Günter Holtappels/Eckhard Klieme/Thomas Rauschenbach/Ludwig Stecher: Ganztagsschule in Deutschland. Ergebnisse der Ausgangserhebung der „Studie zur Entwicklung von Ganztagsschulen" (StEG). Weinheim; München: Juventa, S. 14–36.

Ringlau, R./Berge, Marianne (1964): Erfahrungen mit dem sozialistischen Wettbewerb auf dem Gebiet des Lernens. In: Deutsches Pädagogisches Zentralinstitut. Abteilung Ganztägige Bildung und Erziehung: Beiträge zur ganztägigen Bildung und Erziehung. Berlin: Volk u. Wissen, S. 257–283.

Schmidt, Werner (1963): Zur Organisation der ganztägigen Bildung und Erziehung. Erfahrungen der Tagesschule Zella-Mehlis. Berlin: Volk u. Wissen.

Sekretariat der Kultusministerkonferenz (2008): Allgemein bildende Schulen in Ganztagsform in den Ländern in der Bundesrepublik Deutschland – Statistik 2002 bis 2006. Verfügbar über: www.kmk.org/fileadmin/pdf/Statistik/GTS_ 2006.pdf (Zugriff: 26.06.2010).

Sekretariat der Kultusministerkonferenz (2010): Allgemein bildende Schulen in Ganztagsform in den Ländern in der Bundesrepublik Deutschland – Statistik 2002 bis 2008. Verfügbar über: http://www.kmk.org/fileadmin/pdf/Statistik/ GTS_2008.pdf (Zugriff: 25.06.2010).

SMS (Sächsisches Staatsministerium für Soziales) (2007): Der Sächsische Bildungsplan. Dresden: SV Saxonia.

Sozialistische Einheitspartei Deutschlands (1976): Direktive des IX. Parteitages der SED zum Fünfjahrplan für die Entwicklung der Volkswirtschaft der DDR in den Jahren 1976–1980. Berlin: Dietz.

Staatliche Kommission zur Gestaltung des Bildungssystems (1969): Grundsätze für die Gestaltung des einheitlichen sozialistischen Bildungssystems (Entwurf). Vom 16. April 1964 (Auszüge). In: Karl-Heinz Günther/Christine Lost: Dokumente zur Geschichte des Schulwesens in der Deutschen Demokratischen Republik. Teil 2: 1956–1967/68, 2. Halbband. Berlin: Volk u. Wissen, S. 527–546.

Stelter, Klaus (1984): Arbeitsgesetzbuch der Deutschen Demokratischen Republik. Vom 16. Juni 1977. 11. Aufl., Berlin: Verlag Tribüne; Staatsverlag der DDR.

Stolz, Helmut/Herrmann, Albrecht (1966): Über das Kind und seine sozialen Beziehungen in der DDR. München; Basel: Ernst Reinhardt.

Ulbricht, Walter (1960): Neues Deutschland vom 19.01.1960. Berlin, S. 3.

Witzel, Andreas (2000): Das problemzentrierte Interview [26 Absätze]. Verfügbar über: http://qualitative-research.net/fqs (Zugriff: 28.07.2010).

Zabel, Nicole (2009): Zur Geschichte des Deutschen Pädagogischen Zentralinstituts der DDR. Eine institutionsgeschichtliche Studie. (Dissertation). Verfügbar über: http://archiv.tu-chemnitz.de/pub/2010/0009/data/Dissertation.pdf (Zugriff: 27.07.2010).

Zentralkomitee der SED (1969): Brief des Zentralkomitees an die Lehrer und Erzieher in der Deutschen Demokratischen Republik. Vom 12. August 1960. In: Karl-Heinz Günther/Christine Lost: Dokumente zur Geschichte des Schulwesens in der Deutschen Demokratischen Republik. Teil 2: 1956–1967/68, 1. Halbband. Berlin: Volk u. Wissen, S. 361–365.

Hans Gängler

Wozu Ganztagsschule?
Zu strukturellen und inhaltlichen Veränderungen im Bildungssystem

Betrachtet man den Prozess, der in den vergangenen gut zehn Jahren im bundesdeutschen Bildungssystem stattgefunden hat, so kann man für diese vergleichsweise kurze Zeit einen beeindruckenden organisatorisch-strukturellen Umbau konstatieren. Dabei kommt dann nicht nur der Ausbau eines flächendeckenden Angebots von Ganztagsschulen in den Blick, sondern auch die Verkürzung der Gymnasialschulzeit („G12"), die mancherorts allein dadurch Gymnasien zu Ganztagsschulen werden ließ. Bezieht man in diese Betrachtung den Ausbau des Bildungs-, Erziehungs- und Betreuungsangebots im Bereich der frühkindlichen Bildung, vor allem bei den Unter-Dreijährigen, mit ein, so lässt sich feststellen, dass allein das „Quantum" der Zeit, die Kinder und Jugendliche in Einrichtungen der öffentlichen Bildung und Erziehung verbringen, enorm angestiegen ist. Betrachtet man diese Entwicklung zusammengenommen, so kann die Diagnose nur lauten: Es handelt sich um nicht mehr, aber auch nicht um weniger als die Neukalibrierung des Verhältnisses von öffentlicher und privater Erziehung und Bildung. Die Zeit, die Kinder und Jugendliche in öffentlicher Erziehung – von der Kinderkrippe bis zum Schulabschluss – verbringen, nimmt also quantitativ deutlich zu. Sie kommen jünger in Einrichtungen der öffentlichen Erziehung (Ausbau der Kindertageseinrichtungen) und verbleiben – über den Tag gesehen – länger dort (Ausbau der Ganztagsschulen). Dieser Prozess ist in seiner Bedeutung möglicherweise vergleichbar mit der Durchsetzung der allgemeinen Schulpflicht im neunzehnten oder der Etablierung der Kinder- und Jugendhilfe im zwanzigsten Jahrhundert.[1] Gleichwohl lassen sich über die Effekte dieser Entwicklung noch kaum gesicherte

---

1 Dass diese Diagnose im engeren Sinn vor allem auf Westdeutschland zutrifft, wird deutlich, wenn man sich etwa den Ausbau von Kinderkrippen und Kindergärten in der früheren DDR ansieht. Dort entwickelte sich diese Zunahme an öffentlichen Erziehungseinrichtungen bereits seit den fünfziger Jahren des vergangenen Jahrhunderts, einerseits um aufgrund von Arbeitskräftemangel die Berufstätigkeit von Frauen zu ermöglichen, andererseits um das staatliche Erziehungsprogramm möglichst früh umsetzen zu können. Betrachtet man die Bundesrepublik Deutschland in dieser Hinsicht im Vergleich mit zahlreichen anderen westlichen Industriestaaten, so könnte man im Hinblick auf dieses Ausbauprogramm des öffentlichen Erziehungs- und Bildungswesens geradezu von einer nachholenden Entwicklung sprechen.

Aussagen treffen. Im Folgenden werden daher lediglich einige Überlegungen vorgestellt, die mögliche Effekte dieser Entwicklung vor dem Hintergrund des aktuellen öffentlichen, bildungspolitischen und erziehungswissenschaftlichen Diskurses beleuchten.

Liest man entsprechende programmatische Passagen aus dem elften Kinder- und Jugendbericht der Bundesregierung, so könnte man im Nachhinein hierin ein Programm für den dann erfolgten Ausbau der öffentlichen Bildungs-, Erziehungs- und Betreuungsangebote erkennen:

> „Die Bedingungen des Aufwachsens in dieser Gesellschaft verlangen ein verändertes Ineinandergreifen von privater und öffentlicher Verantwortung [...] Niemand ist heute für sein Schicksal allein verantwortlich und niemand kann den Staat und die Gesellschaft für sein Schicksal allein verantwortlich machen. Die Kommission fordert ein neues Verständnis von öffentlicher Verantwortung für das Aufwachsen von Kindern und Jugendlichen: Staat und Gesellschaft müssen die Lebensbedingungen von Kindern und Jugendlichen so gestalten, dass die Eltern und die jungen Menschen für sich selbst und für einander Verantwortung tragen können." (BMFSFJ 2002, S. 42)

Zwar geht es im elften Kinder- und Jugendbericht gerade nicht um formale Bildung (Schulbildung), dennoch ist die Programmatik klar: Aufgrund der „Bedingungen des Aufwachsens in dieser Gesellschaft" wird ein „verändertes Ineinandergreifen von privater und öffentlicher Verantwortung" im Hinblick auf die Ausgestaltung der Lebensbedingungen von Kindern und Jugendlichen gefordert. Unter den „veränderten Bedingungen des Aufwachsens" verstehen die Autoren des Berichts zum einen die wachsende Bedeutung der Einrichtungen der öffentlichen Erziehung (v.a. der Kindertageseinrichtungen), zum anderen aber auch eine geringere Bedeutung der familialen Erziehung vor dem Hintergrund des Einflusses von Medien, peer-groups und neuen Informations- und Kommunikationstechnologien. Ob diese Diagnose tragfähig ist, darüber ließe sich trefflich streiten; so betonen etwa die Verfasser der PISA-Studie die nach wie vor hohe Bedeutung, die die familiale Herkunft für Bildungserfolge bzw. -misserfolge hat. Eines allerdings ist zweifelsfrei feststellbar: die oben bereits angesprochene Zunahme der öffentlichen Erziehung.

Einen interessanten Hinweis auf mögliche Konsequenzen für das Verhältnis von öffentlicher und privater Erziehung und Bildung findet sich in der LUGS-Studie (Kolbe u.a. 2009). In den symbolischen Konstruktionen, den Sinnentwürfen der Ganztagsschulen identifizieren die Autoren der Studie einen Motivkomplex, den sie als „Familiarisierung der Schule" bezeichnen (vgl. Fritsche u.a. 2009, S. 83f.). Es handelt sich hierbei darum, dass die Akteure in der Schule (Lehrerinnen und Lehrer) als Reaktion auf die wahrgenommene Erosion in Familien familienähnliche Aufgaben übernehmen (wollen): Im „Konstrukt der Familiarisierung von Schule wird der Anspruch erhoben, familienähnliche soziale Beziehungsstrukturen zu etablieren, d.h. Schule als eine Art Ersatzfamilie zu gestalten" (ebenda, S. 83). Inwieweit dies überhaupt möglich sein kann, ist hier nicht zu diskutieren. Ein solches Konstrukt erscheint hingegen plausibel vor dem Hintergrund der Neukalibrierung des Verhältnisses von öffentlicher und privater Erziehung: Ob dieses „Mehr" an öffentlicher Erziehung und Bildung ein „Mehr desselben" (also z.B. einfach mehr Unterricht) ist, oder ob hier Aufgaben der privaten Erziehung in die öffentliche Erziehung verlagert werden, ist eine offene Frage.

Als Begründung für den Ausbau öffentlicher Bildung und Erziehung werden eine Vielfalt von Argumenten angeführt: die Notwendigkeit von kompensatorischer Erziehung (mit Blick auf sogenannte „bildungsferne" Familien), die besondere Bedeutung früher Förderung, die Notwendigkeit zuverlässiger Betreuungsangebote zur Vereinbarkeit von Familie und Beruf, die Möglichkeit zur verbesserten individuellen Förderung u.a. m. Ob diese Ziele – auf den Ebenen Bildung, Erziehung und Betreuung – mit dem Ausbau öffentlicher Erziehung alle erreicht werden, lässt sich, soweit derzeit Daten vorliegen, nicht beantworten. Radisch (2009) kommt bei einer Analyse der vorliegenden Studien zur Wirkungsforschung zum Ergebnis:

„Zusammenfassend lässt sich also festhalten, dass mit Hilfe der Analysen folgendes gezeigt werden konnte:
- Ganztagsschulen können eher im fachübergreifenden und fachunabhängigen Bereich positive Wirkungen hervorrufen und sind förderlich für die Entwicklung sozialer Kompetenzen.
- Es finden sich in keinem Bereich negative Effekte einer ganztägigen Schulorganisation.
- Strukturelle und organisatorische Merkmale spielen für Wirkungsanalysen eine eher untergeordnete Rolle. Wichtiger erscheinen Merkmale der individuellen Teilnahme, der Angebotspalette (Breite und Ausrichtung) sowie des pädagogischen Klimas im Ganztagsbetrieb"

(Radisch 2009, S. 163).

Es ist zumindest tröstlich, dass sich bislang keine negativen Effekte ganztägiger Schulorganisation feststellen lassen, wenngleich in älteren Untersuchungen manchmal Hinweise auf nivellierende Effekte der Ganztagsschule im Hinblick auf Schulleistungen zu finden sind[2]. Ein Effekt dürfte allerdings als gesichert gelten, obgleich er nicht im Zentrum der erziehungswissenschaftlichen Forschungen zur Ganztagsschule steht: derjenige des verlässlichen Betreuungsangebots. Hierfür spielen in der Regel weniger qualitative Merkmale eine Rolle sondern die Zuverlässigkeit der zeitlichen Organisation und ein Grundangebot an Verpflegung. Ob mit der Ganztags-

---

2 Vgl. das Kapitel von Wiere zum Forschungsstand in diesem Band

schule weitere bildungspolitische Ziele erreicht werden, hängt dann von anderen Faktoren ab. Dass dabei die Qualität der Angebote und ihre Reichweite von zentraler Bedeutung sind, versteht sich von selbst.

Im Hinblick auf die Qualität und die Reichweite der Angebote kommt hingegen ein anderer bedeutsamer Faktor ins Spiel: der damit verbundene Finanzbedarf. So lassen sich zweifellos durch Investitionsprogramme infrastrukturelle Voraussetzungen schaffen, doch auch deren Unterhalt, vor allem aber das notwendige Personal ist ein nicht zu unterschätzender Kostenfaktor, insbesondere wenn man von einschlägig qualifizierten professionellen Kräften ausgeht. Wenn es um die Gestaltung von „Freizeitangeboten" geht, so ist die Situation in Ganztagsschulen bundesweit derzeit sehr heterogen: Kooperationspartner aus unterschiedlichsten Berufen (vom bildenden Künstler bis zur Tanzlehrerin, vom Sozialpädagogen bis zur Physiotherapeutin), Ehrenamtliche, Eltern oder Großeltern bis hin zu Lehrerinnen und Lehrern (auf Honorarbasis oder mit festem Stundendeputat) gestalten Ganztagsangebote. Dies alles trägt zur Öffnung der Schulen bei und verankert sie in der Gesellschaft. Andere Zielstellungen – von der individuellen Förderung bis hin zur kompensatorischen Erziehung – sind ohne qualifiziertes professionelles pädagogisches Personal vermutlich kaum erreichbar. Ob dafür in den kommenden Jahren die entsprechenden finanziellen Ressourcen zur Verfügung stehen, dürfte zu den spannendsten Fragen der „neuen Ganztagsschulbewegung" gehören.

Aber auch jenseits der Frage nach dem Geld zeigt der Blick auf das in die Ganztagsschulgestaltung involvierte Personal eine weitere Neuerung im deutschen Schulsystem. Das Schulwesen – zumindest das allgemeinbildende – ist geprägt von einer professionellen Monokultur. Es ist dominiert durch einschlägig ausgebildete Lehrerinnen und Lehrer. Zweifellos: Es gibt auch einzelne Mitglieder anderer Berufsgruppen an Schulen, etwa Schulpsychologen und Schulsozialarbeiter, Verwaltungsangestellte oder Hausmeister. Geprägt wurde die Schule jedoch durch die Lehrkräfte. Dies verändert sich durch den Ausbau zur Ganztagsschule gravierend – sei es in der Grundschule durch die Kooperation mit dem Hort (in den Bundesländern, wo es ihn noch gibt), sei es durch die Zusammenarbeit mit den unterschiedlichsten Professionen und Kooperationspartnern. Die Auswirkungen dieses Öffnungsprozesses auf Schulkultur und Schulklima in den Blick zu nehmen, dürfte ein spannendes Vorhaben für die nahe Zukunft sein. Daneben aber stellt sich immer deutlicher auch die Frage: Verändert der Ausbau zur Ganztagsschule auch das professionelle Selbstverständnis der Lehrerinnen und Lehrer? Oder anders formuliert: Brauchen Ganztagsschulen andere Lehrerinnen und Lehrer als Halbtagsschulen?

Eine sinnvolle Ausbildung von Lehrerinnen und Lehrern orientiert sich am Wissen, an den Fähigkeiten und Fertigkeiten, die für eine gelingende Ausübung des Berufs notwendig sind (vgl. KMK 2004, 2008). Um also aus dem derzeit vorangetriebenen organisatorischen Umbau der Halbtagsschule zur Ganztagsschule Konsequenzen für die Lehrerausbildung zu ziehen, müsste zunächst geklärt werden, ob sich aus dem Aufbau von Ganztagsangeboten und Ganztagsschulen neue Anforderungen ergeben, also Lehrerinnen und Lehrer eine Erweiterung ihres Kompetenzprofils zuwächst.

Eine solche Erweiterung des Profils kann derzeit zumindest in zweierlei Hinsicht erwartet werden: auf der Interaktions- und auf der Organisationsebene. Mit Interaktionsebene ist der Kompetenzbereich gemeint, der erforderlich ist, wenn Lehrerinnen und Lehrer selbst Ganztagsangebote gestalten, die nicht im engeren Bereich zum professionellen Profil des Unterrichtens gehören, also etwa Freizeitangebote u.Ä. In organisatorischer Hinsicht sind insbesondere diejenigen gefordert, die als Koordinatoren des Ganztagsangebots arbeiten und dabei nicht nur in planerischer Hinsicht, sondern auch für die Qualitätssicherung der Ganztagsangebote verantwortlich sind. Auch dieses Kompetenzprofil ist durch die bisherige Lehrerausbildung nicht abgesichert. Darüber hinaus stellt sich natürlich die Frage, in welcher Form solche Kompetenzen dann zu vermitteln bzw. zu erwerben wären – als Spezialisierung oder als Generalisierung der Lehrerausbildung. Spezialisierung bedeutet: Einige Lehrerinnen und Lehrer erwerben zusätzliche Kompetenzen, die sie für spezifische Aufgaben im Rahmen von Ganztagsschulen qualifizieren. Dies würde entweder entsprechende Fortbildungsprogramme erfordern oder im Rahmen der Ausbildung entsprechende Wahlpflichtmodule. Generalisierung bedeutet: Alle Lehrerinnen und Lehrer werden im Rahmen der Ausbildung als Ganztagsschullehrerinnen und -lehrer ausgebildet. Dies würde den bildungspolitischen Willen voraussetzen, die meisten Schulen mittelfristig zu Ganztagsschulen umzubauen.

„Lehrerinnen und Lehrer sind Fachleute für das Lernen", so heißt es in der „Bremer Erklärung" (KMK 2000). Präziser wäre die Formulierung allerdings durch die Einfügung des kleinen Wortes „formal" geworden: Fachleute für das formale Lernen. Entsprechend ist auch die Lehrerausbildung organisiert: Quantitativ dominieren derzeit die Fachinhalte, begleitet von den entsprechenden Fachdidaktiken sowie erziehungswissenschaftlichen und psychologischen Studien. Das ist sinnvoll und notwendig, wenn das Schwergewicht auf der Unterrichtstätigkeit liegt. Belässt man dieses professionelle Kompetenzprofil, so liegt vermutlich eine andere Entwicklung nahe: Die Ganztagsschule der Zukunft ist eine Einrichtung mit einem multiprofessionellen Team, in dem die Lehrerinnen und Lehrer ihren Schwerpunkt in der Unterrichtstätigkeit haben, andere Professionen im Rahmen von Kooperation oder auch angestellt andere Aufgaben wahrnehmen, wie es in vielen anderen gesellschaftlichen Bereichen (z.B. im Gesundheitswesen oder bei sozialen Dienstleistungen) längst der Fall ist.

Betrachtet man die bislang durchgeführten Überlegungen im Zusammenhang – von der komplexen Umstellung des Verhältnisses öffentlicher und privater Bildung und Erziehung über die Frage des Finanzbedarfs bis hin zu den professions- und ausbildungsbezogenen Konsequenzen – so stellt sich die Frage: Wird der Prozess des Ausbaus von Ganztagsschulen weitergehen, stagnieren oder gar sich umkehren? Eine Antwort auf diese Frage hängt in erster Linie davon ab, wozu Ganztagsschulen dienen sollen. Werden sie in erster Linie als zuverlässiges Betreuungsangebot zur Sicherung der Vereinbarkeit von Familie und Beruf verstanden, so werden voraussichtlich vor allem Grundschulen und Schulen der Sekundarstufe I bis zu einer gewissen Bedarfsdeckung zu Ganztagsschulen weiterentwickelt. Sollen Ganztagsschulen allerdings neuere und mehr erzieherische und bildende Funktionen übernehmen, so wird weniger die Organisationsform der Schule im Mittelpunkt stehen, sondern vielmehr die inhaltliche Ausgestaltung des Ganztags in den Blick rücken. Hier werden Fragen der inhaltlichen Qualität der Angebote und der Professionalität des pädagogischen Fachpersonals (und damit auch ein höherer Finanzbedarf) eine entscheidende Rolle spielen.

Der Umstellungsprozess des allgemeinbildenden Schulwesens in der Bundesrepublik von der Halbtags- zur Ganztagsschule ist derzeit bei weitem nicht abgeschlossen. Es ist eine offene und spannende Frage, wohin sich dieser Umgestaltungsprozess entwickelt und welche bildungspolitischen Spielräume ihm gegeben werden.

Literatur

Bundesministerin für Familie, Senioren, Frauen und Jugend (BMFSFJ) (2002): Elfter Kinder- und Jugendbericht. Berlin: BMFSFJ.

Fritzsche, Bettina/Idel, Till-Sebastian/Reh, Sabine/Labede, Julia/Altmann, Stefanie/Breuer, Anne/Klais, Sabrina/Lahr, Evelyn/Surmann, Antonia (2009): Legitimation des Ganztags an Grundschulen – Familiarisierung und schulisches Lernen zwischen Unterricht und Freizeit. In: Fritz-Ulrich Kolbe/Sabine Reh/Till-Sebastian Idel/Bettina Fritzsche/Kerstin Rabenstein (Hrsg.): Ganztagsschule als symbolische Konstruktion. Wiesbaden: VS, S. 83–106.

KMK (2000): Gemeinsame Erklärung des Präsidenten der Kultusministerkonferenz und der Vorsitzenden der Bildungs- und Lehrergewerkschaften sowie ihrer Spitzenorganisationen Deutscher Gewerkschaftsbund DGB und DBB – Beamtenbund und Tarifunion. Verfügbar über: www.kmk.org/fileadmin/veroeffentlichungen_beschluesse/2000/2000_10_05-Bremer-Erkl-Lehrerbildung.pdf (Zugriff: 7.11.2010).

KMK (2004): Standards für die Lehrerbildung: Bericht der Arbeitsgruppe. Verfügbar über: www.kmk.org/fileadmin/pdf/Bildung/AllgBildung/Standards_Lehrerbildung-Bericht_der_AG.pdf (Zugriff: 7.11.2010).

KMK (2008): Ländergemeinsame inhaltliche Anforderungen für die Fachwissenschaften und Fachdidaktiken in der Lehrerbildung. Verfügbar über: www.kmk.org/fileadmin/veroeffentlichungen_beschluesse/2004/2004_12_16-Standards-Lehrerbildung.pdf (Zugriff: 7.11.2010).

Kolbe, Fritz-Ulrich/Reh, Sabine/Fritzsche, Bettina/Idel, Till-Sebastian/Rabenstein, Kerstin (2009): Ganztagsschule als symbolische Konstruktion. Fallanalysen zu Legitimationsdiskursen in schultheoretischer Perspektive. Wiesbaden: VS.

Radisch, Frank (2009): Qualität und Wirkung ganztägiger Schulorganisation: Theoretische und empirische Befunde. Weinheim; München: Juventa.

Rauschenbach, Thomas (2009): Zukunftschance Bildung. Familie, Jugendhilfe und Schule in neuer Allianz. Weinheim; München: Juventa.

Abkürzungen

EFRL-GTA	Forschungsprojekt: Wissenschaftliche Begleitung und Evaluation der „Richtlinie des Sächsischen Staatsministeriums für Kultus zur Förderung des Ausbaus von Ganztagsangeboten" (FRL GTA) im Freistaat Sachsen
FRL GTA	Richtlinie des Sächsischen Staatsministeriums für Kultus zur Förderung des Ausbaus von Ganztagsangeboten
GGT	Ganztagsschulverband Gemeinnützige Gesellschaft Tagesheimschule (GGT) e. V.
GSH	Forschungsprojekt: Untersuchungen zum Ganztagsangebot von Grundschule und Hort in Sachsen
GTA	Ganztagsangebot
IZBB	Investitionsprogramm „Zukunft Bildung und Betreuung"
KMK	Kultusministerkonferenz
MV GTA/GTS	Modellversuch „Sächsische Schule mit Ganztagsangeboten/Ganztagsschule"
SMS	Sächsisches Staatsministerium für Soziales
SMK	Sächsisches Staatsministerium für Kultus und Sport
StEG	Studie zur Entwicklung von Ganztagsschulen
StEG-Sachsen	Forschungsprojekt: Wissenschaftliche Begleitung und Evaluation der bundesweit angelegten „Studie zur Entwicklung von Ganztagsschulen" (StEG) für den Freistaat Sachsen

Die Autorinnen und Autoren

Janine Berge, Jg. 1987, Sozialarbeiterin (BA), ist Studentin an der TU Dresden im Master „Childhood research and education – Kindheitsforschung, Beratung und Bildung". Ihre Arbeitsschwerpunkte sind Ganztagsschulforschung und Elementarpädagogik.

Stephan Bloße, Jg. 1976, Dipl.-Soz., ist wissenschaftlicher Mitarbeiter an der Professur für Sozialpädagogik einschließlich ihrer Didaktik an der Fak. Erziehungswissenschaften der TU Dresden. Seine Arbeitsschwerpunkte sind Schulentwicklungsforschung, Professionsentwicklung und Evaluationsforschung.

Sabine Böttcher, Jg. 1975, Dr. phil., ist wissenschaftliche Mitarbeiterin an der Professur für Sozialpädagogik einschließlich ihrer Didaktik an der Fak. Erziehungswissenschaften der TU Dresden. Ihre Arbeitsschwerpunkte sind Kinder- und Jugendhilfe, Kooperation von Jugendhilfe, Schule, Justiz und Polizei.

Susanne Dittrich, Jg. 1981, Dipl.-Päd., ist wissenschaftliche Mitarbeiterin an der Professur für Sozialpädagogik einschließlich ihrer Didaktik an der Fak. Erziehungswissenschaften der TU Dresden. Ihre Arbeitsschwerpunkte sind Schulentwicklungsforschung, Ganztagsschulforschung sowie Kooperation von Schule und Polizei.

Antje Förster, Jg. 1980, Dipl.-Soz., ist wissenschaftliche Mitarbeiterin an der Professur für Sozialpädagogik einschließlich ihrer Didaktik an der Fak. Erziehungswissenschaften der TU Dresden. Ihre Arbeitsschwerpunkte sind Methoden der empirischen Sozialforschung (insb. quantitative Fragebogenerhebung), Ganztagsschul- sowie Kindheitforschung.

Hans Gängler, Jg. 1957, Dr. rer.soc. ist Professor für Sozialpädagogik einschließlich ihrer Didaktik an der Fak. Erziehungswissenschaften der TU Dresden. Seine Arbeitsschwerpunkte sind Bildung im Kindes- und Jugendalter, Kooperation von Jugendhilfe und Schule, Didaktik der Sozialpädagogik, Geschichte und Theorie der Sozialpädagogik, Wissenschaftsgeschichte der Sozialpädagogik sowie Jugendverbände und Jugendarbeit.

Wolfram Kulig, Jg. 1973, Dr. phil., wissenschaftlicher Mitarbeiter am Lehrstuhl Geistigbehindertenpädagogik der Philosophischen Fak. III der Universität Halle-Wittenberg. Seine Arbeitsschwerpunkte sind sozialpolitische Entwicklungen in der Behindertenhilfe, Integration, Inklusion, Forschungsmethoden in der Heilpädagogik sowie spezielle Fragen der Geistigbehindertenpädagogik.

Tobias Lehmann, Jg. 1976, Dipl.-Päd., ist wissenschaftlicher Mitarbeiter an der Professur für Sozialpädagogik einschließlich ihrer Didaktik an der Fak. Erziehungswissenschaften der TU Dresden. Seine Arbeitsschwerpunkte sind Schulentwicklungsforschung sowie Jugendarbeit/Jugendverbandsarbeit.

Thomas Markert, Jg. 1973, Dr. phil., ist wissenschaftlicher Mitarbeiter an der Professur für Sozialpädagogik einschließlich ihrer Didaktik an der Fak. Erziehungswissenschaften der TU Dresden. Seine Arbeitsschwerpunkte sind rekonstruktive Methoden der Sozialforschung, Schulentwicklungsforschung mit dem Schwerpunkt Ganztagsschule, Aspekte der Zusammenarbeit von Schule und Jugendhilfe sowie Spielpädagogik.

Mathias Müller ist wissenschaftlicher Mitarbeiter am Arbeitsbereich Erziehungswissenschaft mit dem Schwerpunkt Soziale Bildung und Beratung an der Martin-Luther-Universität Halle-Wittenberg. Er arbeitet derzeit an methodologischen Über- und Grundlegungen für die Analyse von Aktenleben.

Andreas Wiere, Jg. 1968, Dipl.-Päd., ist wissenschaftlicher Mitarbeiter im Kompetenz- und Beratungszentrum „Aufwachsen in sozialer Verantwortung" am Zentrum für Forschung, Weiterbildung und Beratung an der Evangelischen Hochschule Dresden gGmbH. Seine Arbeitsschwerpunkte sind Forschung und Organisationsentwicklung im elementarpädagogischen Bereich.